열왕기하 강해집

이스라엘의
번영과 실패

솔로몬

열왕기하 강해집

이스라엘의 번영과 실패

초판 2쇄발행 초판 3쇄 발행 2013년 4월 15일

지은이 김서택
펴낸이 박영호
펴낸곳 도서출판 솔로몬
주 소 서울시 동작구 사당 3동 207-3, 신주빌딩 1F
전 화 02) 599-1482
팩 스 02) 592-2104
등록일 1990년 7월 31일
등록번호 제 16-24호

ISBN 89-8255-391-6(03230)

열왕기하 강해집

이스라엘의
번영과 실패

김서택 지음

솔로몬

차례

서문

찬송가 234장에 보면, 옛날 어렸을 때 어머님의 무릎에서 듣던 '다윗 왕의 역사나 주의 선지 엘리야가 병거 타고 하늘에 올라가던 일' 을 어른이 된 후에도 기억을 한다는 고백을 하고 있습니다.

우리가 성경에서 아주 좋아하는 사무엘 선지자나 다윗 왕의 이야기 그리고 엘리야 선지자가 하늘에서 불이 떨어지게 했던 기적들이 모두 사무엘상부터 시작되어 열왕기하까지 이스라엘의 역사와 함께 기록이 되어 있습니다. 성경에 이렇게 많은 이야기가 있다는 것은 얼마나 감사한 일인지 모릅니다. 왜냐하면 우리는 이런 역사적인 사건에 나오는 성경 인물들의 신앙과 삶을 보면서 하나님께서 행하신 놀라운 구원을 생생하게 접할 수 있기 때문입니다.

열왕기하는 북 이스라엘과 남 유다의 멸망을 그리고 있습니다. 비록 북 이스라엘은 엘리야, 엘리사, 미가야, 아모스, 호세아, 요나와 같은 탁월한 선지자가 있어서 이스라엘을 지키는 강력한 무기가 되었지만 왕으로부터 백성에 이르기까지 하나님과 맺은 언약을 어기고 바알 우상 숭배, 황금송아지 숭배, 하늘의 천체를 숭배하는 우상 숭배에서 벗어나지 못했기 때문에 주전 722년에 아시리아에 의하여 영구히 망하고 말았습니다. 그리고 유다에서도 히스기야나 요시야 왕과 같은 걸출한 믿음의 사람들이 등장하여 부흥의 불길을 밝혔습니다.

하지만 남 유다도 아하스, 호세아, 므낫세 왕 등이 가나안 바알 종교, 아시리아, 바벨론 종교를 끌어들여 백성들로 하여금 우상 숭배에 빠지게 하여 북 이스라엘의 전철을 그대로 밟음으로 인해 하나님의 심판을 받아 바벨론에 포로로 잡혀가는 비극의 역사를 맞게 되었습니다.

오늘 우리의 현실도 열왕기하의 분위기와 크게 다르지 않습니다. 북 핵의 위협, 서민 경제의 파탄, 사회적 소외 계층 증가, 국가와 사회 전반의 총체적인 위기를 경험하고 있는 이때에 세상의 희망을 줄 수 있고, 잘못된 역사와 사회를 바로 잡을 수 있는 대안은 한국 교회와 성도들이 마음을 다하여 하나님을 사랑하고 말씀대로 살면서 기도하는 부흥의 불길을 일으켜야 할 것입니다.

하나님께서 하나님의 말씀에 순종하는 모든 교회와 성도들에게 엘리야, 엘리사, 히스기야, 요시야 같은 심정과 능력을 다시 한 번 부어 주셔서 이 땅이 하나님의 축복받는 나라가 되기를 기원합니다. 또한 역사서의 말씀을 통해서 그 동안 강단에서 잘 선포되지 못했던 말씀들이 위대하게 선포되는 역사가 나타나기를 소원합니다.

마지막으로 이 책을 출간할 수 있도록 기쁜 마음으로 도와주신 솔로몬 출판사 대표 박영호 집사님과 편집부 직원들에게 감사를 드립니다. 그리고 하나님을 사랑하고 신뢰하며 하나님의 말씀을 통해 용기와 힘을 얻는 모든 독자들에게 감사를 드립니다.

대구수성교옆에서

김서택 목사

1부

엘리야와 엘리사

01. 아하시야의 실패

◎ 왕하 1:1–18

부모와 자식과의 관계에서, 혹시 자식은 부모와의 관계를 끊을 수 있을지 몰라도 부모는 자식과의 관계를 완전히 끊을 수 없습니다. 마찬가지로 우리가 이스라엘의 역사를 보면, 이스라엘 백성들은 하나님을 버려도 하나님은 그들을 잊지 않고 그들이 돌아오기만을 기다리며 계속해서 선지자를 보내시는 것을 볼 수 있습니다. 열왕기하에서 보게 되는 북쪽 이스라엘 백성들은 자기들이 하나님을 버렸기 때문에 하나님께서도 자기들을 버리신 것으로 생각했습니다. 그러나 하나님은 결코 이스라엘을 버리지 않으셨고, 엘리야와 엘리사 같은 능력 있는 선지자들을 보내셔서 하나님의 살아 계심과 능력을 보여 주셨습니다.

열왕기하는 북쪽 이스라엘과 남쪽 유다의 흥망성쇠를 한 선지자의 눈을 통해 우리에게 보여 주고 있습니다. 북쪽 이스라엘과 남쪽 유다는 역사적으로 그냥 쇠퇴하다가 망한 것이 아니고 중간에 놀라운 부흥의 불길이 타오를 때가 있었습니다. 북쪽 이스라엘에서는 엘리사의 전성기가 그랬고, 남쪽 유다에서는 히스기야나 요시야 왕을 중심으로 이사야나 미가 같은 말씀의 종들이 부흥을 일으켰던 것입니다. 그러나 이스라엘과 유다의 부흥은 그 성격에 있어 아주 다른 것을 볼 수 있습니다. 북쪽 이스라엘에서는 선지자 엘리사를 통해 직접적으로 눈에 보이는 부흥이 일어났고, 남쪽 유다에서는 그런 눈에 보이는 기적보다는 말씀을 통해 회개함으로 은혜 받는 심령의 부흥이 일어났던 것입니다.

우리가 눈으로 보기에는 엘리사의 능력과 같이 눈에 보이는 기적이 훨씬 더 화끈하고 믿음을 불러일으킬 것 같지만 실제로 이것은 죽어가는 환자에게 페니실린 주사를 놓는 것과 같은 충격요법에 불과합니다. 사람들의 마음이 너무 완악해지면 귀에 들리는 하나님의 말씀만으로는 도저히 회개하고 돌아오지 않습니다. 그래서 어쩔 수 없이 이런 눈에 보이는 기적을 통해 하나님의 사랑을 보여 주고 믿음을 가지게 하시는 것입니다. 그런데 이런 기적은 그 효과가 오래 가지 않고 시간이 흐를수록 점점 더 강도를 세게 해야만 반응이 나타나는 부작용이 있습니다. 그러나 말씀을 통해 바른 믿음으로 돌아갈 때에는 마음속 깊은 곳에 하나님의 은혜와 축복이 공급되기 때문에 훨씬 더 깊이 있는 영혼의 결실을 거두게 됩니다.

사실 열왕기하는 엘리사의 사역부터 시작해야겠지만, 아직 엘리야의 마지막 사역이 남아 있었습니다. 그것은 불신앙적인 행동을 하는 아합의 아들 아하시야를 찾아가 책망하는 일이었습니다. 이 마지막 사역을 행한 엘리야는 그를 잡으러 온 군인들을 하늘에서 내린 불로 태워 죽인 후, 요단 동편에서 엘리사와 헤어져 불말과 불병거를 타고 하늘로 올라갔습니다. 그리고 엘리사는 엘리야의 능력과 영감을 받아 기적의 능력으로 이스라엘을 지켰고, 유다 여러 왕들은 부흥의 역사를 이루게 됩니다.

열왕기하 1장은 아합의 아들 아하시야가 하나님 앞에서 신앙적으로 실패하고 결국 엘리야의 예언대로 죽는 내용입니다. 하나님은 이미 아합 왕 때에 그의 모든 식구들이 남자든 여자든 한 사람도 남김없이 다 죽게 될 것을 예언하셨습니다. 그럼에도 불구하고 하나님은 아합의 아들 아하시야가 왕으로 있는

2년 동안 그를 지켜보셨고, 도저히 안 되겠다고 판단이 되자 엘리야를 보내셔서 그의 죽음을 선고하셨던 것입니다. 이것을 통해 우리가 죄로 인해 멸망이 확정되었다 하더라도 끝까지 회개할 기회를 주시는 하나님의 자비를 보게 됩니다. 우리는 회개의 기회가 주어졌을 때 무조건 하나님을 붙잡고 늘어져야만 살 수 있습니다.

아하시야의 위기

열왕기하 1:1-2

"아합이 죽은 후에 모압이 이스라엘을 배반하였더라 아하시야가 사마리아에 있는 그 다락 난간에서 떨어져 병들매 사자를 보내며 저희더러 이르되 가서 에그론의 신 바알세붑에게 이 병이 낫겠나 물어보라 하니라"

이스라엘의 왕이 된 아하시야에게 두 가지 위기가 닥쳤습니다. 한 가지는 국가적인 위기이고 다른 하나는 개인적인 위기였습니다. 국가적인 위기라고 하는 것은 모압이 이스라엘을 배반해서 떨어져 나간 것입니다. 그리고 개인적인 위기라고 하는 것은 자신이 다락 난간에서 떨어져 중상을 입은 것입니다. 아하시야에게 이런 위기가 닥친 것은 하나님의 시간이 되었음을 의미했습니다.

하나님은 이미 아합 왕가의 멸망을 예언하셨습니다. 그럼에도 불구하고 아하시야에게 2년이라는 시간을 주면서 회개할 기회를 허락하셨습니다. 하나님이 얼마나 자비하신가 하면, 아합 같이 악한 왕이 옷을 찢고 걸음을 천천히 하면서 회개하는 모습을 보이자 그 재앙을 자녀의 대로 연기해 주셨습니다. 그러면 아합의 자녀인 아하시야가 해야 할 일은 무엇입니까? 아합의 다른 것을 물려받는 것이 아니라 찢어진 옷을 물려받고 하나님 앞에서 회개하는 것입니다.

하나님이 아하시야를 2년 동안이나 살려 주신 것은 그가 조상들이 저지른 악을 청산하는지를 보시기 위해서였습니다. 이스라엘의 왕들은 여로보암의 길을 따라서 금송아지를 섬겼습니다. 게다가 아합은 한술 더 떠서 바알까지 섬겼습니다. 만약 아하시야가 진정으로 하나님을 두려워하는 마음을 가졌다면 이 잘못된 것들을 바로 잡는 데만 해도 2년이 모자랐을 것입니다. 그러나 아하시야가 그 시간 동안 한 일은 고작 유다의 여호사밧 왕에게 유다의 배를 같이 사용해서 무역을 하자고 제안한 것뿐이었습니다. 하나님이 허락해 주신 2년이라는 짧은 시간 동안 아하시야는 하나님께 돌아가야 한다는 생각을 전혀 하지 못했습니다.

그래서 하나님이 두 번이나 아하시야에게 그의 시간이 다 되었음을 경고해 주셨던 것입니다. 먼저, 모압 사람들이 더 이상 이스라엘을 섬기지 않겠다고 독립 선언을 하는 권력의 누수 현상이 벌어졌습니다. 또한 아하시야는 자신이 기대고 있던 난간이 부서지는 바람에 아래로 떨어져 중상을 입었습니다. 하나님은 약간의 기대를 가지고 아하시야가 회개하기를 기다리셨지만 전혀 그런 기색이 보이지 않자 이 두 사건을 통해 원래 예정하신 대로 심판하시겠다고 알려 주신 것입니다. 이것을 보면 하나님은 우리가 보기에 거의 가망이 없는 악한 자에 대해서도 얼마나 오래 참고 기다리시는지 알 수 있습니다. 만약 아하시야가 이 경고를 보고 이 순간이라도 하나님 앞에서 눈물 콧물 흘리면서 회개했더라면 살 가능성이 있었을 것입니다. 그러나 아하시야는 끝까지 하나님을 찾지 않았습니다.

열왕기하 1:2

"사자를 보내며 저희더러 이르되 가서 에그론의 신 바알세붑에게 이 병이 낫겠나 물어보라 하니라"

아하시야가 한 일은 블레셋 도시 중 하나인 에그론에 있는 귀신에게 가서 그의 병이 나을 것인지를 물어보게 하는 것이었습니다. 에그론의 신 '바알세붑'에는 '파리의 주'라는 뜻이 있습니다. 아마도 에그론에는 파리와 파리 때문에 생기는 병이 많았던 것 같습니다. 그런데 에그론 사람들은 미련하게도 이 바알세붑 신이 파리로 인해 생기는 병을 막아 준다고 믿었습니다. 우리가 생각하기에 파리가 많은 것은 더운 날씨 중에 음식이 쉽게 부패하기 때문입니다. 그러므로 부패한 음식만 땅에 파묻든지 해도 파리를 많이 줄일 수 있었을 것입니다. 그러나 이들은 이런 것조차도 귀신이 쫓아낸다고 생각했습니다. 좌우간 바알세붑은 지저분한 신이었습니다.

그런데 아하시야는 이러한 위기 가운데서 왜 하나님께 물어볼 생각을 하지 못했을까요? 사실 이것이 자기 마음대로 되지 않습니다. 사람이 놀라운 것은 죄를 지으면 지을수록 더 자존심이 강해지기 때문에 하나님께 돌아가야 할 줄 알면서도 일부러 더 반대쪽으로 가게 되는 것입니다. 그래서 실제로 회개는 하나님이 은혜를 주셔야 할 수 있는 것입니다. 단지 어려운 위기가 닥쳤다고 해서 할 수 있는 것이 아닙니다. 하나님이 어떤 분입니까? 애굽의 바로가 회개하지 않을 때 파리 떼를 보내 징계하신 분입니다. 어떤 의미에서 파리들의 진정한 왕은 하나님이십니다. 하나님은 미세한 생물들도 사용하셔서 놀라운 일을 일으키시는 분입니다.

그런 능력의 하나님을 알지 못하는 아하시야는 이방 땅으로 사신을 보내면서도 자신의 병을 낫게 하기 위해서가 아니라 단지 병이 나을 것인지를 묻고만 있습니다. 이것이 바로 미신입니다. 미신을 통해 나을 것이라는 말을 들으면 어떻습니까? 아마 희망을 가지고 살아 보려고 하면서 약도 먹고 몸부림칠 것입니다. 반대로 살 수 없다는 말을 들으면 자포자기하며 술이나 마시면서 살 것입니다. 그러나 하나님의 말씀에는 미래가 고정된 운명이 아닙니다. 이 점이 하나님의 말씀과 미신의 차이입니다. 아무리 미래에 무서운 하나님의 심판이 확정되어 있다 하더라도 지금 회개하고 믿음으로 살면 그 심판은 연기되든지 없어지게 됩니다. 반대로 미래에 아무리 큰 축복이 준비되어 있다 하더라도 지금 죄를 짓고 교만하면 그 축복은 다른 사람에게 넘어가고 맙니다. 그래서 우리는 우리의 미래를 알려고 할 필요가 없습니다. 중요한 것은 지금이기 때문입니다. 지금 내가 바른 믿음을 가지고 있으면 미래가 열리고 재앙이 물러가게 됩니다.

선지자의 책망

이스라엘의 놀라운 특징은 왕의 말이 최고가 아니라는 것입니다. 물론 나라 안에서 왕의 명령보다 더 권세 있는 말은 없을 것입니다. 그러나 이스라엘에서는 왕의 명령보다 선지자의 말이 더 권세가 있었습니다. 그래서 왕이 잘못을 저질렀을 때 선지자가 왕의 잘못을 책망할 수 있었습니다.

열왕기하 1:3-4

"여호와의 사자가 디셉 사람 엘리야에게 이르시되 너는 일어나 올라가서 사마리아 왕의 사자를 만나서 저에게 이르기를 이스라엘에 하나님이 없어서 너희가 에그론의 신 바알세붑에게 물으러 가느냐 그러므로 여호와의 말씀이 네가 올라간 침상에서 내려오지 못할지라 네가 반드시 죽으리라 하셨다 하라 엘리야가 이에 가니라"

여기서 놀라운 것은 '여호와의 사자' 가 또 나타났다는 것입니다. 이 여호와의 사자는 지금까지 이스라엘의 위기 때마다 계속 나타나서 그들을 건져 주었고, 이번에는 엘리야를 통해 아하시야의 죄를 책망했습니다. 여호와의 사자는 이스라엘에 신이 없어서 에그론에 있는 파리의 귀신에게 물으러 가느냐고 했습니다. 원래 이스라엘의 특징이 하나님의 예언이 풍성하다는 것입니다. 하나님의 백성들에게는 하나님의 말씀이 흘러 넘쳐야 합니다. 그렇다면 무엇을 배우러 이방 민족에게 가거나, 그것도 더러운 파리의 신에게 물으러 갈 필요가 없습니다.

가끔 유학 간 우리나라 신학생들에게 그 나라 사람들이 묻는다고 합니다. 도대체 무엇을 배우러 여기까지 왔느냐는 것입니다. 사실 신학이 가장 왕성한 곳은 교회입니다. 그런데 교회들이 다 죽어 있고 신학도 죽어 있는데, 왜 비싼 돈을 들여 여기까지 와서 배우느냐고 질문한다고 합니다. 우리가 하나님을 배우기 위해서 먼 곳까지 갈 필요가 없습니다. 바른 하나님의 말씀이 선포되고 있는 거기가 가장 하나님의 뜻을 바로 알 수 있는 곳이고 하나님으로부터 오는 축복의 소식을 가장 먼저 들을 수 있는 곳입니다.

우리가 이 세상 소식을 잘 알려면 신문사 편집국이라든지 방송국 보도 본부에 가야 합니다. 그곳으로 전 세계 뉴스들이 가장 먼저 들어오기 때문입니다. 그런데 하나님으로부터 오는 소식을 가장 먼저 들으려면 말씀이 증거 되는 곳으로 가야 합니다. 또한 하나님의 축복을 가장 먼저 받는 곳은 하나님의 말씀을 붙들고 기도하는 장소입니다. 굳이 다른 곳으로 가서 복을 빌거나 미신에 빠질 필요가 없습니다.

엘리야 선지자는 에그론으로 가고 있는 왕의 사자들을 만나 예언했습니다. 사실 왕의 사자들은 왕이 명령한 에그론까지 갔다 와야 하는 사람들입니다. 그러나 그들은 도중에 하나님의 말씀을 전하는 선지자를 만났고, 파리의 신보다는 선지자의 말이 더 중요하다고 생각했습니다. 그래서 엘리야의 말을 듣고 발길을 돌이켜서 다시 왕궁으로 돌아갔습니다. 만약 이들이 엘리야의 말을 무시하고 계속 에그론까지 고집을 부리면서 갔더라면 이들도 죽었을 것입니다. 그만큼 하나님의 말씀은 무서운 것입니다.

왕이 어찌하여 가다가 돌아왔느냐고 묻자, 사자들이 선지자의 말을 왕에게 전했습니다. 곧 이스라엘에 하나님이 없어서 에그론의 바알세붑에게 가게 했느냐는 책망과, 왕이 죽는다는 이야기였습니다. 그랬더니 아하시야가 사자들에게 왜 에그론에 가지 않고 중간에 돌아왔느냐고 화를 내거나 처벌하겠다고 말하는 것이 아니라, 선지자가 어떻게 생겼는지를 물었습니다. 아하시야에게도 이 선지자가 보통 사람이 아니라는 예감이 들었던 것입니다. 그리고 사자들의 말을 들은 후에 그가 엘리야인 줄 알았습니다.

아마 아하시야는 아버지 아합과 함께 있으면서 엘리야를 본 적이 있었던 것 같습니다. 그렇다면 '엘리야' 라고 하면 무엇이 먼저 생각납니까? 바로 하늘에서 떨어지는 불이었습니다. 그리고 450명의 바알 선지자를 죽인 것과 기도로 비를 내리게 한 일이었습니다. 그 능력의 선지자가 나타났다면 이것은 보통 일이 아닌 것입니다. 결국 아하시야는 당장 엘리야를 데려오도록 군인들을 보냈습니다. 이때 아하시야가 알아야 할 것이 있었습니다. 그것은 아무리 왕이라 하더라도 마음대로 선지자를 오가게 할 수 없다는 것입니다. 선지자를 권력이나 돈으로는 절대 움직일 수 없습니다. 오직 하나님의 명령만이 그렇게 할 수 있습니다.

하나님은 아하시야에게 기회를 주셨지만 아하시야는 그 기회를 전혀 살리지 못했고, 결국 하나님의 종으로부터 죽음을 선고받게 되었습니다. 그런데 만약 아하시야가 이때라도 히스기야처럼 울면서 하나님께 기도로 매달렸다면 또 역사가 달라질 수 있었을 것입니다. 그런데 아하시야는 교만하게 힘으로 선지자를 끌어오려고 했다가 결국 그 침상에서 죽고 말았습니다.

선지자를 움직일 수 있는 것

아하시야는 자신의 권력이면 선지자를 데려올 수 있을 것이라고 잘못 생각했습니다. 그래서 50명의 군인이라면 엘리야라고 한들 별 수 없이 꼼짝 못하고 붙잡아 올 수 있을 것이라고 여겼습니다. 그런데 아하시야는 엘리야를 잡아 와서 무엇을 하려고 했을까요? 어쩌면 아합처럼 억지로 자기 병이 낫는 제사나 기도를 드리게 하려고 했을지도 모릅니다. 아니면 엘리야를 옥에 가두고 나쁜 예언을 한 것에 대해 보복하려고 했을지도 모릅니다. 그러나 이 세상의 권력은 선지자를 움직이게 하지 못합니다.

열왕기하 1:9
"이에 오십부장과 그 오십 인을 엘리야에게로 보내매 저가 엘리야에게로 올라가서 본즉 산꼭대기에 앉았는지라 저가 엘리야에게 이르되 하나님의 사람이여 왕의 말씀이 내려오라 하셨나이다"

아마도 엘리야는 다른 사람들이 쉽게 올라올 수 없는 바위 위에 올라가 있었던 것 같습니다. 그런 엘리야에게 오십부장은 '하나님의 사람이여' 라고 부르면서 왕의 명령을 전했습니다. 그러나 오십부장의 말은 거짓이었습니다. 왜냐하면 하나님의 사람에 대한 공경이 그에게 전혀 없었기 때문입니다. 그는 엘리야를 유인해서 내려오게 한 후에 체포할 생각이었던 것 같습니다. 그랬더니 엘리야는 그 사람의 위선을 바로 불로 시험했습니다.

열왕기하 1:10
"엘리야가 오십부장에게 대답하여 가로되 내가 만일 하나님의 사람이면 불이 하늘에서 내려와서 너와 너의 오십 인을 사를지로다 하매 불이 곧 하늘에서 내려와서 저와 그 오십 인을 살랐더라"

엘리야의 선매특허는 하늘에서 불이 떨이지는 능력입니다. 그런데 이런 하나님의 종을 두려워하지 않고 거짓말로 '하나님의 사람이여' 라고 함부로 말했다가 50명이 죽어버렸습니다. 이것은 하나님의 선지자를 권력자가 자기 마음대로 쥐고 흔들 수 없다는 것을 보여 줍니다. 다시 언급하지만 선지자는 하나님의 말씀이 아닌 다른 그 어떤 것도 하나님의 사람을 오가게 할 수 없습니다. 요즘 우리나라에서는 조금 유명해지기만 하면 얼마나 오라고 하는 데가 많은지 모릅니다. 축구도 좀 잘하면 축구와 전혀 관계없는 모임에서도 자꾸 부릅니다. 그리고 과학자도 조금 유명해지면 과학과 전혀 상관없는 곳에서까지 오라고 합니다. 그런데 하나님의 종이 그런 곳에 자꾸 불려 다니는 것은 좋은 것이 아닙니다. 오직 하나님의 성령이 가게 하는 곳에만 가야 합니다.

아하시야는 먼저 보낸 50명이 불에 타 죽었는데도 겁을 내지 않고 또 새로운 50명을 보냈습니다. 그런데 새로 온 오십부장도 엘리야를 전혀 두려워하지 않고 지난번 오십부장처럼 그대로 말했습니다. "하나님의 사람이여! 왕이 속히 내려오라고 말씀하셨습니다." 앞에 왔던 사람이 하나님의 사람을 함부로 부르다가 불에 타 죽었음에도 불구하고 이 오십부장은 자기 힘으로 엘리야를 데려 갈 수 있다고 생각했던 것입니다. 그래서 다시 한 번 엘리야는 "내가 하나님의 사람이면 하늘에서 불이 내려서 너희를 타 죽게 할 것이다"라고 말했습니다. 그리고 이번에도 하늘에서 불이 떨어져서 50명이 다 불에 타 죽었습니다.

그런데도 아하시야는 또 50명의 군인들을 보냈습니다. 이것은 몇 백 명이 죽더라도 어떻게 해서든지 엘리야를 잡아오고야 말겠다는 뜻입니다. 사실 양쪽이 계속 이런 식으로 팽팽하게 맞섰더라면 수백 명이 아니라 수천 명의 군인들이 불에 타 죽었을 것입니다. 그런데 세 번째로 온 오십부장은 선지자를 두려워하는 사람이었습니다. 그는 아무리 왕의 명령이라 하더라도 자기 힘으로 선지자를 오게 하거나 가게 할 수 없다는 것을 알았습니다. 그래서 엘리야 앞에 무릎을 꿇고 그들의 생명을 제발 귀하게 생각해 달라고, 앞의 사람들은 함부로 선지자를 부르고 데려가려고 했다가 불에 타 죽었는데 그들은 그렇게 죽지 않게 해 달라고 사정했습니다.

이때 여호와의 사자가 엘리야에게 불이 내리도록 기도하지 말고 아하시야에게 가서 전에 했던 예언을 그대로 전하라고 했습니다. 즉 아하시야가 이스라엘의 하나님을 무시하고 에그론에 있는 파리의 신에게 물으려고 사람을 보냈으므로 그가 침상에서 내려오지 못하고 죽을 것이라는 예언이었습니다. 결국 아하시야는 엘리야의 말대로 죽었습니다. 아하시야는 역사상 가장 능력 있는 종을 두었지만 전혀 도움을 받지 못하고 죽었습니다. 이것은 그의 마음속에 하나님께 대한 신앙이 전혀 없었기 때문입니다. 능력 있는 종을 가까이 두면 뭐합니까? 하나님보다는 파리 귀신이 더 낫다고 생각하는 사람에게는 능력 있는 종도 아무 도움이 되지 못합니다.

하나님이 우리에게 약간이라도 시간을 주실 때는 무조건 고집을 버리고 회개하며 하나님의 말씀을 붙잡읍시다. 하나님의 능력은 멀리 있는 것이 아니라 가까이에 있습니다. 멀리 있다고 해서 더 능력 있는 것이 아닙니다. 어디에 있든지 성령의 능력을 의지해야 위기를 이길 수 있습니다.

02. 엘리야의 승천

◎ 왕하 2:1-25

성경에서 죽음을 통과하지 않고 바로 하나님 나라로 들어간 사람은 단 두 사람입니다. 한 사람은 아주 고대에 살았던 아담의 7세손 에녹이고 다른 한 사람은 이스라엘 분열기에 북쪽 이스라엘에서 활동했던 엘리야였습니다. 우리는 왜 이 두 사람이 죽지 않고 바로 영광의 나라로 들어가는 축복을 받았는지 알지 못합니다. 하지만 에녹과 엘리야에게는 특별한 공통점이 있음을 발견하게 됩니다. 한 가지는 그들이 살았던 동 시대 사람들이 극도로 불신앙적이었고 악했다는 사실이고, 다른 한 가지는 에녹과 엘리야가 조금도 죄의 세력과 어울리거나 타협하지 않았다는 사실입니다. 오히려 그들은 더 열정적으로 죄와 싸워서 하나님을 증거 했습니다.

성경에 "엘리야는 우리와 성정이 같은 사람이로되"(약 5:17)라는 말이 나옵니다. 엘리야는 이스라엘 백성들이 그 마음을 바알 신에게 빼앗기자 이스라엘에 3년 반 동안 비가 오지 않도록 해 달라고 기도할 정도로 지독하게 하나님을 사랑했습니다.

그런데 우리가 확실히 기억해야 할 것은, 에녹이나 엘리야가 산 채로 하늘에 올라간 것이 그들의 공로 때문이 아니라는 사실입니다. 하나님은 이들을 통해서, 눈에 보이는 이 세상이 전부인 줄 알고 땅만 쳐다보며 죄짓는 사람들에게 진정한 하나님의 나라가 있다는 것을 보여 주려고 하신 것 같습니다.

열왕기하 2장 말씀은 엘리야가 승천할 때 엘리야와 엘리사 사이에 일어났던 일을 보여 주고 있습니다. 엘리야는 자기가 이 세상을 떠날 때가 된 것을 알고 제자인 엘리사를 자꾸 떼어 놓으려고 했습니다. 이것은 엘리사로 하여금 홀로 서라는 뜻이었습니다. 그러나 엘리사는 선생 없이 절대로 자기 혼자 설 자신이 없어서 마지막 순간까지 선생을 따라갔습니다. 그러한 엘리사가 결국 엘리야의 영감과 능력을 받고 제2의 엘리야가 되어 이스라엘을 건지기 위해 사용되는 것을 보게 됩니다. 바로 이것이 오늘 우리가 배워야 할 '제자도'의 가장 전형적인 모델입니다.

엘리야의 제자 엘리사

하나님의 뜻대로 엘리사를 제자 삼기 전에 엘리야는, 하늘에서 불이 떨어지고 3년 반 동안 가뭄이 든 후 비가 쏟아져도 이스라엘 백성들이 하나님께 돌아오지 않자 광야에 있는 로뎀 나무 밑에서 죽으려고 했습니다. 그러나 호렙 산에서 큰 바람과 불과 지진 가운데서가 아니라 세미한 음성으로 나타나신 하나님을 만나는 놀라운 체험을 하게 되었습니다. 사람들은 하늘에서 불이 떨어지고 지진이 일어나면 그 마음에 일시적인 충격을 받습니다. 하지만 완전히 하나님께 돌아가는 것은 아닙니다. 그러나 세미한 음성은 처음에는 별 효과가 없을지 몰라도 물방울이 나중에 바위를 뚫듯이 사람들의 마음을 변화시킵니다.

세미한 음성으로 말씀하신 하나님은 엘리야에게 세 가지를 하게 하셨는데, 그 중 하나가 엘리사에게 기름 붓고 그를 제자 삼는 것이었습니다. 엘리사는 원래 열두 겨리로 농사를 짓는 부농이었습니다. 한 겨리는 소 두 마리를 말하므로, 열두 겨리는 소 스물네 마리인데 이 정도면 아주 큰 규모의 농사였습니다. 이런 엘리사를 찾아가서 엘리야는 아무 소리도 하지 않고 그의 앞에 자신의 겉옷을 던졌습니다. 그러자 엘리사는 당장 농사를 포기하고 엘리야의 몸종이 되었습니다.

요즘은 주로 학교나 학원에서 돈을 주고 지식을 배우면서 선생과 제자가 됩니다. 그러나 옛날에는 제자가 되기 위해서 선생의 집에 들어가 같이 먹고 자고 하면서 진리를 사사했습니다. 제자가 선생으로부터 어떤 지식이나 기술을 배우기보다 신앙과 인격과 위기 해결 능력을 배웠던 것입니다. 엘리사는 엘리야를 만나기 전에 아주 유복한 사람이었지만 하나님의 부르심 앞에서 작은 망설임도 없이 모든 것을 버리고 엘리야의 제자가 되었습니다.

이와 같이 그리스도인이 제자를 찾고 훈련하는 것은 아주 중요한 일입니다. 그 이유를 자녀 양육과 비교해 보면, 아무리 소중하게 태어났다 할지라도 갓난아이가 자기 힘으로 저절로 크지 않는 것과 비교할 수 있습니다. 어린아이가 자라서 제대로 된 성인이 되려면 부모가 지속적으로 사랑하고 돌봐 줘야 합니다. 이것은 신앙의 영역에서도 마찬가지입니다. 예수 믿는 사람이라고 해서 그냥 내버려 두면 그는 결국 정신적인 고아가 될 수밖에 없습니다. 이런 상태에서 위기를 만나면 도대체 어떻게 해결해야 할지를 알지 못해서 전혀 감당해내지 못하게 되는 것입니다. 엘리야의 시대에는 바알에게 무릎을 꿇지 않는 7천 명이 숨어 있었지만 이들은 제대로 양육 받거나 훈련된 사람들이 아니었습니다. 다른 말로 표현하면 영적인 고아들이 7천 명이 있었다는 것이었습니다. 그래서 하나님은 이 불신의 시대에 제대로 훈련된 한 사람의 제자 엘리사를 양육하게 하신 것입니다.

예수님은 많은 사람들에게 복음을 전하고 기적을 행하셨지만 그 일 못지않게 열두 사람의 제자를 선택해서 양육하는 일을 열심히 하셨습니다. 그리고 결국에는 이 열두 제자들이 예수님이 부활하고 승천하신 후에 그분의 능력을 받아서 전 세계를 변화시켰습니다. 하나님은 우리에게 바로 화려한 능력을 주지 않으십니다. 왜냐하면 인격이 준비되지 않은 상태에서 엘리야와 같은 능력을 받는 것은 매우 위험한 일이기 때문입니다. 그래서 하나님은 엘리사에게 엘리야의 능력을 주시기 전에 엘리야의 몸종으로 겸손을 훈련받게 하셨습니다.

세상 사람들은 나무가 변하지 않은 상태에서 얄궂은 열매 하나를 걸어 놓고 큰소리치지만 이것은 진정한 열매가 아닙니다. 하나님은 먼저 나무가 변하게 하십니다. 가시나무가 무화과나무가 되게 하시고 찔레나무가 포도나무가 되게 하십니다. 그리고 난 후에 그 변화된 나무에서 무한정으로 많은 하나님의 능력이 나타나게 하시는 것입니다. 이것은 나무가 변하지 않은 상태에서 큰소리를 치는 것과는 질적으로 전혀 비교가 되지 않는 일입니다. 예수님은 사람이 등불을 켜서 말 아래 두지 않고 등경 위에 둬서 온 사방을 비취게 한다고 말씀하셨습니다. 우리의 등불을 켜는 것은 말씀으로 우리가 하나씩 둘씩 변화되는 것을 말합니다. 그러면 결국 어느 구석에 있어도 하나님이 그 사람을 발탁하셔서 온 세상을 비취게 하시는 것입니다.

엘리사의 위기

엘리사가 하나님의 부름을 받는 데 있어서 첫 번째 위기는 이미 자신이 가지고 있던 모든 기득권을 다 버리고 엘리야 밑에서 겸손을 배우는 것이었습니다. 집에서 열두 겨리로 농사를 짓던 사람이 모든 것을 다 버리고 엘리야의 몸종이 되어 세수할 물을 길어 드리고 심부름을 한다는 것은 쉬운 일이 아니었습니다. 하지만 엘리사는 이 일을 믿음으로 잘 감당했습니다. 그러나 이제 결정적인 순간이 찾아왔습니다. 그것은 더 이상 엘리야를 따를 수가 없게 된 것입니다. 하나님이 엘리야를 데려가시는 순간이 온 것이었습니다. 엘리야 하나만 의지하고 모든 것을 다 버리고 좇아왔는데 그가 가 버리면 엘리사는 도대체 뭐가 되는 것입니까? 그러나 엘리사는 그렇게 엘리야가 자기를 떼어 놓으려고 하는 데도 끝까지 엘리야를 놓지 않고 따랐습니다.

열왕기하 2:1-2

"여호와께서 회리바람으로 엘리야를 하늘에 올리고자 하실 때에 엘리야가 엘리사로 더불어 길갈에서 나가더니 엘리야가 엘리사에게 이르되 청컨대 너는 여기 머물라 여호와께서 나를 벧엘로 보내시느니라 엘리사가 가로되 여호와의 사심과 당신의 혼의 삶을 가리켜 맹세하노니 내가 당신을 떠나지 아니하겠나이다 이에 두 사람이 벧엘로 내려가니"

어떤 이유인지는 모르겠지만 하나님이 엘리야를 데려가실 때가 다 되었습니다. 아마도 엘리야가 너무 늙어서 더 이상 하나님의 일을 할 수가 없게 된 것 같습니다. 그런데 하나님의 종은 물러날 때 주의해야 할 것이 몇 가지가 있습니다. 우선 그 하나가 물러날 때 물러나더라도 하나님의 일의 인수인계를 잘해야 하는 것입니다. 바른 신앙의 사람을 후계자로 세워서 인계를 한다면 걱정할 것이 없습니다. 그리고 또 하나는 잘 물러나서 자신이 후임자에게 더 이상 걸림돌이 되지 않게 해야 하는 것입니다. 그러나 이 문제가 결코 쉽지 않음을 알아야 합니다. 왜냐하면 물러난 후에도 아쉬움이 남아서 이 일 저 일을 간섭하다 보면 결국 한평생 일을 잘한 후에 결국 걸림돌이 되고 마는 것입니다. 엘리야는 이것이 걱정이 되었던 것 같습니다.

우선 엘리야는 하나님이 자신의 최후에 아주 특별한 방식으로 그를 데려가실 것을 안 것 같습니다. 회리바람으로 데려간다는 것은 '오즈의 마법사'에나 나오는 일로, 보통 특별한 일이 아닌 것입니다. 엘리야는 이것이 엘리사에게 도움이 될지 안 될지 확신이 서지 않았던 것 같습니다. 그래서 미리 엘리사를 떼어 놓고 홀로 서게 한 후에 몰래 사라질 생각을 했던 것 같습니다. 그러나 엘리사는 어떤 일이 있어도 엘리야를 떠나지 않겠다고 맹세하면서 엘리야를 붙들고 길갈에서 벧엘까지 왔습니다. 그래서 엘리야가 길갈에서 엘리사를 떼어 놓으려고 했던 시도는 실패하고 말았습니다. 그런데 벧엘에 있던 선지자들의 생도들은 어떤 이유에서인지 벌써 이 일을 알고 이렇게 말했습니다.

열왕기하 2:3

"벧엘에 있는 선지자의 생도들이 엘리사에게로 나아와 이르되 여호와께서 오늘날 당신의 선생을 당신의 머리 위로 취하실 줄을 아나이까 가로되 나도 아노니 너희는 잠잠하라"

여기서 놀라운 것은 엘리야와 엘리사가 양육하던 생도들이 하나님의 말씀을 조금씩 예언할 수 있었다는 것입니다. 이것은 이 불신의 시대에 엄청난 힘이 아닐 수 없습니다. 엘리야가 엘리사를 떼어 놓으려고 한 것은 이렇게 선지자들의 생도들도 키워 놓고 했으니까 홀로서기를 하라는 뜻이었습니다. 그러나 엘리사는 생도들에게 잠잠하라고 하면서 절대로 엘리야를 놓지 않았습니다. 그 이유는 엘리사가 엘리야의 능력을 알았기 때문입니다. 엘리사는 아무리 자기가 엘리야의 제자이고 선지자의 생도들이 예언한다 하더라도, 그들의 능력을 모아봤자 엘리야의 능력의 수백분의 일도 안 된다는 것을 너무나도 잘 알았던 것입니다. 그래서 생도들에게 입을 다물라고 하면서 엘리야를 절대로 놓쳐서는 안 된다고 말했습니다. 엘리사는 이 엘리야 한 사람이 군대 수만 명이나 탱크 수천 대와 비교할 수 없는 이스라엘의 힘이라는 것을 알고 있었습니다.

옛날 스코틀랜드의 메리 여왕은 수천 개의 대포보다 존 낙스 한 사람의 설교를 더 무서워했다고 합니다. 엘리사는 어느 누구보다 엘리야의 가치를 잘 알고 있었습니다. 그래서 선지자 생도들이 조금 예언한다고 해서 나서는 것을 막고 오직 엘리야만 붙들고 따라다녔습니다. 그런데 엘리야는 두 번째로 엘리사를 떼어 놓으려고 하면서 하나님이 자기를 여리고로 보내신다고 했습니다. 그러나 엘리사는 이전의 맹세를 반복하면서 떨어지지 않았습니다. 그리고 여리고에 오니까 또 선지자의 생도들이 벧엘에 있던 선지자의 생도들과 똑같은 소리를 했습니다. 이런 일이 두 번씩이나 일어나는 것은 하나님이 엘리야를 데려가시는 것에 대한 확증입니다. 그래도 엘리사는 엘리야를 떠나지 않았습니다.

엘리야는 이제 마지막으로 요단강에서 엘리사를 떼어 놓으려고 했습니다. 엘리야는 엘리사에게 하나님이 요단 저편으로 그를 보내신다고 하면서 헤어지자고 했습니다. 그러나 똑같은 맹세를 하면서 엘리사는 엘리야에게서 떨어지지 않았습니다. 엘리야가 선지자 생도 50명이 보는 가운데 요단 강가에서 겉옷을 벗어 요단 물을 치니까 물이 이리저리 갈라지면서 두 사람이 물을 걸어서 건널 수 있게 되었습니다. 엘리사는 세 번씩이나 엘리야가 떼어 놓으려고 해도 떨어지지 않고 따르다가 드디어 요단강이 눈앞에서 갈라지는 것을 체험하게 되었습니다. 요단강을 가르는 것은 옛날 출애굽 때나 있는 일인 줄 알았는데 바로 지금 그의 선생 엘리야가 요단강을 가르는 것을 본 것입니다. 이것을 보니까 엘리사는 더 엘리야를 놓칠 수가 없었습니다. 그러나 하나님은 엘리야를 데려가려고 하십니다. 이제 어떻게 해야 합니까? 그래서 엘리야가 엘리사에게 도대체 어떻게 해 주기를 원하는지 묻습니다.

열왕기하 2:9-10

"엘리야가 엘리사에게 이르되 나를 네게서 취하시기 전에 내가 네게 어떻게 할 것을 구하라 엘리사가 가로되 당신의 영감이 갑절이나 내게 있기를 구하나이다 가로되 네가 어려운 일을 구하는도다 그러나 나를 네게서 취하시는 것을 네가 보면 그 일이 네게 이루려니와 그렇지 않으면 이루지 아니하리라 하고"

엘리사는 자기가 이제 엘리야를 보내야 한다면 무엇을 붙들어야 하는지를 생각해 보았습니다. 그것은 돈도 아니고 명예도 아니고 오직 하나님의 능력이었습니다. 그래서 엘리야의 영감이 갑절이 임하기를 구했습니다. 사실 이것은 엘리야에게도 어려운 일이었습니다. 왜냐하면 성령의 임재는 사람이 할 수 없는 일이기 때문입니다. 이것은 오직 십자가에 못 박히신 그리스도께서만 하실 수 있는 일이었습니다. 그래서 엘리야는 어려운 일이지만 그러나 자기가 떠나면 그 영감이 임할 것이라고 했습니다.

이것은 예수님과 제자들 사이의 일과 너무 비슷합니다. 예수님의 제자들은 예수님의 부르심을 받고 모든 것을 버리고 예수님을 좇았습니다. 어떤 제자들은 배와 그물을 버려두고 예수님을 좇았고 어떤 제자들은 가족과 직장을 버리고 예수님을 좇았습니다. 그러나 결국 더 이상 예수님을 따를 수 없는 시점까지 오게 되었습니다. 그것은 예수님이 십자가에 못 박혀 죽으시는 것이었습니다. 그러나 제자들은 끝까지 기다렸다가 결국 오순절의 성령의 능력을 받게 됩니다. 그때도 예수님은 제자들에게 그분이 아버지께로 가야 보혜사 성령이 오실 것이라고 하셨습니다.

결국 '제자도'가 무엇입니까? 모든 것을 버리고 예수님을 좇다가 결국 십자가를 통과한 후에 성령을 받아서 예수님의 능력이 임하는 것입니다. 엘리사도 끝까지 엘리야를 붙들고 따라가다가 결국 엘리야의 영감이 그에게 임하는 응답을 받게 되었습니다. 그래서 제자도의 핵심에는 십자가의 죽음이 있고 성령의 능력을 받는 일이 있는 것입니다. 이 두 가지가 없으면 그 제자도는 실패한 것입니다. 이제 드디어 하나님은 놀라운 방식으로 엘리야를 산 채로 하늘로 데려고 가셨습니다.

열왕기하 2:11

"두 사람이 행하며 말하더니 홀연히 불수레와 불말들이 두 사람을 격하고 엘리야가 회리바람을 타고 승천하더라"

아마도 두 사람 사이에 불덩이 같은 것이 떨어졌던 것 같습니다. 그런데 그 모습이 마치 불말과 불병거 같았습니다. 아마도 엘리야는 그 불 병거를 타고 회리바람과 함께 하늘로 올라갔을 것입니다. 결국 엘리야를 놓친 엘리사는 하늘을 향하여 소리를 질렀습니다.

> 열왕기하 2:12
> "엘리사가 보고 소리지르되 내 아버지여 내 아버지여 이스라엘의 병거와 그 마병이여 하더니 다시 보이지 아니하는지라"

엘리사에게 엘리야는 영적인 아버지였고 이스라엘을 지키는 백만 대군이었습니다. 엘리사는 한순간에 영적인 아버지를 잃었고 이스라엘을 지키는 백만 대군을 잃었습니다. 그러나 엘리야는 그냥 떠나지 않고 자기가 입고 있던 겉옷을 두고 떠났습니다. 이에 엘리사는 자기 옷을 찢어버리고 엘리야의 겉옷을 들고 요단강으로 가서 '엘리야의 하나님은 어디 있습니까?' 하면서 물을 쳤습니다. 그러자 요단 강물이 엘리야가 했을 때처럼 갈라졌습니다. 이것은 엘리야의 능력과 영감이 엘리사에게 임한 증거였습니다. 엘리야는 갔지만 엘리야의 능력은 엘리사에게 남아 있었습니다.

오늘 예수님도 우리에게 동일한 약속을 하셨습니다. 예수님은 하늘로 올라가셨지만 예수님의 능력은 우리에게 남아 있는 것입니다. 우리가 예수님이 하신 일을 할 것이며, 그보다 더 큰 일도 할 것이라고 하셨습니다. 엘리야는 겉옷을 남겨 두었지만 예수님은 그분의 이름을 우리에게 주셨습니다. 우리는 예수님의 이름으로 무한정의 능력을 행할 수 있는 것입니다.

엘리사의 능력

아마도 요단강 건너편에 있던 선지자의 생도들은 엘리야가 하늘에 올라가는 것이나 엘리사가 요단 강물을 가르고 건너오는 것을 본 것 같습니다.

> 열왕기하 2:15
>
> "맞은편 여리고에 있는 선지자의 생도들이 저를 보며 말하기를 엘리야의 영감이 엘리사의 위에 머물렀다 하고 가서 저를 영접하여 그 앞에서 땅에 엎드리고"

선지자의 생도들은 어떤 방법을 통해서인지 모르겠지만 엘리야의 능력이 엘리사에게 있는 것을 알았습니다. 성령의 예언을 들었거나 아니면 직접 보았을 것입니다. 아니면 엘리사가 그 후에 조금 변한 모습으로 돌아왔을 수도 있습니다. 그러나 이들은 한편으로는 엘리사를 영접하면서 다른 한편으로는 엘리야가 하늘에 올라간 것을 의심했습니다. 그래서 여호와의 신이 엘리야를 들어다가 어느 산이나 골짜기에 던졌을지 모르니까 사람을 보내서 엘리야의 시체를 찾게 해 달라고 했습니다. 엘리사가 하나님이 데려갔으니까 사람을 보낼 필요가 없다고 해도 이들은 엘리사가 부끄러울 정도로 졸라댔습니다. 그래서 엘리사가 어쩔 수 없어서 50명을 보냈지만 그들은 어느 골짜기에서도 엘리야의 시체를 찾을 수가 없었습니다.

이 선지자의 생도들은 한편으로는 성령의 예언을 하지만 다른 한편으로는 그것을 믿지 못하고 있었습니다. 이런 현상을 '말씀의 소화 불량'이라고 부릅니다. 자기가 하나님의 말씀을 전하기는 하면서 자기 자신이 그 말씀을 믿지 못하는 것입니다. 말씀이 소화 불량이 되면 결국 엉뚱한 짓을 하게 되어 있습니다. 그래서 하나님이 엘리야를 머리 위로 데려가신다고 예언해 놓고 사람을 보내 엘리야의 시체를 찾아야 한다고 고집을 부리게 되는 것입니다.

엘리사는 엘리야와 헤어진 후에 두 가지 능력을 행하게 됩니다. 하나는 좋은 일이었고 하나는 좋지 않은 일이었습니다.

좋은 일은, 그가 여리고 성에서 선한 기적을 행한 것입니다. 여리고가 성읍터는 좋지만 물이 좋지 못해서 과일이 익지 않고 떨어졌습니다. 여리고 성에 심각한 농사 문제가 있었던 것입니다. 사실 농사는 선지자가 도울 성질의 것이 아니었습니다. 그러나 엘리사는 자신이 더 이상 농사를 짓지 않았지만, 다른 사람들의 농사를 도와주었습니다. 즉 물의 근원을 찾아가서 소금을 던지며, 여호와께서 이 물을 고치셨으니 다시는 죽음이나 토산이 익지 않고 떨어지는 일이 없을 것이라고 선포했던 것입니다. 하나님은 이스라엘의 농사도 도와주십니다.

또 하나는 좋지 않은 일이었습니다. 엘리사가 벧엘로 올라갈 때 젊은이들이 "대머리여 올라가라 대머리여 올라가라"(왕하 2:23)고 조롱했는데, 이때 엘리사가 여호와의 이름으로 저주하자 암곰 둘이 40명이나 되는 이들을 물어 죽였던 것입니다. 엘리사는 대머리였던 것 같고, 또 '올라가라'는 말은 엘리야처럼 엘리사도 그런 식으로 없어지라는 뜻이었습니다. 아마도 이들은 벧엘에 있는 이방신을 섬기는 청년들로 여호와에 대해 적대적이었던 것 같습니다. 그들은 엘리야의 승천도 믿지 않았고 엘리사도 우습게 여겼습니다. 엘리사는 엘리야의 영감을 얻자마자 치열한 영적 전쟁을 경험하게 된 것입니다. 우리는 엘리사가 하나님의 선지자이므로 저주하지 말고 참았으면 좋았을 것이라고 생각할 수 있습니다. 그러나 이들은 시나친 조롱으로 하나님 앞에서 성령을 훼방하는 죄를 지었습니다. 성령을 훼방한다고 하는 것은 하나님의 복음을 대적하고 성령을 대적하는 것입니다.

오늘 우리가 악한 이 세상을 살아가기 위해서는 엘리야의 갑절의 영감과 능력이 필요합니다. 하나님은 우리가 끝까지 주님을 붙들고 따르면 이 능력을 주실 것입니다.

03. 엘리사와 모압의 전쟁

◎ 왕하 3:1-27

요즘 서울에서는 강남을 위시해서 판교 등지의 집값 폭등으로 난리를 겪고 있습니다. 사람들이 가지는 공통된 인식 중 하나가 절대로 손해 보고는 못 산다는 것입니다. 비슷한 조건에서 남들은 많은 이익을 보는데 자신은 그렇지 못하다든지 혹은 다른 사람이 엄청난 손해를 끼치고 달아났을 때 이것을 하나님의 뜻으로 참는다든지 하는 것을 견디지 못하는 것입니다. 아마도 우리 성도들 중에서는 사업을 하다가 생각지도 못한 손해를 보고 고통 가운데 있는 분도 있을 것이며 다른 사람들은 기회를 잘 잡아서 돈을 많이 버는데 자기만 바보같이 논도 벌지 못한다고 생각하는 분들이 있을 것입니다. 그러나 중요한 것은 당장 눈앞의 이익이 아니라 하나님 앞에서 긍휼히 여김을 받고 불쌍히 여김을 받는 것입니다. 우리가 하나님 앞에서 겸손하기만 하면 당장은 손해를 보더라도 결국 하나님의 지속적인 복을 받게 됩니다.

하나님은 이미 이스라엘 왕 아합에게 사형 선고를 내리셨습니다. 그가 나봇이라는 사람의 포도원을 탐내서 그를 죽이고 그 포도원을 차지했을 때 하나님은 엘리야를 보내서 아합에게 속한 자는 남자든 여자든 모두 죽을 것이라고 말씀하셨습니다. 이 말을 듣고 아합이 하나님 앞에서 옷을 찢고 걸음을 천천히 걷는 등 회개하는 모습을 보였을 때 하나님은 이 무서운 재앙을 그 자식의 대로 연기해 주셨습니다. 그러면 그의 자식에게는 이 재앙이 그대로 유효한 것입니다.

아합의 자식 중에는 아하시야가 있었는데 난간에서 떨어지는 바람에 중상을 입었습니다. 그러나 아하시야는 하나님께 물어보지 않고 에그론의 바알세붑에게 물으려고 부하들을 보냈다가 결국, 이스라엘에 하나님이 없어서 에그론까지 사람을 보내 우상에게 묻느냐는 책망을 받고 침상에서 내려오지 못하고 죽었습니다. 그리고 아하시야의 동생 여호람이 형을 대신해서 이스라엘의 왕이 되었습니다. 여호람은 이미 자기 가문에 하나님의 저주가 내려 있는 줄 알았습니다. 그러므로 손해를 보더라도 참고 아합이 했듯이 찢어진 옷을 입고 하나님 앞에서 겸손히 행했다면 살 수 있었을 것입니다. 그러나 여호람은 모압 사람들의 배반으로 일어난 손해를 되찾기 위해 전쟁을 일으켰다가 큰 위기를 맞게 되었습니다.

이제 열왕기하 3장 말씀을 통해서 여호람이 왜 멸망당할 일을 자초했는지, 그리고 하나님 앞에서 지속적으로 긍휼히 여김을 받으려면 어떻게 해야 하는지를 살펴보겠습니다.

여호람에게 발생한 손실

열왕기하 3:1-3

"유다 왕 여호사밧의 십팔 년에 아합의 아들 여호람이 사마리아에서 이스라엘 왕이 되어 십이 년을 치리하니라 저가 여호와 보시기에 악을 행하였으나 그 부모와 같이 하지는 아니하였으니 이는 저가 그 아비의 만든 바알의 주상을 제하였음이라 그러나 저가 느밧의 아들 여로보암이 이스라엘로 범하게 한 그 죄를 따라 행하고 떠나지 아니하였더라"

여기에 아합 왕가의 마지막 왕인 여호람의 치적이 소개되고 있습니다. 여호람은 아합의 아들로서 12년 동안 이스라엘을 다스리게 됩니다. 그런데 성경은 여호람이 악했지만 그의 부모같이 악하지는 않았다고 기록하고 있습니다. 여호람이 그 부모만큼 악하지 않았다는 말이 무슨 뜻입니까? 여호람이 그의 아버지 아합이 섬긴 우상 바알은 폐하였지만, 여로보암의 금송아지는 그대로 추종했다는 것입니다. 사실 여호람이 아버지 아합의 바알 우상 신앙만 폐한 것만 해도 대단하다고 볼 수 있습니다. 그래서 하나님은 여호람에게 12년 동안의 통치를 허락하셨다고 볼 수 있습니다.

그럼에도 불구하고 하나님은 여호람을 악하다고 말씀하십니다. 그 이유가 무엇일까요? 그가 하나님의 말씀으로 완전히 돌이키지 못하고 어중간하게 돌아왔기 때문입니다. 즉 완전히 말씀으로 돌아오지 않는 것이 하나님의 눈에는 악한 것입니다. 우리가 '교회 개혁'이라는 말을 많이 쓰는데, '개혁'이라는 것은 완전히 하나님의 말씀으로 돌아오는 것입니다. 즉 하나님과 이스라엘 백성 사이에 다른 걸림돌이 없도록 장애물을 다 치우는 것입니다. 그래서 하나님의 말씀이 완전하게 이스라엘 백성들에게 전달되고 이스라엘 백성들이 그 말씀을 '아멘!'으로 받아들일 때 부흥이 일어나는 것입니다. 그러나 여호람은 바알만 치웠지 또 다른 하나의 장애물인 금송아지 종교는 그대로 두었습니다. 이것이 여호람이 하나님 앞에서 악한 것이었습니다. 우리는 하나님 앞에서 반드시 악한 행동을 해야 악한 것이 아니라는 것을 알아야 합니다. 하나님이 기뻐하시지 않는 것인 줄 알면서 그대로 두는 것도 악한 것입니다.

특히 여호람은 하나님의 저주가 있는 아합 집의 사람입니다. 하나님의 저주가 있는 집에서 멸망하지 않고 살아남으려면 어떻게 해야 합니까? 하나는 그 집과의 모든 관계를 끊고 다시 새 출발하는 것입니다. 즉 여호람이 살려면 아버지 아합의 모든 정신적인 유산이나 물질적인 유산을 청산하고 모든 것을 밑바닥에서 새로 시작해야 합니다. 저는 제 아버지로부터 물려받은 정신적인 유산이나 물질적인 유산이 하나도 없습니다. 저는 예수 안에서 완전히 밑바닥에서 새 출발을 했습니다. 그렇게 하니까 아버지로부터 좋지 않은 영향을 전혀 받지 않을 수 있었습니다.

또한 여호람이 살 수 있는 길은 자기 아버지 아합이 하나님 앞에 보였듯이 찢어진 옷을 입고 겸손한 모습으로 사는 것입니다. 하나님은 겸손한 자를 절대로 멸망시키지 않으십니다. 다른 사람들이 아무리 높아지라고 추켜세워도 그런 말을 듣지 않고 늘 하나님 앞에서 '저는 죄인입니다' 라는 심정으로 살 때 하나님은 여호람의 세대에도 재앙을 내리지 않으셨을 것입니다. 그러나 이제 여호람의 겸손을 시험하는 사건이 일어났습니다. 그것은 아버지 아합이 죽으면서 그동안 막대한 조공을 바치던 모압이 배반한 것입니다.

열왕기하 3:4-6

"모압 왕 메사는 양을 치는 자라 새끼 양 십만의 털과 수양 십만의 털을 이스라엘 왕에게 바치더니 아합이 죽은 후에 모압 왕이 이스라엘 왕을 배반한지라 그때에 여호람 왕이 사마리아에서 나가서 온 이스라엘을 점고하고"

하나님이 우리를 축복하실 때에는 모든 일이 저절로 되기도 합니다. 마치 수레를 끌고 고개를 올라갈 때 뒤에서 누가 밀어주면 쉽게 올라갈 수 있는 것처럼 모든 일들이 저절로 될 때가 많습니다. 그러나 우리가 교만하여 하나님을 떠나면 그때부터는 모든 것을 자신의 힘으로 억지로 해야 할 때가 많습니다. 그리고 여기저기에서 사건이 터지기 시작하는데 정신을 차리지 못할 정도입니다. 사실 하나님이 우리 삶을 지켜 주지 않으시면 우리 힘으로는 도저히 감당할 수가 없습니다.

남의 재산이나 빼앗고 못된 짓을 하던 아합이 죽자마자 그동안 많은 조공을 바쳤던 모압이 이스라엘을 배반했습니다. 이것은 이스라엘의 입장에서 보면 엄청난 재산의 손해였습니다. 매년 모압이 이스라엘 왕에게 바치던 어린 양 10만의 양털과 수양 10만의 털을 더 이상 얻을 수 없게 된 것입니다. 이것을 요즘 식으로 설명하면 어떤 사람이 어마어마한 부도를 내고 입을 닦고 가만히 있는 것과 같습니다. 여호람은 이것을 그냥 둘 수가 없다고 해서 유다와 합작을 해서 모압을 치기로 했습니다.

사실 이것은 여호람의 겸손을 달아보는 사건이었습니다. 여호람의 집은 하나님 앞에서 큰 죄를 짓고 저주 아래 있는 상태였습니다. 이때 모압 왕이 큰 재산의 손실을 입히고 배반했을 때 어떻게 하는 것이 옳겠습니까? 먼저 이것을 하나님 앞에 물어봐야 옳은 것입니다. 즉 '하나님, 저도 하나님 앞에 죄가 있는 몸입니다. 그런데 모압이 나를 배반하고 큰 재산의 손해를 입히고 있습니다. 이럴 때 어떻게 해야 되겠습니까?' 라고 물어봐야 하는 것입니다. 이때 하나님이 '너도 내 앞에서 죄를 지은 몸인데 그런 손해를 감수하고 사람들에게 좀 바보 취급을 당하더라도 겸손하게 있으라' 고 하시면 그대로 하면 됩니다. 그러나 여호람은 재산 상의 손해와 다른 사람들에게 조롱거리가 되는 것을 참을 수가 없었습니다. 그래서 하나님께 물어보지도 않고 모압을 응징하는 전쟁을 시작했던 것입니다. 이것을 요즘 식으로 표현을 하면 손해 배상을 받기 위한 법적 투쟁입니다.

그러나 여호람은 자기 생각대로 전쟁을 일으켰다가 적을 치기도 전에 전멸당할 위기를 맞게 됩니다. 이것이 무엇을 의미합니까? 여호람이 자기도 하나님 앞에 죄인이면서 모압을 참지 못하고 치러 갔다가 자기 함정을 스스로 판 것입니다. 이런 일은 다윗을 욕하고 조롱했던 시므이라는 사람에게도 일어났습니다. 시므이는 아들 압살롬의 반란으로 실각하여 도망치는 다윗을 욕하면서 따라왔습니다. 그러다가 다윗이 복권되었을 때 살기 위해서 제일 먼저 나와서 용서를 구했습니다. 이때 다윗은 시므이를 용서했습니다. 그러나 이것은 조건부 용서였습니다. 그래서 다윗을 이어 왕이 된 솔로몬은 시므이를 불러서 '네가 네 집을 떠나지 않으면 살게 해 주겠다' 고 약속했습니다. 그러나 시므이는 솔로몬의 명령을 어기고 자기 집에서 도망친 종을 붙들러 갔다가 결국 죽임을 당하게 됩니다.

우리가 하나님 앞에서 끝까지 버림받지 않는 길은 자기 마음에 선을 그어서 '나는 절대로 높아지지 않겠다, 나는 절대로 잘난 체하지 않고 모든 경제적인 이익을 챙기지 않겠다' 라고 결심하고 그것을 끝까지 지키는 것입니다. 그러면 하나님이 만족해하시고 축복을 회복시켜 주십니다. 여호람이 살 수 있는 길이 무엇입니까? 모압이 배반했을 때 하나님께 물어보는 것이었습니다. 그리고 하나님이 손해를 감수하라고 하시면 감수해야 합니다. 이것이 하나님 앞에서 끝까지 긍휼을 얻을 수 있는 방법입니다.

여호람에게 생긴 위기

여호람은 모압을 치는데 혼자 가지 않고 유다 왕 여호사밧에게 함께 공격하자고 했습니다. 그런데 여호사밧은 기꺼이 여호람과 동행을 했다가 함께 전멸당할 위기를 겪게 됩니다.

> 열왕기하 3:7
> "또 가서 유다 왕 여호사밧에게 보내어 이르되 모압 왕이 나를 배반하였으니 당신은 나와 함께 가서 모압을 치시겠느뇨 저가 가로되 내가 올라가리이다 나는 당신과 일반이요 내 백성은 당신의 백성과 일반이요 내 말들도 당신의 말들과 일반이니이다"

여호사밧은 하나님의 말씀을 잘 따르는 왕이었습니다. 그러나 여호사밧은 이스라엘이 하나가 되어야 한다는 데 너무나도 열성적이었습니다. 그래서 어떻게 해서든지 이스라엘과 유다가 하나 되도록 많은 노력을 기울였습니다. 그러나 이것은 하나님의 뜻을 능가하는 열심이었습니다. 그래서 여호사밧은 아합이나 그 아들들 때문에 몇 번이나 죽을 고비를 넘겼습니다. 그러면서도 계속해서 이스라엘과 유다는 하나가 되어야 한다는 생각만 했기 때문에 이번에도 기꺼이 이스라엘을 돕겠다고 약속했습니다. 그리고 에돔과 함께 세 나라가 출정했다가 생각지도 못한 위기에 빠지게 되었습니다.

사해 동쪽에 있던 모압을 치는 길은 두 가지였습니다. 하나는 요단강을 건너서 위에서 아래로 쳐내려오는 방법이었고, 다른 하나는 사해 남쪽에서 위로 쳐들어가는 방법이었습니다. 여호람은 여호사밧과 작전을 의논하다가 위에서 내려오는 길은 대비가 되어 있을 것이기 때문에 남쪽에서 위로 기습하기로 했습니다. 그런데 그들은 행군 7일 동안 전혀 물을 찾지 못하는 바람에 모든 군사와 말들이 전멸 위기에 빠지게 되었습니다. 7일 동안 물을 찾지 못해서 물이 다 떨어져 버렸습니다. 돌아가도 7일이 걸렸으므로 여기서 물을 찾지 못하면 모두 다 전멸하게 되는 것입니다. 이러한 상황에서 이스라엘 왕은 절망했습니다.

열왕기하 3:10
"이스라엘 왕이 가로되 슬프다 여호와께서 이 세 왕을 불러 모아 모압의 손에 붙이려 하시는도다"

결국 여호람이 모압의 배반을 참지 못하고 응징하러 가는 길이 자신의 무덤을 파는 일이었습니다. 가만히 있었더라면 조공만 손해보고 끝나는 것인데 이것을 꼭 되찾으려고 하니까 이런 위기를 자초하게 된 것입니다. 사실 이 세 왕의 작전은 너무나도 엉터리였습니다. 가장 중요한 것이 물과 양식인데 그런 것을 생각하지 않고 기습만을 생각했던 것입니다. 이때 여호사밧은 믿음으로 해결을 하려고 했습니다. 즉 지금 비록 늦었지만 아직 우리가 다 죽은 것은 아니니까 지금이라도 하나님의 말씀을 듣자는 것입니다. 그래서 여호사밧은 혹시 이 가까운 곳에 하나님의 말씀을 들을 만한 선지자가 없는지 부하들에게 물어봤습니다. 그랬더니 엘리야의 손에 물을 부으면서 수종을 들던 엘리사가 가까운 곳에 있다는 말을 듣게 됩니다.

열왕기하 3:11
"여호사밧이 가로되 우리가 여호와께 물을 만한 여호와의 선지자가 여기 없느냐 이스라엘 왕의 신복 중에 한 사람이 대답하여 가로되 전에 엘리야의 손에 물을 붓던 사밧의 아들 엘리사가 여기 있나이다"

똑같은 위기에서 신앙이 있는 사람과 없는 사람은 문제를 접근하는 방식이 벌써 다릅니다. 여호람 같은 사람은 일을 저지르기는 자기가 다 저질러 놓고 막상 위기에 처하니까 하나님이 그들을 모압에게 넘기려 한다면서 하나님을 원망했습니다. 그러나 여호사밧은 우리가 잘못해서 위기에 빠졌지만 지금이라도 하나님의 말씀을 듣자고 했습니다. 왜냐하면 하나님의 말씀 속에는 생명이 있기 때문입니다. 하나님의 말씀은 우리가 절망의 수렁에 빠졌을 때 우리를 지켜 주는 생명의 줄입니다. 이 말씀을 붙들면 우리는 어떤 위기 가운데서도 다시 살아날 수가 있습니다.

여호람과 여호사밧이 엘리사를 찾아갔을 때 엘리사는 여호람을 전혀 인정해 주지 않았습니다. 그러면서 여호사밧이 없었더라면 여호람 같은 사람은 만나 주지도 않았을 것이라고 하면서 면전에서 그를 무시했습니다. 이것이 하나님이 사람을 보시는 시각입니다. 사실 이스라엘과 유다를 비교하면, 이스라엘이 훨씬 사람 수가 많고 부요했습니다. 이스라엘은 유다에 비해 나라가 다섯 배에서 열 배 정도 컸습니다. 그러나 하나님은 외적인 규모가 아니라 하나님의 말씀을 사랑하는가를 보셨습니다. 이것은 오늘도 마찬가지입니다. 사람들은 교회의 외모나 규모를 가지고 판단할지 모르지만 하나님은 그런 것을 보고 응답해 주시지 않습니다. 하나님은 비록 사람들이 보기에는 작은 규모의 교회나 회사에 속해 있다해도 진심으로 그분을 두려워하고 사랑하는 자를 기꺼이 만나 주시고 축복해 주십니다.

여호사밧은 여호람의 요청을 받고 전쟁에 뛰어들어 위기를 자초했지만 하나님은 이들이 물이 없어서 망하지 않도록 미리 엘리사를 보내 주셨습니다. 여호람은 하나님 앞에서 마땅히 죽어야 할 죄인이었고, 여호사밧은 무턱대고 그런 자를 따라서 전쟁터에 나왔습니다. 하지만, 하나님은 그분의 백성들의 생명을 아끼셔서 미리 선지자를 보내 그들이 살 수 있는 길을 준비해 주셨습니다.

엘리사의 예언

엘리사는 먼저 하나님의 말씀을 들으려고 합니다. 그래서 거문고 타는 사람을 불러서 그의 거문고 소리를 들으면서 하나님의 신에 감동을 받았습니다.

> 열왕기하 3:15
> "이제 내게로 거문고 탈 자를 불러오소서 하니라 거문고 타는 자가 거문고를 탈 때에 여호와께서 엘리사를 감동하시니"

선지자에게는 항상 하나님의 말씀이 임한다고 우리는 보통 생각하지만 실제로는 그렇지 않을 때가 많습니다. 특히 선지자는 하나님의 말씀이 임하도록 준비하는 시간이 더 중요할 때가 많습니다. 마치 설교자가 설교를 준비하기 이전에 그의 마음을 준비하는데 긴 시간이 필요한 것과 비슷한 이치입니다. 선지자에게 하나님의 말씀이 임하기 위해서는 미움이나 분노의 감정이 없어져야 하고 또 염려나 걱정들도 사라져 평안하고 깨끗한 마음이 되어야 합니다. 그런데 엘리사는 전쟁터에서 온 왕들과 군인들 앞에서 자칫 마음이 집중

되지 않을 수 있었습니다.

그래서 엘리사는 음악의 방법을 사용했습니다. 거문고 소리를 들으면서 마음의 평안을 찾기 원했습니다. 그리고 그에게 성령의 감동이 임했습니다. 여기서 과연 하나님의 선지자가 하나님의 말씀을 듣기 위해 음악의 방법을 사용하는 것이 옳은지에 대한 의문이 생길 수도 있습니다. 그러나 보조적으로 사용된다면 음악이 얼마든지 도움이 될 수 있을 것입니다. 예를 들어 어떤 분들은 기도할 때 조용한 음악을 틀어 놓고 기도할 수 있습니다. 또 부흥회 같은 때에는 교인들이 더 열정적으로 기도하도록 음악을 크게 연주합니다. 엘리사가 음악 연주의 도움을 받아서 성령의 감동을 받는 것은 얼마든지 가능한 일입니다. 그리고 엘리사는 하나님이 물을 주시되 조금 주시는 것이 아니라 골짜기에 웅덩이를 많이 파면 그것이 모두 넘치도록 물을 주실 것이라고 예언했습니다.

열왕기하 3:16-17

"저가 가로되 여호와의 말씀이 이 골짜기에 개천을 많이 파라 하셨나이다 여호와께서 이르시기를 너희가 바람도 보지 못하고 비도 보지 못하되 이 골짜기에 물이 가득하여 너희와 너희 육축과 짐승이 마시리라 하셨나이다"

아직 사람들은 엘리사의 능력을 공식적으로 경험해 보지 못한 상태입니다. 엘리사의 선생인 엘리야는 그야말로 능력의 종이었습니다. 그는 하늘에서 불이 내리게 하고 기도로 3년 반 동안 오지 않던 비가 내리게 했습니다. 과연 엘리사에게도 그런 능력이 있을까요? 엘리사는 이것이 자신의 능력이라고 말하지 않았습니다. 하나님이 이렇게 말씀하셨다는 것입니다. 바람도 없고 비도 없지만 골짜기에 물이 가득 차게 된다는 것입니다.

도대체 비도 오지 않고 바람도 없는데 어떻게 골짜기가 물로 가득 찰 수 있습니까? 그러나 하나님이 그렇게 말씀하셨다고 하면서 골짜기에 물이 있을 동안에 저장을 해 놓도록 웅덩이를 많이 파라고 했습니다. 그러면서 엘리사는 이것은 오히려 작은 일이고 하나님이 모압을 이기도록 그들의 손에 붙이셨다고 했습니다. 하나님이 얼마나 자비로운 분이신가 하면 자기 교만으로 무덤을 파고 멸망의 자리로 들어간 여호람을 여호사밧으로 인해 도와주실 뿐 아니라 승리를 약속해 주셨습니다. 그러면서 모압을 이기게 될 때 모압의 힘을 꺾는 방법까지 가르쳐 주셨습니다.

> 열왕기하 3:19
> "당신들이 모든 견고한 성과 모든 아름다운 성을 치고 모든 좋은 나무를 베고 모든 샘을 메우고 돌로 모든 좋은 밭을 헐리이다 하더니"

모압 사람들은 끊임없이 이스라엘을 시기하고 질투하는 사람들이었습니다. 그들은 힘이 없을 때에는 억지로라도 이스라엘에 복종했지만 조금이라도 힘이 생기면 이스라엘을 대적했습니다. 그래서 모압 사람들이 살 수 있는 길은 오히려 힘이 없어서 이스라엘을 대적하지 못하고 복종하는 것이었습니다. 우리 주위에도 돈이 없고 아무 힘이 없을 때는 얌전하지만 조금이라도 돈이 생기고 힘이 생기면 꼭 사고를 치는 사람들이 있습니다. 그런 사람은 차라리 돈이 없고 힘이 없는 것이 본인에게 더 낫습니다. 이러한 모압의 힘의 근원을 하나님은 이번에 아예 파괴시키도록 하신 것입니다.

하나님이 엘리사를 통해 예언하신 대로, 아침이 되사 도저히 일어날 수 없는 일이 일어났습니다. 바람도 없고 비도 없는데 골짜기에 물이 넘쳐서 웅덩이마다 물이 차고 넘치도록 흘렀던 것입니다. 바람도 없고 비도 없는데 골짜기에 물이 많이 흐른 이유는 둘 중 하나일 것입니다. 즉 큰 지하수가 터졌든지 아니면 상류 지방에 폭우가 쏟아져서 그 물이 흘렀던 것입니다. 그것이 아니면 하나님이 갑자기 물이 생기게 하셨을 수도 있습니다.

이때 모압은 이스라엘과 유다를 칠 준비를 하고 기다리고 있었습니다. 아마 이스라엘에 물이 떨어졌다는 사실을 알았다면 선제공격이라도 했을 것입니다. 그런데 모압 사람들은 아침에 맞은편에 고인 물이 마치 핏물처럼 보이자 이스라엘과 유다 사람들이 서로 싸워서 다 죽었다고 생각하게 되었습니다. 그래서 전리품이나 챙기려고 이스라엘의 진에 갔다가 이스라엘 사람들의 공격을 받고 전쟁에서 대패하고 말았습니다.

여기에 보면 모압 왕이 살기 위해 두 가지 일로 몸부림치는 것을 보게 됩니다. 하나는 특공대 700명을 조직해서 에돔 왕 쪽을 돌파하려고 했다가 실패한 것이고, 두 번째는 그것이 실패하자 자기 아들을 불에 태워 죽이는 제사를 드린 것입니다. 이것을 보면 마치 우리에 갇힌 맹수가 우리에서 탈출하기 위해 발광하는 모습과 비슷합니다. 이런 난폭한 자를 이스라엘 백성들이 무슨 재주로 이기겠습니까? 그러나 하나님이 한번 누르시니까 모압 왕이 아무리 몸부림치고 발광을 해도 이스라엘을 이길 수가 없었습니다. 우리가 이 세상에서 상대를 해야 하는 사람들 중에 이런 사람들이 있을 것입니다. 우리의 힘으로는 이런 사람들을 도저히 상대할 수가 없습니다. 이런 난폭한 미친 사람들은 그리스도께서 굴복시켜서 발로 그 목을 누르셔야 하는 것입니다.

하나님은 어떤 분이십니까? 스스로 교만하여 죽을 자리로 들어간 여호람도 엘리사를 미리 보내 살 길을 가르쳐 주시는 분입니다. 우리는 끝까지 하나님의 용서와 사랑을 받기 위해 죽을 때까지 겸손해야 함을 알아야 합니다. 그렇게 하려면 겸손을 우리의 이마에 새기고 우리의 뼈에 새겨야 합니다. 그래서 설사 누가 나에게 손해를 끼치더라도 함부로 보복하려 하거나 나의 모든 이익을 챙기려고 해서는 안 됩니다. 하나님은 엘리사를 통해서 다시 한 번 하나님의 말씀을 듣는 것이 살 길일 뿐 아니라 전쟁에서 이기는 길이라는 것을 가르쳐 주셨습니다. 우리는 끝까지 하나님 앞에서 목을 뻣뻣하게 하지 말아야 합니다. 언제나 겸손해야 합니다. 그리고 재앙을 축복으로 바꾸는 성도들이 되시기를 바랍니다.

04. 빈 그릇을 빌리라

◎ 왕하 4:1-44

우리가 성경을 볼 때 하나님의 기적이 늘 똑같이 나타났던 것이 아님을 알게 됩니다. 성경에서 하나님의 기적이 가장 놀랍게 나타날 때가 대략 세 번 정도 있었습니다. 그 하나는 모세가 이스라엘 백성들을 애굽에서 이끌어 내고 광야에서 인도할 때 많이 나타났습니다. 또한 엘리야와 엘리사 시대에 바알에 빠져 있는 이스라엘 백성들을 회복시키기 위해 하나님의 기적이 많이 나타나는 것을 보게 됩니다. 그리고 예수님이 이 세상에 오셔서 불신앙에 빠진 사람들을 하나님께로 이끌기 위해 특히 갈릴리 지방에서 많은 기적을 행하시는 것을 보게 됩니다.

이런 기적들의 공통점을 찾아보면, 복음의 최선방에서 사탄의 세력에 매여 있거나 불신앙에 빠져 있는 하나님의 백성들을 돌이키기 위해 치열한 영적 싸움을 싸울 때 이런 기적들이 많이 나타나는 것을 알 수 있습니다. 만약 우리가 편하게 믿으려 하면 평생 이런 기적들을 체험하지 못할 것입니다. 그러나 하나님의 말씀을 붙들고 복음의 최전방으로 나가서 싸울 때 거기에는 사탄의 무서운 공격도 있지만 그 공격을 능히 이길 수 있는 하나님의 기적도 나타나는 것을 알 수 있습니다.

그런데 우리가 분명히 알아야 하는 것은 모세에게 나타났고 엘리야에게 나타났던 그 기적들이 누구의 능력이었느냐 하는 것입니다. 그것은 모세의 능력이나 엘리야의 능력이 아니고 하나님의 능력이었습니다. 하나님이 그분의 능력을 모세에게 빌려 주시고 엘리야에게 빌려 주셔서 그런 기적들이 나타나게 된 것입니다.

신약에서도 마찬가지입니다. 예컨대, 베드로와 요한이 성전 미문에서 구걸하는 앉은뱅이를 일으키자 많은 사람들이 몰려들었습니다. 이에 베드로는 그 사람들에게 "이 일을 왜 기이히 여기느냐 우리 개인의 권능과 경건으로 이 사람을 걷게 한 것처럼 왜 우리를 주목하느냐"(행 3:12)고 하면서 "예수로 말미암아 난 믿음이 너희 모든 사람 앞에서 이같이 완전히 낫게 하였느니라"(행 3:16)고 증거 했습니다.

열왕기하 4장에서는 엘리야의 제자 엘리사가 거의 엘리야와 같은 능력으로 기적을 행하는 것을 볼 수 있습니다. 놀라운 것은 엘리사가 거의 자유자재로 기적을 행하는 것이었습니다. 어떤 기적이 일어날 때 대부분은, 먼저 기도를 드리면 하나님이 기적을 일으키시든지 아니면 하나님이 하라고 하시는 대로 순종함으로 기적이 일어납니다. 그런데 엘리사에게는 그런 과정이 생략되어 있습니다. 즉 엘리사는 어떤 어려운 문제가 생겼을 때 하나님께 기도하는 과정 없이 바로 그 자리에서 능력을 나타냈던 것입니다. 이것은 엘리사가 그만큼 하나님과 탁월하게 영적으로 교통했음을 보여 줍니다. 즉 어떤 일이 생기는 즉시 하나님은 엘리사의 마음속에 생각이 떠오르게 하셨고 그것을 해결 할 수 있는 능력을 부여해 주셨습니다.

그런데 엘리사에게도 하나님이 가르쳐 주시지 않은 것이 하나가 있었습니다. 그것은 수넴 여인의 아이가 죽었다는 것이었습니다. 여기서 우리는 엘리사가 하나님과 거의 모든 것을 즉시 교통할 수 있는 능력이 있어서 자유자재로 기적을 행할 수 있었지만 어떤 일은 하나님이 말씀하지 않으셨기 때문에 모를 때가 있었음을 알 수 있습니다.

열왕기하 4장에는 엘리사가 행한 네 가지 기적이 나옵니다. 그러나 뒤에 나오는 두 가지는 하나로 묶을 수 있기 때문에 세 가지로 볼 수도 있습니다. 이 기적들은 모두 하나님의 일을 하는 어려운 사람들에게 하나님이 먹을 것을 주시고 빚을 갚게 하시며 죽은 아이를 살리심으로 위로하고 힘주시는 것입니다.

선지자 생도 부인의 빚

열왕기하 4:1

"선지자의 생도의 아내 중에 한 여인이 엘리사에게 부르짖어 가로되 당신의 종 나의 남편이 이미 죽었는데 당신의 종이 여호와를 경외한 줄은 당신이 아시는 바니이다 이제 채주가 이르러 나의 두 아이를 취하여 그 종을 삼고자 하나이다"

여기서 우리는 엘리야와 엘리사가 불신의 시대에 많은 선지자 생도들을 양육했다는 놀라운 사실을 접하게 됩니다. 우리가 보통 생각하는 선지자의 사역이라고 하는 것은 일반 대중을 향해 하나님의 말씀을 선포해서 집단적인 회개운동을 일으키는 것입니다. 하나님은 언제나 하나님의 백성들을 축복하고 능력을 일으키기 원하시지만 그 사이에 죄와 우상이 있기 때문에 하나님의 능력이 나타나지 못합니다. 이때 선지자가 나타나서 백성들의 죄를 지적하고 지금 그들이 하나님의 말씀에서 얼마나 떨어져 있으며 그 결과 얼마나 비참한 상태에 있는지를 가르쳐 줘야 합니다. 그러면 백성들은 하나님과 바른 관계를 회복하기 위해 울면서 기도하고 죄와 우상을 버리게 됩니다. 이와 같이 하나님의 기적이 일어나고 능력이 나타나는 것이 부흥입니다. 그런데 엘리야와 엘리사는 자기들만 이 일을 하는 것은 너무나도 속도가 더디고 장소의 한계가 있다고 생각해서 동시 다발적으로 말씀의 역사를 일으키기 위해 생도들을 양성하고 있었습니다.

여기서 우리는 이런 식으로 생도들을 모아서 가르쳐도 선지자의 영감이 임하는지 궁금해집니다. 그런데 엘리야가 부르심을 받고 하늘로 올라갈 때 길갈에 있던 선지자 생도들이 엘리야의 승천을 알았듯이 조금씩은 성령의 영감이 나타나고 있었던 것 같습니다. 아직은 부족했지만, 적어도 우상의 세력과 싸울 수 있는 정도의 믿음으로는 무장이 되었던 것 같습니다. 그런데 이 선지자 생도들에게 가장 어려운 점은 역시 경제적인 문제였습니다. 선지자들은 하나님의 부르심을 받고 자기 직업과 때로는 가족도 버리고 하나님의 말씀을 좇았습니다. 그래서 그들에게는 늘 경제적인 어려움이 있었던 것 같습니다. 선지자들의 모임에도 가난과 궁핍은 있었고 가족들에게도 경제적인 어려움이 있었습니다.

결국 선지자들은 누구나 다 한번은 엘리야의 까마귀 체험을 해 봐야 했던 것입니다. 이것은 하나님의 말씀의 종이 되기 위해 반드시 극복해야 하는 문제였습니다. 만일 주의 종이 하나님의 공급을 믿지 못한다면 그는 사람을 의지하려고 할 것입니다. 아니면 굶어 죽을 것이 염려가 되어 아무 일도 하지 못할 것입니다. 그러므로 도저히 먹고 살 수 없는 처지에서 기적으로 채워 주시는 하나님의 능력을 한번은 체험해 봐야 합니다.

모든 먹을 것과 입을 것을 하나님께 다 맡기고 하나님을 경외하던 한 선지자 생도가 그만 죽어 버렸습니다. 이 선지자 생도는 믿음으로 살아 왔지만, 전혀 돈을 벌지 못하면서 병을 앓다가 죽는 바람에 가족들이 빚을 지게 되었습니다. 병을 고치기 위해 돈을 빌렸는지 아니면 흉년 동안 먹을 것이 없어서 양식을 빌렸는지 전혀 알 수 없습니다. 그런데 빚쟁이가 이 선지자 생도의 부인이었던 과부에게 빚을 갚지 못하면 그 아들을 종으로 데려가겠다고 통보를 한 것입니다. 이럴 때는 누구라도 참으로 답답해지게 됩니다. 그렇지 않아도 하루하루를 힘들게 믿음으로 살아가고 있는데 갑자기 감당하지 못할 요구 조건이 생기면서 아들이나 자신이 종으로 팔려가는 수밖에 없게 된 것입니다.

"하나님은 미쁘사 너희가 감당치 못할 시험 당함을 허락지 아니하"(고전 10:13)심에도 불구하고 우리가 감당할 수 없는 시험이 닥치면 하나님께 섭섭한 마음과 불신앙이 생기게 됩니다. 이때 우리가 할 수 있는 것이 무엇이겠습니까? 할 수 있는 한 화를 내거나 불평을 터트리지 말고 끝까지 참으면서 기도하는 것입니다. 아마 이 과부도 그렇게 하다가 한순간에 엘리사가 생각났던 것 같습니다. 그래서 그녀는 엘리사를 찾아가서 자신의 사정을 이야기했습니다. 아마도 이 말을 듣고 엘리사도 기가 찼을 것입니다. 어떻게 하나님의 종의 가정이 이렇게 비참해질 수가 있습니까?

열왕기하 4:2

"엘리사가 저에게 이르되 내가 너를 위하여 어떻게 하랴 네 집에 무엇이 있는지 내게 고하라 저가 가로되 계집종의 집에 한 병 기름 외에는 아무것도 없나이다"

엘리사는 답답한 마음을 안고 말했습니다. "내가 너를 위해 무엇을 해 줄까?" 엘리사가 이 과부를 위해 해 줄 수 있는 것은 아무것도 없었습니다. 왜냐하면 엘리사가 가지고 있는 돈이 없었기 때문입니다. 그러나 그 질문을 할 때 이미 하나님은 엘리사의 마음에 영감을 주셨습니다. 이 점에 있어서 엘리사를 따라갈 수 있는 사람은 아무도 없을 것입니다. 엘리사는 여인의 딱한 처지를 듣고 난감해하고 있는데 벌써 그의 마음에는 하나님의 음성이 들리기 시작하는 것입니다. 이 점에 있어서 엘리사는 거의 자동이었습니다. 어떤 사람이 엘리사를 찾아와서 어려움을 호소할 때 엘리사는 당연히 그 사람을 도울 수 있는 힘이나 방법이 없었습니다. 그러나 '내가 너를 위해 어떻게 할까?' 라고 할 때 바로 거의 자동으로 하나님의 영감이 엘리사의 마음속에 임했던 것입니다.

어떤 분은 말하기를 아기가 우는 소리만 들어도 엄마의 젖은 넘쳐서 흐른다고 합니다. 이 여인이 엘리사에게 딱한 처지를 말한 것은 엘리사에게 한 것이 아니고 하나님께 한 것이며 하나님은 그 소리를 듣자마자 엘리사의 마음에 흘러넘치는 영감을 주셨습니다. 신약에서도 한 여인이 예수님의 옷자락을 만지자마자 자동적으로 그분의 몸에서 능력이 흘러나와 그 여인의 혈루증이 치료가 되었던 일이 있었습니다(막 5:25-34). 우리가 은혜에 충만하면 거의 예수님의 마음과 같아질 때가 있을 것입니다. 그리고 하나님의 능력과 영감이 우리가 의식하지 못하는 사이에 흘러넘칠 때도 있을 것입니다. 우리는 항상 이런 상태에 있도록 노력해야 합니다.

엘리사는 과부에게 "너에게 있는 것이 무엇이냐?"고 물었습니다. 이것은 대단히 중요한 질문입니다. 만약 엘리사가 과부에게 '너희 집에 없는 것이 무엇이냐?' 고 물었더라면 이것저것 많은 것을 이야기했을 것입니다. 그러나 선지자는 없는 것이 아니라 있는 것을 말하라고 했습니다. 그랬더니 기름 한 병만 남아 있다고 했습니다. 우리가 없는 것을 말하기 시작하면 한도 끝도 없는 것입니다. 하나님은 없는 것이 아니라 있는 것을 생각해보라고 하십니다. 그러면 아직도 하나님이 우리에게 주신 것이 많이 있음을 알게 될 것입니다.

엘리사는 이웃에게 가서 그릇을 빌리라고 과부에게 말했습니다. 그 대신 적게 빌리지 말고 빌릴 수 있는 한 최대한으로 빈 그릇을 많이 빌리라고 했습니다. 기름 한 병과 많은 빈 그릇은 도무지 이해가 되지 않는 것입니다. 그러나 과부는 선지자의 말씀에 순종해서 이웃에게 최대한 빈 그릇을 빌렸습니다. 아마도 이 과부는 주위 사람들로부터 미움을 받지는 않았던 것 같습니다.

주위 사람들이 미워했더라면 빈 그릇마저도 빌려 주지 않았을지 모릅니다. 그러나 그녀는 빈 그릇을 많이 빌릴 수 있었던 것 같습니다. 그러자 엘리사는 이 과부에게 방안에 들어가서 문을 닫고 아들과 둘이서 기름병을 빈 그릇에 부으라고 했습니다. 이들이 그렇게 순종하자 기름병에서 기름이 끊이지 않아서 그릇마다 가득 채울 수 있었고, 나중에 그릇이 다 채워지자 기름도 그치게 되었습니다.

엘리사의 이 기적은 엘리야가 사르밧 땅에서 만난 과부의 집에 보여 준 기적과 비슷합니다. 엘리야가 사르밧 땅에서 만난 과부는 한 번 먹을 가루와 기름밖에 없었습니다. 그런데 엘리야가 하나님이 주실 것이라고 하면서 자기에게 떡을 만들어 달라고 하자, 작은 믿음으로 순종해서 3년 반 동안 기적이 일어나게 했습니다. 대부분의 이스라엘 사람들에게서는 하나님의 말씀을 믿는 믿음을 찾아 볼 수 없지만, 이번에 선지자 생도의 과부는 선지자의 말씀을 믿는 믿음이 있었습니다. 자기 생각을 믿지 않고 하나님의 말씀을 믿었습니다. 그렇게 했더니 생각하지도 못했던 하나님의 능력을 공급받아 빌린 그릇들마다 기름이 가득 차게 되었던 것입니다.

우리의 믿음은 한번 정도 "죽으면 죽으리이다"(에 4:16)라는 결심을 통과해야 합니다. 그래서 우리가 주님의 말씀을 믿고 따라가다가 도저히 더 이상 살 수 없는 막다른 골목을 만나더라도 겁을 집어먹지 말고 통과해야 하나님의 기적의 영광을 체험할 수가 있습니다. 이 과부는 엘리사의 말에 순종하여 하나님의 말씀이 살아 있고 능력이 있다는 것을 실제로 체험했습니다. 하나님의 말씀은 그들을 부채의 올무에서 벗어나게 했고, 이 과부로 하여금 종으로 팔려갈 뻔했던 아들을 지키게 했습니다. 특히 이들이 문을 닫고 빈 그릇에 기름을 부을 때마다 그릇에 기름이 가득 차는 체험을 통해 얼마나 하나님의 능력을 경험하면서 기뻐했겠습니까? 그러나 이런 기적은 문을 닫고 해야만 합니다. 하나님은 주님의 말씀을 믿는 자에게 은밀히 기적을 행하시기를 기뻐하시기 때문입니다. 엘리사는 과부가 그릇마다 기름이 다 찼다고 하니까 그것을 팔아서 빚을 갚고 생활을 하라고 했습니다. 그녀의 모든 문제가 간단하게 해결되었던 것입니다.

수넴 여인의 아들을 살림

엘리사의 두 번째 기적도 엘리야의 기적과 아주 유사합니다.

열왕기하 4:8
"하루는 엘리사가 수넴에 이르렀더니 거기 한 귀한 여인이 저를 간권하여 음식을 먹게 한 고로 엘리사가 그곳을 지날 때마다 음식을 먹으러 그리로 들어갔더라"

신앙이 없는 사람들은 하나님의 종에 대해 적대적인 태도를 보이는 것이 예사입니다. 그래서 하나님의 종을 영접하거나 그에게 음식을 대접하는 것은 상상할 수 없을 뿐만 아니라, 옆에 지나갈 때 욕을 하거나 빈정거리거나 싸우려고 덤벼들기 십상입니다. 그래서 엘리사는 엘리야와 작별하고 돌아가다 젊은이들에게 '대머리' 라고 조롱받는 봉변을 당하게 되었던 것입니다. 마찬가지로 미신이나 이방 종교가 강한 곳에서는 하나님의 종을 보면 흔히 적대적인 감정을 표시합니다. 그런데 엘리사가 수넴이라는 곳에 갔을 때 엘리사를 귀한 하나님의 종으로 알고 꼭 식사를 대접하는 여인이 있었습니다. 성도의 '코이노니아' 는 물질로 서로 교제하는 것을 말하는데 이것은 '내가 당신의 사역을 인정합니다' 라는 뜻을 가지고 있습니다. 주님의 일을 하는 사람은 그 적은 돈이나 물질을 통해서 하나님이 그의 일을 인정해 주시는 것을 느끼고 큰 힘을 얻게 됩니다.

엘리사가 아무리 능력의 종이라고 하지만 그에게도 다른 사람의 따뜻한 위로나 격려가 필요했습니다. 그런데 수넴에 사는 한 여인은 엘리사의 사역을 귀하게 보고 언제든지 따뜻하게 대해 주며 식사를 대접했습니다. 엘리사는 이 여인의 집에 거의 부담을 느끼지 않고 출입할 수 있었습니다. 그러나 이 여인은 이 정도로 그치지 않고 엘리사가 오면 아예 잠을 자고 묵상하고 쉴 수 있도록 방을 하나 따로 꾸며 주었습니다. 엘리사는 이 여인의 사랑과 대접을 매우 기뻐했습니다. 그래서 자기 사환 게하시를 불러서 이 여인에게 필요한 것이 없는지 물어보게 했습니다. 여기서 엘리사의 종 게하시가 처음으로 등장하게 됩니다. 게하시는 그냥 종이 아니고 엘리사가 엘리야를 섬겼듯이 엘리사를 따르고 있는 선지자 생도요 제자였습니다. 그러나 이 제자는 엘리사와 많이 달랐습니다.

처음에 엘리사는 능력을 행할 것을 생각하지 못하고 혹시 왕이나 장관에게 부탁해 줄 일이 있느냐고 물어보았습니다. 그랬더니 이 여인은 자기는 다른 백성들 중에 거한다고 하면서 특별한 부탁이 없다고 했습니다. 13절에 "나는 내 백성 중에 거하나이다"라는 말은 '나는 다른 백성들처럼 사는 것으로 만족한다' 는 뜻입니다. 이때 엘리사의 종 게하시가 이 집에서 꼭 필요한 것을 찾아냈습니다. 그것은 이 집에 아이가 없다는 것이었습니다. 여인에게는 아들이 없었고 여인의 남편은 너무 늙었습니다. 그런데 엘리사가 이 말을 듣는 순간 그의 마음에 '이 여인에게 아이를 낳게 해 주자' 는 하나님의 영감이 저절로 흘렀습니다.

열왕기하 4:16

"엘리사가 가로되 돐이 되면 네가 아들을 안으리라 여인이 가로되 아니로소이다 내 주 하나님의 사람이여 당신의 계집종을 속이지 마옵소서 하니라"

이 여인은 하나님으로부터 어떤 것을 바라고 선지자를 대접한 것이 아니었지만, 불신의 시대에 선지자를 대접한 것이 너무 귀해서 하나님은 이 여인의 집에 귀한 아들을 선물로 주기로 하셨습니다. 아이를 낳는 것은 사람이 마음대로 해 줄 수 있는 것이 아닙니다. 이 여인은 이미 아들을 가지는 것을 포기하고 있었으나 하나님의 사람을 귀하게 대접한 일을 통해 하나님의 말씀이 살아서 역사하는 것을 체험하게 되었습니다. 하나님의 말씀이 살아 계심을 체험하는 것은 아주 중요합니다. 왜냐하면 한번 이 맛을 보면 앞으로도 계속 믿음으로 나아가게 되기 때문입니다. 이 체험이 없는 사람은 아무리 오랫동안 신앙생활을 해도 말씀은 말씀일 뿐이라고 하면서 모든 것을 인간적인 머리나 인간적인 힘으로 해결하려고 합니다. 그러나 그런 인간적인 방법으로는 이런 기적과 부흥을 체험할 수 없습니다.

그런데 은혜로 아이를 낳아 기르던 이 여인의 가정에 갑자기 아이가 죽어버리는 위기가 찾아왔습니다. 어느 날, 걸을 수 있을 정도로 자란 아이가 아버지가 일하는 밭에 오더니 머리가 아프다고 했고 곧 어머니에게 보내졌지만 그만 죽고 말았던 것입니다. 아마 햇빛을 지나치게 받았거나 급성 열병을 앓았던 것 같습니다. 아이는 병든 것이 아니라 아예 죽어버렸습니다. 그럼에도 불구하고 이 여인은 조금도 내색을 하지 않고 갈멜산에 있는 엘리사에게로 달려갔습니다. 그녀는 남편이 '아무 날도 아닌데 왜 엘리사에 가느냐?' 고 물어도 그냥 '괜찮다' 라고만 대답했습니다. 또한 엘리사가 갈멜산에 가까이 오는 그녀에게 무슨 일이 있는지 묻게 했을 때도 그냥 아무 일 없다고 대답했습니다.

그러나 그녀는 엘리사 앞에 가자 그의 다리를 껴안았습니다. 게하시는 여인이 무례하다고 생각해서 억지로 떼어 놓으려고 했는데, 엘리사는 그대로 두라고 하면서 이렇게 말했습니다. "이 여인의 마음속에 괴로움이 있는데 하나님이 나에게 아무 말씀을 하지 않으시는구나." 즉 지금까지 엘리사는 거의 하나님과 혼연일체가 되어 모든 영감을 받았습니다. 그런데 하나님은 이 여인의 자녀가 죽은 것을 엘리사에게 말씀해 주지 않으셨고, 엘리사는 왜 하나님이 이 귀한 성도의 집에 일어난 어려운 일을 말씀해 주지 않으시는지 생각했습니다. 우리도 그 이유는 알 수가 없습니다만, 좌우간 엘리사는 하나님이 아니었습니다. 그도 모르는 것이 있고 할 수 없는 것이 있습니다. 하나님은 이런 과정을 통해서 엘리사가 교만해지지 않도록 하신 것이 아닌가 하는 생각이 듭니다.

이 여인은 선지자에게 왜 구하지도 않은 자식을 주셨느냐고 물었습니다. 어떻게 들으면 원망같이 들릴지 몰라도 이것은 원망이 아닙니다. 오히려 포기하고 있던 자녀를 주셔서 사랑이 더 많아지게 되었다고 고백하는 것입니다. 차라리 처음부터 주지 않으셨더라면 포기하고 살 텐데 아이를 주셨다가 데려가시니까 너무나도 고통스럽다는 뜻입니다. 아마 이때 예수님의 영감이 엘리사의 마음에 자동적으로 또 생겼던 것 같습니다. 엘리사는 사환 게하시에게 자신의 지팡이를 가지고 먼저 가되 길에서 사람을 만나도 인사하지 말고 아이 위에 지팡이를 대라고 했습니다. 그런데 게하시가 그렇게 해도 죽은 아이가 살아나지 않았습니다.

엘리사의 생각에 하나님의 능력이 게하시를 통해서도 나타날 줄 알았습니다. 또 그럴 수도 있었는데 종을 통해서는 능력이 나타나지 않았습니다. 그것에 대하여 어떤 사람은 게하시가 중간에 어떤 사람과 인사를 했을 것이라거나 혹은 게하시에게 믿음이 없었을 것이라고 말합니다. 엘리사는 이 능력이 자기 능력이 아니고 하나님의 능력이기 때문에 게하시를 통해서도 나타날 수 있을 것이라고 믿었는데 결과적으로는 아니었습니다. 이것은 엘리사가 이 문제를 너무 쉽게 생각했든지 아니면 게하시가 그런 믿음이 없었든지 둘 중 하나일 것입니다. 좌우간 엘리사의 이 영감은 실패했습니다. 그 후에 도착한 엘리사는 자기 침상에 눕혀진 아이를 보았습니다. 그리고 자기 눈과 입과 손을 그 아이 위에 대고 한참 있다가 그 후에 다시 집안을 돌아다닌 후 다시 아이의 눈과 입과 손에 자신의 눈과 입과 손을 대고 엎드렸습니다. 그러자 아이의 체온이 돌아오면서 일곱 번 재채기를 하고 아이가 살아났습니다.

엘리사의 행동은 마치 아이와 자신을 교환하는 듯했습니다. 이것은 사실 그리스도께서 하신 것입니다. 그리스도께서는 우리의 모든 죽은 것을 일대일로 다 교환해서 살게 하셨습니다. 우리의 눈이 죽은 것, 우리의 입이 죽은 것, 우리의 손이 죽은 것을 모두 다 가져가시고 예수님의 것으로 바꾸셨습니다. 예수님은 우리의 뇌와 피와 심장과 모든 것을 다 예수님의 것으로 바꾸셨습니다. 하나님은 한번만 능력을 행하는 분이 아니십니다. 생명을 주셨고 죽은 자도 살리는 분이십니다. 한번 기적을 행하고 그 다음에 또 기적을 행하셔서 성도들을 위로하는 분이십니다. 결국 이 여인은 더 큰 말씀의 능력을 체험하게 되었습니다. 그래서 엘리사에게 절을 하고 아이를 안고 그 방에서 나갔습니다. 그 여인의 기쁨이라고 하는 것은 말로 표현할 수 없는 것이었습니다.

주의 종들을 도우심

엘리사의 세 번째 능력은 먹을 것이 없는 주의 종들을 돕는 것이었습니다. 불신의 시대에는 세상적으로도 어려움이 많은 법입니다. 그래서 엘리사 때에 큰 흉년이 들게 되었습니다. 원래 선지자 생도들은 농사를 짓거나 돈을 버는 사람들이 아니기 때문에 누군가가 은혜를 받고 필요한 것을 공급해 주어야 살 수 있는데 그런 사람이 없었던 것 같았습니다. 그래서 선지자 생도들은 어쩔 수 없이 큰 솥을 걸고 들에서 아무 채소를 캐 와서 죽을 끓여서 함께 먹었던 것 같습니다. 마치 우리나라 일제 시대에 산에서 소나무 뿌리나 나물을 캐서 죽을 끓여 먹었던 것과 비슷합니다. 그런데 어떤 사람이 독성이 있는 것을 알지 못하고 들외를 따서 죽에 넣은 것을 먹게 되었습니다.

열왕기하 4:40

"이에 퍼다가 무리에게 주어 먹게 하였더니 무리가 국을 먹다가 외쳐 가로되 하나님의 사람이여 솥에 사망의 독이 있나이다 하고 능히 먹지 못하는지라"

먹을 것이 없는 중에 기껏 모든 것을 넣어서 끓인 죽에 누군가가 들외를 넣었습니다. 결국 그 죽을 다 버리고 모두 굶어야 할 판이었습니다. 이때 엘리사는 '동의보감'을 쓴 '허준'이 아닌 이상 어떻게 할 수가 없을 것입니다. 또 아무리 허준이라 하더라도 독을 먹은 사람을 고칠 수는 있어도 굶주린 배를 채워 주지는 못했을 것입니다. 그러나 이 순간에 또 하나님의 지혜가 엘리사의 마음속에 떠올랐습니다. 하나님은 모든 식물을 잘 아는 분이십니다. 그래서 가루를 솥에 던지고 다시 끓였더니 그 독이 없어지게 되었습니다. 하나님은 독죽을 먹을 수 있는 죽으로 변화시키는 전능하신 분이십니다.

또 한 번은 어떤 사람이 떡 20개와 야채를 조금 가져왔는데 떡을 먹을 사람은 100명이나 되었습니다. 20명밖에 먹을 수 없는 떡을 엘리사는 100명에게 먹으라고 주었습니다. 그때 사람들은 어떻게 100명에게 떡 20개를 주느냐고 물었습니다. 그때 엘리사는 자기 능력의 근거를 밝혔습니다. "가로되 무리에게 주어 먹게 하라 여호와의 말씀이 무리가 먹고 남으리라 하셨느니라"(왕하 4:43)고 했습니다. 엘리사의 능력은 하나님의 말씀을 들을 수 있는 능력이었습니다. 이 능력이 있었기 때문에 거의 자유자재로 능력을 행할 수가 있었습니다. 오늘 우리도 하나님의 말씀의 능력을 체험해서 앞으로 모든 것을 믿음으로 해결할 수 있기를 바랍니다.

05. 나아만의 문둥병

◎ 왕하 5:1-27

우리는 병에 걸렸다가 치료되는 과정을 통해서 하나님의 사랑을 직접 체험할 때가 많이 있습니다. 왜냐하면 병이라고 하는 것은 내 몸이 직접 아픈 것이고 괴로운 것이기 때문입니다. 더욱이 불치의 병에 걸렸는데도 불구하고 하나님의 은혜로 치유되어 아픈 것이 없어지면서 온 몸이 건강해지고 상쾌해지게 되었을 때 하나님께 감사하지 않을 수 없을 것입니다.

하나님은 하나님을 믿는 백성들을 참으로 사랑하십니다. 그래서 그들을 축복하기를 기뻐하시고 존귀한 삶으로 인도하기를 기뻐하십니다. 그런데 우리가 기억해야 할 것은 하나님의 사랑은 질투하시는 사랑이라는 사실입니다. 즉 하나님이 우리를 사랑하실 때 우리가 그 사랑에 감격하고 그 사랑에 만족하면서 더 하나님을 사랑하기를 바라십니다. 만약 하나님이 우리에게 은혜를 부어주시고 축복을 하시는데도 불구하고 우리가 마음이 교만해져서 하나님을 사랑하지 않고 세상을 사랑할 때 하나님은 우리에게 주실 사랑을 영 엉뚱한 사람에게 주십니다. 그 사람이 누군가 하면 우리가 보기에 가장 형편없고 우리의 원수이며 우리가 사람 취급도 하지 않던 사람입니다. 하나님은 그분의 은혜와 축복을, 감사할 줄 아는 사람에게 주십니다. 그래서 우리가 지속적으로 하나님의 은혜와 사랑을 받으려면 하나님이 은혜와 축복을 주실 때 더 겸손한 마음으로 오로지 하나님만 사랑하도록 애를 써야 하는 것입니다.

열왕기하 5장 말씀을 보면 병을 치료하는 하나님의 능력이 이스라엘 백성들이 가장 싫어하고 멸시하는 이방인에게로 넘어가는 것을 보게 됩니다. 그 이유가 어디에 있습니까? 이스라엘 백성들의 마음이 교만하여 하나님의 은혜에 제대로 감사를 하지 않았기 때문입니다.

북쪽 이스라엘 왕국의 가장 큰 원수는 수리아였습니다. 특히 수리아의 군대 장관이라고 하면 이스라엘 백성들이 가장 싫어하는 사람이었습니다. 그런데 이 수리아 군대 장관 나아만이 문둥병에 걸리게 되었습니다. 어떻게 생각해 보면 이스라엘을 괴롭힌 죄 값으로 이 병에 걸렸다고 생각할 수도 있습니다. 그런데 이 군대 장관은 이스라엘에 선지자 엘리사가 있다는 여종의 말을 듣고 찾아가서 하나님의 말씀에 순종함으로 불치병을 치료받게 됩니다. 물론 나아만에게도 하나님의 은혜를 놓칠 위기가 한번 있었습니다. 그것은 엘리사가 준 하나님의 말씀을 오해하여 자기가 무시 받았다고 생각해서 화를 냈던 것입니다.

그러나 주위에 있던 종이 붙잡는 바람에 그 말씀에 순종하게 되었고 그 결과 하나님의 큰 능력을 체험하게 됩니다. 나아만에게 귀한 것은 바로 이것이었습니다. 하나님의 말씀이 믿어지지 않고 자기를 무시하는 말씀 같았지만 끝까지 고집을 부리지 않고 마음을 바꾼 것입니다. 이스라엘 사람들에게는 이런 것이 없었습니다. 이스라엘 사람들은 한번 자기가 하겠다고 하면 누가 뭐라고 해도 말을 듣지 않고 끝까지 고집을 부리다가 하나님의 은혜를 다 놓치는데, 이방인 나아만은 고집을 부리다가도 주위에서 말을 하면 들었기 때문에 하나님의 큰 기적을 체험할 수 있었습니다.

나아만에게 찾아온 인생 위기

나아만은 수리아에서는 아주 존귀한 사람이었습니다. 그는 자기 나라가 큰 어려움에 빠졌을 때 건져 내기도 한 큰 용사였습니다. 그러나 그런 나아만에게도 큰 불행이 찾아오게 되었습니다. 바로 문둥병에 걸린 것입니다.

열왕기하 5:1
"아람 왕의 군대장관 나아만은 그 주인 앞에서 크고 존귀한 자니 이는 여호와께서 전에 저로 아람을 구원하게 하셨음이라 저는 큰 용사나 문둥병자더라"

나아만의 생애는 어떻게 보면 한창 잘 나가다가 한순간에 인생의 밑바닥으로 굴러 떨어지는 것과 같았습니다. 나아만은 군인으로서 자기 나라에 큰 공을 세우고 왕에게 절대적인 신임을 받는 사람이었습니다. 그는 수리아에서 실세 중의 실세였고 막강한 권력을 가진 사람이었습니다. 그러나 그에게도 남에게 말할 수 없는 큰 불행이 닥쳤는데 그것은 그가 문둥병에 걸리게 된 것입니다. 아마도 나아만은 문둥병에 걸린 상태에서도 아직 모든 공직을 다 포기하지 않고 그대로 유지하고 있었던 것 같습니다. 그러나 그가 그 모든 것을 포기하고 사람들로부터 버림받아서 격리되어야 하는 것은 시간 문제였습니다. 언제인지는 모르지만 나아만은 이 병이 조금 더 악화되면 결국 사회적인 죽임을 당하고 어디선가 비참하게 인생의 마지막을 보내야 하는 것이 확실했습니다.

그때 나아만은 그의 집에 붙잡혀온 이스라엘 여자아이로부터 놀라운 복음을 듣게 되었습니다. 그것은 이스라엘에는 놀라운 하나님의 말씀의 종이 있는데 그 사람은 이 병을 고칠 수 있다는 것이었습니다.

열왕기하 5:2-3
"전에 아람 사람이 떼를 지어 나가서 이스라엘 땅에서 작은 계집아이 하나를 사로잡으매 저가 나아만의 아내에게 수종들더니 그 주모에게 이르되 우리 주인이 사마리아에 계신 선지자 앞에 계셨으면 좋겠나이다 저가 그 문둥병을 고치리이다"

이 이스라엘 여자아이의 입장에서 보면 지금 상황이 너무나도 불행했습니다. 갑자기 수리아 사람들이 쳐들어와서 노예로 붙잡혀 오게 되었는데 자기 부모의 생사도 알지 못했을 것입니다. 어린 나이에 전쟁 포로로 잡혀서 사는데 얼마나 고향이 보고 싶고 친구들과 가족들이 보고 싶겠습니까? 그러나 그에게도 아주 중요한 사명이 있었는데 그것은 큰 불행에 빠진 자기 주인에게 복음을 전하는 것이었습니다. 이것을 보면 하나님의 백성들은 어떤 상태에 있어도 할 일이 있다는 것을 알 수 있습니다.

나아만에게 있어서 사마리아에 이 문둥병을 고칠 수 있는 선지자가 있다는 것은 큰 기쁜 소식이었습니다. 나아만은 이 세상 어느 곳에서도 이 병을 고칠 수 없다는 것을 알고 있었습니다. 그리고 이 병 때문에 얼마 있지 않으면 이 세상에 있는 좋은 모든 것을 다 내려놓고 혼자 외딴 곳으로 쫓겨나야 할 처지였습니다. 나아만이 용사면 무슨 소용이 있고 돈이 많이 있으면 무슨 소용이 있습니까? 결국 이 병은 나아만의 모든 것을 다 빼앗아갈 것입니다. 그런데 이스라엘에서 붙잡혀 온 여자아이가 이스라엘에 놀라운 하나님의 종이 있다는 사실을 알려 주었습니다. 평소 같았으면 여자아이의 말이나 선지자의 존재에 전혀 관심이 없었겠지만 이제는 관심이 있었습니다. 그는 결국 왕의 허락까지 받았습니다.

열왕기하 5:4

"나아만이 들어가서 그 주인에게 고하여 가로되 이스라엘 땅에서 온 계집아이의 말이 이러이러하더이다"

결국 이스라엘에서 붙잡혀 온 여자아이의 말은 수리아 왕의 귀에까지 들어가게 되었습니다. 그 여자아이가 자기 신세나 생각하면서 지냈다면 그냥 하나의 여자 노예로 끝나는 것입니다. 그러나 다른 사람의 불행에 관심을 가지게 되었을 때 아주 중요한 사람이 되었습니다. 수리아 왕과 나아만은 일단 이스라엘이 적대 관계에 있는 국가이기 때문에 외교적으로 해결하려고 했습니다. 그래서 수리아 왕은 장문의 외교적인 편지를 써서 많은 예물과 함께 나아만을 이스라엘 왕에게로 보냈습니다. 수리아 왕이 선물로 보낸 것이 은 10달란트, 금 6천 개, 옷 열 벌이었습니다. 이것은 어마어마한 선물이었습니다. 그는 이 선물을 보내면서 나아만의 문둥병을 치료해 달라고 부탁했습니다. 그러나 이 편지와 나아만의 방문은 이스라엘 왕으로 하여금 크게 절망하게 했습니다.

열왕기하 5:7

"이스라엘 왕이 그 글을 읽고 자기 옷을 찢으며 가로되 내가 어찌 하나님이관대 능히 사람을 죽이며 살릴 수 있으랴 저가 어찌하여 사람을 내게 보내어 그 문둥병을 고치라 하느냐 너희는 깊이 생각하고 저 왕이 틈을 타서 나로 더불어 시비하려 함인 줄 알라 하니라"

붙잡혀 온 이스라엘 여자아이는 자기가 믿는 그대로 이야기를 했을 뿐인데 이것이 잘못하면 국가 간에 전쟁이 일어날 수 있는 외교 분쟁으로 번지게 되었습니다. 즉 이스라엘 왕의 생각으로는 문둥병은 이 세상 어느 누구도 고칠 수 없는 병이었습니다. 이스라엘 왕은 하나님이 이 병을 고칠 수 있다는 것을 믿지 않았습니다. 나아만이 믿고 수리아 왕이 믿었는데, 이스라엘 왕은 그것을 믿지 않았습니다. 오히려 고칠 수 없는 환자를 보내서 전쟁할 시빗거리를 만들려고 한다고 생각했습니다. 이것을 보면 믿음이 있는 사람과 믿음이 없는 사람이 생각하는 것이 얼마나 다른지 알 수 있습니다. 믿음이 있는 사람에게는 전혀 문제가 되지 않는 것이 믿음이 없는 사람에게는 나라 전체를 흔드는 큰 문제였던 것입니다. 이스라엘 왕에게 조금이라도 믿음이 있다면 나아만을 엘리사에게 보내면 끝났습니다. 그러나 그는 하나님의 말씀의 능력이나 선지자의 능력을 믿지 않았기 때문에 나아만이 싸움거리를 만들러 온 줄 알고 자신의 옷을 찢었습니다.

이 말씀에서 놀라운 것은 이스라엘 백성들이 하나님의 말씀을 믿지 않을 때 하나님의 말씀과 은혜는 이스라엘 원수들에게 넘어가 버리더라는 것입니다. 나아만이라고 하면 이스라엘 백성들이 이를 가는 사람이었고 빨리 죽기를 바라는 사람이었습니다. 그러나 하나님의 은혜와 축복의 기회는 이스라엘이 믿지 않을 때 이스라엘이 가장 싫어하는 사람들에게로 넘어가 버리는 것입니다. 이것이 바로 촛대가 옮겨지는 것입니다. 엘리야 때에도 이스라엘에 많은 과부들이 있었지만 하나님의 능력을 체험한 과부는 사르밧의 이방인 과부밖에 없었습니다. 그 이유는 이스라엘 과부들은 하나님의 말씀의 능력을 끝까지 믿지 않았기 때문입니다.

엘리사의 말씀

엘리사는 왕이 옷을 찢었다는 말을 듣고 사람을 보내서 그 사람을 자기에게 보내라고 전갈을 했습니다. 그러면서 무엇이라고 말을 합니까? 이스라엘에 선지자가 있는 줄 그 사람이 알아야 한다는 것입니다.

> 열왕기하 5:8
> "하나님의 사람 엘리사가 이스라엘 왕이 자기 옷을 찢었다 함을 듣고 왕에게 보내어 가로되 왕이 어찌하여 옷을 찢었나이까 그 사람을 내게로 오게 하소서 저가 이스라엘 중에 선지자가 있는 줄을 알리이다"

왕이 옷을 찢었다는 것은 이제 모든 것이 끝장났다는 것입니다. 그래서 이스라엘 왕이 옷을 찢었다는 소문이 이스라엘 백성들에게 빨리 퍼졌습니다. 이것을 다른 말로 표현하면 '비상 상태' 라는 뜻입니다. 왕이 절망하니까 이스라엘 백성들도 당장 난리가 터지는 줄 알고 우왕좌왕했던 것입니다. 그러나 엘리사는 막연한 추측을 가지고 판단하지 않았습니다. 그는 다른 어느 누구보다 하나님의 음성을 듣는데 민감한 사람이었습니다. 다른 사람들은 기적을 행하기 위해 하나님께 기도하거나 물어봐야 했는데 엘리사는 거의 직감적으로 하나님의 뜻을 알았습니다. 나아만은 이스라엘 왕에게는 전쟁 시비를 일으키러 온 자였지만 엘리사에게는 어려움에 처하여 도움이 절실한 사람에 불과했습니다. 우리가 하나님의 말씀을 모를 때는 마치 앞을 보지 못하는 장님과 같습니다. 무슨 작은 일만 있어도 세상이 무너질 것처럼 절망하고 통곡합니다. 그러나 하나님의 말씀이 있으면 간단하지는 않더라도 능히 해결할 수 있다는 자신감이 생기는 것입니다.

다니엘서에 보면 바벨론 왕 느부갓네살이 무슨 심각한 꿈을 꾼 후에 바벨론의 모든 점치는 자나 점성술가나 술객들을 다 불러 놓고 자기의 꿈을 해석하라고 하는 이야기가 나옵니다. 남이 꾼 꿈을 세상 그 누가 무슨 재주로 알겠습니까? 그런데 느부갓네살 왕은 아무도 해석을 내놓지 못하자 그들이 모두 가짜라고 하면서 잡아 죽이라고 명령합니다. 이때 군인들은 다니엘도 잡아 죽이려 했습니다. 물론 다니엘도 왕의 꿈을 알지 못했습니다. 그러나 다니엘은 침착하게 군인들에게 왕의 명령이 왜 이렇게 급하냐고 하면서 시간을 좀 달라고 했습니다. 다니엘이 이렇게 침착할 수 있었던 것은 하나님께 대한 놀라운 확신이 있었기 때문입니다. 다니엘은 이런 불가능한 시험이 터지는 것에는 분명히 하나님이 준비하신 뜻이 있다고 믿었습니다. 그후 다니엘은 하나님의 계시로 그 꿈을 알아내어 그 해석을 느부갓네살 왕에게 전했고, 왕은 다니엘 앞에 엎드려 절했습니다.

우리에게 있어서 하나님과의 영적인 교감은 아주 중요한 것입니다. 이것은 우리가 전적으로 하나님의 말씀을 붙들고 살아갈 때 하나님이 주시는 것입니다. 나아만이 말과 병거를 거느리고 엘리사의 집 문에 이르렀을 때 엘리사는 다른 것은 아무것도 주지 않고 하나님의 말씀만 주었습니다.

열왕기하 5:10
"엘리사가 사자를 저에게 보내어 가로되 너는 가서 요단강에 몸을 일곱 번 씻으라 네 살이 여전하여 깨끗하리라"

엘리사가 나아만 장군에게 순전한 하나님의 말씀을 준 것은 어마어마한 축복이었습니다. 엘리사가 나아만 장군에게 준 하나님의 말씀은 군더더기라고는 전혀 없는 순수한 능력의 말씀 그 자체였습니다. 그러나 나아만이 원했던 것은 이런 말씀이 아니고, 인간적인 위로나 자기를 알아주는 말이나 칭찬이었습니다. 그러나 하나님의 말씀은 아무에게나 주어지는 것이 아닙니다. 하나님은 그분의 말씀을 오직 사랑하는 자녀들에게만 주십니다. 그런데 자녀들이 말씀의 가치를 알지 못하니까 이 능력의 말씀을 빼앗아서 이방인에게 주셨던 것입니다. 그러나 나아만도 이 하나님의 말씀을 들을 때 그를 무시하는 말씀으로 듣고 불쾌한 마음을 가졌습니다.

열왕기하 5:11
"나아만이 노하여 물러가며 가로되 내 생각에는 저가 내게로 나아와 서서 그 하나님 여호와의 이름을 부르고 당처 위에 손을 흔들어 문둥병을 고칠까 하였도다"

나아만은 순수한 하나님의 말씀의 가치를 알지 못하기 때문에 인간적인 관심과 무엇인가 가시적인 노력을 원했던 것입니다. 그러나 엘리사가 그런 인간적인 관심이나 배려를 전혀 하지 않고 말씀만 툭 던졌을 때 나아만은 실망했을 뿐 아니라 무시당했다는 마음을 갖고 분노했습니다. 특히 물이 좋지도 않은 요단강에 일곱 번 몸을 담그라는 말을 아주 불쾌하게 여겼습니다. 왜냐하면 수리아에는 아주 깨끗하고 아름답기로 유명한 두 강이 있었던 것입니다. 나아만도 역시 다른 사람들과 마찬가지로 하나님의 말씀의 가치를 알지 못했습니다. 그러나 나아만에게는 이스라엘 사람들에게는 없는 놀라운 장점이 있었습니다. 그것은 끝까지 고집을 부리지 않고 중간에 다른 사람의 설득을 받아들여서 마음과 태도를 바꾸는 것입니다.

열왕기하 5:13

"그 종들이 나아와서 말하여 가로되 내 아버지여 선지자가 당신을 명하여 큰일을 행하라 하였더면 행치 아니하였으리이까 하물며 당신에게 이르기를 씻어 깨끗하게 하라 함이리이까"

엘리사를 하나님의 선지자로 믿었던 나아만의 종들은 선지자가 더 힘든 일을 시켜도 했을 텐데 요단강에 몸을 일곱 번 담그는 것은 결코 어려운 일이 아니라고 설득했습니다. 이들의 말을 나아만은 받아들였고 자기 마음과 태도를 바꾸어서 선지자의 말씀에 순종했습니다.

이러한 태도를 이스라엘 백성들에게서는 찾을 수가 없었습니다. 이스라엘 백성들은 한번 아니라고 생각하면 돌이킬 줄을 모르고 끝까지 고집을 부렸습니다. 중간에 다른 사람의 설득을 받아들이거나 잘못된 태도를 바꾸지를 못했습니다. 그래서 하나님이 이스라엘을 버리신 것입니다. 우리에게 완전한 것이 어디 있습니까? 아무리 내 생각이 옳은 것 같아도 다른 사람이 설득할 때 못 이기는 체하고 들으면 망하지는 않을 것입니다. 나아만이 처음부터 하나님의 말씀의 능력을 믿었던 것은 아니었습니다. 그는 무시당했다고 생각하여 얼굴을 붉으락푸르락 하면서 수리아로 돌아가려고 했습니다. 그런데 그는 종들의 말을 듣고 자신의 태도를 바꾸어 선지자의 말씀에 순종했고 결국 말씀의 기적을 체험하게 되었습니다.

열왕기하 5:14
"나아만이 이에 내려가서 하나님의 사람의 말씀대로 요단강에 일곱 번 몸을 잠그니 그 살이 여전하여 어린아이의 살 같아서 깨끗하게 되었더라"

이방인 나아만에게 하나님의 말씀의 기적이 일어났습니다. 오늘도 교인들이 교회에 오지만 말씀 듣는 것이 얼마나 능력 있는지를 믿지 못하니까 자꾸 인간적으로 자기를 알아주기를 바라고 인간적인 위로를 바랍니다. 이것이 이스라엘 백성들이 축복을 빼앗길 때의 모습이었습니다. 그런데 이방인들은 어떻습니까?

하나님의 말씀이 주어질 때 아무리 그 말씀이 자기 생각과 다르고 말이 되지 않는다고 여겨져도 무조건 믿고 순종했습니다. 그렇게 할 때 기적이 일어납니다. 오늘 우리에게 이 신앙이 필요합니다. 나아만 같은 이방인에게 놀라운 장점은 그가 일단 한번 하나님의 능력을 체험하고 난 후에는 제대로 믿으려고 했던 것입니다. 그는 기적을 체험한 후에 그냥 그대로 수리아로 돌아가지 않고 선지자 엘리사를 다시 찾아가서 하나님에 대한 자신의 분명한 신앙고백을 했습니다.

열왕기하 5:15
"나아만이 모든 종자와 함께 하나님의 사람에게로 도로 와서 그 앞에 서서 가로되 내가 이제 이스라엘 외에는 온 천하에 신이 없는 줄을 아나이다 청컨대 당신의 종에게서 예물을 받으소서"

나아만이 엘리사에게 돌아와서 감사한 것은 예수님이 열 명의 문둥병자를 치료하셨을 때 그 중 한 사람의 사마리아 사람이 예수님을 찾아와서 감사를 드린 것과 비슷합니다. 열 명의 문둥병자는 모두 병을 낫는 믿음은 가지고 있었습니다. 그래서 예수님이 제사장에게 보이라고 말씀만 하셨는데도 믿고 가다가 다 나음을 입었습니다. 그러나 그들은 병 낫는 신앙에서 그쳐 버렸습니다. 거기서 더 나은 신앙으로 나아가지 못했습니다. 예수님은 그들이 병 낫는 체험을 통해 진정으로 구원받는 신앙의 자리로 나아오기를 원하셨습니다. 그러나 이 사마리아 사람 외에는 아무도 그렇게 하지 않았습니다. 나아만은 병 낫는 것도 대단한 것이었지만 그에게는 살아 계신 하나님을 체험한 것이 더 컸습니다. 그래서 엘리사에게 찾아와서 감사드리고 하나님께 대한 신앙을 고백했습니다. 나아만은 이것으로 하나님의 백성이 된 것입니다.

여기서 나아만은 두 가지를 하게 됩니다. 하나는 자기 병이 나은 것에 대한 감사였습니다. 이것은 나아만에게는 너무나도 당연한 일이었습니다. 그는 이 병이 낫지 않으면 모든 것을 포기하고 비참하게 살다가 죽어야 했던 것입니다. 그런데 하나님은 그의 병을 치료하여 제2의 인생을 주셨습니다. 이것은 돈으로 갚을 수 없는 일이었지만, 어찌 감사를 표현하지 않을 수 있겠습니까? 그러나 엘리사는 절대로 그 돈을 받지 않았습니다. 그 이유는 예수님의 말씀대로 '거저 받았으니 거저 주어야 한다'는 것입니다. 치료한 분은 엘리사가 아니요 하나님이셨습니다. 병을 치료해 놓고 돈을 요구하는 것은 자기가 치료한 것이 되는 것입니다.

그리고 또 하나는 엘리사가 수리아로 돌아갔을 때 왕과 함께 우상의 신전에서 절을 해야 하는데 그것은 허락해 달라는 것이었습니다. 나아만은 하나님만 섬기기로 결심하고 이스라엘의 흙까지 얻어 가지고 떠나지만, 왕의 신하이기 때문에 어쩔 수 없이 왕과 함께 이방 신전에 들어가야 한다는 것입니다. 엘리사는 나아만에게 평안히 가라고 하면서 축복했습니다.

게하시의 욕심

나아만이 엘리사에게 주려고 했던 선물들은 참으로 탐이 나고 좋은 것들이었습니다. 게하시는 엘리사의 종이고 제자였습니다. 다시 말해서 이 사람은 앞으로 엘리사처럼 되려고 수련을 쌓고 있는 중이었습니다. 그러나 그의 중심은 엘리사와 같지 않았습니다. 그는 선생이 나아만이 거저 주는 것을 받지 않는 것을 이해할 수가 없었습니다. 사실 그는 마음이 그렇게 정직한 사람이 아니었습니다.

> 열왕기하 5:20
> "하나님의 사람 엘리사의 사환 게하시가 스스로 이르되 내 주인이 이 아람 사람 나아만에게 면하여 주고 그 가지고 온 것을 그 손에서 받지 아니하였도다 여호와의 사심을 가리켜 맹세하노니 내가 저를 좇아가서 무엇이든지 그에게서 취하리라 하고"

여기서 게하시가 여호와의 사심을 가리켜 맹세한 것을 보면 그가 이미 욕심에 의지를 굴복당해 버린 것을 알 수 있습니다. 즉 무슨 수를 써서라도 나아만이 가지고 온 재물을 챙기겠다는 것입니다. 양심을 속이기로 결심한 게하시는 즉시 나아만을 뒤좇아 갔습니다. 그리고 조금 전에 두 명의 선지자 생도가 왔는데 엘리사가 그들에게 은 한 달란트와 옷 두벌을 주라고 했다고 거짓말을 했습니다. 이 말을 듣고 나아만은 그렇지 않아도 그냥 오려고 하니까 너무나도 미안하고 섭섭했는데 잘되었다고 하면서 억지로 은 두 달란트와 옷 두벌을 주었습니다. 나아만은 게하시의 말을 조금도 의심하지 않았고 기쁨으로 주었습니다. 그러나 게하시는 이미 가룟 유다처럼 자기 양심을 팔아먹은 상태였습니다.

은과 옷을 자기 집에 감추고 나타난 게하시에게 엘리사는 "어디에 갔다 왔느냐?"고 물었습니다. 게하시가 그때라도 선지자 앞에 거꾸러졌더라면 결과는 혹시 달라졌을지 모릅니다. 그러나 게하시는 끝까지 자기는 아무데도 가지 않았다고 거짓말로 대답했습니다. 그랬더니 엘리사가 무서운 말을 합니다.

열왕기하 5:26

"엘리사가 이르되 그 사람이 수레에서 내려 너를 맞을 때에 내 심령이 감각되지 아니하였느냐 지금이 어찌 은을 받으며 옷을 받으며 감람원이나 포도원이나 양이나 소나 남종이나 여종을 받을 때냐"

게하시는 엘리사를 속일 수 있다고 생각했지만 나아만이 수레에서 내릴 때 이미 엘리사는 그것을 감지했습니다. 그러면서 엘리사가 하는 말이, 어떻게 지금이 은이나 옷을 받을 때냐고 했습니다. 이방인은 하나님의 말씀을 듣고 기적을 체험하고 돌아가는데 왜 이스라엘에는 이런 믿음이 없느냐는 것입니다. 하나님의 말씀의 촛대가 이스라엘을 떠나 이방인에게로 넘어가는 이 심각한 때에 은이나 챙기고 옷이나 챙겨서는 안 된다는 것입니다. 하나님 앞에 엎드려 통곡하고 기도하면서 촛대를 도로 붙들어야 한다는 것입니다.

물론 아무리 하나님의 종이라 하더라도 돈 욕심이 없는 사람은 없습니다. 그러나 하나님은 그렇게 하지 못하도록 막아 주십니다. 우리가 깨끗한 것은 하나님이 막아 주셔서 깨끗한 것입니다. 그리고 설사 깨끗지 못한 일을 했다 하더라도 거짓말을 할 수는 없습니다. 선지자가 "어디에 갔다 왔느냐?"라고 물으면 벌써 양심이 견디지 못해서 '이만저만하고 재물이 탐이 나서 따리기 거짓말을 하고 가져 왔습니다' 라고 말을 하게 되어 있습니다. 그러나 게하시가 결심하고 끝까지 거짓말을 했을 때 엘리사는 게하시에게 "나아만에게서 떠났던 문둥병이 너에게 걸릴 것이다"라고 했고 즉시 게하시는 문둥병에 걸렸습니다. 게하시는 장차 엘리사의 능력을 물려받을 존귀한 사람이었습니다. 그러나 그가 적은 재물의 욕심을 이기지 못하고 거짓말까지 했을 때 가롯 유다같이 그 존귀한 종의 자리에서 쫓겨나서 저주받는 자의 자리에 떨어지게 되었습니다.

우리는 절대로 우리의 촛대를 빼앗겨서는 안 됩니다. 그래서 다른 사람이 아무리 욕을 하고 비난을 해도 끝까지 엎드려서 하나님의 말씀만 붙들어야 합니다. 하나님의 축복이 지속적으로 우리와 함께하기를 바랍니다.

06. 하나님을 의지하는 능력

◉ 왕하 6:1-23

사람들은 누구나 다 자기에게 힘이 될 수 있는 것이 하나가 있다면 그것을 통해서 돈을 벌기도 하고 유명해질 수도 있습니다. 얼마 전에 은퇴한 한 야구 선수가 있었습니다. 그는 야구 외에는 잘할 수 있는 것이 없었는데 불행하게도 학교 성적이 좋지 못해서 대학에 가지 못했습니다. 그래서 프로팀에 연습 선수로 들어가게 되었는데 그곳에서 실력을 인정받고 아주 유명한 홈런왕이 되었습니다. 이 사람에게 있어서 야구공은 먹을 것을 주고 유명하게 하고 많은 돈을 벌게 해 주는 것이었습니다.

그런데 야구공보다 더 작은 것이 바둑돌입니다. 우리나라에서는 이 바둑으로 세계적인 명성을 날리는 사람들이 있습니다. 이 사람들이 밥을 먹고 하는 것은 오직 바둑판 앞에 앉아서 검은 돌과 흰 돌을 놓는 것밖에 없습니다. 그러나 이들은 이 바둑돌 때문에 엄청난 돈을 벌고 세계적인 명성을 얻었습니다. 바둑돌로 큰 힘을 얻게 된 이런 사람들은 바둑 없는 인생을 생각할 수 없을 것입니다.

그러나 대부분의 그리스도인들은 그런 재주가 없이 너무나도 평범한 경우가 많습니다. 제 자신만 보더라도 무엇 하나 제대로 할 수 있는 것이 없습니다. 어린 시절에 다른 형제와 비교해 봐도 저는 너무나도 손재주가 없었습니다. 그래서 어머니가 무엇을 하라고 하면 기구를 부숴 버리든지 아니면 손을 다치든지 했습니다. 마찬가지로 우리 예수 믿는 사람들이 대개 너무나도 재주가 없는 것을 보게 됩니다. 음악을 잘하는 것도 아니고 운동을 잘하는 것도 아니고 그렇다고 해서 돈을 잘 버는 재주를 가진 것도 아닙니다. 기껏 잘할 수 있다면 만들어 놓은 밥이나 먹고 설교나 듣고 예수 믿는 재주밖에 없습니다. 그러나 열왕기하 6장 본문은 하나님의 말씀을 듣고 예수님을 믿는 재주가 얼마나 놀라운 것인지를 보여 줍니다.

엘리사는 이 세상에서 아무것도 가진 것이 없는 사람이었습니다. 돈을 잘 벌 수 있는 재주를 가진 것도 아니고 목수 일을 잘하는 재주를 가진 것도 아니었습니다. 그리고 엘리사의 제자들도 마찬가지로 별로 재주가 없는 사람들이었습니다. 그저 그들이 할 수 있는 것이라면 하나님의 말씀을 듣고 하나님을 의지하는 것밖에 없었습니다. 그러나 이렇게 하나님을 의지하는 재주가 얼마나 대단한 재주인지 성경은 우리에게 보여 주고 있습니다.

우리는 엘리사의 큰 힘을 두 가지로 생각할 수 있습니다. 하나는 하나님과 거의 자유자재로 교통하는 것이었습니다. 그래서 엘리사는 하나님께 기도하지 않고 바로 그 자리에서 기적을 행할 수가 있었습니다. 그뿐만 아니라 엘리사는 어려운 위기에 처했을 때 자유자재로 하나님의 능력을 도움 받을 수 있었습니다. 우리가 알기로는 인류 역사상 이만큼 자유자재로 하나님의 영감과 능력을 사용할 수 있었던 사람이 별로 없었습니다. 이처럼 우리는 신앙이 그리스도의 장성한 분량에 이르도록 애써야 합니다. 엘리사는 바로 하나님을 자신의 가장 강력한 무기나 힘으로 자유자재로 사용할 수 있는 신앙을 가진 자였습니다.

엘리사의 작은 기적

엘리사가 한 일 중에서 한 가지 중요한 일이 제자 양육이었습니다. 보통 선지자들은 불신의 시대를 향하여 하나님의 말씀을 선포하는 일을 했습니다. 그러나 엘리사는 자기 혼자 하나님의 말씀을 외치는 것보다는 말씀의 종을 많이 만들어 놓으면 동시에 여러 곳에서 하나님의 말씀을 외칠 수 있으니까 더 효과적이라고 판단을 한 것 같습니다. 그래서 엘리사는 선지자 생도들을 양육했습니다. 그런데 감사한 것은 엘리사의 신앙을 배우기 위하여 찾아오는 사람들이 점점 더 많아졌다는 것입니다.

열왕기하 6:1-2
"선지자의 생도가 엘리사에게 이르되 보소서 우리가 당신과 함께 거한 곳이 우리에게는 좁으니 우리가 요단으로 가서 거기서 각각 한 재목을 취하여 그곳에 우리의 거할 처소를 세우사이다 엘리사가 가로되 가라"

엘리사가 말씀으로 제자들을 가르치는 데 부흥이 일어나서 찾아오는 사람들이 점점 더 많아지게 되었습니다. 그런데 이런 영적인 부흥과 함께 항상 찾아오는 것이 현실적인 어려움입니다. 그들은 갈수록 많은 양식이 필요했고 또 집이 더 커야 했습니다. 이것은 하나님의 일을 하는 사람에게 항상 따라오는 문제입니다. 처음 하나님의 일을 하려고 하면 가장 힘든 것이 함께 일할 수 있는 사람이 없는 것입니다. 그러나 동역자가 있다 하더라도 이들이 경제적인 힘을 가진 사람들이 아닙니다. 모두 병들고 가난한 가운데서 말씀으로 은혜를 받은 자들이기 때문에 경제력이 전혀 없었습니다. 이런 가운데 장소 문제라든지 혹은 집 문제라든지 경제적으로 큰돈이 들어가는 일들이 일어나게 될 때 걱정이 되지 않을 수가 없습니다. 우리는 이런 부분에 있어서도 하나님의 신실하심을 믿어야 합니다.

한번은 제가 서울의 한 지하에서 개척 교회를 하는데 건물이 팔리는 바람에 그곳에서 나가야만 했습니다. 그러나 우리가 가진 돈으로 도저히 갈 곳이 없었습니다. 그렇다고 해서 교인들은 모두 청년들이고 학생들이어서 헌금을 많이 할 수가 없었습니다. 그래서 새 건물주에게 좀 더 있을 수 없는지 사정도 해 보고 또 인근을 샅샅이 뒤졌지만 그 돈으로는 어느 곳도 얻을 수 없었습니다.

얼마 후 우리는 장소 찾는 것을 중단하고 조용히 기도하면서 하나님의 뜻을 기다렸습니다. 저는 어디엔가는 적당한 장소가 있을 텐데 우리가 그것을 찾지 못하고 있다고 생각했습니다. 우리 재주로 그곳을 어떻게 알겠습니까? 그러나 한 교인이 우연히 차를 타고 가다가 내려서 찾아간 곳에 하나님이 준비해 놓으신 장소가 있었습니다. 예전보다 훨씬 더 넓고 교통이 좋은 곳이었습니다. 우리 믿는 사람들에게는 이런 문제가 너무나도 많은 것 같습니다. 하나님은 어디엔가 우리 인생의 답을 준비해 놓으셨는데 우리는 그것이 어디에 있는지 찾지 못하고 있는 것입니다. 우리가 믿음으로 이 세상을 살아가려고 하면 너무나도 재주가 없는 것이 한심할 때가 있습니다. 그러나 우리는 재주가 없지만 하나님은 능력이 아주 많습니다. 우리는 하나님이 예비해 놓으신 답을 찾아야 합니다. 이때 하나님의 말씀을 듣는 재주가 아주 요긴하게 사용됩니다.

엘리사의 제자들은 쉽게 그들의 문제를 해결하기로 했습니다. 즉 요단 강가에 나무가 많으니까 거기서 나무를 잘라가지고 집을 짓자는 것입니다. 그런데 이 선지자 생도들이 얼마나 가난했는가 하면 집에 도끼를 가진 사람이 없어서 도끼를 빌려 와서 나무를 잘라야만 했습니다.

아무튼 그렇게 해서라도 집을 지으려고 하는데 작은 사고가 하나 발생했습니다. 그것은 나무를 베기 위해 빌려 온 도끼가 자루에서 빠지면서 요단강으로 들어가 버린 것입니다.

열왕기하 6:5

"한 사람이 나무를 벨 때에 도끼가 자루에서 빠져 물에 떨어진지라 이에 외쳐 가로되 아아, 내 주여 이는 빌어 온 것이니이다"

엘리사만큼이나 재주가 없고 너무나 가난했던 엘리사의 제자들은 도끼 하나 제대로 갖고 있지 않아서 도끼를 빌려 와서 일을 했습니다. 게다가 도끼질조차 제대로 하지 못해서 도끼를 물에 빠트려 버렸습니다. 도끼를 빌려서 나무를 베는데 그 도끼가 물에 빠져 버리니까 집을 지을 수도 없고 또 빌려 온 것을 돌려줄 수도 없게 되었습니다. 어떻게 보면 이것은 아주 작은 문제로 볼 수도 있습니다.

그러나 돈이 있는 사람들에게는 별 것이 아닌 것도 가난한 사람들에게는 아주 심각한 문제가 될 수 있습니다. 엘리사와 엘리사의 제자들은 모두 크게 난처하게 되었습니다. 그런데 엘리사는 아주 간단한 방법으로 이 문제를 해결해 버렸습니다.

열왕기하 6:6-7
"하나님의 사람이 가로되 어디 빠졌느냐 하매 그곳을 보이는지라 엘리사가 나뭇가지를 베어 물에 던져서 도끼로 떠오르게 하고 가로되 너는 취하라 그 사람이 손을 내밀어 취하니라"

엘리사는 나뭇가지로 도끼를 떠오르게 해서 도로 찾게 해 주었습니다. 이것은 도저히 사람으로는 상상할 수 없는 일이었습니다. 도끼를 찾는 것은 어떻게 보면 큰 일이 아닐 수도 있습니다. 그러나 엘리사는 자연법칙을 간단하게 뛰어넘어서 도끼를 도로 떠오르게 했습니다. 이것은 거의 예수님이 하신 능력과 비슷한 것입니다.

예수님은 제자들이 갈릴리 호수에서 힘들게 배를 저어갈 때 물 위를 걸어오셨습니다. 그때 제자들은 유령인 줄 알고 무서워했다고 말씀하고 있습니다. 심지어 베드로는 자신도 물 위를 걷게 해 달라고 했는데 예수님이 걸으라고 했을 때 몇 걸음 걷다가 파도를 쳐다보는 바람에 무서워서 물에 빠진 적이 있습니다.

예수님의 능력 중에서 우리가 할 수 있는 것이 있고 할 수 없는 것이 있습니다. 예를 들어 물 위를 걸으신 것이나 물이 포도주가 되게 하신 것이나 보리떡 다섯 개로 5천 명을 먹이신 것은 우리가 할 수 없는 일입니다. 예수님도 제자들을 보내시면서 귀신을 좇아내고 병든 자를 고치는 능력을 주셨지 도끼를 떠오르게 하는 능력은 주지 않으셨습니다. 그러나 엘리사는 거의 주님이 하실 수 있는 수준의 능력을 행했습니다. 물론 이것은 엘리사의 능력이 아니고 하나님이 엘리사에게 빌려 주신 능력이었습니다.

오늘 사람들은 자연법칙은 절대적으로 불변이라고 믿습니다. 그러나 기적이라는 것은 이런 자연법칙을 중지시키거나 뛰어넘는 것입니다. 여호수아 때 하나님은 태양이 기브온 위에 머물게 하셨습니다. 히스기야 때에는 일영표가 뒤로 물러가게 하셨습니다.

하나님은 선지자들이 부흥으로 생긴 거처의 문제를 극복하기 위해 애쓰는 가운데 생긴 작은 어려움을 기적으로 쉽게 극복할 수 있게 하셨습니다. 이것은 선지자 생도들에게 '너희들에게는 하나님의 말씀을 붙들기만 하면 언제나 기적의 능력이 함께하기 때문에 먹고사는 것을 두려워하지 말고 담대하라'는 약속의 표시인 것입니다.

그래서 우리는 하나님이 주시는 체험들을 너무 쉽게 생각하지 말아야 합니다. 왜냐하면 그런 체험들이 하나님이 우리 가까이 계시는 손길이기 때문입니다. 우리가 하나님의 말씀을 붙들고 살아갈 때에 무엇을 먹을까 무엇을 입을까 염려하지 않기로 하십시다.

적을 살피시는 능력

엘리사는 아주 작은 일에만 능력을 나타낸 것이 아니라 큰일에도 희한한 능력을 나타내서 나라를 도왔습니다. 그것은 적이 하는 모든 작전을 다 알고 이스라엘 왕으로 대비를 하게 해서 나라를 지키게 한 것입니다.

열왕기하 6:8-9

"때에 아람 왕이 이스라엘로 더불어 싸우며 그 신복들과 의논하여 이르기를 우리가 아무 데 아무 데 진을 치리라 하였더니 하나님의 사람이 이스라엘 왕에게 기별하여 가로되 왕은 삼가 아무 곳으로 지나가지 마소서 아람 사람이 그곳으로 나오나이다"

아람 나라는 이스라엘을 공격하는일에 헌신한 나라였습니다. 그래서 항상 기회를 노리다가 틈만 나면 공격을 해왔습니다. 이런 아람 군대의 공격을 이스라엘은 감당할 수가 없었습니다. 우리 속담에 열 사람이 지켜도 도둑 하나를 막을 수 없다는 말이 있는데, 결심을 하고 공격해 오면 당하는 쪽에서는 꼼짝하지 못할 수밖에 없습니다. 그런데 엘리사 한 사람이 아람 군대의 모든 기습 공격을 다 막아 냈습니다. 그것은 아람 왕이 장군들과 세우는 모든 작전을 엘리사가 하나님의 능력으로 들었기 때문입니다.

그래서 이스라엘 왕에게 아람 군대가 매복한 곳에는 가지 말라고 하고 또 아람 군대가 기습 공격을 하려고 할 때에는 반드시 대비하고 있다가 물리치게 했습니다. 그러니까 이스라엘 왕은 엘리사가 하라는 대로만 하면 아무리 아람 군대가 매복을 하거나 기습 공격을 해도 다 막아낼 수가 있었습니다. 바로 이것이 하나님이 자기 백성을 도우시는 큰 힘이었습니다. 하나님은 그분의 백성들이 은혜 안에 있을 때에는 웬만한 시험을 지나가게 하십니다. 그래서 사실 우리 앞에 많은 위험이 놓여 있지만 우리가 모르고 지나가는 경우가 대부분입니다. 그리고 어떤 위험은 미리 알려 주셔서 준비하게 하십니다. 우리가 전혀 모르는 가운데 어떤 어려움을 당하는 것과 미리 어느 정도 알고 대비가 되어 있는 상태에서 당하는 것 사이에는 많은 차이가 있습니다.

아람 왕은 아무리 은밀하게 이스라엘을 공격하려고 계획을 세워도 번번이 이스라엘 왕에게 감지가 되니까 자기 편 안에 스파이가 있다고 생각해서 고민을 많이 했습니다. 그러나 그 의문은 한 신하의 말로 쉽게 풀리게 되었습니다. 그것은 이스라엘에 있는 엘리사라는 선지자가 왕이 침실에서 한 말도 다 듣는다는 것입니다. 그러니까 아람 군대 안에 간첩이 있는 이상이었습니다. 미리 알고 대비를 하니까 아람 군대는 도저히 이스라엘을 공격할 수가 없었습니다.

열왕기하 6:11-12

"이러므로 아람 왕의 마음이 번뇌하여 그 신복들을 불러 이르되 우리 중에 누가 이스라엘 왕의 내응이 된 것을 내게 고하지 아니하느냐 그 신복 중에 하나가 가로되 우리 주 왕이여 아니로소이다 오직 이스라엘 선지자 엘리사가 왕이 침실에서 하신 말씀이라도 이스라엘 왕에게 고하나이다"

우리가 전혀 대비되지 않은 가운데 모르는 적으로부터 공격을 당하면 너무나도 불안할 것입니다. 그러나 하나님은 우리에게 적의 전략을 알려 주십니다. 이것은 학생들이 중간고사에서 이미 문제를 알고 대비하는 것과 같습니다. 이번 중간고사나 기말고사에서 어떤 문제가 나온다는 것을 알기만 하면 모두 만점을 맞을 수 있을 것입니다. 하나님은 이미 우리에게 마귀의 중요한 전략을 가르쳐 주셨습니다. 일단 우리가 알아야 할 것은 우리의 적은 사람이 아니라는 것입니다. 우리의 적은 원수 마귀입니다. 그리고 마귀가 잘 쓰는 전략은 거짓말이고 충동질입니다. 그러므로 우리가 정직과 믿음으로 나가면, 마귀는 우리를 이길 수가 없습니다. 특히 우리가 하나님의 말씀 중심으로 나가면 하나님이 우리의 모든 것을 책임져 주십니다. 이것을 우리가 믿어야 합니다.

사도행전에 보면 오순절에 성령이 오시고 예수님의 제자들이 성령 충만하여 복음을 전하는데 세계 각 도처에서 온 사람들이 모두 자기가 태어난 곳의 방언으로 듣는 기적이 일어나게 되었습니다. 말씀을 듣는 가운데 저절로 설교가 통역이 되어버렸던 것입니다. 그런데 오늘도 그와 비슷한 일이 일어납니다. 즉 설교자는 모르는데 교인들은 모두 각자 자기의 일을 말하는 것으로 듣는 것입니다. 그래서 어떤 사람은 자기 이야기를 누군가가 목사에게 고자질한 줄로 생각합니다. 그런데 설교의 놀라운 점이 바로 여기에 있습니다. 하나님의 말씀을 가지고 전하는데 듣는 사람은 각자에게 필요한 말씀으로 듣는 것입니다. 어떤 경우에는 스파이가 이야기를 해 준 것처럼 설교에서 자기에 관한 이야기를 듣습니다.

어떤 분은 몰래 술을 마신 후에 교회를 오면 반드시 설교에서 술 마신 이야기가 나온다는 것입니다. 어떻게 그럴 수가 있습니까? 성령님이 모든 사람의 사정을 다 아시기 때문입니다. 한번은 어떤 교회에 가서 설교를 하면서 누군가가 돈을 횡령한 이야기를 했습니다. 그런데 그것이 바로 그 교회의 사정이었고 액수까지도 같았던 것입니다. 그래서 첫 설교를 마친 후 장로님들이 오셔서 누군가가 자기 교회의 사정을 자세하게 말씀을 드렸느냐고 물었습니다. 저는 방금 도착해서 아무 사정을 알지 못한다고 대답을 했습니다. 이 분들은 며칠을 더 지켜본 후에 정말 성령님이 자기 교회에 하시는 말씀이었다고 고백을 했습니다.

엘리사는 아무 재주가 없었지만 위험을 피할 수 있는 능력을 가지고 있었고 하나님의 음성을 들을 수 있는 능력이 있었기 때문에 아람 군대의 삭선을 다 알 수 있었습니다. 우리는 우리 자신의 문제를 모두 다 책임질 수가 없습니다. 우리는 오직 하나님의 말씀에 충성될 뿐입니다. 그러면 하나님은 악한 자가 침실에서 하는 말도 들으시고 우리로 하여금 대비하게 하실 것입니다.

이스라엘을 지키는 자

아람 왕은 자기들의 가장 큰 원수가 엘리사라는 것을 알게 되었습니다. 그래서 아람 왕은 아무리 엘리사가 아람 군대의 작전 계획을 안다 하더라도 그에게는 군대가 없다는 점에 착안하여 엘리사를 잡기 위해 군대를 도단에 보냈습니다. 아람 왕이 생각한 것은 사실 엘리사의 가장 큰 약점이었습니다. 엘리사에게는 돈도 없었을 뿐 아니라 군대도 없었습니다. 아람 왕은 하룻밤 사이에 군대를 이끌고 와서 도단 성을 완전히 포위해 버렸습니다.

열왕기하 6:14-15

"왕이 이에 말과 병거와 많은 군사를 보내매 저희가 밤에 가서 그 성을 에워쌌더라 하나님의 사람의 수종드는 자가 일찍이 일어나서 나가보니 군사와 말과 병거가 성을 에워쌌는지라 그 사환이 엘리사에게 고하되 아아, 내 주여 우리가 어찌하리이까"

보통 때에는 아람 군대의 공격을 하나님이 엘리사에게 알게 하셔서 대비하게 하셨습니다. 그런데 이번에는 하나님이 아무 말씀을 하시지 않는 바람에 엘리사와 그의 제자들은 아람 군대에 완전히 포위되었습니다. 이제 엘리사와 제자들은 꼼짝 하지 못하고 아람 군대에 붙들릴 수밖에 없게 되었습니다. 그런데 왜 하나님은 이번에는 엘리사에게 아람 군대가 기습 공격을 한다는 것을 알려 주지 않으셨을까요? 그것은 적이 하는 것을 알려 주는 것만이 하나님의 능력의 전부가 아니었기 때문입니다. 엘리사는 두려워하는 사환에게 이렇게 말했습니다.

열왕기하 6:16

"대답하되 두려워하지 말라 우리와 함께한 자가 저와 함께한 자보다 많으니라 하고"

지금 엘리사는 군대도 없고 완전히 아람 군대에 에워싸여 있는데 엘리사는 우리 편 군대가 저쪽 군대보다 더 많으니까 두려워 말라고 합니다. 그리고 하나님께 기도를 해서 사환의 눈을 열어 달라고 했습니다. 사환의 영의 눈이 열려서 보니까 어떻습니까? 도단 성을 하나님의 불말과 불병거가 완전히 에워싸고 지키고 있었습니다.

열왕기하 6:17
"기도하여 가로되 여호와여 원컨대 저의 눈을 열어서 보게 하옵소서 하니 여호와께서 그 사환의 눈을 여시매 저가 보니 불말과 불병거가 산에 가득하여 엘리사를 둘렀더라"

엘리사가 밤에 도망칠 필요가 없었던 이유는 바로 여기에 있습니다. 하나님이 눈에 보이지 않는 수많은 하나님의 군대와 병거로, 그것도 보통 말이나 병거가 아니라 불말과 불병거로 엘리사를 에워싸고 계셨던 것입니다. 이것은 우리들에게 너무나도 중요한 확신을 주시는 말씀입니다. 우리가 하나님의 말씀을 믿고 바로 살 때 하나님은 우리를 그냥 두시는 것이 아니라 하나님의 군대로 지켜 주십니다. 그래서 악한 자들이 아무리 불화살을 쏘아도 우리의 머리털 하나 상하지 못하게 하시는 것입니다. 그러나 우리가 이 불말과 불병거를 보지 못하면 우리는 불안해서 견디지 못할 것입니다.

엘리사의 사환도 눈이 열리지 않았을 때에는 자기들만 있는 줄 알고 절망했습니다. 그러나 더 강한 군대와 군인이 그들을 지키고 있었던 것입니다. 우리나라도 우리 군대와 우리의 무기로 지킬 수 있는 것이 아닙니다. 하나님의 불말과 불병거가 지켜 주었기 때문에 지금까지 평화가 지속되고 있는 것입니다. 미군은 철수를 한다 하더라도 하나님의 군대는 철수를 하면 안 되는 것입니다. 하나님의 군대가 남아 있게 하려면 우리가 이 진리를 붙들어야 하고 하나님의 영광에 모든 것을 헌신해야 하는 것입니다. 그렇게 할 때 정치권은 혼란스러워도 하나님은 우리나라를 지켜 주셔서 대포 한 방 넘어오지 않게 하실 것입니다.

엘리사는 그 많은 아람 군대를 간단하게 포로로 다 붙들어 버렸습니다. 엘리사는 하나님께 기도하기를 그들의 눈을 어둡게 해 달라고 했습니다. 여기서 아람 군대의 눈이 어두워지게 해 달라고 한 것은 소경이 되게 해 달라는 것이 아니었습니다. 그들은 정신적으로 일종의 마취 상태에 빠져서 갑자기 순한 양이 되어 엘리사의 인도를 받아 약 20㎞ 정도 떨어진 사마리아 성까지 갔습니다. 여기서 20㎞는 보통 먼 거리가 아닙니다. 그러나 그들은 하나님이 눈을 어둡게 하셨기 때문에 마취 상태에 빠져 엘리사가 인도하는 대로 먼 길을 걸어왔습니다.

엘리사가 사마리아 성 안에서 그들이 제 정신이 들게 해 달라고 기도하자 이들은 정신을 차리고 자기들이 완전히 성 안에 포위된 것을 깨닫게 되었습니다. 그런데 이스라엘 왕은 엘리사에게 "내 아버지여 내가 치리이까 내가 치리이까"(왕하 6:21) 하면서 포위된 아람 군대를 공격하려고 했습니다. 그러자 엘리사는 칼과 활로 잡은 자들도 아닌데 어떻게 칠 수 있느냐고 하면서 물과 떡으로 대접하고 돌려보내게 했습니다. 이것이 이스라엘이 아람을 이기는 방법이었습니다.

아람 나라는 이스라엘 나라의 눈에가시 같은 적이었습니다. 무엇 때문에 아람 나라는 그렇게 이스라엘을 미워하고 기회만 있으면 공격을 하려고 했을까요? 바로 이것이 하나님이 아람 나라에 주신 사명이었기 때문입니다. 하나님은 아람 나라 사람들에게 이유를 알 수 없게 이스라엘을 미워하는 마음을 주셨습니다. 그래서 이유도 모르고 죽자고 이스라엘을 미워하는 것입니다. 그 이유가 무엇입니까? 하나님은 이스라엘이 가시 같은 이웃을 통해서 겸손하게 하시고 더 하나님께 매달리게 하시는 것입니다.

그러나 이스라엘 사람들은 너무나도 자존심이 강해서 이런 가시에 찔리면서도 끝까지 하나님께 나아오려고 하지 않았습니다. 그래서 망한 것입니다. 우리가 받는 연단 중에서 오래 끌고 힘든 것이 사람에 의하여 연단받는 것입니다. 사람에 의하여 연단을 받는 것은 그 사람이 따라다니면서 말로 괴롭힐 뿐 아니라 사실 그 사람이 죽거나 없어질 때까지는 고통을 받아야 하기 때문에 시간적으로 오래 걸릴 수가 있습니다. 이런 시험을 이기는 방법은 자기를 겸손하게 낮추는 것이며 절대로 그 사람을 대적하지 말고 나 때문에 수고한다고 생각하고 고맙게 생각하는 것입니다.

원수에게 고마워하고 사랑을 베풀 때 그들은 이미 미워하고 공격해야 하는 마음이 없어져 버리는 것입니다. 우리는 나를 미워하는 자가 죽게 해 달라고 기도해서는 안 됩니다. 만일 그 사람이 죽으면 그런 사람이 더 많이 생기게 될 것입니다. 우리는 그 사람이 변화되어서 정말 하나님을 두려워하는 자가 되게 해 달라고 기도해야 하고 그 사람에게는 떡도 하나를 더 주어야 합니다. 우리가 이 정도로 겸손해지면 이미 그 시험은 이긴 것이고 가시 같은 이웃은 친구로 변할 수도 있습니다.

사람들은 모두 이 세상에서 자신의 힘을 믿고 살아가고 있습니다. 그러나 엘리사는 하나님을 자신의 힘으로 삼았고 거의 자유자재로 하나님의 능력을 사용할 수 있었습니다. 정도의 차이는 있을지 몰라도 우리도 이렇게 하고 있습니다. 단지 우리는 이 정도로 눈에 보이게는 하나님의 능력을 잘 느끼지 못할 뿐입니다. 하나님은 불에 빠신 우리의 도끼를 떠오르게 하지는 않으시겠지만 우리 집의 문제나 재정적인 문제를 여호와 이레로 준비해 주실 것입니다. 하나님은 우리가 하나님을 의지할 때 적의 전략을 알게 하셔서 속지 않게 하십니다. 그리고 하나님의 불말과 불병거가 우리나라를 지키고 있는 것을 봐야 합니다. 또한 우리를 대적하는 자를 지나치게 두려워하지 말고 오히려 고맙게 생각하고 선대함으로, 미움을 사랑으로 바꾸어 이길 수 있기를 바랍니다.

07. 하나님의 기적

◎ 왕하 6:24-7:20

가끔 우리는 이 세상에서 망하되 완전히 망해서 인생 최고 밑바닥까지 내려갈 때가 있습니다. 인생 최고의 밑바닥이 어떤 곳인가 하면, 내일 먹을 양식이 없고 버스 차비가 없어서 걸어만 다녀야 하고 하나님께 드릴 헌금조차 없을 정도입니다. 이럴 때 우리가 자기 힘으로 부채를 해결하고 자기 힘으로 그 자리에서 벗어나는 것은 인간의 생각으로는 절대로 불가능하게 생각됩니다. 그러나 비록 우리가 이런 절망적인 상황에 처해 있다 하더라도 하나님의 말씀을 붙들고 하나님을 믿는 것이 얼마나 위대한 일인지 알아야 합니다. 왜냐하면 하나님이 원하고 기뻐하신다면 단 한 번의 도우심으로 산더미 같은 부채도 해결하고, 단 한 번의 도우심으로 모든 어려움을 해결하고, 축복의 자리로 인도받을 수 있기 때문입니다.

하나님은 우리가 사람의 힘으로는 절대 해결할 수 없는 어려움들에 빠져 있을 때에도 우리가 진심으로 하나님을 붙들고 부르짖으면 단 한 번에 그 어려움을 해결해 주십니다. 그러나 두려운 것은 우리가 아무리 바로 믿으려고 해도 인간이기 때문에 죄를 짓지 않을 수가 없고 세상의 길로 가지 않을 수가 없다는 것입니다. 그때 설사 하나님이 우리를 치시려고 몽둥이를 들고 계신다 하더라도 하나님이 우리를 치시기 전에 우리가 먼저 울고 먼저 회개해 버리면 하나님은 그 징계의 몽둥이를 내려놓으실 뿐만 아니라 오히려 우리를 더 사랑해 주시고 더 축복해 주십니다. 사실 이스라엘 백성들은 오랫동안 바알의 신앙에서 벗어나지 못했습니다. 이스라엘 백성들이 바알을 포기하지 못했던 이유는 하나님의 도움만으로 이 험악한 세상에서 살아남을 수 없다고 생각했기 때문입니다. 그러나 현실은 정반대였습니다. 이스라엘의 축복을 갉아먹는 거머리는 바로 이 바알 신앙이었습니다.

아합의 아들 여호람이 이스라엘의 왕으로 있을 때 하나님이 수리아의 벤하닷을 보내서 사마리아 성을 포위한 일로 사마리아는 인생 밑바닥까지 내려가는 절망적인 상황에 처하게 됩니다. 그것이 어느 정도였는가 하면, 먹을 것이 없어서 나귀 머리 하나가 몇 달 월급에 해당되는 돈으로 팔리고 비둘기 똥이 비싼 돈으로 거래되고 심지어는 부모가 자기 집 아이를 삶아 먹는 일이 일어났습니다.

이때 하나님은 한 말씀을 보내셨는데 단 하루 만에 이 모든 배고픈 것이나 절망적인 상황이 해소되고 이스라엘 백성들의 경제가 정상화되며 먹을 것이 풍부해진다고 하셨습니다. 그렇지만 왕의 한 신하는 하나님의 말씀에 빈정거리면서 "하늘에 창을 내신들 어찌 이런 일이 있으리요"(왕아 7:2)라고 하자, 엘리사가 "네가 이것을 보기는 하겠지만 먹지는 못할 것이다"라고 답했습니다. 그런데 실제로 하나님의 말씀은 기적으로 성취되었고 그 믿지 않던 신하는 보기는 하였지만 사람들에게 밟혀 죽는 바람에 먹지는 못하게 되었습니다.

이스라엘의 절망적인 상황

이스라엘의 눈에가시였던 이웃 나라 수리아와 벤하닷 왕은 실제로 이스라엘을 두들겨 패기 위해 하나님이 준비하신 몽둥이였습니다. 하나님은 주의 백성들이 하나님을 믿지 않고 세상으로 나갈 때 쓰기 위해 몽둥이를 준비해 놓으셨습니다. 대개 하나님의 몽둥이는 세 가지 중 하나일 때가 많습니다. 하나는 경제적으로 망하는 것이든지 아니면 몸에 불치의 병이 생기든지 아니면 매우 악한 사람으로부터 상당한 시간 괴롭힘을 당하는 것입니다. 이 세 가지 하나님의 몽둥이 중에서 어느 것 하나 만만한 것은 없습니다.

이스라엘 백성들이 하나님만 섬기지 않고 바알을 섬기고 금송아지를 섬길 때 하나님은 벤하닷이라는 무시무시한 몽둥이를 준비해 놓으셨습니다. 아합의 아들 여호람이 이스라엘의 왕으로 있을 때 벤하닷이 쳐들어와서 사마리아를 오랫동안 포위하는 바람에 양식이 떨어져서 사마리아 성 안은 몹시 궁핍하게 되었습니다.

열왕기하 6:24-25
"이후에 아람 왕 벤하닷이 그 온 군대를 모아 올라와서 사마리아를 에워싸니 아람 사람이 사마리아를 에워싸므로 성중이 크게 주려서 나귀 머리 하나에 은 팔십 세겔이요 합분태 사분일 갑에 은 다섯 세겔이라"

아마도 아람 왕 벤하닷은 이스라엘 왕에게 온 군대를 다 몰고 쳐들어와서 도저히 받아들일 수 없는 항복 조건을 요구했던 것 같습니다. 그러니까 이스라엘 왕은 이래도 망하고 저래도 망하기는 마찬가지니까 어쩔 수 없이 항복을 거부하게 되었고 그 때문에 포위를 당하는 중에 극심한 경제적인 어려움을 겪게 된 것입니다. 사마리아의 경제적인 사정이 얼마나 어려웠는지를 살펴보면, 우선 나귀 머리 하나가 은 80세겔에 거래가 되었습니다. 보통 때는 나귀 머리는 고사하고 나귀 자체를 먹지 않았습니다. 그러나 너무나도 양식이 없으니까 굶어 죽지 않기 위해서 평소에는 먹을 생각도 하지 않던 나귀 머리까지 먹지 못해서 난리였습니다. 지금 돈으로 치면 수십만 원 내지는 수백만 원에 거래가 되었습니다.

게다가 비둘기 똥을 말하는 '합분태' 는 4분의 1갑이 은 다섯 세겔에 팔렸다고 합니다. 도대체 비둘기 똥을 사람이 먹을 수 있느냐 하는 것이 문제입니다. 어쩌면 진짜 비둘기 똥은 아니고 평소에는 도저히 먹지 않는 비둘기 똥같이 생긴 콩 비슷한 것이라는 생각이 듭니다. 저희들이 어렸을 때 너무나도 먹을 것이 없으니까 어머니께서 술 공장에 가셔서 술 찌꺼기를 얻어다가 주신 적이 있습니다. 그리고 싸라기라고 해서 쌀 조각 같은 것도 먹었고 수수 같은 것도 많이 먹었습니다. 그래서 여기에 나오는 합분태도 진짜 비둘기 똥이라기보다는 그렇게 불린 돌콩 같은 것일 수 있습니다. 좌우간 평소에는 잘 먹지 않던 것인데 너무나도 먹을 것이 없으니까 이런 것도 먹지 못해서 난리여서 아주 비싼 가격으로 팔렸던 것입니다. 그러나 이것이 사마리아 사람들이 겪었던 어려움의 전부는 아니었습니다.

하루는 이스라엘 왕이 성 위를 걷는데 한 여인이 그에게 "나의 주 왕이여 도우소서"(왕하 6:26)라고 했습니다. 이 말을 들은 왕은 화를 내면서 "여호와께서 너를 돕지 아니하시면 내가 무엇으로 너를 도우랴 타작 마당으로 말미암아 하겠느냐 포도주 틀로 말미암아 하겠느냐"(왕하 6:27)라고 대답했습니다. 이 말을 들어보면 이스라엘 왕은 이 재앙이 하나님으로부터 왔다는 것을 알고 있었습니다. 그러나 아무리 하나님께 부르짖고 기도해도 하나님이 도와주시지 않으니 아무 소용이 없다는 뜻입니다. 즉 양식 자체가 없는데 타작마당이 있으면 무슨 소용이 있고 포도가 없는데 포도주 틀이 무슨 소용이 있느냐고 말했습니다. 즉 정치가가 무슨 정책을 세울 때에도 무엇인가 자본이 있고 기술이 있어야 정책을 세울 수 있지 아무것도 없을 때에는 어떤 정책도 통하지가 않는다는 뜻입니다. 다른 말로 표현하면 죽은 말에 아무리 채찍질을 해도 말이 일어나지 않는 것입니다.

아마도 이스라엘 왕은 하나님께 대한 신앙이 조금은 있어서 벤하닷이 쳐들어왔을 때 나름대로 하나님을 믿고 항복하지 않았던 것 같습니다. 그러나 하나님을 의지한 결과가 너무나도 비참한 것으로 나타났을 때 그는 괜히 하나님을 믿다가 망하게 되었다고 생각하게 된 것입니다. 사실 "타작마당으로 말미암아 하겠느냐 포도주 틀로 말미암아 하겠느냐"라는 말은 맞는 말입니다. 하나님이 도우시지 않는데 공장을 세우면 무슨 소용이 있고 정책을 세우면 무슨 소용이 있겠습니까? 추수할 것이 있어야 타작도 하고 포도주 틀도 사용하는 것 아니겠습니까? 우리는 이스라엘 왕의 말에서 그가 처음에는 하나님을 믿으려고 했지만 결과가 나빠지자 하나님을 원망하고 있음을 알게 됩니다. 이것이 바로 우리들의 마음입니다. 우리는 하나님을 의지하고 기다리기도 하지만 상황이 더 나빠지거나 아니면 한 걸음 더 나아가서 인생 밑바닥까지 굴러 떨어져서 도저히 살 수 없게 되면 하나님을 믿었던 것을 후회하고 그분을 원망하게 됩니다.

이때 우리는 한 번 더 고비를 넘겨야 합니다. 즉 '이 세상에서 풍족히 먹고 사는 것보다 이런 고비를 겪더라도 바른 신앙을 가지게 된 것 하나만으로 만족한다' 는 신앙으로 나아가야 합니다. 즉 내가 죽더라도 이런 고난을 통해서 하나님 한 분을 바로 믿고 바로 찾은 것으로 만족하자는 신앙을 가져야 하는 것입니다. 그러나 이스라엘 왕은 이때 하나님을 불신하는 마음으로 돌아서고 말았습니다.

특히 이스라엘 왕은 자기를 도와달라는 여인으로부터 기가 막힌 이야기를 듣게 됩니다. 너무나도 먹을 것이 없으니까 두 이웃이 번갈아 가면서 아이들을 삶아 먹기로 했는데, 어제 자신의 아이를 나누어 먹은 이웃이 오늘 아이를 감추고 안 내놓는다는 것입니다. 그래서 이 여인은 그 집의 아이를 약속대로 같이 삶아 먹도록 해달라고 왕에게 도와달라고 하는 것이었습니다.

부모가 자식을 삶아 먹는 것은 미친 짓이었습니다. 이스라엘 왕은 자기가 생각하는 것보다 사마리아의 사정이 훨씬 더 비참한 것에 분노했습니다. 어떻게 하나님이 살아 계신데 이스라엘 백성들이 자기 아이를 삶아 먹어야 할 정도로 비참하게 되었나는 말입니까? 그래서 왕이 이 말을 듣고 옷을 찢었는데 왕의 옷 안에는 베옷이 있었습니다. 즉 왕은 나름대로는 이런 위기 가운데서 하나님께 금식하고 기도하려고 애를 쓰고 있었다는 것입니다. 그러나 백성들이 자기 아이들을 삶아 먹도록 비참하게 될 때까지 하나님이 응답하지 않으시니까 이제는 더 이상 하나님을 믿지 않겠다고 결심합니다.

열왕기하 6:31
"왕이 가로되 사밧의 아들 엘리사의 머리가 오늘날 그 몸에 붙어 있으면 하나님이 내게 벌 위에 벌을 내리실지로다 하니라"

왜 갑자기 왕이 이 모든 책임을 엘리사에게 돌리는지 알 수 없습니다. 몇 가지 경우를 짐작할 수 있는데 하나는 지난번에 수리아 군대를 포위했을 때 엘리사가 죽이지 말고 돌려보내게 해서 그들이 도로 쳐들어온 경우입니다. 아니면 엘리사가 이런 재앙을 예언했거나 아니면 이스라엘 왕에게 항복하지 말고 하나님을 믿으라고 한 경우입니다.

제가 생각하기로는 포위당했던 아람 군대를 돌려보내면서 엘리사가 사마리아에 대해 이런 재앙을 예언했다는 생각이 듭니다. 사람이 자기에게 어려운 일이 생기면 괜히 그 어려움을 예언한 선지자를 미워해서 죽이려고 하게 되는 것입니다.

이스라엘 왕은 엘리사가 있는 곳에 사자를 보내서 엘리사를 죽이게 했습니다. 그리고 자기도 엘리사가 있는 곳으로 뒤쫓아 갔습니다. 그러나 엘리사는 왕이 자기를 죽이려 하는 것을 이미 알고 같이 있던 장로들에게 문을 잠그고 왕의 사자가 들어오지 못하게 하도록 일러두었습니다.

그러자 왕은 엘리사에게 "이 재앙이 여호와께로부터 나왔으니 어찌 더 여호와를 기다리리요"(왕하 6:33) 하면서 하나님을 버리겠다고 했습니다. 이스라엘 왕은 자기 나름대로는 하나님을 기다린다고 하면서 어떻게 하나님의 축복을 회복해야 하는지 모르고 있는 것입니다. 그냥 기다린다고 해서 하나님의 축복이 오는 것이 아닙니다. 하나님의 말씀을 잡아야 재앙이 끝나고 복이 오는 것입니다.

능력 있는 하나님의 말씀

이스라엘 왕의 말은 거의 자포자기해서 하는 말이었습니다. 아마도 이스라엘 왕은 하나님을 버린 후 거창하게 바알의 제사나 다른 우상의 제사를 드릴 것입니다. 그런데 이때 자비하신 하나님은 드디어 말씀을 주셨습니다. 이렇게 하시는 이유는 하나님의 말씀이 우리의 생명이고 우리의 모든 것임을 깨달으라는 뜻입니다.

> 열왕기하 7:1
> "엘리사가 가로되 여호와의 말씀을 들을지어다 여호와께서 가라사대 내일 이맘때에 사마리아 성문에서 고운 가루 한 스아에 한 세겔을 하고 보리 두 스아에 한 세겔을 하리라 하셨느니라"

하나님은 단 하루 만에 사마리아의 모든 경제적인 어려움이 해결되어 전쟁이 나기 전의 경제 상태로 돌아갈 뿐 아니라 사마리아 사람들의 식량 문제가 완전히 해결된다고 말씀하셨습니다. 어떻게 보면 이스라엘 백성들이 가장 절망적인 상황에서 하나님이 이런 얼토당토않은 것 같은 말씀을 주시는 이유가 무엇일까요? 그것은 이스라엘에 대한 하나님의 사랑입니다.

하나님은 사마리아 사람들이 이 정도 인생 밑바닥까지 내려갔으면 정신을 차릴만하다고 보신 것입니다. 그리고 이스라엘 왕이 완전히 하나님을 믿는 것은 아니지만 그동안 나름대로 하나님을 기다리고 자신의 몸 안에 베옷을 입고 회개하는 모습을 보인 것을 믿음이라고 생각하신 것입니다. 그리고 이제라도 온 세상을 다 합친 것보다 하나님의 말씀 한마디가 더 능력이 있다는 것을 믿기만 하면 이스라엘은 완전히 회복이 될 수 있다는 가능성을 보여 주신 것입니다.

사람들이 오늘 우리나라의 경제를 회복불능 상태 혹은 완전히 밑바닥까지 내려갔다는 말을 하지만, 하나님의 말씀을 붙잡으면 얼마든지 회복이 가능합니다. 왜냐하면 이 하나님의 말씀은 천지를 창조하신 말씀이며 무에서 유를 창조하신 말씀이기 때문입니다. 그러나 더 중요한 것은 우리 경제가 이렇게 밑바닥까지 내려가기 전에 먼저 말씀을 붙잡으면 얼마든지 이런 지경까지 내려가지 않고도 치료될 수 있는 것입니다. 그런데 이런 하나님의 말씀을 불신하고 빈정거린 관리가 있었습니다.

열왕기하 7:2

"그 때에 한 장관 곧 왕이 그 손에 의지하는 자가 하나님의 사람에게 대답하여 가로되 여호와께서 하늘에 창을 내신들 어찌 이런 일이 있으리요 엘리사가 가로되 네가 네 눈으로 보리라 그러나 그것을 먹지는 못하리라 하니라"

어떤 의미에서 관리의 말은 옳다고 볼 수 있습니다. 왜냐하면 엘리사는 지금 절대로 불가능한 일을 말하고 있기 때문입니다. 이 관리는 통계에 아주 밝았고 사마리아의 식량 상태가 어떤지 너무나도 잘 알고 있는 사람이었습니다. 그는 이 나라가 며칠을 버티지 못하고 망한다는 사실까지 잘 알고 있었을 것입니다. 그런데 하나님의 말씀이 그것도 단 하루 만에 사마리아의 모든 식량문제가 해결되고 경제가 정상화가 된다고 하니 어떻게 믿을 수가 있겠습니까? 이만큼 하나님의 말씀은 우리에게 믿을 수 없는 말씀입니다. 하나님의 말씀은 현실과는 완전히 정반대되는 불가능한 말씀인 것 같습니다. 그래서 이 신하는 하나님의 말씀에 빈정거렸습니다. 이것은 하나님의 말씀보다는 자기 판단을 더 믿는다는 뜻입니다. 다른 의미로 생각하면 왕에게 더 이상 하나님의 말씀을 믿지 말라고 충동질하는 것이었습니다.

하나님은 지금 절망 가운데 있는 이스라엘을 단 한 번의 도우심으로 완전히 정상화시키는 큰 축복을 내리려고 하십니다. 그런데 겨우 한 신하의 주제에 하나님의 말씀을 불신하고 대적하려고 했습니다. 우리에게 하나님의 말씀이 믿어지지 않을 때에는 '하나님의 말씀이 제 머리로는 도저히 믿어지지 않사오니 저의 약한 믿음을 도와주소서오' 라고 해야지 '하늘에 창을 내서 부어도 안 될 것입니다' 라고 하면 하나님의 전능성을 불신하는 큰 죄가 됩니다.

우리는 하나님의 말씀에 대한 반응에 대단히 신중해야 합니다. 왜냐하면 하나님의 말씀을 믿지 못할 때 다른 사람들은 그 복을 다 받는데 자기만 그것을 보면서도 누리지 못하게 되기 때문입니다. 하나님의 복은 오직 믿는 자들만 받을 수 있습니다.

기쁜 소식을 전하는 자들

하나님의 놀라운 축복은 전혀 생각하지도 못한 사람들에 의하여 사마리아에 전해지게 되었습니다. 사마리아의 성문 가까운 곳에 네 명의 문둥병 환자가 있었습니다. 이 사람들도 먹을 것이 없어서 굶어 죽을 지경이 되었습니다. 그래서 어차피 성 안으로 들어갈 수도 없고 가만히 있으면 굶어 죽을 것이 분명하니까 아람 군대에 가서 항복하기로 했습니다. 누가 문둥병자들의 항복을 받아 주겠습니까만 그래도 불쌍히 여겨 양식을 주면 사는 것이고 죽인다 해도 어쩔 수 없다는 생각이었습니다.

열왕기하 7:3-4

"성문 어귀에 문둥이 네 사람이 있더니 서로 말하되 우리가 어찌하여 여기 앉아서 죽기를 기다리랴 우리가 성에 들어가자고 할지라도 성중은 주리니 우리가 거기서 죽을 것이요 여기 앉아 있어도 죽을지라 그런즉 우리가 가서 아람 군대에게 항복하자 저희가 우리를 살려 두면 살려니와 우리를 죽이면 죽을 따름이라 하고"

이들에게는 이 궁핍한 중에 도대체 어떻게 해야 살 수 있는지가 중요한 문제였습니다. 이 어려운 시기에 그들이 살 수 있는 길은 전혀 보이지 않았습니다. 그들은 성에 들어가도 죽고 가만히 있어도 죽을 수밖에 없었습니다. 그러나 죽을 각오로 아람 군대에 항복해서, 그들이 죽이면 죽는 것이고 살리면 살자고 생각했습니다. 다른 이스라엘 사람들은 너무나도 자존심이 강해서 절대로 가만히 앉아서 참는 것 외에는 다른 길을 생각하지 않았습니다. 그러나 이 문둥병 환자들은 이미 한번 낮아져 보았기 때문에 한 번 더 자존심을 버리고 살 수 있는 길을 택했습니다. 그래서 하나님의 백성들이 위기에 처했을 때 자존심을 버리고 한번 시도를 해보는 것은 아주 중요합니다.

어떤 때는 내가 가만히 있기만 해도 하나님이 알아서 해 주실 때가 있는가 하면 어떤 경우에는 내가 자존심을 버리고 직접 도전을 해봐야 할 때가 있는 것입니다.

놀랍게도 이 네 명의 문둥병 환자들이 아람 진을 찾아갔을 때에는 물건들만 가득 있고 아람 군인들은 한 사람도 남아 있지 않았습니다. 이것은 너무나도 이상하고 놀라운 일이었습니다. 바로 오늘 얼마 전까지만 해도 아람 군대가 수두룩했는데 지금은 물건과 양식만 남고 사람은커녕 개미 새끼 한 마리도 보이지 않았습니다. 네 명의 문둥병 환자들은 이것을 이해할 수가 없었습니다. 이들은 어떻게 해서 이렇게 되었는지 생각하지도 않고 닥치는 대로 물건과 양식들을 노략질을 해서 감추었습니다.

이 장막에서도 금이나 은이나 물건들을 훔쳐서 감추고 다른 장막에서도 똑같이 했습니다. 얼마나 신나는 일이었는지 모릅니다. 그러나 곧 그들은 이 사실을 알지도 못하고 성 안에서 굶어 죽어가고 있는 많은 이스라엘 사람들을 생각했습니다.

사실 이것은 이들의 갈등이었다고 볼 수 있습니다. 어떤 의미에서 이들은 문둥병 때문에 이스라엘에게 쫓겨난 사람들이었습니다. 그리고 그들은 이 많은 축복을 자기들만 가지고 싶은 마음도 있었을 것입니다. 그러나 그들에게는 이 엄청난 복을 자기들만 가질 수 없다는 양심의 소리가 있었습니다.

열왕기하 7:9

"문둥이가 서로 말하되 우리의 소위가 선치 못하도다 오늘날은 아름다운 소식이 있는 날이어늘 우리가 잠잠하고 있도다 만일 밝은 아침까지 기다리면 벌이 우리에게 미칠지니 이제 떠나 왕궁에 가서 고하자 하고"

이 문둥병 환자들은 역시 이스라엘 사람들이었습니다. 그리고 그들이 문둥병 때문에 사회에서 추방되어 온갖 고생을 한 것도 바로 이 기쁜 소식을 전하기 위해서였습니다.

그들에게는 아람 군대가 남긴 이 엄청난 물건들을 처리할 능력도 없었습니다. 사람은 자기가 행복한 것보다 남을 행복하게 할 때 그 기쁨이 훨씬 더 큰 법입니다. 그래서 그들은 이 기쁜 소식을 성 안에서 죽어가고 있는 많은 사람들에게 전하기로 했습니다.

오늘 우리가 가지고 있는 복음도 바로 이 기쁜 소식인 것입니다. 우리는 하나님의 무서운 저주의 심판에서 구원을 받았습니다. 그러나 아직도 너무 많은 사람들이 이 사실을 모르고 저주 아래에서 살아가고 있습니다. '노서히 우리만 구원받아서는 안 되겠다. 다른 사람들에게도 이 사실을 알려야겠다'는 것이 복음을 전하는 자의 심정인 것입니다.

하나님의 능력과 이스라엘의 믿음

도대체 어떻게 해서 아람 군대가 그 많은 물건들과 양식들을 다 두고 사람들만 달아나게 되었을까요? 그것은 하나님의 아주 간단한 능력이었습니다.

> 열왕기하 7:6-7
> "이는 주께서 아람 군대로 병거 소리와 말 소리와 큰 군대의 소리를 듣게 하셨으므로 아람 사람이 서로 말하기를 이스라엘 왕이 우리를 치려 하여 헷 사람의 왕들과 애굽 왕들에게 값을 주고 저희로 우리에게 오게 하였다 하고 황혼에 일어나서 도망하되 그 장막과 말과 나귀를 버리고 진을 그대로 두고 목숨을 위하여 도망하였음이라"

하나님은 음향 효과를 사용하셨습니다. 하나님이 어떻게 이런 소리를 내셨는지는 알 수 없지만 갑자기 많은 군대의 소리와 말 소리와 큰 군대 소리를 나게 하셨습니다. 아무것도 보이지 않는 칠흑 같은 어두운 밤에 큰 군대의 소리와 말 소리가 들리니까 아람 군대는 다른 군대가 쳐들어온 줄 알고 정신이 없어서 모든 것을 다 버리고 몸만 빠져나와 죽자 살자 도망을 쳤던 것입니다. 우리가 알아야 할 것은 하나님의 지혜는 무궁무진하기 때문에 아무리 어려운 절망적인 상태에서도 하나님을 의지하면 살게 되어 있다는 것입니다. 하나님은 실제로 군대를 동원하지 아니하시고 간단한 방법으로 아람 군대를 망하게 하시고 이스라엘을 구원하셨습니다.

문둥병 환자들의 보고를 받은 이스라엘 왕은 아람 군대의 도망 소식을 믿지 않았습니다. 오히려 자기들을 성 밖으로 유인해서 성을 빼앗으려는 유인술로 생각했습니다. 그때 왕의 신복 중 하나가 왕에게 바른 판단을 할 수 있도록 건의를 했습니다. 즉 기왕 가만히 있어도 굶어 죽게 될 텐데 죽을 각오를 하고 몇 사람을 보내서 확인해 보자는 것이었습니다.

열왕기하 7:13

"그 신복 중 하나가 대답하여 가로되 청컨대 아직 성중에 남아 있는 말 다섯 필을 취하고 사람을 보내어 정탐하게 하소서 이 말들이 성중에 남아 있는 이스라엘 온 무리 곧 멸망한 이스라엘 온 무리와 같으니이다 하고 "

가만히 있으면 말도 죽고 사람들도 다 죽을 텐데 기왕 죽을 것 한번 부딪쳐 보자는 것이었습니다. 결국 죽을 각오를 하고 부딪친 사람들이 문제를 해결했습니다. 죽을 각오를 하고 아람 군대를 찾아 간 문둥병 환자들과 죽을 각오를 하고 말을 타고 정탐을 떠났던 군인들이 하나님이 하신 놀라운 일을 확인할 수가 있었습니다. 백성들이 나가서 아람 군대가 버리고 간 물건들을 노략질해서 성으로 가져왔는데 단 한번으로 모든 양식 문제와 경제 문제가 해결되었습니다. 그래서 엘리사 선지자가 말한 대로 고운 가루 한 스아에 한 세겔이 되고 보리 두 스아에 한 세겔이 되었습니다. 스아라고 하는 것은 큰 통을 말합니다. 그러나 선지자의 말씀을 믿지 않고 빈정거리던 왕의 신하는 이 놀라운 일을 보기는 했지만 백성들이 그를 밀치고 밟고 지나가는 바람에 결국 죽고 말았습니다.

성경은 하나님이 얼마나 위대하며 하나님의 말씀이 얼마나 능력 있는지를 우리에게 생생하게 보여 주고 있습니다. 그러므로 우리는 이 세상에 아무리 좋은 것이 있고 아무리 다른 사람들이 달콤하게 유혹한다 하더라도 절대로 하나님의 말씀을 놓치지 말고 사생결단하며 붙드는 사들이 되어야 하겠습니다.

08. 이스라엘의 꺼져가는 불길

◎ 왕하 8:1-29

우리나라가 경제적인 위기를 겪은 후에 빚을 갚지 못해서 청산하는 기업들이 많이 생겨나게 되었습니다. 결국 기업의 청산이라고 하는 것은 더 이상 기업을 살릴 수가 없기 때문에 가지고 있는 자산을 다 팔아서 부채를 갚고 종업원들의 밀린 봉급을 주고 회사를 없애는 것입니다. 그런데 이런 과정에서 기적적으로 다시 살아나는 회사들이 있습니다. 우리나라에서 이런 대표적인 회사가 하이닉스라는 전자 회사입니다. 하이닉스는 만들어질 때부터 말이 많았는데 IMF가 터지면서 엄청난 부채를 끌어안게 되었습니다. 그런데 이 부채 덩어리 회사의 종업원들이 똘똘 뭉쳐서 결국 빚을 다 청산하고 회사를 다시 살리는 기적을 일으키게 된 것입니다.

과거에 청소년들과 수련회를 하면서 밤에 캠프파이어를 할 때가 많았습니다. 그런데 나무가 한참 타들어 가다가 불꽃이 좀 시들해지면 준비해 놓은 석유를 나무에 붓습니다. 그러면 다시 나무가 타면서 주위가 환해지다가 또 시간이 지나면 불꽃이 시들해집니다. 거기에 또 석유를 부으면 불꽃이 타오르면서 환해지게 됩니다. 그러다 밤이 늦으면 나무도 거의 다 타버렸기 때문에 불을 끄고 숙소에 들어가서 잠을 잤습니다.

하나님은 이스라엘을 다시 살리기 위해 두 사람의 기름을 부으셨습니다. 한 사람이 하늘에서 불이 떨어지게 한 엘리야였고 다른 한 사람이 엘리야의 제자요 엘리야만큼 능력을 행했던 엘리사였습니다. 그러나 이 두 사람이 일으킨 부흥의 불길로도 이스라엘은 살아나지 못했습니다. 그래서 열왕기하 8장 성경 말씀에서 우리는 하나님이 이스라엘을 청산하려고 하시는 것을 보게 됩니다. 그런데 이스라엘의 청산은 결코 쉬운 문제가 아니었습니다. 우리가 보면 한 회사를 청산하는 것도 쉬운 일이 아닌데 한 나라를 청산한다는 것이 어떻게 간단할 수가 있습니까? 그러나 엘리사는 수습할 것을 수습하며 이스라엘을 청산하는 순서를 밟기 시작합니다. 그런데 이스라엘의 문제는 이스라엘의 문제로 끝나는 것이 아니라 유다에게 옮겨가게 되는데, 이로 인해 결국 유다도 병들고 이스라엘은 망하게 되고 말았습니다.

수넴 여인에 대한 인애

하나님은 바알 신앙에 빠진 이스라엘을 치기 위한 몽둥이로 아람 나라를 준비해 두셨습니다. 그런데 하나님은 아람이 이스라엘을 칠 때마다 엘리사를 통해서 오히려 이스라엘을 도와주셨습니다. 하나님이 그렇게 하신 이유는 이스라엘을 때리려고 몽둥이를 준비해 놓기는 하셨지만 이스라엘이 아플까봐 차마 때리지 못하셨던 것입니다. 때로는 부모님이 어린 자녀의 버릇을 고치기 위해 매를 준비해 놓을 때가 있습니다. 그러나 부모님은 그 매를 결코 사용하지 못합니다. 왜냐하면 아이를 너무 사랑하기 때문에 차마 때리지 못하는 것입니다. 결국 이것이 하나님의 심정이었습니다.

하나님은 우리의 잘못을 징계하기 위해 많은 몽둥이를 준비해 놓고 계십니다. 그러나 하나님은 거의 이 몽둥이들을 쓰시 못하십니다. 왜냐하면 우리를 너무 사랑하기 때문에 도저히 때리실 수가 없는 것입니다. 이럴 때 우리가 알아서 하나님 앞에 회개하고 알아서 하나님을 더 사랑하면 얼마나 좋겠습니까? 그러나 우리가 계속 미련하게 죄를 지을 때 결국 하나님의 다른 매가 오게 되는 것입니다.

하나님은 아람 군대를 통해서 몇 번씩이나 이스라엘을 치려고 하셨다가도 결국은 이스라엘 백성들을 도와 건져 주시고 때로는 기적을 일으켜서 적을 쫓아내고 많은 전리품들까지 챙기게 하셨습니다. 그래도 이스라엘 백성들이 정신을 차리지 못하니까 하나님도 도와주실 수 없도록 기간이 정해진 7년 기근을 내리셨습니다. 이때 엘리사는 7년 흉년이 오기 전에 과거에 자기를 도와주었던 수넴 여인에게 흉년이 오니까 다른 곳으로 피해 있으라고 알려 주었습니다.

열왕기하 8:1-2

"엘리사가 이전에 아들을 다시 살려 준 여인에게 이르되 너는 일어나서 네 권속과 함께 거할 만한 곳으로 가서 거하라 여호와께서 기근을 명하셨으니 그대로 이 땅에 칠 년 동안 임하리라 여인이 일어나서 하나님의 사람의 말대로 행하여 그 권속과 함께 가서 블레셋 사람의 땅에 칠 년을 우거하다가"

이 수넴 여인은 엘리사가 하나님의 말씀을 전하러 돌아다닐 때 처음에는 자기 집에 와서 식사를 하게 하더니 나중에는 다락방을 하나 만들어서 거기서 쉬게 할 정도로 엘리사에게 우호적이었습니다. 이 수넴 여인에게 귀한 것은 그가 하나님의 말씀을 존중할 수 있었다는 것입니다. 이 당시 이스라엘에는 외국의 사상이나 문화가 밀려들어오면서 하나님의 말씀을 심하게 무시하고 거부하는 현상이 있었습니다. 즉 이스라엘 백성들에게 걸림돌이 되었던 것은 너무나도 세련되게 믿으려고 하는 것이었습니다.

하나님의 말씀만 붙들고 무식하게 믿는 것은 너무나도 멋이 없고 폐쇄적이라고 생각하고 외국의 사상이 가미되어야 좋은 것이라고 여긴 것입니다. 그러나 이 수넴 여인은 엘리사가 전하는 하나님의 말씀이 귀한 것을 알고 그 말씀을 전폭적으로 신뢰했습니다. 그 결과 이 여인은 자식을 얻는 복을 받게 되었고, 나중에는 열병으로 죽은 아이를 엘리사가 기도로 다시 살리는 기적을 체험했던 것입니다. 하나님이 우리에게 원하시는 것은 세련되게 믿는 것이 아닙니다. 하나님은 우리가 무식할 정도로 하나님의 말씀 그 자체만 붙잡을 때 이 말씀이 생명의 능력이라는 것을 기적으로 체험하게 하십니다.

엘리야 때에도 무엇 때문에 사르밧의 과부가 기근 내내 가루가 떨어지지 아니하고 기름이 떨어지지 않는 하나님의 기적을 체험하게 됩니까? 하나님의 말씀을 무식하게 믿었기 때문입니다. 엘리야 선지자는 그 모자가 먹고 죽을 마지막 떡을 주면 하나님이 계속 가루를 주시고 기름이 떨어지지 않게 하신다고 했습니다. 지금 이 여인은 마지막 남은 양식을 먹고 죽으려고 하는 비장한 순간인데, 엘리야는 그것마저 내놓고 하나님의 말씀을 믿으라는 것입니다. 그런데 이 이방 여인이 놀랍게도 엘리야의 말을 믿고 그 마지막 떡을 주었습니다. 이스라엘 여자들에게는 이런 반응을 상상할 수도 없었습니다. 아마 하나님의 말씀에 미친 사람이라고 하면서 욕을 퍼부었을 것입니다.

예수님은 마리아가 다른 것은 다 제쳐 놓고 예수님 앞에서 말씀을 듣는 일에 열중했을 때 "마리아는 좋은 편을 택하였으니 빼앗기지 아니하리라"(눅 10:42)고 축복하셨습니다. 하나님이 가장 좋아하시는 모습은 우리가 하나님의 말씀을 생명처럼 받아들이는 것입니다. 하나님은 이런 사람을 어떻게 대하시는가 하면 끝까지 책임을 져주십니다. 아마 엘리사 때 임하는 7년 대 흉년은 이스라엘을 거의 망하게 할 것입니다. 우리가 보통 7년 흉년이라고 하면 요셉 때 애굽을 쳤던 대 흉년을 생각하게 됩니다. 어떻게 해서 이런 대 흉년이 오게 됩니까? 이스라엘 백성들이 지었던 죄가 쌓여서 어느 수준을 넘게 되면 자동적으로 이런 흉년이 오게 되는 것입니다.

하나님은 하나님의 말씀에 신실한 반응을 보였던 수넴 여자에게는 7년 흉년이 온다는 것을 미리 알게 하셔서 블레셋 땅으로 피해 있게 하셨습니다. 이것은 하나님이 말씀을 사랑하는 자를 끝까지 책임져 주시는 것을 보여 줍니다. 그래서 우리가 하나님의 말씀을 사랑하고 붙들고 있는 이상 아무것도 두려워할 필요가 없습니다. 왜냐하면 하나님은 우리가 감당치 못하는 시험을 절대로 당하지 않도록 미리 다 조치를 하시기 때문입니다.

그런데 여기서도 수넴 여인과 다른 이스라엘 여자들의 차이를 볼 수 있습니다. 7년 흉년을 피해 있으려면 밭이나 과수원을 다 포기하고 가 있어야 합니다. 특히 이 수넴 여인은 밭이나 과수원이 많은 부자였습니다. 만일 엘리사의 말대로 기근이 오지 않으면 수넴 여인은 망하는 것이었습니다. 그러나 수넴 여인은 엘리사의 말을 그대로 믿고 밭이나 과수원이나 집을 다 포기하고 블레셋으로 피난을 갔습니다. 아마 수넴 여인은 이사를 가면서 자기가 피하는 이유를 다른 이웃에 있는 여인들에게 다 설명을 했을 것입니다. 그러나 다른 여자들은 모두 미쳤다고 하면서 집이나 밭이나 과수원을 포기하지 않고 그대로 있다가 기근에 목숨을 잃었습니다.

하나님이 국가적으로 큰 어려움을 주실 때 우리가 아무것도 손해를 보지 않으려고 하면 안 됩니다. 가장 중요한 것이 우리의 영혼을 챙기는 것이고 가족들의 신앙을 챙기는 것입니다. 우리의 영혼을 챙기고 가족들의 신앙을 챙기면 다른 것은 다시 회복할 기회가 있습니다. 7년 기근이 끝난 후에 수넴 여인은 자기 집으로 다시 돌아왔습니다. 돌아와 보니까 예상대로 자기 집이나 밭이나 포도원은 모두 다 다른 사람들이 차지하고 있었습니다. 이때 왕에게 가서 아무리 자기 땅이라고 주장해도 지금처럼 등기가 되어 있는 것도 아니기 때문에 이웃끼리 짜고 거짓말을 하면 찾을 수가 없는 형편이었습니다. 그런데 놀라운 것은 이스라엘 왕이 이때 엘리사의 종과 이 여인에 대한 이야기를 하고 있는 중이었습니다.

열왕기하 8:3-4

"칠 년이 다하매 여인이 블레셋 사람의 땅에서 돌아와서 자기 집과 전토를 위하여 호소하려 하여 왕에게 나아갔더라 때에 왕이 하나님의 사람의 사환 게하시와 서로 말씀하며 가로되 너는 엘리사의 행한 모든 큰일을 내게 고하라 하니"

여기서 우리에게 두 가지 궁금한 것이 생깁니다. 하나는 하나님의 말씀에 순종하지 않는 이스라엘 왕이 엘리사의 기적에는 왜 관심을 가졌느냐는 것입니다. 그리고 또 하나는 나아만의 재물을 탐내다가 문둥병에 걸린 게하시가 어떻게 이렇게 멀쩡하게 왕과 만날 수 있게 되었느냐는 것입니다. 그래서 어떤 학자는 이 기근이 게하시가 문둥병에 걸리기 전에 있던 일이라고 추측하기도 합니다. 그러나 제가 보기에는 게하시가 회개하고 치료받았을 것이라고 생각합니다.

이스라엘 왕이 하나님 앞에 회개는 하지 않으면서 왜 엘리사의 기적에 관심을 가졌을까 하는 것은 아마도 개인적인 호기심 때문이었던 것 같습니다. 우리는 어떤 사람이 다른 사람의 업적에 대해서는 관심을 가지면서도 그의 이론은 추종하지 않는 것을 얼마든지 볼 수 있습니다. 마찬가지로 이스라엘 왕은 개인적으로 엘리사의 기적의 기록에 관심이 있었던 것 같습니다. 즉 엘리사의 기적이 도대체 몇 가지나 되며 얼마나 신기록을 세우느냐 하는 것입니다. 그러나 그는 금방 믿을 수 없는 한계에 봉착하게 되었는데 바로 엘리사가 죽은 아이를 살렸다는 것입니다.

결국 이것이 인간적으로 성경을 연구하려고 하는 사람들의 한계점입니다. 인간적인 생각으로 성경을 연구할 때 금방 부딪치게 되는 것이 기적입니다. 게다가 기적 중에는 심지어 죽은 사람들이 하나님의 능력으로 다시 살아나는 것도 있습니다. 이스라엘 왕은 게하시의 말을 들으면서 죽은 사람이 살아나는 것은 도저히 믿지 못하겠다고 부정을 하는데 마침 수넴 여인이 왕 앞에 와서 자기 전토를 돌려 달라고 호소하는 것입니다. 게하시가 가만히 보니까 이 여자가 바로 그 죽은 아이의 엄마인 수넴 여인이었습니다. 그래서 엘리사가 죽은 사람을 살린 것이 그 자리에서 증명되었고 왕은 이 여자의 전토와 집을 돌려주게 했습니다. 그리고 주인이 없는 동안에 수확했던 열매까지 다 돌려주게 했습니다.

왕이 게하시를 불러서 엘리사의 기적을 묻다가 실제로 그 기적을 체험한 장본인을 만나게 된 것은 모두에게 은혜였습니다. 수넴 여인에게는 자기가 그 땅과 집의 주인이라는 것이 증명된 것이고 이스라엘 왕에게는 하나님이 진정으로 죽은 자를 살리시며 죽어가는 나라도 살릴 수 있다는 것이 증명된 것입니다.

그러나 이스라엘 왕은 자기 나라가 죽어가고 있다는 것을 믿지 않았던 것 같습니다. 그래서 엘리사의 기적을 확인하면서도 바알 우상을 버리고 하나님께로 돌아가는 결단을 내리지는 않았습니다. 엘리사의 기적은 단순히 기네스북에 오르는 기적이 아니라 이스라엘의 꺼져가는 부흥에 다시 기름을 붓는 큰 영적인 충격이었습니다. 그러나 이스라엘 왕은 기적에만 관심을 가졌지 하나님께로 돌아갈 생각을 하지 못했습니다. 이런 것을 은혜 중독증이라고 합니다. 은혜를 받으려 하고 기적을 체험하려 하지만 바른 신앙으로는 돌아오지 않는 것입니다.

하사엘을 왕으로 세움

원래 하사엘에게 기름을 부어서 아람의 왕을 삼는 것은 하나님이 호렙산에서 엘리야에게 주신 명령이었습니다. 그런데 그 명령이 엘리사에게로 넘어간 것 같습니다.

열왕기하 8:7-8

"엘리사가 다메섹에 갔을 때에 아람 왕 벤하닷이 병들었더니 혹이 왕에게 고하여 가로되 하나님의 사람이 여기 이르렀나이다 왕이 하사엘에게 이르되 너는 손에 예물을 가지고 가서 하나님의 사람을 맞고 저로 말미암아 여호와께 나의 이 병이 낫겠나 물으라"

엘리사가 아람의 수도인 다메섹을 마음대로 출입한 것을 보면 아마도 이때가 수리아의 군대 장관 나아만의 문둥병을 치료하고 난 후인 것 같습니다. 그래서 엘리사가 다메섹으로 갔을 때 왕이 그가 온 것을 알고 많은 예물을 준비해서 자기 병이 나을 것인지 물어보라고 했습니다. 여기서 왜 벤하닷은 많은 예물을 보내면서 치료해 달라고 부탁하지 못하고 병이 나을 것인지 물어보라고 했을까요? 바로 이것이 미신적인 생각인 것입니다. 하나님을 믿는 사람은 물어봐 달라는 식으로 말하지 않습니다. '하나님, 이 병을 치료해 주세요' 라고 요구합니다. 그러나 미신적인 생각을 가진 사람은 어떻게 해서든지 미래를 조금이라도 알아서 덜 불안하려고 합니다. 그런데 이때 엘리사는 그에게 진실하게 답해 주지 않았습니다.

열왕기하 8:10
"엘리사가 가로되 너는 가서 저에게 고하기를 왕이 정녕 나으리라 하라 그러나 여호와께서 저가 정녕 죽으리라고 내게 알게 하셨느니라 하고"

왜 엘리사는 이 사람에게는 이렇게 말을 하고 저 사람에게는 저렇게 말을 해서 거짓말을 했던 것일까요? 그에게는 그럴 이유가 있었습니다. 벤하닷은 자기가 죽을 것을 알면 절대로 곱게 죽을 사람이 아니었습니다. 옛날에 왕은 죽을 준비를 할 때 아주 큰 무덤을 만들어 놓고 많은 사람들을 같이 생매장시켰으므로, 엘리사는 벤하닷에게 그가 죽는다는 사실을 말하지 않음으로 갑자기 혼자 죽게 했습니다. 그 대신에 하사엘에게는 그가 왕이 될 것을 알려 주었습니다. 그러나 그냥 알리기만 하지 않았습니다. 엘리사는 하사엘을 오랫동안 뚫어지도록 바라보다가 갑자기 울기 시작했습니다. 그래서 하사엘이 놀라서 왜 자기를 쳐보다가 우느냐고 물으니까 그가 장차 할 짓을 생각하니까 기가 막혀서 운다고 답했습니다. 즉 하사엘은 아람의 왕이 되면 이스라엘을 철저하게 응징하게 된다는 것입니다.

열왕기하 8:11-12
"하나님의 사람이 저가 부끄러워하기까지 쏘아보다가 우니 하사엘이 가로되 내 주여 어찌하여 우시나이까 대답하되 네가 이스라엘 자손에게 행할 모든 악을 내가 앎이라 네가 저희 성에 불을 놓으며 장정을 칼로 죽이며 어린 아이를 메어치며 아이 밴 부녀를 가르리라"

엘리사가 하사엘을 가만히 보니까 지금은 보잘 것 없는 이 군인이 나중에 이스라엘에 최고로 악한 짓을 할 원수였던 것입니다. 그래서 엘리사는 하사엘의 얼굴을 뚫어질 정도로 쳐다보면서 '네 놈이 장차 이스라엘에 심히 악을 행할 원수이구나. 성에 불을 지르고 많은 남자들을 칼로 죽이고 아이들을 돌에 매어치고 아이 밴 여자들의 배를 갈라 죽일 놈이구나' 라고 생각하고 있는 것입니다. 이스라엘을 생각한다면 지금 하사엘을 죽여야 했습니다. 그러나 하나님이 예비하신 몽둥이이기 때문에 어쩔 수 없이 인정해야 했습니다. 이때 엘리사는 미래를 내다보고 울 수밖에 없었지만, 하사엘은 매우 좋아하게 됩니다.

열왕기하 8:13
"하사엘이 가로되 당신의 개 같은 종이 무엇이관대 이런 큰일을 행하오리이까 엘리사가 대답하되 여호와께서 네가 아람 왕이 될 것을 내게 알게 하셨느니라"

하나님은 하사엘이 아람의 왕이 될 것을 예고하시면서 악한 자들도 하나님이 세우신다는 것을 보여 주시는 것입니다. 그러나 이런 왕들을 세우시는 것은 철저하게 불순종한 이스라엘을 응징하기 위해서입니다. 벤하닷 같은 사람만으로도 충분히 이스라엘을 응징할 수 있을 텐데 왜 하사엘 같은 자를 세우시는 것일까요?

그것은 벤하닷이라는 몽둥이는 물러서 큰 효력이 없었기 때문입니다. 하사엘은 완전히 이스라엘을 응징하는데 헌신한 사람이었습니다. 엘리사의 부흥이 실제적인 부흥으로 연결되지 못하고 부흥의 불길이 꺼지게 되었을 때 하나님은 이스라엘을 청산하기 시작하셨습니다. 그리고 이스라엘 백성들을 치시기 위해 하사엘을 준비하시고, 아합 왕가의 씨를 말릴 예후를 준비하셨습니다. 그리고 나중에 이스라엘을 완전히 망하게 하는 앗수르 제국을 준비하시게 됩니다.

이스라엘이 유다에 미친 악 영향

유다 왕 여호사밧은 하나님의 말씀에 순종하는 정직한 왕이었습니다. 그런데 그의 치명적인 결점은 아합을 너무나도 좋아하고 어떻게 해서든지 아합과 동맹을 맺으려고 했다는 점입니다. 결국 여호사밧은 아합의 딸과 자기 아들을 결혼시키는데 그 여자가 그 유명한 이세벨의 딸 아달랴였습니다. 여호사밧의 친 이스라엘 정책은 유다 안에 바알 신앙을 끌어들이게 되는데 이것이 결국 유다의 부흥을 꺼버리고 거의 유다를 망하게까지 했습니다. 하나님은 다윗의 등불이 꺼지지 않게 하셨다고 했는데 실제로 다윗의 등불이 거의 꺼진 적이 있었습니다. 바로 아달랴가 자기 남편이 죽은 후에 모든 왕자들을 죽이고 자기가 유다의 왕노릇을 할 때였습니다.

열왕기하 8:17-19

"여호람이 위에 나아갈 때에 나이 삼십이 세라 예루살렘에서 팔 년을 치리하니라 저가 이스라엘 왕들의 길로 행하여 아합의 집과 같이 하였으니 이는 아합의 딸이 그 아내가 되었음이라 저가 여호와 보시기에 악을 행하였으나 여호와께서 그 종 다윗을 위하여 유다 멸하기를 즐겨하지 아니하셨으니 이는 저와 그 자손에게 항상 등불을 주겠다고 허하셨음이더라"

우리에게 이해가 되지 않는 것은 왜 하나님을 잘 믿는 유다 왕이 이스라엘 왕을 그렇게 좋아했느냐 하는 것입니다. 그것은 오늘 우리들에게도 상당히 중요한 의미가 있습니다. 즉 유다와 이스라엘은 비슷한 규모가 아니었다는 사실입니다. 이스라엘은 유다에 비해 다섯 배에서 열 배 정도 큰 나라였습니다. 그러니까 현실적으로 보기에는 이스라엘이 유다보다 다섯 배에서 열 배 이상 부강했습니다. 사람들은 이 현실적인 차이를 무시하지 못하는 것입니다.

오늘날도 마찬가지로, 정직하게 신앙생활을 하는 것보다는 좀 거짓되더라도 다른 사람의 열 배 이상 잘사는 것을 하나님의 축복이라고 생각합니다. 또한 성경대로 목회하는 작은 교회보다는 인간적인 방법을 쓰더라도 열 배 이상 큰 목회를 하는 사람을 더 성공한 목회자라고 모두 생각합니다. 그러니까 유다 왕 여호사밧은 신앙 안에서 나라를 다르시고 있었지만 마음 한 구석으로는 이스라엘에 대한 열등감을 가졌거나 또는 이스라엘을 크게 부러워했습니다. 그래서 어떻게 해서든지 이스라엘과 가까워지려고 하고 이스라엘과 연합을 하려고 했던 것입니다.

그래서 하나님의 종에게는 어떤 의미에서 이런 외적인 열세를 극복할 수 있는 믿음의 자신감이 있어야 합니다. 즉 '너희가 경제력이나 모든 능력에서 우리보다 다섯 배에서 열 배 이상 강하다마는 우리는 그런 것이 하나도 부럽지가 않다. 우리는 작아도 바로 믿는 믿음 하나로 만족하겠다' 라는 배짱이 있어야 하는 것입니다. 그런데 여호사밧에게는 이런 배짱이 없었습니다. 그래서 이세벨의 딸을 자기 아들 여호람의 부인으로 주게 되는데 결국 이 여자가 유다 안에 바알 신앙을 퍼트리고 유다의 부흥을 꺼버리는 일을 했습니다. 게다가 여호람의 아들 아하시야는 이스라엘 왕 요람이 하사엘과 싸우다가 다쳤을 때 문병을 갔다가 예후의 반역자들을 만나서 죽게 됩니다.

결국 이스라엘의 죄의 불길은 엘리사의 기적으로도 끄지 못했고 오히려 유다까지 옮겨 붙어서 유다도 병들게 하고 자기도 먼저 망했습니다. 유다가 완전히 다시 살아나는 데는 왕자들이 다 죽을 때 시녀가 숨겼던 아기 요아스가 왕이 됨으로 다시 살아나게 됩니다. 그러니까 한번 꺼진 부흥의 불길은 한번 꺼진 용광로만큼이나 다시 살리기가 어려운 것입니다.

하나님은 우리에게 놀라운 부흥을 주고 계십니다. 이 부흥의 불씨가 살아나서 온 세상을 밝히는 큰 불길이 되기를 바랍니다. 또한 바로 당신이 이 부흥의 불씨를 살리는 일에 잘 쓰임받기를 진심으로 바랍니다.

09. 하나님의 예언의 성취

◎ 왕하 9:1-37

우리가 신앙생활을 하면서 가장 이해가 되지 않을 때가 있는데 그것은 바로 악에 대한 하나님의 침묵입니다. 성경은 분명히 하나님이 이 세상을 다스리신다고 말씀하는데, 하나님이 다스리는 세상에서 악한 자가 모든 주권을 다 쥐고 세상을 주물럭거려도 하나님은 조용히 침묵만 하시는 것입니다. 이런 때가 바로 영적인 밤입니다. 하나님이 영적인 밤을 허락하시는 이유는 우리로 하여금 낮이 얼마나 귀한 줄 알라는 뜻입니다.

하나님은 우리 믿는 자들에게 너무나도 귀한 하나님의 말씀을 주셨습니다. 그러나 하나님의 백성들이 하나님의 말씀을 시시하게 생각해서 세상이 명예나 돈을 사랑할 때 하나님은 은혜를 거두어 가십니다. 그러면 말도 되지도 않는 악한 자가 등장해서 온 세상을 미신과 폭력으로 몰고 갑니다. 이런 일을 한 번 겪어야 하나님의 백성들이 감히 하나님의 말씀을 세상의 돈이나 명예와 바꾸지 않을 것입니다.

예수님이 십자가에서 부활하심으로 오순절에 성령이 임했습니다. 그리고 복음은 온 세상에 들불처럼 퍼져갔습니다. 그런데 나중에 무려 천 년 동안 중세에 암흑기가 오게 됩니다. 그 이유가 어디에 있습니까? 단 한 구절의 말씀이 무시되었기 때문입니다. 그것은 "사람이 의롭게 되는 것은 율법의 행위에서 난 것이 아니요 오직 예수 그리스도를 믿음으로 말미암는"(갈 2:16) 진리였습니다. 그 중세 천 년 동안 얼마나 많은 사람들이 미신의 노예가 되었으며 악한 종교 지도자들의 속임수에 고통 받아야 했는지 모릅니다.

하나님은 이스라엘 백성들에게 오직 모세의 율법을 지키기만 하면 복을 주겠다고 약속하셨습니다. 그러나 이스라엘 백성들은 그것을 믿지 못해서 우상을 끌어들였습니다. 그 결과 북쪽 이스라엘은 아합 같은 악한 왕이 등장해서 하나님을 믿는 자들을 다 죽이고 바알 신앙을 전 이스라엘에 퍼트렸습니다. 그러면 아합 같은 이런 악한 자는 어떻게 되는 것입니까? 아합은 하나님 앞에서 심판이 확정되어 있는 자였습니다. 특히 아합이 이세벨의 꾀임으로 나봇이라는 사람을 죽이고 그의 포도원을 빼앗았을 때 하나님은 아합이 이 포도원에서 죽을 것이며 그의 모든 자손들이 남녀 구별 없이 다 죽임을 당할 것이라고 예언하셨습니다.

그런데 묘한 것은 아합이 하나님의 이 저주의 말씀을 듣고 하나님 앞에서 자기 자신을 낮추며 겸손한 모습을 보인 것입니다. 이때 하나님은 아합이 살아 있는 동안에는 이 심판을 하지 않겠다고 약속하셨습니다. 그러면 아합의 가족이 살 수 있는 길은 아합처럼 계속 겸손하면 되는 것입니다. 우리 앞에 놓인 하나님의 심판이 아무리 확정적이라 하더라도 우리가 하나님 앞에 겸손하면 하나님은 우리가 살아 있는 동안에는 심판을 미뤄 주십니다. 그러면 우리는 또 우리 자손들에게 다른 것은 하지 말고 오직 하나님 앞에서 자신을 낮추어서 겸손하게 행하라고 하면 또 한 세대가 심판을 넘길 수 있게 됩니다. 그러나 대개 그 다음 세대는 그런 것을 생각지 않고 자기 멋대로 까불다가 조상 때부터 미뤄 오던 심판을 한순간에 맞습니다.

열왕기하 9장 말씀은 하나님이 오래 전에 엘리야에게 하신 말씀과 나봇이 죽었을 때 한 예언이 한꺼번에 이루어지는 것을 보여 줍니다. 우리가 생각하기에 하나님의 말씀은 너무나도 천천히 이루어지는 것 같고 어떤 때에는 아예 이루어지지 않고 정지되어 있는 것 같습니다. 그러나 시간이 지난 후에 보면 하나님의 말씀은 하나도 빠짐없이 다 이루어져서 복을 받을 자는 복을 받고 심판을 받을 자는 심판을 받아서 완전히 멸망당해 있는 것을 보게 됩니다. 이 때 생각나는 것이 "주께는 하루가 천 년 같고 천 년이 하루 같은 이 한 가지를 잊지 말라"(벧후 3:8)라는 말씀입니다. 하나님은 악한 자를 금방 심판하지 않으셔서 너무너무 답답한 것 같은데 시간이 지난 후에 보면 하나님의 말씀은 한 말씀도 틀리지 않고 다 이루어져 있는 것입니다.

선지자 생도를 보내어 예후를 왕으로 세움

열왕기하 9:1-3
"선지자 엘리사가 선지자의 생도 중 하나를 불러 이르되 너는 허리를 동이고 이 기름병을 손에 가지고 길르앗 라못으로 가라 거기 이르거든 님시의 손자 여호사밧의 아들 예후를 찾아 들어가서 그 형제 중에서 일어나게 하고 데리고 골방으로 들어가서 기름병을 가지고 그 머리에 부으며 이르기를 여호와의 말씀이 내가 네게 기름을 부어 이스라엘 왕을 삼노라 하셨느니라 하고 곧 문을 열고 도망하되 지체치 말지니라"

하나님은 일찌감치 엘리야를 호렙산에 불러다가 하나님의 임재를 체험하게 하고 장래 계획을 말씀하신 적이 있습니다. 그때 하나님은 엘리야에게 세 가지를 말씀하셨는데 하나는 하사엘에게 기름 부어 아람의 왕이 되게 하고, 두 번째는 님시의 아들 예후에게 기름 부어 이스라엘 왕이 되게 하고, 세 번째는 사밧의 아들 엘리사에게 기름 부어 그를 대신하여 선지자가 되게 하라는 것이었습니다.

이 당시 엘리야는 이스라엘 백성들의 완악함에 절망하고 있었습니다. 엘리야는 이스라엘 백성들이 하나님께 돌아오게 하기 위하여 3년 반 동안 비가 오지 않는 기도를 드렸습니다. 그리고 이스라엘 백성들이 보는 앞에서 하늘에서 불이 떨어지는 기도를 드리고 바알의 제사장 450명을 한꺼번에 죽였습니다. 또한 기도로 3년 반 동안 오지 않던 비가 내리게 했습니다. 그럼에도 불구하고 이스라엘 백성들이 변하지 않자 엘리야는 로뎀나무 밑에서 죽게 해 달라고 기도를 드렸던 것입니다.

이때 하나님은 엘리야에게 이 세 가지를 명령하셨습니다. 그러나 실제로 엘리야가 한 것은 한가지였습니다. 그것은 엘리사에게 기름을 부어서 선지자로 삼는 것이었습니다. 왜 엘리야는 하나님이 하라고 하신 세 가지 중에서 한 가지만 했을까요? 그것은 만약 이스라엘 백성들이 엘리사의 능력을 보고서라도 회개를 하면 하사엘이나 예후에게는 기름을 부을 필요가 없기 때문입니다. 그러나 이스라엘 백성들이 끝까지 회개하지 않았을 때 드디어 하나님의 시계는 움직이기 시작했습니다. 그래서 엘리사는 하사엘에게 '네가 아람의 왕이 될 것이다' 라고 이야기를 했고, 하사엘은 그 즉시 병든 자기 왕을 물에 적신 이불로 숨 막히게 해서 죽이고 왕이 됩니다. 그리고 엘리사는 자기 제자를 보내어 예후에게 기름을 붓게 합니다.

그런데 여기서 기름을 붓는데 무엇인가 정식으로 기름을 붓는 것과는 차이가 있는 것을 보게 됩니다. 원래 하나님이 기름을 붓는 사람은 하사엘이나 예후 같은 사람이 아닙니다. 하나님이 기름을 붓는 사람은 정의롭고 진리로 불의와 싸우는 사람입니다. 하사엘과 예후는 정당하지 못한 방법으로 왕을 죽이고 자기들이 왕이 됩니다. 이것은 진정한 기름 부음을 받은 사람이 아니라 일시적으로 하나님의 심판 도구로 사용되는 사람의 모습입니다. 그래서 다윗 같은 사람은 기름 부음을 받았지만 자기를 죽이려고 하는 사울을 죽이지 않고 끝까지 기다렸습니다. 이것이 진정한 기름 부음입니다. 하나님이 왕으로 세우셨다는 말을 듣자마자 자신의 왕을 죽이고 왕위를 찬탈하는 자는 진정한 하나님의 종이 아닌 것입니다. 하나님이 진정으로 기름을 부어서 세운 종은 셋 중에서 엘리사 밖에 없었습니다. 나머지는 이스라엘 백성들이 끝까지 깨닫지 못하니까 그들을 치는 몽둥이로 쓰시기 위해 기름을 부은 것입니다.

예후가 왕이 되는 배경 역시 길르앗 라못입니다. 길르앗 라못은 아합이 아람으로부터 되찾기 위해 싸우다가 화살을 맞은 곳입니다. 이곳은 그 후에 엘리사가 아람 군대를 무찌르면서 이스라엘의 관할로 넘어온 것 같습니다. 그러다가 하사엘이 길르앗 라못을 공격하게 되고, 아합의 아들 요람은 이것을 막다가 부상을 입게 되었습니다. 요람은 길르앗 라못을 장군들에게 맡겨 놓고 이스르엘 궁에 가서 상처를 치료하게 되었는데 이때 엘리사가 자기 종을 보내서 장군들 중에 예후만 불러 옆방에서 머리에 기름을 붓고 빨리 거기서 도망을 치라고 했습니다. 엘리사의 종은 엘리사가 시킨 대로 장군들이 모여서 회의를 하고 있는데 예후를 좀 보자고 한 후 옆방에서 하나님이 네게 기름을 부어 이스라엘의 왕으로 삼으니까 아합의 집을 치라고 말하고는 문을 열고 급히 도망을 쳤습니다.

이때 예후는 이 사실을 어떻게 받아들여야 할지 잘 판단이 서지 않았던 것 같습니다. 젊은 선지자가 와서 예후에게 반역자가 되라고 했는데 그는 하나님이 그를 이스라엘의 왕으로 삼는다면서 하나님의 이름으로 말을 했습니다. 그래서 어떻게 해야 할지 모르는 채 옆방에 왔는데 다른 장군들이 예후에게 그 미친 선지자가 뭐라고 하더냐고 꼬치꼬치 캐물었습니다. 이때 예후는 장난처럼 당신들이 다 알고 있지 않느냐고 하면서 그냥 넘어가려고 했습니다. 그런데 그 장군들은 그 선지자가 뭐라고 했는지 꼭 이야기해 달라고 했습니다. 그래서 예후는 다른 사람의 말을 하는 것처럼 '그가 나에게 기름을 부어 이스라엘의 왕으로 삼는다고 했다' 고 하니까 그 자리에서 장군들의 마음이 하나가 되면서 예후를 왕으로 추대하게 되었습니다.

이것을 보면 장군들은 누군가가 반역을 해서 아합의 집을 쳤으면 좋겠는데 그 말을 꺼낼 용기가 없었던 것입니다. 그런데 젊은 선지자의 행동이 그런 마음들을 자극해서 행동에 옮길 수 있게 했던 것을 알 수 있습니다. 즉 모든 이스라엘 사람들의 마음속에 이미 아합의 집 사람들은 이스라엘 왕의 자격이 없고 그 집 식구들은 심판을 받아야 한다는 생각이 팽배했던 것입니다. 우리가 알아야 할 것은 아합은 아람과의 전쟁에서 두 번이나 크게 승리한 전쟁 영웅이었습니다. 미국으로 치면 맥아더와 같은 사람이었습니다. 그럼에도 불구하고 그가 이세벨을 통해서 바알의 신앙을 퍼트리고 하나님을 믿는 자들을 다 잡아 죽인 것과 특히 나봇을 죽이고 포도원을 빼앗은 것은 용서할 수 없는 죄로 모두 생각하고 있었던 것입니다.

특히 엘리사가 아합과 그의 식구들이 나봇의 포도원에서 죽어야 하며 나봇의 피를 핥던 개들이 아합의 자식들의 피를 핥아야 한다고 한 것을 너무나도 많은 사람들이 알고 있었습니다. 단지 이스라엘 중에는 그 총대를 멜 자가 없었는데 하나님이 예후라는 장수에게 그 총대를 메게 하신 것입니다. 예후라는 사람은 참으로 특이한 사람이었습니다. 그는 하나님이 말씀하신 대로 아합의 식구들의 씨를 말리고 바알 제사장들을 모두 다 죽입니다. 그러나 자기 자신은 하나님의 말씀으로 돌아가지 않고 여로보암의 금송아지 신앙을 따라가게 됩니다. 이 사람은 진정한 기름 부음을 받는 자가 아니고 일시적으로 죄악을 청소하는 청소부로 채용된 것입니다.

엘리사의 예언의 성취

사실 이스라엘의 왕이라는 사람은 부족한 것이 없는 사람이었습니다. 그럼에도 불구하고 아합은 나봇이라는 사람의 포도원을 탐냈습니다. 아합이 원했던 것은 그의 이스르엘 별궁 옆에 있는 나봇의 포도원을 자기 나물 밭으로 삼는 것이었습니다. 이스라엘 왕이 무엇이 부족하다고 다른 사람의 포도원을 빼앗아서 자기 나물 밭으로 삼겠습니까? 그러나 사람의 욕심이라고 하는 것은 만족을 모르는 법입니다. 그래서 다른 사람의 작은 것을 빼앗아서 자기 욕심을 채우려고 하다가 망하게 되는 것입니다.

하나님은 아합이 나봇을 죽게 하고 그의 포도원을 빼앗았을 때 아합이 그 포도원에서 죽고 나봇의 피를 핥아 먹던 개들이 아합의 피를 핥을 것이라고 말씀하셨습니다. 그런데 아합이 이 엘리사의 예언을 듣고 잠시 회개를 했을 때 하나님은 아합 대에는 이 일이 일어나지 않을 것을 약속하셨습니다. 그러니까 결국 이 저주는 자식에게 넘어가게 되는 것입니다. 그 자식이 바로 이 요람이었습니다. 요람이 죽는 것도 보면 죽을 수밖에 없게 되어 있는 것을 알 수 있습니다. 요람은 예후가 군대를 몰고 오는데 두 번씩이나 사신을 보내었지만 사신들이 돌아오지 않았습니다. 그런데 그것이 반역인지 전혀 모르고 자기가 직접 예후를 만나러 나갔다가 예후의 화살에 염통이 뚫어지면서 즉사해 버린 것입니다.

예후는 젊은 선지자가 자기 머리에 기름을 붓자 이것을 어떻게 받아들여야 하는지 처음에는 잘 몰랐습니다. 그래서 이 사실을 감추고 있다가 서서히 왕자리를 노려야 되겠다고 생각했습니다. 그러나 주위 사람들이 그 즉시 그를 왕으로 추대해 버리니까 얼떨결에 왕이 되었습니다. 그리고 왕이 되어 버리니까 결국 요람을 찾아가서 죽일 수밖에 없었던 것입니다. 예후는 장군들에 의해 왕이 되자마자 이 사실을 비밀에 붙이고 군사들을 끌고 바로 왕이 치료받고 있는 이스르엘 궁으로 병거를 몰아갔습니다.

이스르엘 망대에서 피수꾼이 자기 나라 군대가 오는 것을 보고 왕에게 보고를 하니까 왕이 사자를 보내어 어떻게 오는지 물어보라고 했는데 한번 간 사자가 돌아오지 않았습니다. 예후는 사자를 상대하지 않고 무조건 뒤에 있으라고 하면서 계속 병거를 몰아 앞으로 갔습니다. 그래서 요람은 두 번째 사자를 보냈지만 그도 돌아오지 않았습니다. 요람은 사자가 두 번씩이나 돌아오지 않았지만 이것이 무엇을 의미하는지 전혀 생각을 하지 못했습니다. 그래서 자기가 직접 예후를 상대해서 그가 왜 여기에 왔는지 보고를 들으러 나갔습니다.

바로 이것이 요람의 미련함입니다. 그는 전혀 예후의 반역을 눈치 채지 못했습니다.

공교롭게도 요람이 직접 나가서 예후를 만난 곳은 하나님이 예언하셨던 나봇의 포도원이었습니다. 요람이 예후에게 "평안이뇨?"라고 묻자, 예후는 "네 어미 이세벨의 음행과 술수가 이렇게 많으니 어찌 평안이 있으랴"(왕하 9:22)고 대답을 했습니다. 이때 요람이 비로소 반역인 줄 알고 "반역이로다"(왕하 9:23) 하면서 도망을 치는데 예후가 힘껏 쏜 화살이 요람의 염통을 꿰뚫고 나와서 그 자리에서 죽임을 당했습니다. 바로 하나님이 엘리사를 통해서 예언한 그대로 된 것입니다. 이스라엘 왕이 무엇이 답답해서 다른 사람을 죽여서 그의 포도원을 빼앗습니까? 그렇게 하니까 결국 자기도 거기서 피를 흘리게 되는 것입니다. 사람이 아무리 욕심을 부린다고 해도 다른 사람의 눈에서 피눈물을 흘려가면서 자기 욕심을 채우면 안 됩니다. 그러면 자기 자신도 그만큼 피 눈물을 흘려야 하는 것입니다. 그리고 예후가 이스르엘 왕궁에 도착했을 때, 이세벨이 성의 창문에서 화장을 하고 있었습니다.

열왕기하 9:30-31

"예후가 이스르엘에 이르니 이세벨이 듣고 눈을 그리고 머리를 꾸미고 창에서 바라보다가 예후가 문에 들어오매 가로되 주인을 죽인 너 시므리여 평안하냐"

이것을 보면 이세벨이라는 여자가 얼마나 대담한지를 알 수 있습니다. 예후가 반역을 일으켰고 예후의 손에 자기 아들 요람이 죽었다는 것을 들었을 텐데도 이세벨은 태연자약하게 화장을 하고 있었습니다. 그리고 예후에게 "주인을 죽인 너 시므리여 평안하냐"라고 인사를 하고 있습니다. 이것을 보면 이세벨은 너무나도 자기가 대단한 사람이기 때문에 감히 예후 따위는 자기를 건드리지 못할 줄로 생각한 것 같습니다. 이것이 결국 악한 자의 거짓된 평안입니다. 이 본문을 보면 요람이나 이세벨이 자꾸 '평안하냐?' 고 인사하는 것을 볼 수 있습니다. 이것은 자신들에게 전혀 어려움이 와야 할 이유가 없다는 뜻입니다. 자기들은 모든 것을 정당하게 하고 잘해 오고 있기 때문에 평안하지 않을 이유가 없다는 것입니다. 그러나 이것은 거짓된 평안이었습니다.

예후는 창문을 향하여 "내 편이 될 자가 누구냐 누구냐"(왕하 9:32)고 했습니다. 그러자 내시들이 창밖으로 내다보았습니다. 그리고 "저를 내려 던지라" 하는 예후의 명령을 따라서 내시들은 이세벨을 들어서 창밖으로 던져 버렸습니다. 그랬더니 이세벨의 피가 튀는데 벽에도 튀고 예후의 말까지도 튀었습니다. 아마도 이세벨이 비만했던 것 같습니다. 그러니까 그 무게로 인하여 떨어지면서 온몸이 터지고 온 사방에 그 피가 튀었습니다. 그래도 예후는 별 생각 없이 성 안에 들어가서 음식을 먹었는데 그러다가 갑자기 이세벨이 두로의 공주라는 생각이 들었습니다. 그래서 괜히 두로 왕과 관계가 나빠져서는 안 되겠다고 생각해서 부하에게 이세벨의 시체를 수습하라고 했는데, 이미 개들이 와서 이세벨의 시체를 먹어 버려서 두개골과 발과 손바닥을 제외하고는 남은 것이 없다는 말을 듣게 됩니다.

아합이 괜한 욕심으로 다른 사람의 포도원을 탐냈는데 그 결과가 아주 비참했습니다. 전쟁에서 활을 맞고 죽은 아합이 탔던 병거를 씻으니까 그 피를 개들이 핥아 먹었습니다. 그리고 예후는 아합의 아들 요람을 활로 죽인 후에 그 시체를 나봇의 포도원에 던져버렸습니다. 또 이세벨은 성에서 떨어져 죽었는데 개가 그 시체를 먹어버려서 거의 남는 것이 없었습니다.

열왕기하 9:36-37

"돌아와서 고한대 예후가 가로되 이는 여호와께서 그 종 디셉 사람 엘리야로 말씀하신 바라 이르시기를 이스르엘 토지에서 개들이 이세벨의 고기를 먹을지라 그 시체가 이스르엘 토지에서 거름같이 밭 면에 있으리니 이것이 이세벨이라고 가리켜 말하지 못하게 되리라 하셨느니라"

엘리야가 말한 이 말은 성경에 기록되어 있지 않습니다. 아합과 그 자식들에 대한 것뿐입니다. 그러나 엘리야의 예언대로 이세벨의 시체는 '이것이 이세벨이다' 라고 말할 수 없게 되어 버렸습니다. 그리고 열왕기하 10장에 보면 아합의 아들 70인이 교육을 받다가 예후의 편지를 받은 신하들에 의해 한꺼번에 죽임을 당합니다. 이것으로 아합의 모든 자식들은 한 사람도 남김없이 죽게 됩니다. 자식들을 많이 낳아서 공부를 시키면 오래오래 잘살 것 같지만 결국 모든 것은 하나님의 말씀대로 이루어집니다.

모든 것은 성경 말씀 그대로입니다. 야고보 사도는 "욕심이 잉태한즉 죄를 낳고 죄가 장성한즉 사망을 낳느니라"(약 1:15)고 했습니다. 욕심이라고 하는 것은 사람이 죄를 짓기 전까지는 너무나도 탐스럽고 좋은 것 같고 가지지 않고는 견딜 수 없도록 만듭니다. 그러나 하나님의 말씀은 그 욕심이 가지고 있는 정체를 보게 합니다. 즉 나봇의 포도원이 아니라 개가 자신과 자기 아내의 피를 핥는 장면을 미리 봐야 하는 것입니다. 그래서 우리 예수 믿는 사람들은 어떻게 하든지 욕심을 철저하게 잘라 버려야 합니다. 사도 바울이 말한 것처럼 "내게 능력 주시는 자 안에서 모든 것을 할 수 있느니라"(빌 4:13)고 해야지 자기 분수를 넘어서서 욕심을 내면 결국 비참하게 죽게 됩니다.

유다 왕의 죽음

예후의 문제는 하나님의 말씀에서 지나치는 데 있었습니다. 그것은 바로 유다 왕 아하시야의 죽음이었습니다. 아하시야는 요람의 누이 아달랴의 아들이었기 때문에 부상을 당한 요람을 위로하기 위해 이스르엘에 와 있었습니다. 그러나 아하시야는 아합 집의 사람은 아니었고, 하나님이 예후에게 죽이라고 말씀하지도 않으셨습니다. 그러나 예후는 사람을 죽이는데 있어서 절제라는 것이 없었습니다.

열왕기하 9:27

"유다 왕 아하시야가 이를 보고 동산 정자 길로 도망하니 예후가 쫓아가며 이르되 저도 병거 가운데서 죽이라 하매 이블르암 가까운 구르 비탈에서 치니 저가 므깃도까지 도망하여 거기서 죽은지라"

여기서 우리는 예후의 정체를 파악할 수 있습니다. 예후는 처음엔 하나님의 이름과 엘리야 선지자의 예언을 내걸고 아합의 집을 심판했지만, 그것은 어디까지나 자기 야망과 욕심을 채우기 위한 핑계에 불과했습니다. 하나님의 사람들은 멈추어야 할 때에는 멈출 수 있어야 합니다. 그러나 예후는 그렇지 못했습니다. 그는 자기편이 아니라고 생각되는 사람들을 이유 없이 모두 죽여 버렸습니다. 이런 점에서 겉으로는 하나님의 일을 하는 체하면서 실제로는 자기 욕심을 채우는 예후 같은 사람을 극히 경계해야 합니다.

좌우간 유다 왕은 쓸데없이 이스라엘 왕을 가까이하고 위문하는 바람에 죽임을 당하고 말았습니다. 그 근본적인 이유가 어디에 있습니까? 규모에 대한 열등감입니다. 유다는 바른 신앙을 가지고 있었지만 규모가 언제나 이스라엘의 5분의 1에서 10분의 1밖에 되지 않았습니다. 만일 유다 왕이 제대로 신앙적인 안목을 가지고 있었더라면 유다의 규모가 이스라엘의 규모보다 적을지라도 하나님의 진리를 믿고 불필요하게 이스라엘을 가까이하지 않았을 것입니다. 사실 유다 왕이 이스라엘 왕과 만나고 이스라엘 왕을 문병하는 동안에 하나님의 말씀이라도 더 읽고 기도라도 더 했더라면 하나님이 더 기뻐하셨을 것입니다.

이것을 보며 저는 '까마귀 노는데 백로야 가지 마라' 는 시조가 생각났습니다. 우리가 하나님의 백성으로서 말씀과 성령의 역사로 만족을 한다면 필요 없이 다른 많은 사람들을 만나서 이름을 내고 인정받으려 하지 않아야 합니다. 왜냐하면 하나님이 인정해 주셔야 그것이 진정한 인정이기 때문입니다. 우리 모든 독자들은 하나님 앞에서 인정받는 성도들이 되시기를 바랍니다.

2부

이스라엘의 멸망

10. 예후의 숙청

◎ 왕하 10:1-36

자연계에는 천적이라는 것이 있습니다. 아무리 강한 생물이라 하더라도 그것보다 더 강한 생물이 있어서 무한정으로 번식하지 못하게 하는 것입니다. 한때 우리나라 경기도 지방에 제방이 무너지는 바람에 큰 홍수의 피해를 입은 적이 있습니다. 그 원인을 조사해 보니까 사람들이 뱀을 너무 많이 잡아먹는 바람에 숫자가 적어진 뱀들이 쥐를 많이 잡아먹지 못하니까 그 수가 늘어난 쥐들이 제방에 많은 구멍을 파는 바람에 제방이 무너지게 되었다는 것입니다.

악한 사람의 특징은 끝없이 악의 세력을 넓히고 번식하는 것입니다. 그런데 하나님은 악한 자를 잡아먹는 천적을 준비해 놓고 계십니다. 이 악자의 천적은 두 종류가 있습니다. 하나는 엘리야나 엘리사와 같이 혹은 나윗이나 히스기야와 같이 말씀의 부흥을 일으키는 사람입니다. 하나님의 백성들에게는 말씀으로 부흥이 일어나는 것이 가장 출혈이 적은 가장 효과적인 개혁입니다. 그러나 하나님의 말씀의 부흥이 일어나도 사람들이 하나님께로 돌아오지 않을 때에는 예후나 하사엘처럼 칼로 혁명을 일으키는 사람이 등장하게 되는 것입니다. 그러기에 우리는 이 땅에서 피 비린내 나는 전쟁이나 혁명을 막는 길은 하나님의 말씀에 순종하는 길 밖에 없다는 것을 알아야 합니다.

원래 이스라엘은 어떤 개인 왕의 나라가 아니고 하나님의 나라입니다. 그러나 이스라엘 왕들은 하나님의 나라를 자기 나라로 차지해 버렸습니다. 이것은 마치 교회가 개인의 것이 아닌데 목사나 장로가 개인의 것으로 만들어 버리는 것과 같습니다. 여로보암 왕은 하나님이 그를 왕으로 세웠는데 이스라엘 백성들이 하나님께로 돌아가지 못하도록 금송아지 종교를 만들었습니다. 여기에 아합은 한 걸음 더 나아가서 이스라엘 백성들이 절대로 하나님께로 돌아가지 못하도록 바알의 종교를 끌어들였습니다. 그래서 이스라엘 안에 바알 단을 만들고 바알 제사장들을 많이 두었습니다.

어떻게 보면 우리 하나님은 참으로 바보 같습니다. 하나님은 자기 나라를 인간들에게 빼앗기시고도 가만히 계신 것 같습니다. 그러나 하나님은 자기 백성들을 억지로 하나님께로 돌아오게 하지 않으십니다. 하나님의 백성들 스스로가 하나님과 자기 사이를 가로막고 있는 장애물을 치우고 하나님께로 돌아오기를 기다리십니다. 그리고 때로 그의 백성들이 회개하고 돌아오지 않을 때는 하나님은 자기 백성들에게 오랜 영적인 침체기를 주십니다. 이때 전심으로 하나님을 찾으면서 부르짖을 때 부흥을 허락해 주십니다. 그러나 하나님이 기회를 주심에도 불구하고 끝까지 하나님께 돌아오지 않으면 하나님은 악한 자보다 더 악한 자를 보내셔서 싹쓸이를 하시는 것입니다.

아합 집의 숙청

아합은 많은 자녀를 낳아서 수준 높은 교육을 시키면 모두 훌륭하게 성공할 것이라고 생각했습니다. 그러나 자녀들이 진정으로 복을 받는 길은 부모가 바른 신앙생활을 하는 것입니다. 부모의 신앙이 잘못되었을 때에는 아무리 자식들을 많이 낳아서 좋은 교육을 시킨다 하더라도 한순간에 멸망이 올 수 있다는 것을 알아야 합니다.

열왕기하 10:1

"아합의 아들 칠십 인이 사마리아에 있는지라 예후가 편지들을 써서 사마리아에 보내어 이스르엘 방백 곧 장로들과 아합의 여러 아들을 교육하는 자들에게 전하니 일렀으되"

아합에게는 자식이 얼마나 많았는가 하면 아들이 70명이나 되었습니다. 아합은 자식들의 교육에 관심이 아주 많았습니다. 그래서 70명의 아들을 모아놓고 이스라엘에서 가장 뛰어난 사람들을 교수로 삼아서 최고의 교육을 받게 했습니다. 아합은 자식을 많이 낳아서 이들에게 최고의 교육을 받게 하면 모두 성공적인 삶을 살 수 있을 것이라고 생각했습니다. 그러나 세상적인 지식의 한계가 위기의 순간을 이길 수 없는 것입니다. 위기의 순간은 오직 하나님을 믿는 믿음만이 이길 수가 있습니다. 아합은 자기 아들들에게 세상적인 지혜를 잔뜩 가르쳤지만 가장 중요한 믿음을 가르치지 않았습니다. 그렇게 했을 때 이 70명의 아들들이 한순간에 모두 목이 잘려서 바구니에 담기는 운명에 빠지게 되는 것입니다.

예후는 아합의 아들들을 자기가 직접 죽이지 않았습니다. 그 대신에 아합의 아들들의 교육을 맡은 방백에게 편지를 보냈습니다. 즉 '너희에게는 똑똑한 왕자들이 70명이나 있고 무기도 있고 성도 있으니까 왕자들 중에서 왕을 세워서 나와 한번 싸워 보자' 는 것입니다. 이것은 항복하라는 것보다 더 무서운 협박이었습니다. 아합의 신하들은 아합의 아들들에게 그렇게 충성된 자들이 아니었습니다. 그래서 아합의 아들들은 전혀 모르는 가운데 편지가 오고 가고 있습니다.

즉 아합의 신하들이 '우리는 무조건 항복할 테니까 어떻게 하면 좋으냐?' 고 물으니까 예후는 한 사람도 빼놓지 말고 모두 죽여서 목을 광주리에 담아 오라고 한 것입니다. 그래서 아합의 아들들을 교육시키는 자들이 왕자들을 배반해서 한 사람도 살리지 않고 모두 죽여서 그 목을 광주리에 담아 예후에게로 가져갔습니다. 아합은 자기 아들들을 잘 교육시켜 달라고 최고로 훌륭한 교수들에게 맡겼는데 교수들이 왕자들을 모두 죽였습니다. 이렇게 해서 아합의 자식들은 한 사람도 빠지지 않고 씨를 모두 말리게 되었습니다.

열왕기하 10:8-9

"사자가 와서 예후에게 고하여 가로되 무리가 왕자들의 머리를 가지고 왔나이다 가로되 두 무더기로 쌓아 내일 아침까지 문 어귀에 두라 하고 이튿날 아침에 저가 나가 서서 뭇 백성에게 이르되 너희는 의롭도다 나는 내 주를 배반하여 죽였거니와 이 여러 사람을 죽인 자는 누구냐"

우선 예후가 아합의 아들들의 머리를 광주리에 담아 오게 한 것과 두 무더기로 쌓아서 전시한 것은 모두 그들을 경멸하는 것입니다. 실제로 짐승이 죽어도 이런 식으로 머리만 쌓아서 무더기를 만들지 않을 것입니다. 아합은 자기 딴에는 자기 자식들이 세상에서 최고인 줄 알았지만 하나님은 그들의 머리를 짐승들의 머리만큼도 가치 없게 보셨습니다. 결국 이 세상에서 가장 존귀해지는 길은 세상 지식을 많이 가지는 것이 아닙니다. 하나님의 말씀을 가장 사랑하고 하나님을 가장 존귀하게 생각하는 자들이 가장 존귀해지게 되어 있습니다.

그런데 예후는 백성들에게 이상한 소리를 합니다. "너희는 의롭도다 나는 내 주를 배반하여 죽였거니와 이 여러 사람을 죽인 자는 누구냐"라고 묻습니다. 우리가 여기서 보게 되는 것은 예후라는 사람이 어떤 말을 할 때 정직하게 하지 않고 비비꼬아서 한다는 사실입니다. 왕자들을 죽일 때에도 그냥 죽이라고 하지 않고 왕자들을 왕으로 세워 나와 전쟁을 하자는 식으로 말을 했습니다. 예후는 백성들에게 자신은 주인을 배반했는데 너희는 의롭다고 말했습니다. 즉 나는 죄인이고 너희는 의로우니까 너희가 잘났으면 얼마나 잘났느냐 하는 식입니다. 그러면서 은근히 협박하기를 누구든지 고상하고 의로운 체하면 살려 두지 않겠다는 것입니다. 이 사람들을 죽인 자는 누구냐 하는 말은 이런 식으로 무식한 짓을 해야 살 수 있다는 뜻입니다. 그래서 사마리아 사람들로 하여금 살인을 유도하고 충동질하고 있는 것입니다. 그렇게 해서 사람들이 경쟁적으로 아합 집의 사람들을 죽이게 했습니다.

열왕기하 10:11

"예후가 무릇 아합의 집에 속한 이스르엘에 남아 있는 자를 다 죽이고 또 그 존귀한 자와 가까운 친구와 제사장들을 죽이되 저에게 속한 자를 하나도 남기지 아니하였더라"

혁명이나 전쟁이 한번 일어나면 자기와 반대 입장에 있는 사람들을 모두 끌어내어 죽이게 됩니다. 중국의 문화 혁명 때 보면 일단 지식인이고 조금이라도 서구적인 냄새가 나는 사람들은 모두 끌어내서 죽이든지 귀양을 보내었던 것입니다. 이때 살아남으려면 완전히 인생 밑바닥으로 내려가는 수밖에 없습니다. 하나님이 예후 같은 혁명 투사를 보낸 이유가 어디에 있습니까? 하나님이 좋게 말씀하실 때 듣지 않았기 때문입니다. 요즘 우리나라를 가만히 보면 거의 모든 것이 혁명은 아니지만 거기에 가까운 정도로 모든 것이 뒤집어지는 것을 보게 됩니다. 우리는 이것을 겸허한 하나님의 뜻으로 받아들여야 살아남을 수가 있습니다. 우리는 자꾸 옛날에 잘나가던 때를 이야기해서는 안 됩니다. 오늘의 변화된 모습을 솔직하게 인정하고 '우리가 과거에 너무 교만했기 때문에 하나님이 우리를 낮추시고 비참하게 하시는구나' 하는 것을 인정해야 합니다. 예후는 자신의 이 모든 살인의 근거를 하나님의 말씀에 두었습니다.

열왕기하 10:10

"그런즉 너희는 알라 곧 여호와께서 아합의 집에 대하여 하신 말씀은 하나도 땅에 떨어지지 아니하리라 여호와께서 그 종 엘리야로 하신 말씀을 이제 이루셨도다 하니라"

물론 하나님이 아합 집의 모든 사람들을 종이나 자유인이나 무론하고 씨를 말릴 것이라고 말씀하셨습니다. 그러나 하나님이 진정으로 원하셨던 것은 모든 이스라엘 사람들이 이런 혁명의 방법이 아닌 말씀의 부흥으로 살아나는 것입니다. 그런데 이 방법이 통하지 않을 때 하나님은 공산당이나 아니면 다른 운동권 같은 사람을 통해서 완전히 세상을 뒤집어엎으십니다. 그래서 잘사는 사람들은 모두 밑바닥으로 내려가게 하시고 전에는 전혀 인정도 받지 못하던 자들이 큰소리를 치는 세상이 오게 되는 것입니다.

예후의 다른 태도

예후는 전혀 이스라엘 사람이 아닌 두 부류의 사람을 만나게 됩니다. 한 부류의 사람은 유다 왕의 가족들입니다. 예후는 유다 아하시야의 형제들을 목자들이 털 깎는 집에서 만났을 때 한 사람도 남기지 않고 42명을 모두 죽입니다. 그러나 예후가 만났던 또 한 사람은 레갑 족속 여호나답인데 그를 마차에 끌어 올려서 함께 마차를 타고 가서 바알 제사장들을 죽이기를 같이합니다. 어떻게 예후는 굳이 이스라엘 사람이 아닌데도 유다의 왕족들을 다 죽이면서 레갑 족속과는 손을 잡는 것일까요? 가장 중요한 이유가 순수와 비순수의 차이인 것 같습니다. 지금 유다 왕 아하시야의 형제들은 태후 이세벨에게 문안을 하러 왔습니다. 어떻게 보면 예후의 적일 수도 있지만 어떻게 보면 아닐 수도 있습니다. 그럼에도 불구하고 예후가 유다의 왕족들을 한 사람도 빼놓지 않고 다 죽인 이유는 이들도 바알의 신앙에 오염되었다고 보았기 때문입니다.

열왕기하 10:13-14

"유다 왕 아하시야의 형제들을 만나 묻되 너희는 누구냐 대답하되 우리는 아하시야의 형제라 이제 왕자들과 태후의 아들들에게 문안하러 내려가노라 가로되 사로잡으라 하매 곧 사로잡아 목자가 양털 깎는 집 웅덩이 곁에서 죽이니 사십이 인이 하나도 남지 아니하였더라"

예후는 일단 이스라엘이든지 유다 사람이든지 바알에게 오염된 자는 철저하게 죽이는 것을 자신의 사명으로 생각했습니다. 그래서 유다의 왕자들이 공연히 바알에게 오염이 되었다가 모두 아합의 아들들과 비슷한 처지로 죽임을 당하고 말았습니다. 이것을 볼 때 우리는 우리의 신앙이 오염당하는 것을 아주 두려워해야 합니다.

그런데 예후는 조금 더 가다가 레갑의 아들 여호나답을 만나게 됩니다. 여기서 레갑이라는 사람은 모세의 장인 이드로의 후손인데 이 레갑 족속들은 철저하게 순수한 사람들이었습니다. 이들의 조상은 후손들에게 뭐라고 교훈했는가 하면 절대로 포도주를 마시지도 말고 도시에서 집을 사지도 말고 오직 광야에서 텐트 생활만 하라고 했습니다. 레갑 족속들이 이렇게 한 이유는 가나안의 문화에 오염되지 않기 위해서였습니다. 그래서 나중에 예레미야 때에 하나님은 예루살렘 안에 피난 온 레갑 족속에게 포도주를 마시게 하라고 하십니다. 그러나 레갑 족속은 예레미야가 주는 포도주도 마시지 않았습니다. 왜냐하면 이런 것들은 모두 자기들을 오염시킨다는 것입니다. 그래서 예후 같은 혁명 분자도 레갑 족속들의 순수성을 믿었습니다.

그래서 레갑의 아들 여호나답을 죽이지 않고 손을 잡고 자기 병거에 올려서 데리고 갔습니다. 결국 믿는 사람들은 자기가 심은 대로 거두게 되어 있습니다. 유다 왕족이지만 신앙의 순수성을 지키지 못할 때 전혀 갈 필요가 없는 곳에 가서 모두 몰살을 당했습니다. 그러나 레갑 족속은 유다 백성들과는 비교할 수 없는 천민들이었지만 신앙의 순수성을 지키니까 예후 같은 살인자도 인정을 하게 되었습니다. 예후는 여호나답을 만났을 때 이렇게 말을 합니다.

열왕기하 10:16

"가로되 나와 함께 가서 여호와를 위한 나의 열심을 보라 하고 이에 자기 병거에 태우고"

여기서 우리가 생각하게 되는 것은 이렇게 많은 사람들을 죽이는 예후의 열심이 과연 여호와를 위한 열심이냐 자기 야망을 위한 열심이냐 하는 것입니다. 예후가 말을 하기는 여호와를 위한 열심이라고 하지만 실제로는 자기 정적들을 바알로 걸어서 몰살시키는 과정이었습니다.

지금 예후가 하고 있는 것은 자신의 신분을 감추고 아합과 관계가 있거나 바알을 섬기는 자를 모두 붙들어서 죽이는 식이었습니다. 그러나 진정한 하나님의 종들은 죽이는 것을 목적으로 하지 않습니다. 진정한 하나님의 종들은 한 사람이라도 살려서 변화시키는 것이 목적이지 이런 식으로 죽이는 것은 누워서 떡먹기처럼 쉬운 것입니다.

예후의 바알 종교 숙청

예후는 이스라엘 안에서 바알 제사장들을 철저히 찾아서 모두 죽여야 한다고 생각했습니다. 그래서 또 속임수를 써서 바알의 제사장들을 한 자리에 모이게 했습니다.

열왕기하 10:18-19

"예후가 뭇 백성을 모으고 이르되 아합은 바알을 조금 섬겼으나 예후는 많이 섬기리라 그러므로 내가 이제 큰 제사를 바알에게 드리고자 하노니 바알의 모든 선지자와 모든 섬기는 자와 모든 제사장들을 한 사람도 빠치지 말고 불러 내게로 나오게 하라 무릇 오지 아니하는 자는 살리지 아니하리라 하니 이는 예후가 바알 섬기는 자를 멸하려 하여 궤계를 씀이라"

예후는 권력을 장악하자마자 자기는 더 크게 바알을 섬기겠다고 하면서 모든 바알의 선지자와 제사장들과 섬기는 자들을 불러 모았습니다. 바알에게 큰 제사를 드리겠다고 하고 오지 않는 자는 죽이겠다고 하니까 가지 않을 사람이 아무도 없었을 것입니다. 예후는 온 이스라엘에 사람들을 보내서 바알의 제사장들을 소집했는데 정말 한 사람도 빠짐없이 바알의 당에 가득이 모였다고 했습니다. 예후는 혹시라도 실수가 있을까 해서 예복을 꺼내서 모든 바알의 제사장들에게 다 입혔습니다. 그리고 여호나답을 당 안에 보내서 여호와의 종들은 한 사람도 거기에 있지 말고 나오게 했습니다.

바알을 섬기는 자들은 이것이 자신들의 마지막인 줄도 모르고 죽음의 제사를 드리고 있었습니다. 이때 예후는 80명에게 명령을 내려서 한 사람이라도 도망치면 네가 죽는다고 하면서 바알의 제사장을 한 사람도 빠짐없이 다 죽이게 했습니다. 아마 엘리야 이후로 바알 제사장들이 가장 많이 죽었을 것입니다. 결국 어리석은 신을 섬기는 자는 어리석게 죽을 수밖에 없습니다. 예후는 바알의 목상을 불사르고 바알의 단을 변소로 만들었다고 했습니다. 아마 기드온 이후로 바알의 제사장이나 단을 이렇게 철저하게 파괴시킨 일은 없을 것입니다. 그런데 놀라운 것은 예후가 바알을 이렇게 철저하게 부수면서도 진정으로 하나님께로는 돌아오지 않았던 것입니다.

열왕기하 10:28-29

"예후가 이와 같이 이스라엘 중에서 바알을 멸하였으나 이스라엘로 범죄케 한 느밧의 아들 여로보암의 죄 곧 벧엘과 단에 있는 금송아지를 섬기는 죄에서는 떠나지 아니하였더라"

어떻게 보면 예후는 진정한 하나님의 신앙으로 돌아오는 것같이 보였습니다. 그는 엘리야의 말대로 아합 왕가의 씨를 말렸고 이스라엘 안에 있는 모든 바알의 제사장들을 기가 막히게 속여서 죽였습니다. 그러나 막상 자기 자신은 바른 신앙으로 돌아오지 않고 돌아오다가 딴 길로 새버렸습니다. 예후는 하나님이 바알만큼이나 싫어하시는 금송아지 신앙으로 가버렸습니다. 왜 예후는 실컷 좋은 일을 하고서 진정으로 바른 신앙으로 돌아오지 않고 중간에서 새버렸을까요?

우선 가장 중요한 이유가 원래 예후 자신이 바른 신앙을 믿는 사람이 아니었습니다. 단지 일시적으로 하나님의 손에 붙들려서 사용된 것뿐이지 이 사람이 바른 신앙의 사람은 아니었습니다. 그리고 예후는 말씀의 능력을 믿는 사람이 아니었습니다. 그가 진정으로 말씀의 능력을 믿었다면 너무 많은 사람들을 죽일 것이 아니라 바른 말씀의 부흥 운동을 일으켜야 했던 것입니다. 그러나 예후는 하나님의 말씀을 내세우면서 반대파 사람들은 다 죽여 놓고 막상 자기 자신은 금송아지 신앙을 택했습니다. 그 이유는 하나님의 말씀을 다 믿지 못하겠다는 뜻입니다. 자기에게 유리한 하나님의 말씀은 믿고 자기에게 불리한 하나님의 말씀은 버리는 식이었습니다.

그러나 하나님은 예후가 바알의 제사장이나 단을 찍은 것을 칭찬하셨습니다. 그래서 하나님은 예후에게 그의 4대가 왕으로 있을 것이라고 약속하셨습니다. 하나님이 이렇게 긴 왕위를 약속하시는 이유가 무엇입니까? 그들이 왕 자리에서 쫓겨날 것을 두려워하거나 불안해하지 말고 좀 더 철저한 신앙의 사람이 되라는 것입니다. 혹시라도 왕 자리에 불안해서 금송아지까지 왔으면 거기서 멈추지 말고 끝까지 바른 신앙으로 오라는 것입니다. 그러나 예후는 하나님의 말씀으로 돌아오지 않았고 드디어 하나님은 이스라엘의 영토를 찢는 일을 하셨습니다.

열왕기하 10:31-33

"그러나 예후가 전심으로 이스라엘 하나님 여호와의 율법을 지켜 행하지 아니하며 여로보암이 이스라엘로 범하게 한 그 죄에서 떠나지 아니하였더라 이때에 여호와께서 비로소 이스라엘을 찢으시매 하사엘이 그 사방을 치되 요단 동편 길르앗 온 땅 곧 갓 사람과 르우벤 사람과 므낫세 사람의 땅 아르논 골짜기에 있는 아로엘에서부터 길르앗과 바산까지 하였더라"

이스라엘이 가장 아끼는 노른자위 땅이 요단 동편 땅인데 아람 왕 하사엘이 쳐들어와서 요단 동편을 찢어서 차지해 버렸습니다. 결국 성경이 보여 주는 것은 인간이 아무리 머리를 써도 하나님을 바로 믿는 것보다는 못하다는 것입니다. 하나님은 악한 왕 아합을 철저하게 무너뜨릴 천적을 준비해 두셨습니다. 아무리 자식을 많이 낳고 공부를 많이 시켜도 하나님의 지혜가 없으면 한순간에 몰락할 수밖에 없습니다. 우리는 말씀의 부흥을 일으켜야 예후와 같은 혁명과 실육을 막을 수 있습니다. 우리 모두가 어중간하게 하나님께로 돌아가지 말고 철저하게 돌아갑시다.

11. 아달랴의 반란

◎ 왕하 11:1-21

요즘 우리나라는 심한 사상적인 갈등과 대립을 겪고 있습니다. 대표적인 것이 인천에 있는 맥아더 동상을 철거하라는 시위일 것입니다. 시위자들은 맥아더가 한국 전쟁을 확대시킨 장본인이라고 주장했습니다. 즉 우리나라가 빨리 공산군에게 망했어야 하는데 맥아더 때문에 전쟁을 오래 끌게 되었고 더 많은 사람들이 죽었다는 논리입니다. 이런 주장이 우리나라 하늘 아래서 공공연하게 주장되는 것에 대해 놀라지 않을 수가 없습니다. 이렇게 된 원인을 돌이켜 보면 앞 정권의 햇볕 정책에서 비롯된 것 같습니다. 햇볕 정책이라고 하는 것은 북한에 따뜻한 햇볕을 자꾸 쬐면 추운 겨울은 가고 따뜻한 봄이 온다는 것입니다. 그러나 결과적으로 이것은 좌경 사상에 물을 주고 본격적으로 키운 결과가 되어 이제는 청와대와 국회와 교육부서는 물론이고 심지어는 군대까지도 옛날 운동권 세력들이 장악하게 되는 결과를 가져왔습니다.

우리가 보면 보수적인 사람들이 이런 진보적인 사람들을 결코 이기지 못하는 것을 보게 됩니다. 왜냐하면 대개 보수적인 성향의 사람들은 돈이 있는 사람들이고 명예가 있는 사람들이기 때문에 투쟁을 하더라도 목숨을 걸고 악착

같이 하려고 하지 않습니다. 거기에 비해 운동권 사람들은 인생 밑바닥에서 뒹굴던 사람들이기 때문에 선거나 운동을 할 때 목숨을 걸고 악착같이 해서 보수적인 사람들이 이기지 못하게 하는 것입니다. 결국 우리나라는 보수적인 사람들이 다시 결집하여 힘을 발휘할 때까지는 계속 운동권의 세력에 휘둘리는 시대를 맞이하게 될 것입니다.

하나님이 이스라엘에 주신 중요한 약속은 다윗의 등불을 꺼트리지 않겠다는 것이었습니다. 이스라엘에서 다윗의 후손이라고 하면 가장 존귀한 사람들이었습니다. 이 사람들은 하나님 앞에서 가장 신앙적이고 가장 하나님의 말씀에 헌신된 사람들을 의미했습니다. 그러나 실제로 다윗의 후손들은 귀족적인 삶을 살게 되니까 하나님의 말씀에 헌신도 하지 않고 자꾸 세상적인 일에 관심을 가지게 되었습니다. 그 결과 다윗의 후손의 몰살과, 다윗의 통치가 일시적으로 중단되는 결과까지 가져왔습니다.

유다 왕 여호사밧은 아주 경건하고 신앙적인 왕이었습니다. 이 사람은 늘 기도하는 사람이었고 하나님의 말씀에 정직한 사람이었습니다. 그러나 자꾸 이스라엘과 가까워지려고 하는 결점이 있다고 했습니다. 물론 유다와 이스라엘은 같은 신앙의 민족이기 때문에 가까워지는 것이 좋은 일이고 당연한 것이었습니다. 그러나 여호사밧은 신앙적인 손해를 감수하면서까지 이스라엘 왕 아합과 가깝게 지냈습니다. 그 결과 유다는 이스라엘 바알의 신앙을 받아들이게 되고 몇 번에 걸쳐서 다윗의 후손이 몰살을 당하는 비극을 겪게 됩니다.

아달랴의 반란

열왕기하 11:1
"아하시야의 모친 아달랴가 그 아들의 죽은 것을 보고 일어나 왕의 씨를 진멸하였으나"

여호사밧 왕은 아합 왕과 가까이 지냈는데 그 이유를 두 가지 정도 생각해 볼 수 있습니다. 하나는 아합이라는 사람이 인간적으로는 참 좋았던 것 같습니다. 성경에 보면 아합은 이세벨과 결혼하고 바알 신앙을 받아들인 아주 악한 자였지만 실제로 아합은 인간적으로는 아주 호인이었을 것입니다. 거기에다가 두 번씩이나 아람과의 전쟁에서 크게 승리를 거둔 전쟁 영웅이었습니다. 또한 이스라엘은 유다에 비해 나라가 다섯 배 내지는 열 배 정도 컸습니다. 유다는 아주 신앙적인 나라이기는 하지만 일단 크기에서 이스라엘보다 작았기 때문에 콤플렉스가 있을 수 있었던 것 같습니다.

그래서 여호사밧 왕은 아합과 군사 동맹을 맺고 또 결혼 동맹까지 맺었습니다. 이것은 다시는 이스라엘과 유다가 전쟁하지 말고 같이 잘살아 보자는 것이었습니다. 여호사밧과 아합 때에는 역사적으로도 이스라엘과 유다가 가장 우호적으로 지냈고 전쟁을 하지 않은 기간이었습니다. 그런데 여호사밧이 친이스라엘 정책을 펴다가 바알의 종교를 끌어들인 것이 문제였습니다. 게다가 여호사밧은 자기 아들 여호람과 아합의 딸을 결혼을 시켰는데 이 며느리 아달랴는 바알의 신앙을 가지고 유다로 시집을 왔던 것입니다.

구약의 아가서는 다윗의 후손의 결혼을 축복하는 노래입니다. 왜 다윗의 후손의 결혼이 중요한가 하면 다윗의 후손이 신앙적인 결혼을 해야 이스라엘이 지속적으로 신앙적일 수 있고 복을 받을 수 있기 때문입니다. 그런데 아가서에서 다윗의 후손에게 가장 이상적인 여자는 아름다운 외국 공주가 아니고, 얼굴은 시커멓게 타고 못생겼지만 신앙적인 이스라엘 여자 술람미 여인이었습니다. 그런데 솔로몬부터 다윗의 후손들은 이 아가서를 무시하고 외모나 정략적인 이익을 생각해서 외국 공주들과 결혼하는 것을 더 좋아했습니다. 그 이유는 외국 공주들은 아름다웠고 엄청난 지참금을 가져왔고 외교적으로도 큰 영향력을 발휘할 수 있었기 때문입니다. 그러나 이 여자 한 명이 들어옴으로 다윗의 후손들의 신앙이 얼마나 흐려지는지는 생각하지 않았습니다.

유다의 왕들이 하나님의 말씀에 철서하지 않고 신앙보다는 외형이나 경제적인 유익을 더 챙겼을 때 하나님은 다윗의 후손들의 가치를 떨어뜨리셨습니다. 그래서 그들은 여러 차례 무더기로 떼죽음을 당하게 됩니다. 그 중 하나가 여호사밧의 아들 여호람이 왕이 되면서 여섯 명의 동생들을 죽이고 혼자 남은 일이었습니다(대하 21). 그 후에는 아라비아 사람들이 쳐들어와서 여호람의 아들들을 전부 죽여 버렸기 때문에 간신히 살아남은 아하시야가 유다의 왕이 되는 일이 있었습니다(대하 22:1). 유다의 왕이 된 아하시야는 부상당한 이스라엘의 요람 왕을 위로하러 갔다가 예후에게 죽임을 당합니다. 또한 예후는 아하시야의 형제들 42명을 한꺼번에 몰살하게 됩니다. 그리고 더 끔찍한 것은 아달랴가 자기 아들 아하시야가 죽었다는 소식을 듣고 손자인 왕족들을 전부 죽이고 자기가 유다의 여왕이 된 것입니다.

우리가 여기서 몇 가지를 생각하게 됩니다. 우선 다윗의 후손은 보통 중요한 사람들이 아니라는 것입니다. 이들은 하나님의 특별한 선택을 받은 존귀한 사람들이었고 어느 누구든지 바른 신앙을 붙잡기만 하면 부흥을 일으킬 수 있는 사람들이었습니다. 그러나 이들이 하나님의 말씀에 철저하지 않고 세상을 따라가니까 자꾸만 떼죽음을 당해서 나중에는 씨가 마르는 지경까지 가게 되는 것입니다. 그 이유가 어디에 있습니까? 하나님의 백성들이 성공하는 방법은 세상을 따라가고 세상과 잘 지내는 것에 있지 않기 때문입니다. 다윗의 후손들은 죽자 살자 하나님의 말씀만 붙잡고 늘어지면 누구든지 다윗처럼 능력 있는 사람이 될 수 있었습니다. 게다가 어떻게 감히 그들을 예후가 죽이며 아라비아 사람들이 죽이며 아달랴 같은 여자가 죽일 수 있겠습니까? 절대로 불가능한 일인 것입니다. 그러나 다윗의 후손들은 자기 자신들이 자기 무덤을 팠습니다.

그리고 또 알아야 할 것은 악의 세력은 강하고 집요하다는 것입니다. 유다에 아달랴라고 하는 한 여자가 시집을 왔습니다. 이 여자는 아주 오랜 시간 자기 속마음을 감추고 참고 있었습니다. 그것은 다윗의 후손을 다 죽이고 유다를 자기가 차지하는 것입니다. 그러나 아달랴는 때가 될 때까지 자신의 정체를 드러내지 않았습니다. 그 대신에 조용히 다윗의 후손들이 제거되는 것을 보다가 아들이 죽었을 때 기회를 잡아서 손자들을 다 죽이고 자기가 왕이 되어버린 것입니다.

결국 아달랴가 다윗의 후손들을 다 죽이고 자기가 왕이 된 것은 유다에 하나님의 통치가 끊어진 것을 의미합니다. 유다는 하나님의 말씀으로 통치하고 말씀과 은혜로 다스리는 나라였습니다. 그러나 다윗의 후손이 아닌 인간적인 왕이 그 자리를 차지했을 때에는 말씀과 성령의 역사가 중단되고 미신과 억압의 통치가 시작되는 것입니다. 이것은 교회에서도 마찬가지입니다.

교회에서 하나님의 말씀이 강물처럼 흘러나가면 저절로 모든 일들이 은혜 가운데서 이루어지게 되어 있습니다. 그러나 교회에서 하나님의 말씀이 없어져 버리면 그때부터는 말도 되지 않는 미신과 억압이 교인들을 지배하게 되는 것입니다.

결국 하나님이 우리에게 주시는 은혜는 너무나도 소중한 것입니다. 우리는 이 거저 주시는 은혜를 소중하게 생각해서 우리의 목숨보다 더 귀하게 생각해야 합니다. 우리가 하나님의 은혜를 업신여기고 세상적인 재미를 따라갈 때 하나님의 은혜는 어느 한순간에 없어져 버리고 그때부터 인간의 지배를 받게 되는 것입니다.

살아남은 다윗의 등불

악한 할머니 아달랴는 손자들을 모두 없앴다고 생각했습니다. 그러나 왕자들이 할머니에 의해 모두 몰살당하는 중에 하나님은 단 한 사람의 왕손을 살려 주셔서 다윗의 등불이 꺼지지 않게 하셨습니다. 그때 살아남은 아기가 바로 요아스였습니다.

열왕기하 11:2-3

"요람 왕의 딸 아하시야의 누이 여호세바가 아하시야의 아들 요아스를 왕자들의 죽임을 당하는 중에서 도적하여 내고 저와 그 유모를 침실에 숨겨 아달랴를 피하여 죽임을 당치 않게 한지라 요아스가 저와 함께 여호와의 전에 육 년을 숨어 있는 동안에 아달랴가 나라를 다스렸더라"

원래 요람의 딸이라고 하면 아달랴의 딸일 텐데 아마도 여호세바는 아달랴의 딸이 아니고 궁녀나 다른 첩의 딸이었던 것 같습니다. 이 여자는 신앙적인 사람이었고 다윗의 후손의 가치를 알았습니다. 다윗의 대가 끊어지면 그때 유다는 망하는 것입니다. 여호세바는 여호야다의 부인이었는데 여호야다는 당시 대제사장이었습니다. 그래서 여호세바는 요아스를 빼돌려서 침실에 숨겼다가 나중에 성전으로 데리고 가서 성전에서 6년 동안 몰래 키웠습니다. 이 6년은 아달랴가 불법으로 유다를 다스린 암흑기였습니다. 그런데 아달랴 입장에서는 다윗의 후손이 모두 죽은 줄 알고 성전에 신경을 쓰지 않은 것이 화근이었습니다. 아마도 아달랴는 바알을 섬기는 여자였기 때문에 성전을 싫어해서 아예 성전을 가까이 하지 않고 방치했던 것 같습니다. 그런데 이 성전에서 다윗의 후손이 무럭무럭 자라고 있었습니다.

여호야다는 요아스가 7세가 될 때까지 절대로 왕자의 정체를 드러내지 않고 모든 것을 참고 기다렸습니다. 그렇게 하다가 왕자가 7세가 되었을 때 거사를 일으켰습니다. 치밀하게 반정을 계획한 여호야다는 가장 먼저 가리 사람들을 불러들였습니다.

열왕기하 11:4

"제 칠 년에 여호야다가 보내어 가리 사람의 백부장들과 호위병의 백부장들을 불러 데리고 여호와의 전으로 들어가서 저희와 언약을 세우고 저희로 여호와의 전에서 맹세케 한 후에 왕자를 보이고"

여기에 가리 사람이라고 하는 것은 이방인 용병들을 의미합니다. 어떤 사람들은 블레셋 출신의 그렛 사람들을 의미한다고 해석하기도 합니다. 다윗 시대에 그렛 사람들은 대단히 충성된 사람들이어서 다윗이 실각했을 때에도 끝까지 다윗을 지킨 사람들이었습니다. 놀라운 것은 다윗의 후손을 다시 회복시키는데 여호야다는 이 가리 사람들을 동원했다는 것입니다. 아마도 이 사람들은 이방인들이지만 다윗의 후손의 가치를 알고 다윗의 후손을 위해서라면 끝까지 충성할 수 있는 사람들이었던 것 같습니다. 우리는 때때로 이방인이었던 사람들 중에서 혹은 새신자들 중에서 아주 충성된 사람들을 만날 때가 있습니다. 이 사람들은 하나님이 준비하신 사람들인 것입니다. 가리 백부장들은 여호와의 전에서 맹세를 하고 드디어 다윗의 후손 중에서 살아 있는 사람을 보게 되었습니다. 그들은 아직 7세밖에 되지 않았지만 이스라엘의 부흥의 사명을 어깨에 짊어지고 있는 다윗의 후손을 보았을 때 얼마나 감격했는지 짐작할 수 있습니다.

하나님은 이 모든 것을 아달랴가 철저하게 모르게 하셨습니다. 결국 악한 자는 아무리 자기가 철저하게 모든 것을 한다고 해도 하나님의 지혜를 이길 수가 없는 것입니다. 여호야다는 안식일을 거사일로 삼았습니다. 왜냐하면 안식일에는 왕궁이 쉬고 성전에 가장 많은 사람들이 모이기 때문입니다. 특히 안식일에는 교대하는 제사장들이 있어서 의심받지 않고 성전에 제사장들이 가장 많이 모일 수 있었습니다. 여호야다는 다른 사람들을 무장시키지 않고 제사장들을 무장시켰습니다.

열왕기하 11:5-6

"명하여 가로되 너희의 행할 것이 이러하니 안식일에 입번한 너희 중 삼분 일은 왕궁을 주의하여 지키고 삼분 일은 수르문에 있고 삼분 일은 호위대 뒤에 있는 문에 있어서 이와 같이 왕궁을 주의하여 지켜 방어하고"

제사장이라는 사람들은 상식적으로 무장을 하지 않는 사람들입니다. 이들은 평화의 사람들이었고 그들이 칼을 들어봐야 제사를 지내는 짐승을 죽이는 정도였습니다. 그러나 이 제사장들이 하나님의 나라를 다시 회복하기 위해 모두 군인이 되어 손에 칼과 방패를 들고 쿠데타를 일으켰던 것입니다. 결국 제사장들은 하나님의 나라의 가장 충성된 종들이었고 최후의 순간에는 모든 것을 희생하고 바칠 수 있는 사람들이었습니다.

저는 최근에 우리나라의 형편을 보면서 결국 이 나라를 지킬 사람은 그리스도인밖에 없다는 생각을 하게 됩니다. 다른 사람들은 남들에게 비난당하는 것을 매우 두려워하고 결정적인 순간에는 꼬리를 내리면서 타협하고 맙니다. 그러나 그리스도인들은 결국 나라를 지켜야 내가 신앙생활을 제대로 할 수 있고, 내 회사와 지역을 지켜야 가족들을 지킬 수 있다는 것을 알고 있기 때문에 끝까지 충성을 다합니다. 그리스도인들이 기도하고 힘을 결집하면 어떤 악의 세력도 이길 수가 없습니다.

여호야다는 성전을 철통같이 방어한 후에 드디어 왕자를 보이고 그에게 율법 책을 주면서 머리에 기름을 부어 왕이 된 것을 선포했습니다.

열왕기하 11:12

"여호야다가 왕자를 인도하여 내어 면류관을 씌우며 율법 책을 주고 기름을 부어 왕을 삼으매 무리가 박수하며 왕의 만세를 부르니라"

결국 그동안 아달랴가 다윗의 합법적인 후손이 없는 틈을 타서 불법적으로 유다를 다스렸기 때문에 다윗의 후손이 나타난 이상 그 즉시 아달랴는 모든 권한을 박탈당할 수밖에 없었습니다. 한순간에 악한 자는 모든 권한을 상실하고 유다는 정상적인 하나님의 나라로 회복되었습니다.

하나님 나라의 회복

유다는 하나님이 다스리시는 나라입니다. 하나님 나라의 왕은 백성들에게 바른 하나님의 말씀으로 늘 나라 안에 은혜와 축복이 충만하게 하는 것이 사명입니다. 그러나 아달랴는 아무 자격도 없으면서 왕위를 찬탈해서 성령의 역사를 막고 있었습니다. 그러나 하나님의 때가 되자 갑자기 아달랴가 망하고 유다가 회복되었습니다. 이것이 바로 하나님이 하시는 일입니다. 그리고 이 일이 있기까지 유다 백성들이 성전에서 얼마나 오랫동안 기도해야 했는지 모릅니다. 다른 것은 몰라도 반드시 부흥을 위해서 기도해야 합니다.

아달랴는 백성들의 환호 소리를 듣고 그때서야 비로소 성전에 들어가서 보니까 왕이 대 위에 서 있고 장관들과 백성들이 나팔을 불면서 왕을 축하하고 있었습니다. 아달랴는 옷을 찢으면서 반역이라고 소리를 질렀지만 아달랴를 지지하는 사람이 아무도 없었습니다. 왜냐하면 아달랴는 정당한 왕이 아니었기 때문입니다. 그동안 유다 백성들은 아달랴의 통치를 참아 온 것이지 그것이 옳다고 생각한 사람은 아무도 없었습니다. 그래서 아달랴가 아무리 반역이라고 소리를 질러도 아무도 아달랴를 돕지 않았습니다. 이것이 바로 사탄의 처지와 같습니다. 예수 그리스도가 죽음에서 부활하심으로 사탄은 인간들을 지배할 수 있는 모든 자격을 박탈을 당하게 되었습니다. 사탄의 지배는 불법입니다.

여호야다는 아달랴를 성전 안에서는 죽이지 말고 성전 밖으로 몰아내라고 명령했습니다. 왜냐하면 이미 새 왕이 즉위를 했기 때문에 성전 안에서 피를 흘릴 필요가 없었던 것입니다. 그래서 아달랴는 사람들이 열어 주는 길을 통해 성전을 빠져나와 왕궁 쪽으로 가다가 거기서 죽임을 당했습니다. 악의 세력이 제거되었으므로 이제 유다 백성들은 마음껏 하나님께 나아갈 수 있게 되었습니다.

여호야다는 왕과 백성들 모두 하나님 앞에서 언약을 맺고 하나님의 백성이 되게 했습니다. 이는 그들이 지금까지 하나님의 백성 자격을 상실하고 있었다는 것입니다. 아무리 이스라엘 백성이라 하더라도 말씀이 없으면 하나님의 백성 자격을 상실하고 마귀의 종노릇을 할 수밖에 없습니다. 그러나 이제 그들이 하나님의 말씀을 붙들 때 하나님은 그들의 모든 것을 책임져 주십니다. 유다 백성들이 가장 먼저 한 것은 바알의 당으로 몰려가서 바알의 단과 우상을 깨트리고 바알의 제사장 맛단을 죽인 것입니다. 그리고 사람들이 함부로 성전에 와서 성전을 더럽히지 못하도록 24시간 동안 성전을 지키게 했습니다.

마침내 백부장들과 가리 사람들과 호위병들이 왕을 인도하여 왕궁의 보좌에 앉게 했습니다. 이제 성전에서 시작된 반정은 성공했고 유다는 은혜가 충만한 정상적인 나라가 되었습니다.

> 열왕기하 11:20
> "온 국민이 즐거워하고 성중이 평온하더라."

이것이 정상적인 유다의 모습이었습니다. 온 국민들의 마음속에 기쁨이 있고 소망이 생겼으며 온 나라가 불안하지 않고 평온했습니다. 우리가 알 수 있는 것이 무엇입니까? 우리는 하나님의 은혜를 결코 가볍게 생각해서는 안 된다는 것입니다. 많은 사람들이 하나님의 은혜가 공짜이기 때문에 싸구려로 대하는 경우가 많습니다. 우리가 하나님의 은혜를 싸구려로 대하면 우리 자신이 싸구려처럼 망할 수가 있습니다.

죽을 자리에서 살아난 요아스는 그 어깨에 유다의 부흥과 하나님 나라의 모든 소망을 걸머진 아주 중요한 사람이 되었습니다. 그는 7세에 유다를 사탄의 손에서 건져 내는 일을 해냈습니다. 또한 가리 사람들과 제사장은 유다가 가장 위기에 처했을 때 다윗의 후손을 위해서 칼을 빼든 충성된 사람들이었습니다. 우리 성도들도 끝까지 그리스도와 하나님의 말씀에 충성된 자들이 되기를 바랍니다.

12. 요아스의 신앙과 실패

◎ 왕하 12:1-21

얼마 전에 텔레비전을 보니까 요즘 승마가 일반인들에게 인기를 끄는 스포츠가 되고 있다고 합니다. 말이라고 하는 짐승은 아주 잘 달릴 수 있도록 하나님이 만들어 놓으신 것 같습니다. 그런데 말이 달리기는 자기가 달리지만 어느 방향으로 달리느냐 하는 것은 자기가 결정하는 것이 아니고 그 말을 탄 고삐 잡은 사람이 결정하는 것입니다. 말은 고삐가 끄는 쪽으로 열심히 달려갈 수밖에 없습니다.

유다를 말로 비유할 때 유다의 고삐를 잡은 사람은 다윗의 자손 왕이었습니다. 우리는 나라를 이끌어 가는데 있어서도 대통령이라든지 지도자의 영향이 얼마나 큰지 잘 알고 있습니다. 다른 사람들이 아무리 반대하고 비판해도 결국은 모든 것이 대통령이나 지도자가 의도하는 대로 끌려가게 되어 있는 것입니다. 그러면 대통령이면 모든 것을 자기 마음대로 할 수 있느냐 하면 그렇지 않습니다. 결국 대통령과 뜻을 같이하는 사람들의 사상이나 이념이 중요한 것입니다.

유다에서 다윗의 자손이라고 하면 가장 성경적인 사람들이었습니다. 물론

이 사람들 중에서 유다의 왕이 나오지만 왕이 아니라 하더라도 왕에게 성경적인 이념과 사상을 가지고 협력할 수 있었습니다. 즉 요즘 말로 하면 중직자들이었고 가장 존귀한 사람들이었습니다. 그런데 이들이 자신의 가치를 제대로 인식하지 못하고 쓸데없이 우상 섬기는 데나 기웃거릴 때 무더기로 떼죽음을 당하는 일이 벌어졌습니다. 다윗의 후손들이 쓸데없이 이스라엘의 요람을 문병하다가 예후를 만나는 바람에 40명이 한꺼번에 몰살당했습니다. 그리고 아달랴 같은 여자는 정권을 장악하기 위해 자신의 손자들이기도 한 다윗의 자손을 모두 몰살시키고 자기 스스로 유다의 왕이 되어 버렸습니다.

여기서 우리는 하나님 나라의 아주 중요한 원칙을 하나 찾아 볼 수 있습니다. 그것은 성경적인 믿음을 가진 한 사람의 지도자나 직분자의 가치가 너무나도 중요하다는 것입니다. 어떤 경우에는 그 사람을 통해서 교회가 부흥하기도 하고 부흥의 불이 꺼지기도 합니다. 그런데 이 귀한 믿음의 사람이 자신의 가치를 인식하지 못하고 엉뚱한 우상 숭배하는 곳이나 죄짓는 곳에 돌아다니다가는 떼죽음을 당할 수 있다는 것입니다.

하지만 하나님은 아달랴의 손에서 단 한 명의 다윗의 후손을 살려 주셨습니다. 이 사람이 바로 유다의 부흥을 다시 일으킬 요아스 왕이었던 것입니다. 그러나 요아스가 아무리 신앙적인 사람이었다 하더라도 사람의 영향을 받지 않을 수가 없었습니다. 요아스는 자신의 영적인 아버지인 제사장 여호야다가 살아 있는 동안에는 하나님께 참으로 충성되게 신앙생활을 했습니다. 한번은 자신이 성전을 수리하라고 했는데 여호야다가 제대로 하지 않자 책망하면서 기어코 성전 수리를 마무리했습니다.

그러나 요아스는 여호야다가 죽은 후에 몹시 자신감을 잃어버리게 됩니다. 그래서 유다의 방백들과 손을 잡고 바알과 아세라를 섬기게 되었고 이것을 반대하는 여호야다의 아들 스가랴를 돌로 쳐 죽이는 일까지 했던 것입니다. 이것을 보면 사람이 끝까지 초심을 잃지 않고 끝까지 하나님께 충성하는 것이 얼마나 어려운 일인지 알게 됩니다. 우리나라에도 많은 대통령이나 정치가들이 처음에는 정치를 개혁한다고 업무를 정직하고 깨끗하게 하겠다고 큰소리를 치지만 결국 나중에는 다 돈 때문에 부패해서 쇠고랑을 차는 것을 보게 됩니다. 이것은 우리 개인의 결심과 각오로는 불가능합니다. 오직 우리 자신을 하나님의 말씀에 잡아매야 하고 하나님이 도와주셔야 할 수 있는 것입니다.

요아스의 좋은 출발

요아스는 7세에 유다의 왕이 되어 여호야다의 가르침 속에서 멋지게 유다를 다스렸습니다.

> 열왕기하 12:1-2
> "예후의 칠 년에 요아스가 위에 올라 예루살렘에서 사십 년을 치리하니라 그 모친의 이름은 시비아라 브엘세바 사람이더라 요아스가 제사장 여호야다의 교훈을 받을 동안에 여호와 보시기에 정직히 행하였으되"

요아스는 모든 다윗의 자손들이 다 죽임을 당한 가운데 유일하게 살아남아서 유다의 왕이 되었습니다. 그래서 어떤 의미에서 요아스는 다윗의 부흥의 불씨였고 그가 할 일은 이 불씨를 잘 일으켜서 큰 부흥이 오게 하는 것이었습니다. 요아스는 영적 아버지인 제사장 여호야다의 도움으로 신앙적으로 아주 좋은 출발을 할 수 있었습니다. 위의 성경 말씀을 보면 요아스가 여호야다의 가르침을 받는 동안에 여호와의 보시기에 정직하게 백성들을 잘 이끌었다고 말씀하고 있습니다. 그러니까 왕이 유다의 고삐를 잡은 사람인데 이 유다 왕의 고삐를 여호야다가 쥐고 있었던 것입니다. 여기에는 아무 문제가 없어 보입니다.

그러나 아무 문제가 없어 보이는 여기에도 문제는 있었습니다. 그것은 요아스가 여호야다를 인간적으로 너무 많이 의지하고 자기 스스로 하나님을 의지하는 법을 배우지 못했던 것입니다. 그래서 요아스는 여호야다가 살아 있는 동안에는 열심히 하나님을 섬기고 신앙적으로 유다를 다스렸지만 여호야다가 죽은 후에는 사람이 완전히 변해서 우상을 숭배하던 유다의 지도자들과 손을 잡았던 것입니다.

결국 사람의 결심이나 의지라고 하는 것은 분위기나 환경에 의해 얼마든지 변할 수 있음을 알아야 합니다. 우리는 우리 자신의 결심으로 할 수 있는 것이 그렇게 많지 못합니다. 그래서 우리가 끝까지 안전하려면 사람을 의지해서는 안 되고 자신을 사람보다 훨씬 더 튼튼한 것에 잡아매 두어야 합니다. 예를 들어 엄청난 힘을 가진 허리케인이 불어올 때에 손으로 물건을 잡고 버틴다는 것은 불가능합니다. 그때는 자신을 밧줄로 아주 튼튼한 나무나 물건에 잡아매야 바람이나 물결에 휩쓸려가지 않을 수 있습니다. 우리가 아무리 죄를 짓지 않겠다고 결심을 해도 실제로 그 결심은 얼마가지 않아서 깨트려지게 되어 있습니다. 그래서 우리가 끝까지 하나님께 충성하려면 거의 맹목적일 정도로 성경 말씀에 자기 자신을 붙들어 매야 하는 것입니다. 그러면 하나님이 지켜 주시므로 끝까지 타락하지 않고 변질되지 않고 갈 수가 있습니다.

다윗이 한 것이 바로 이런 것이었습니다. 다윗은 철저하게 자기 자신을 믿지 않았습니다. 다윗은 자기가 얼마든지 악해질 수 있고 타락할 수 있다는 것을 알았기 때문에 오직 하나님의 말씀에 모든 것을 걸었습니다. 왜냐하면 그가 중간에 큰 실패를 했던 적이 있기 때문입니다. 사람의 열심이나 노력은 처음 얼마 동안은 참신한 것 같고 무엇인가 새로운 힘을 줄 것 같습니다. 그러나 그것이 결코 오래 가지 않는 것이 문제입니다.

아마도 여호야다는 요아스를 부지런히 가르쳤던 것 같습니다. 그런데 요아스는 너무 어려서부터 절대적으로 여호야다의 가르침을 받았기 때문에 자신의 것으로 소화를 시키지 못했던 것 같습니다. 사람은 무엇인가 자기 것으로 만들기 위해서는 고민도 해 봐야 하고 나름대로 방황도 해 봐야 합니다. 그러나 요아스는 너무 어려서부터 여호야다의 가르침을 절대적으로 받아들였기 때문에 그것을 자신의 것으로 소화시킬 기회가 없었던 것 같습니다. 결국 사람을 잘 키우는 것은 그가 홀로 설 수 있게 하는 것입니다. 사람은 홀로 서면서 나름대로 고민도 하고 방황도 하는 시간을 갖게 되는 것입니다.

여호야다는 혼자 남은 다윗의 후손을 너무 귀하게 키우는 바람에 홀로 서게 하는 것에는 실패했던 것 같습니다. 그래서 요아스 왕은 여호야다가 살아 있는 동안만 하나님께 정직하게 행하다가 그가 죽고 난 후에는 하나님의 신앙을 버렸습니다. 본문 말씀을 보면 요아스가 산당을 없애지 않은 것에 대해 잘못한 것으로 기록하고 있습니다.

열왕기하 12:3

"오직 산당을 제하지 아니하였으므로 백성이 오히려 산당에서 제사하며 분향하였더라"

유다의 선지자들은 일관되게 산당을 없애야 한다고 주장했습니다. 물론 우리가 생각하기에 산당 자체가 잘못된 것이라고 볼 수는 없습니다. 하나님은 장소에 구애받지 않는 분이시기 때문에 어디서든지 예배드릴 수 있습니다. 그러나 선지자들은 말씀의 통제를 받지 않는 예배나 은혜가 잘못될 수 있음을 알았고 그들의 우려는 사실로 입증이 되었습니다. 예루살렘 성전에서 드리는 제사는 엄격하게 율법의 말씀에 의해 통제된 제사요 예배요 기도였습니다. 은혜 받았다고 해서 하나님의 말씀이나 공동체의 통제를 받지 않고 자기감정에 치우칠 때 그 은혜는 얼마든지 잘못된 방향으로 갈 수 있습니다. 요아스는 아마도 자신은 하나님의 말씀대로 예배와 제사를 드리지만 다른 사람들까지는 굳이 심하게 통제할 필요가 없다고 생각한 것 같습니다. 요아스의 예배관은 중앙 통제식이 아니라 분권적이어서 산당에 상당한 자율을 인정했습니다.

그러나 유다의 근본 통치 정신은 하나님의 말씀이 모든 부분을 지배하는 원리였습니다. 하나님의 말씀이 모든 것을 지배하지 않을 때에는 때로는 인본주의나 신비주의로 흐를 수 있는데, 그런 것을 경계했던 것입니다. 여기서 보면 재미있는 것이, 여호야다는 요아스를 철저하게 가르친 것 같은데 요아스는 철저한 것보다는 자유로운 것을 좋아했던 것처럼 보이는 것입니다. 그래서 무엇이든지 억지로 주입을 시킨다고 해서 신앙이 좋아지는 것이 아니고 원리를 잘 가르친 후에 자신의 것으로 소화할 수 있게 하는 것이 좋은 교육 방식인 것 같습니다.

요아스의 성전 수리

요아스는 어려서 성전에 숨어 살았기 때문에 성전의 구석구석을 잘 알았던 것 같습니다. 요아스 때 이 하나님의 성전은 말로 표현할 수 없을 정도로 낡았고 게다가 내부도 엉망이었습니다. 그래서 요아스는 여호야다에게 백성들에게 성전 세를 받아서 성전을 수리하라고 지시했습니다.

열왕기하 12:4-5

"요아스가 제사장들에게 이르되 무릇 여호와의 전에 거룩하게 하여 드리는 은 곧 사람의 통용하는 은이나 각 사람의 몸값으로 드리는 은이나 자원하여 여호와의 전에 드리는 모든 은을 제사장들이 각각 아는 자에게서 받아들여서 전의 어느 곳이든지 퇴락한 것을 보거든 그것으로 수리하라 하였더니"

요아스 때 성전이 엉망으로 낡고 전혀 내부 정리가 되지 않았던 것은 유다 왕실의 타락으로 제사를 소홀히 여겼기 때문이었습니다. 유다 왕실이 바알을 받아들이고 아세라를 섬길 때 성전 제사는 아주 무시를 당했고 이런 분위기에서 끝까지 자기 자리를 지키는 제사장이 많지 않았던 것 같습니다. 게다가 아달랴의 자식들은 자기 멋대로 성전에 와서 성전 기구들을 가져가서 우상을 섬기는 일에 사용했습니다.

원래 성전은 죄를 씻는데 탁월한 능력을 가진 곳입니다. 마치 소방 호스처럼 죄를 씻어내는 능력을 가지고 있었습니다. 그런데 이스라엘의 왕과 백성들이 오랫동안 성전에서 제사를 드리지 않아서 제대로 죄를 씻는 기능을 하지 못하고 있었습니다. 마치 하나님의 성전은 과거의 영광을 나타내는 동상처럼 서 있었던 것입니다. 옛날에는 영광스러웠지만 지금은 그 영광이 오래 전에 사라지고 없는 모습이었습니다. 이때 요아스는 성전의 그 옛날 영광을 회복해야 되겠다고 생각했습니다. 그래서 우선 성전의 낡은 부분을 수리하기로 하고 여호야다에게 성전 수리를 지시했습니다. 그러나 요아스가 통치한지 무려 23년이 되도록 성전은 전혀 수리되지 않고 있었습니다.

열왕기하 12:6-7
"요아스 왕 이십삼 년에 이르도록 제사장들이 오히려 전의 퇴락한 데를 수리하지 아니하였는지라 요아스 왕이 대제사장 여호야다와 제사장들을 불러서 이르되 너희가 어찌하여 전의 퇴락한 데를 수리하지 아니하였느냐 이제부터는 너희 아는 사람에게서 은을 받지 말고 저희로 전 퇴락한 데를 위하여 드리게 하라"

성전 수리를 지시받고도 오랜 동안 하지 못한 이유는 돈이 걷히지 않았기 때문이었습니다. 특히 아는 사람에게 필요한 돈을 받으라고 했는데 아는 사람이라고 해 봐야 숫자가 많지 않았고 그들이 내는 헌금도 많지가 않았습니다. 바로 이런 부분 때문에 유다에 왕이 필요한 것입니다. 백성들 한 사람 한 사람은 마음속으로는 성전을 다 수리하고 싶고 하나님의 말씀에 순종하고 싶지만 실제로 행동에 옮기는 것은 쉽지가 않았습니다. 즉 마음속에 게으름도 있고 인색함도 있어서 머리로는 좋아 보여도 행동에 옮기기는 어려울 때가 많은 것입니다. 이때 왕이 리더십을 발휘해서 성경에 이렇게 되어 있는데 우리 한번 성경대로 순종해 보자고 격려하면 이스라엘 백성들은 결국 다 따라오게 되어 있습니다. 전체의 힘이 얼마나 무서운가 하면 몇몇 사람의 힘으로는 아무리 애쓰고 몸부림쳐도 꿈쩍도 하지 않던 것들이 많은 사람들이 힘을 합치면 쉽게 해결되어 버리는 것입니다.

사실 제사장 여호야다가 아무리 지도력이 있다 하더라도 사람들이 성전 수리하는 헌금을 바치지 않는 데는 별 도리가 없었던 것 같습니다. 이때 여호야다가 요아스 왕을 가르친 보람이 나타나기 시작했습니다. 요아스는 성경을 통해 모든 이스라엘 백성들은 성전 수리를 위한 성전세를 낼 의무가 있음을 알았습니다. 그래서 굳이 아쉬운 소리를 해 가면서 몇몇 사람들에게 돈을 달라고 부탁할 필요 없이 모든 백성들에게 그들이 마땅히 해야 할 의무를 알렸습니다. 그 대신 성전세를 강제로 걷지 않고 성전에 구멍이 뚫어진 궤를 하나 놓고 백성들이 자진해서 성전세를 바치게 했습니다. 그렇게 했더니 유다 백성들이 모두 자진해서 많은 성전세를 바치기 시작했습니다. 그래서 제사장은 돈이 모여지면 바로 석공이나 목수에게 성전을 수리하게 하고 또 돈이 모이면 바로 돈을 주고 성전을 수리하게 했습니다. 그랬더니 성전이 수리되면서 원래의 멋진 모습으로 변하는 것을 눈으로 보면서 백성들이 더 신이 나서 열심히 헌금을 하게 되었습니다.

여기서 요아스의 훌륭한 지도력을 볼 수 있습니다. 요아스는 성전 수리하는데 필요한 돈을 제사장이 거둘 수 없음을 알았습니다. 이것은 제사장이 할 일이 아니고 왕인 자신이 리더십을 발휘할 문제였습니다. 그리고 이 일은 아는 사람 몇 명에게 부탁할 일이 아니고 성경에 있는 그대로 모든 유다 백성들이 당연히 하나님께 바쳐야 했습니다. 여기서 요아스는 또 두 가지를 아주 성경적으로 잘 해결했습니다. 그 중 하나는 제사장이 성전 세 거두는 일에 일체 관여하지 못하게 한 것입니다.

열왕기하 12:8

"제사장들이 다시는 백성에게 은을 받지도 아니하고 전 퇴락한 것을 수리하지도 아니하기로 응락하니라"

제사장들이 이러한 일을 하지 않으면 과연 무슨 일을 하게 됩니까? 그것은 바로 제사장 본연의 일인 하나님 앞에서 말씀을 연구하고 기도하는 것입니다. 제사장들이 백성들을 도울 수 있는 길은 돈을 헤아리고 망치나 못을 들고 성전의 부서진 데를 고치는 것이 아니라, 하나님 앞에서 말씀을 연구하고 기도함으로써 부흥의 불길을 다시 일으키는 것입니다.

제사장직이라고 하는 것은 참으로 고독한 자리입니다. 그리고 하나님의 말씀을 연구하는 것은 누가 알아주지도 않고 또 실제로 하기 싫은 일입니다. 그래서 자꾸 다른 일에 관여하기 시작하다 보면 어느새 하나님의 말씀은 멀어지고 맙니다. 제사장은 다른 어떤 일이 유익하고 도움이 된다 하더라도 자신의 본연의 일에 몰두해야 합니다. 사도행전에 보면 초대 교회 때 구제의 문제를 가지고 다툼이 일어난 적이 있었습니다. 그때 사도들은 자신들의 잘못을 인정하면서 그들이 말씀을 연구하고 기도하는 일을 해야 하는데 구제에만 빠져 있어서 이렇게 되었다고 사과하고 일곱 명의 집사를 세워서 그들이 구제하는 일을 전담하게 했습니다.

요아스가 성경적으로 잘 해결했던 또 하나의 일은, 성전을 수리하고 남은 돈으로 금그릇이나 은그릇을 만들지 못하게 하고 오직 수리하는 데만 사용하게 했던 것입니다.

열왕기하 12:13-14

"여호와의 전에 드린 그 은으로 그 전의 은대접이나 불집게나 주발이나 나팔이나 아무 금그릇이나 은그릇을 만들지 아니하고 오직 그 은을 일하는 자에게 주어 그것으로 여호와의 전을 수리하게 하였으며"

우리는 성전을 수리하다가 돈이 남았으면 그것으로 은그릇이나 금그릇이나 다른 기구들을 만들면 보기에도 좋을 것이라고 생각합니다. 그러나 요아스는 일체 그렇게 사용하지 못하게 하고 오직 성전 수리하는 헌금은 그 일에만 사용하게 했습니다. 그것은 아직까지는 액세서리를 만들 때가 아니라는 것입니다. 많은 경우에는 가시적인 효과를 생각해서 눈에 보이는 것들을 많이 만들어서 자신이 성전을 이렇게 만들었다고 과시하기 쉽습니다.

그러나 요아스는 눈에 보이는 액세서리를 만드는 것보다는 철저하게 성전 자체를 온전하게 수리하기를 원했습니다. 즉 언제든지 마음만 먹으면 액세서리를 만들 수 있겠지만 성전 자체를 고치는 일에 이렇게 한번 마음을 먹기가 쉽지 않다는 것입니다. 만약 이 기회를 놓치면 다시는 기회가 오지 않을 것입니다.

그런데 요아스가 성경대로 나가니까 이상하게 제사장들과 일하는 사람들과 백성들의 마음이 놀랍게 하나가 되었습니다. 그래서 제사장들은 일체 공사나 세금 거두는 일에 관여하지 않고 오직 제사 드리고 기도하는 일에 집중했고, 일하는 사람들은 너무나도 정직하게 맡은 일을 잘 감당했고, 백성들은 열심히 헌금을 가져왔습니다. 여호야다가 해내지 못하던 일을 요아스가 왕으로서 해냈던 것입니다. 이때가 요아스에게는 가장 행복한 때였던 것 같습니다. 그가 가장 잘 알고 사랑했던 성전을 깨끗하게 수리할 수 있었던 것입니다.

요아스의 변질

그런데 갑자기 아람 왕 하사엘이 유다에 쳐들어왔습니다. 그러자 요아스는 어쩔 수 없이 성전 안에 있던 선조들과 자신이 바친 금과 왕궁에 있던 금을 모두 하사엘에게 벌금으로 주고 겨우 나라를 지키게 됩니다.

열왕기하 12:17-18

"때에 아람 왕 하사엘이 올라와서 가드를 쳐서 취하고 예루살렘을 향하여 올라오고자 한 고로 유다 왕 요아스가 그 열조 유다 왕 여호사밧과 여호람과 아하시야가 구별하여 드린 모든 성물과 자기가 구별하여 드린 성물과 여호와의 전 곳간과 왕궁에 있는 금을 다 취하여 아람 왕 하사엘에게 보내었더니 하사엘이 예루살렘에서 떠나갔더라"

사실 아람 왕 하사엘이 군대를 이끌고 예루살렘에 온 것에는 이유가 있었습니다. 여호야다가 죽고 난 후에 요아스가 하나님을 버리고 유다 방백들과 손을 잡고 바알과 아세라를 끌어들였던 것입니다. 요아스의 이러한 변질은 참으로 이해가 되지 않는 일입니다. 요아스는 유일하게 살아남은 왕자로서 너무나도 하나님의 말씀에 잘 순종한 왕이었는데, 영적인 아버지였고 자기를 살려주고 키워 줬던 여호야다가 죽자 마음이 약해졌던 것 같습니다. 절대적으로 의지했던 사람이 죽자 불안했던 것입니다.

그때 요아스에게 유다 지도자들이 찾아와 절하면서 자기들과 손을 잡자고 했습니다. 그런데 이 지도자들은 하나님을 섬기는 자들이 아니었습니다. 그들은 바알을 섬기고 아세라 우상을 섬기는 자들이었지만 유다 안에서는 실력자들이었습니다. 만일 요아스가 이들의 제안을 뿌리친다면 정치적으로 어려워질 수도 있었습니다. 그러나 이들과 손을 잡으려고 한다면 우상을 받아들여야 했습니다.

이때 요아스가 선택해야 하는 길은 분명했습니다. 즉 얼마든지 유다 지도자들과 손잡고 협력할 수 있지만 우상은 안 되는 것입니다. 만약 우상 때문에 유다 지도자들과 갈라서게 된다면 어쩔 수 없이 갈라서야 했습니다. 그러나 요아스는 늘 여호야다라는 사람을 의지했기 때문에 그런 사람이 사라지자 너무나도 불안했습니다. 그래서 결국 사람과 손을 잡고 하나님께 대한 신앙을 버렸습니다. 그때 여호야다의 아들 스가랴가 "어떻게 하나님을 버리고 우상과 손을 잡을 수 있느냐?"고 책망했습니다. 이것을 보고 요아스는 지시를 내려서 백성들로 하여금 자신의 은인 여호야다의 아들 스가랴를 돌로 쳐 죽이게 했습니다. 그리고 1년 후에 아람 왕 하사엘이 쳐들어와서 예루살렘을 에워쌌던 것입니다. 그런데 다른 역사를 보면 하사엘이 끌고 온 군대가 결코 많지가 않았습니다. 유다는 많은 군사를 가지고도 하사엘을 이기지 못해서 옛날 왕으로부터 지금까지 하나님께 바쳤던 금이란 금을 모두 꺼내서 하사엘에게 주고 멸망을 피했던 것입니다.

이것은 결국 사람의 손을 잡기 위해서 하나님을 버릴 때 하나님은 아무리 요아스라 하더라도 말씀대로 하실 수밖에 없었습니다. 하나님의 백성들은 하나님의 도우심이 있어야 살 수 있는 자들입니다. 그런데 자기 스스로 하나님의 말씀을 붙잡지 않고 사람을 붙드는 것은 '망하기를 원합니다' 라고 요청하는 것과 같습니다. 결국 요아스는 전쟁에서 부상을 입었는데 그가 여호야다의 아들 스가랴를 죽였기 때문에 부하들이 들고 일어나서 마침내 부하들의 손에 의해 죽임을 당하고 말았습니다.

요아스가 과거 한때는 참으로 하나님의 말씀과 성전 중심으로 살았습니다. 이스라엘은 이 두 가지만 있으면 세상을 전부 가진 것보다 더 복된 것이었습니다. 오늘도 우리가 이 세상에서 항상 승리하고 기적을 체험할 수 있는 방법은 말씀과 교회 밖에 없습니다. 그런데 끝까지 하나님을 믿지 못하고 사람의 말을 따라가면, 적은 수의 군인들에게 져서 알거지가 되고 자신은 부상을 입고 부하의 칼에 찔려 죽는 운명에 처하고 말 것입니다.

우리는 우리 자신의 힘으로는 끝까지 믿음의 길을 걸어갈 수가 없습니다. 오직 자신을 믿지 말고 아무리 무식한 것 같고 융통성이 없는 것 같아도 말씀만 붙들면 결국 하나님이 지켜 주셔서 끝까지 믿음을 지키게 될 것입니다.

13. 이스라엘의 불완전한 개혁

◎ 왕하 13:1-25

사람이 몸 안에 근본적으로 이상이 있어서 몸이 아프거나 얼굴에 무엇이 생기는 것은 외부에 약만 바른다고 해서 증세가 없어지지 않습니다. 이런 경우에는 몸속에 있는 병을 고쳐야 하는 것입니다. 마찬가지로 하나님의 백성들에게 가장 중요한 것은 하나님과의 바른 관계입니다. 하나님의 백성들의 신앙에 이상이 생기면 많은 이상 현상이 나타나게 되어 있습니다. 그러나 이런 것은 겉으로 나타나는 현상만 고친다고 해서 없어지는 것이 아닙니다. 근본적으로 바른 신앙으로 돌아가는 노력이 있어야 하는 것입니다.

그동안 우리나라는 개혁이라는 것을 참 많이 했습니다. 우리가 아는 개혁이라고 하는 것은 부정과 부패를 수술해서 깨끗하고 건강하게 만드는 것입니다. 그러나 수많은 정치인이나 기업가들을 감옥에 집어넣어도 우리나라가 깨끗해지는 것 같지 않습니다. 그 이유는 정부의 개혁이 일시적이고 불완전하기 때문입니다. 즉 부정을 저지른 사람들을 잡아넣기에만 바쁘고 위정자 자신이 법치주의의 기초를 굳건히 세우지 않는 것입니다. 모든 정치인과 기업가와 시민들이 근본적으로 법을 지키려고 노력하지 않는다면 어떤 개혁도 성공할 수가 없습니다. 그런데 신앙적인 개혁은 사회적인 개혁과 또 다릅니다. 신앙적인 개혁에서 가장 중요한 것은 교회나 이스라엘 안에 하나님의 말씀이 살아나게 하는 것입니다. 하나님의 말씀을 막고 있는 모든 제도적인 장애들을 제거해서 하나님의 말씀이 강물처럼 흐르게 하면 거의 대부분의 병적인 현상들이 하나님의 은혜로 다 치료가 됩니다.

북쪽 이스라엘 왕국은 처음 시작할 때부터 신앙적으로 장애를 가지고 태어났습니다. 그것이 바로 여로보암의 금송아지 종교였습니다. 여로보암의 금송아지는 이스라엘 백성들이 신앙생활을 하기는 하겠는데 말씀 중심으로 하지 않고 인본주의적으로 하겠다는 것이었습니다. 결국 금송아지 종교는 말씀을 없애고 세상적인 축복과 인간적인 감정만을 앞세워서 제대로 하나님의 축복을 받을 수가 없었습니다. 그런 이스라엘에서 극도로 갈 데까지 갔던 왕은 아합 왕이었습니다. 아합 왕은 금송아지로도 모자라서 바알 종교까지 끌어들였고 하나님을 믿는 사람들을 다 죽이는 자리까지 나아갔습니다.

하나님은 이스라엘을 개혁하기 위해 예후라는 사람을 준비하셨습니다. 예후는 아합의 신하였는데 엘리사의 임명을 받자마자 왕을 배반하여 죽이고 왕의 아들들을 다 죽이고 이스라엘의 왕이 되었습니다. 예후는 이스라엘 안에서 바알의 종교를 뿌리 뽑았지만 금송아지 종교를 없애지는 않았습니다. 왜냐하면 너무 지나친 말씀의 종교보다는 인본주의적인 종교가 더 체질에 맞았기 때문입니다.

유다 왕 요아스의 시대에 이스라엘에는 두 왕이 있었습니다. 바로 예후의 아들과 손자 여호아하스와 요아스였습니다. 이 두 왕은 하나님을 믿기는 했지만 금송아지 종교를 멸하지는 않았습니다. 그러면서도 이들은 하나님의 도우심을 받으려 했고 또 어려운 일이 있으면 기도도 하고 선지자도 찾았습니다. 그래서 하나님은 이들의 기도를 들어 주기도 하시고 위기에서 도와주기도 하셨습니다. 하지만 이들은 폭포수같이 쏟아지는 하나님의 능력을 경험하지는 못했습니다. 그 이유는 이들의 개혁이 불완전했기 때문입니다.

여호아하스의 불완전한 개혁

열왕기하 13:1-2

"유다 왕 아하시야의 아들 요아스의 이십삼 년에 예후의 아들 여호아하스가 사마리아에서 이스라엘 왕이 되어 십칠 년을 치리하며 여호와 보시기에 악을 행하여 이스라엘로 범죄케 한 느밧의 아들 여로보암의 죄를 좇고 떠나지 아니하였으므로"

예후의 아들 여호아하스가 하나님이 보시에게 악을 행했다고 말씀하고 있습니다. 사실 여호아하스는 우리가 생각하기에 어떤 특별한 죄를 범하지 않았을 수도 있습니다. 그러나 하나님은 여호아하스가 마땅히 이스라엘의 왕으로서 나라를 바른 말씀으로 끌고 가야 하는데 그렇게 하지 않았기 때문에 악하다고 보시는 것입니다. 우리는 반드시 어떤 악한 행동을 해야만 악하다고 생각합니다. 그러나 하나님은 부모 때부터 지금까지 걸어온 잘못된 길을 버리고 바른 길로 오지 않는 것까지도 악하게 여기십니다.

어떤 의미에서 여호아하스는 자기가 무엇을 잘못했는지 모를 수도 있습니다. 즉 이스라엘의 초대 왕인 여로보암이 금송아지를 만들고 그 후에도 쭉 금송아지 신앙을 지켜 왔고 특히 아합을 심판하는 종으로 사용되었던 아버지 예후도 금송아지 신앙을 섬겼습니다. 그래서 과거로부터 이스라엘의 왕들은 모두 금송아지 신앙을 지켜 왔기 때문에 여호아하스도 금송이지 신앙을 시켰을 것입니다. 그러나 하나님은 이런 것을 여호아하스가 여호와 앞에서 악을 행했다고 말씀하시는 것입니다. 즉 이스라엘 백성들이나 하나님의 종들은 항상 하나님의 말씀을 가까이하여 성경적인 진리를 배워서 지금 진행되는 일들이 아무리 유익하고 또 오래 된 것이라 하더라도 성경과 맞지 않으면 과감하게 버리고 말씀의 신앙으로 돌아가기로 결단해야 합니다.

그러나 이스라엘 왕들은 백성들이 말씀의 신앙으로 돌아가는 것을 아주 싫어하고 두려워했습니다. 그 이유는 이스라엘 백성들이 말씀으로 돌아가면 결국 예루살렘 성전으로 가게 되는데 그러면 이스라엘 왕의 힘이 약해져 버린다는 것입니다. 사람들이 하나님의 말씀으로 돌아가기 어려운 이유는, 그렇게 할 때 지금 가만히 앉아서 누리는 많은 이익을 손해 봐야 하기 때문입니다. 그리고 실제로 많은 사람들은 하나님의 말씀을 중심으로 하는 신앙을 좋아하지 않습니다. 그래서 지나치게 성경적일 때 인간적으로 열심이 있는 사람들을 놓칠 가능성이 많습니다.

이스라엘의 초대 왕인 사울과 둘째 왕인 다윗을 비교해 볼 때 성경은 다윗을 훌륭하게 평가하고 있지만 실제로 이스라엘 백성들은 사울을 더 좋아했습니다. 사울은 인간적인 방법으로 나라를 다스리면서 이스라엘 백성들을 신나게 했던 것입니다. 그러나 다윗은 하나님이 모든 것을 다 하시기 때문에 그분이 주시는 말씀의 은혜만 받고 시키시는 대로만 하자는 식으로 통치했습니다. 그러니까 아무리 하고 싶은 의욕이 있고 인간적인 방법이 있어도 안 된다는 것입니다. 결국 다윗의 아들 압살롬이 아버지에 대해 반역을 일으킨 이유는 인간적으로 너무나도 좋은 방법이 있는데 아버지 다윗이 미련하고 답답하게 나라를 다스린다는 것이었습니다. 압살롬이 반란을 일으켰을 때 거의 대부분의 이스라엘이 압살롬에게 동조한 것은, 그만큼 이스라엘 사람들이 말씀의 신앙을 답답해했다는 뜻입니다.

하나님이 여호아하스에게 기대하신 것은 기왕 이스라엘의 왕이 되었으니까 어중간하게 개혁의 흉내만 내지 말고 한번 철저하게 성경적인 신앙으로 돌아가 보라는 것이었습니다. 여호아하스는 개혁을 겁낼 필요가 전혀 없습니다. 하나님의 백성들이 부흥하는 길은 바른 말씀의 선포입니다. 하나님의 말씀을 바르게 선포하면 백성들은 자기들이 진리에서 멀리 떠나 있음을 알고 하나님을 향해 부르짖게 되는데 그러면 벌써 부흥이 일어나고 하나님의 축복이 시작되는 것입니다. 그래서 바른 신앙으로 돌아가려면 지도자가 거의 하나님의 말씀에 미쳐야 합니다. 아무리 많은 반대가 있고 아무리 많은 사람들이 자기를 버린다 하더라도 말씀을 붙들고 죽을 각오를 해야 하는 것입니다. 그러나 여호아하스는 완전한 하나님의 말씀의 신앙으로 돌아가지 않고 금송아지의 신앙으로 돌아갔습니다. 그러자 하나님은 그를 악하게 보시고 하사엘과 벤하닷을 통하여 치셨습니다.

열왕기하 13:3-4

"여호와께서 이스라엘을 향하여 노를 발하사 늘 아람 왕 하사엘의 손과 그 아들 벤하닷의 손에 붙이셨더니 아람 왕이 이스라엘을 학대하므로 여호아하스가 여호와께 간구하매 여호와께서 들으셨으니 이는 저희의 학대받음을 보셨음이라"

불완전한 신앙으로는 하나님의 축복을 받을 수가 없습니다. 그래서 이스라엘 백성들은 아람 나라의 지배를 받게 되었습니다. 이들은 자신들이 고통을 받아야 하는 이유를 잘 알지 못했을 것입니다. '우리는 옛날부터 믿어오던 대로 믿고 있는데 왜 하나님이 축복을 하시지 않을까?' 하는 의문을 가졌을 것입니다. 그러나 옛날부터 믿어오던 그 신앙이 문제가 있는 신앙이었던 것입니다. 우리가 평상시에는 인본주의 신앙이 말씀 중심의 신앙보다 훨씬 더 세상에서 성공하는 것 같습니다. 그러나 가장 중요한 것은, 성령의 역사가 나타나지 않고 심령에 뜨거운 변화가 일어나지 않는다는 것입니다. 결국 여호아하스는 이 어려운 문제 앞에서 하나님께 부르짖으면서 기도를 드렸습니다. 그랬더니 하나님이 그 기도를 들으셔서 구원자를 보내어 어려움에서 건져 주셨습니다.

열왕기하 13:5

"여호와께서 이에 구원자를 이스라엘에게 주시매 이스라엘 자손이 아람 사람의 손에서 벗어나 전과 같이 자기 장막에 거하였으나"

하나님은 아무리 이스라엘 백성들의 신앙에 문제가 있을지라도 그들이 기도하면 들어주셨습니다. 한 '구원자'를 보내셨다고 했는데 그가 누구인지는 알 수가 없습니다. 어떤 사람은 앗수르 왕이 공격한 것이라고도 하고 어떤 학자는 여호아하스의 아들 요아스를 말한다고도 합니다. 그러나 성경은 구원자가 누구인지를 밝히지 않고 있습니다.

이것은 굳이 알 필요가 없다는 뜻입니다. 하나님은 이스라엘의 신앙이 비록 완전히 하나님의 말씀으로 돌아온 것은 아니지만 그들이 부르짖는 기도를 듣고 어려움에서 건져 주셨습니다. 그래서 압제하는 자들은 다 돌아가고 다시 편안하게 살 수 있게 되었습니다. 그러나 문제는 이 편안함이었습니다. 하나님은 이들이 편안한 생활로 돌아왔을 때 더 철저한 신앙을 갖기를 원하셨습니다. 그러나 이스라엘 백성들이 편안해진 후에 기도도 하지 않고 말씀도 붙들지 않으니까 다시 아람 군대가 쳐들어와서 이번에는 이스라엘을 완전히 박살내 버렸습니다.

> 열왕기하 13:6-7
>
> "저희가 이스라엘로 범죄케 한 여로보암 집의 죄에서 떠나지 아니하고 좇아 행하며 또 사마리아에 아세라 목상을 그저 두었더라 아람 왕이 여호아하스의 백성을 진멸하여 타작마당의 티끌같이 되게 하고 마병 오십과 병거 십 승과 보병 일만 외에는 여호아하스에게 남겨 두지 아니하였더라"

여호아하스가 한번 기도해서 응답을 받은 것까지는 좋은데 그 후에 완전한 말씀으로 돌아오지 않으니까 더 재앙을 당해 나라가 완전히 망하게 되어 버렸습니다. 그래서 우리는 신앙생활을 제대로 하려면 좀 힘들고 고통이 따르더라도 완전히 성경적인 신앙으로 돌아와야 나중에라도 멸망하지 않습니다. 결국 이스라엘의 지도자의 고민은 여기에 있습니다. 사람을 붙들고 말씀으로 덜 돌아가고 인본주의적으로 인기를 끄느냐 아니면 사람들을 실망시키고 잃어버리고 욕을 먹더라도 완전한 말씀의 신앙으로 돌아가느냐 하는 것입니다. 결국 이스라엘을 위하는 길은 인간적인 방법이 아니라 완전한 말씀의 회복이었습니다.

요아스와 엘리사의 축복

요아스는 여호아하스의 아들인데 철저하게 이하동문이었습니다. 요아스는 아버지가 아람 군대로부터 그렇게 망하는 것을 보면서도 그 이유가 어디에 있는지 알지 못했습니다. 그래서 그도 똑같이 금송아지 종교를 채택했습니다.

> 열왕기하 13:10-11
> "유다 왕 요아스의 삼십칠 년에 여호아하스의 아들 요아스가 사마리아에서 이스라엘 왕이 되어 십육 년을 치리하며 여호와 보시기에 악을 행하여 이스라엘로 범죄케 한 느밧의 아들 여로보암의 모든 죄에서 떠나지 아니하고 좇아 행하였더라"

물론 요아스 자신은 전혀 악을 행하지 않았다고 생각했을 것입니다. 그는 그저 아버지 그리고 할아버지, 더 거슬러 올라가서 이스라엘 모든 왕들이 행해 온 것을 그대로 했을 뿐입니다. 그러나 아무것도 하지 않아도 바른 말씀으로 돌아오지 않는 것이 악이었습니다. 요아스가 왕이 되었을 때에는 아버지 여호아하스가 아람에 지는 바람에 철저하게 망해 있는 상태였습니다. 요즘 식으로 표현하면 부모님이 완전히 망해서 아들이 아버지의 부채를 상속한 것과 같습니다. 완전히 망한 집에서 아들이 할 수 있는 것이 무엇이 있겠습니까? 요아스는 완전한 신앙으로 돌아오지는 않았지만 또 잘한 것이 하나 있었습니다. 그것은 바로 엘리사가 임종할 때 찾아간 것입니다.

열왕기하 13:14

"엘리사가 죽을병이 들매 이스라엘 왕 요아스가 저에게로 내려가서 그 얼굴에 눈물을 흘리며 가로되 내 아버지여 내 아버지여 이스라엘의 병거와 마병이여 하매"

아마도 요아스가 평소에는 엘리사를 잘 찾아가지 않았을 것입니다. 왜냐하면 여호아하스나 요아스의 개혁이 하나님의 뜻에 완전히 일치하지 않았기 때문입니다. 그럼에도 불구하고 나라가 너무 어려우니까 병든 엘리사라도 찾아가서 축복을 받으려고 했습니다. 이것이 그나마 요아스가 잘한 일이었습니다. 왜냐하면 죽어가는 엘리사였지만 젊은 요아스보다는 훨씬 더 능력이 있었기 때문입니다.

여기서 요아스는 울면서 엘리사에게 "내 아버지여 내 아버지여 이스라엘의 병거와 마병이여"라고 했습니다. '내 아버지'라고 하는 것은 이스라엘의 신앙적인 스승이었음을 말하는 것이고, '병거와 마병'이라고 하는 것은 이스라엘의 힘이라는 뜻입니다. 엘리사는 그야말로 불신의 시대에 이스라엘의 정신과 국방을 지켜 온 힘이었습니다. 이제 요아스가 제대로 정신을 차리기도 전에 이스라엘의 위대한 힘이었던 선지자는 죽으려고 하고 있습니다. 그러나 죽어가는 선지자가 살아 있는 어떤 사람보다 더 능력이 있었습니다. 엘리사는 요아스가 우는 것을 보고 그에게 살과 활을 가져오라고 했습니다. 그리고 활을 잡은 요아스의 손을 잡고 기도를 했습니다.

열왕기하 13:15-16

"엘리사가 저에게 이르되 활과 살들을 취하소서 활과 살들을 취하매 또 이스라엘 왕에게 이르되 왕의 손으로 활을 잡으소서 곧 손으로 잡으매 엘리사가 자기 손으로 왕의 손을 안찰하고"

엘리사는 그의 마지막 힘과 능력을, 활을 잡고 있는 이스라엘 왕에게 다 넘겨주었습니다. 엘리사는 왕의 손에 안수 기도를 한 후에 왕에게 활을 쏘라고 했습니다.

열왕기하 13:17
"가로되 동편 창을 여소서 곧 열매 엘리사가 가로되 쏘소서 곧 쏘매 엘리사가 가로되 이는 여호와의 구원의 살 곧 아람에 대한 구원의 살이니 왕이 아람 사람을 진멸하도록 아벡에서 치리이다"

요아스가 활을 쏠 때 얼마나 힘이 생겼는지는 알 수가 없습니다. 그러나 그가 말씀에 순종하여 활을 쏘았을 때 그 활은 구원의 활로 변했습니다. 그러니까 죽어가는 선지자라고 해서 무시해서는 안 됩니다. 오히려 죽어가는 선지자는 무엇인가 가장 중요한 믿음의 유산을 남기려고 할 것입니다. 그것을 믿고 순종하면 바로 하나님의 축복이 임하는 것입니다. 예수님은 회당에서 한 편 손이 마비된 자에게 손을 내밀라고 하셨습니다. 그 장애인이 예수님의 말씀에 순종하여 팔을 내밀었을 때 치료가 이루어졌습니다. 우리는 주님이 우리에게 시키시는 것에 대해 귀찮아하거나 무관심해서는 안 됩니다. 결국 요아스는 이 때는 잘했지만 이 뒤에 소홀히 하는 바람에 큰 축복을 놓치게 됩니다.

엘리사는 요아스에게 다시 한 번 살을 잡으라고 하고 이유는 설명하지 않고 살로 바닥을 치라고 했습니다. 그때 요아스가 바닥을 세 번만 치니까 엘리사는 화를 내면서 왜 세 번만 치느냐고 했습니다. 한 다섯 번 정도 쳤으면 아람 군대를 다섯 번 이겨서 완전한 승리를 거둘 텐데 왜 세 번밖에 치지 않았느냐는 것입니다. 그리고 실제로 요아스는 아람 나라에 대해 세 번만 이겼습니다. 물론 요아스는 엘리사가 왜 바닥을 치라고 하는지 이유를 설명하지 않았다고 항의할 수도 있습니다. 그러나 하나님이 보시는 것은 요아스의 하나님의 말씀에 대한 열정을 보시는 것입니다.

우리가 하나님의 말씀에 대해 열정이 있다면 이유를 설명하지 않고 바닥을 치라고 해도 그만 두라고 할 때까지 자꾸 쳤을 것입니다. 요아스는 엘리사의 말에 마지못해서 순종을 하니까 큰 축복의 기회를 놓치고 말았던 것입니다. 그래서 우리는 하나님의 말씀에 마지못해서 억지로 순종하지 말고 어떤 말씀이든지 열정적으로 순종해서 축복의 기회를 놓치지 않기를 바랍니다.

죽은 엘리사의 능력

드디어 이스라엘을 지키던 마병이요 병거인 엘리사가 병으로 죽어서 무덤 속에 장사되었습니다. 누구든지 죽어서 장사를 지내면 그 사람의 모든 것은 끝난 것입니다. 그러나 엘리사의 일은 죽었다고 해서 끝나지 않았습니다. 죽은 엘리사의 뼈가 사람을 살려 내는 일을 했던 것입니다.

> 열왕기하 13:20-21
> "엘리사가 죽으매 장사하였더니 해가 바뀌매 모압 적당이 지경을 범한지라 마침 사람을 장사하는 자들이 그 적당을 보고 그 시체를 엘리사의 묘실에 들이 던지매 시체가 엘리사의 뼈에 닿자 곧 회생하여 일어섰더라"

엘리사의 능력은 죽어서도 나타났습니다. 엘리사가 죽은 후에 이스라엘이 얼마나 약해졌는지 모압의 강도들이 쳐들어오곤 했습니다. 그런데 어떤 사람들이 죽은 사람을 장사 지내려고 할 때 또 강도들이 들이닥치니까 너무나도 급해서 시체를 아무 무덤에나 넣어 놓고 도망을 치려고 했습니다. 그런데 그 시체를 넣은 무덤이 하필이면 엘리사의 무덤이었습니다. 놀라운 것은 죽은 사람의 시체가 엘리사의 뼈에 닿자 그 죽었던 사람이 살아난 것입니다. 이것을 볼 때 엘리사는 살았으나 죽었으나 능력의 선지자라고 봐야 합니다.

우리가 알아야 할 것은 엘리사의 능력이 자신의 능력이 아니었다는 것입니다. 모세나 엘리야나 엘리사의 능력은 모두 하나님의 능력을 빌려 온 것이었습니다. 그러나 이들의 놀라운 장점은 하나님의 능력을 자유자재로 자기 것처럼 사용할 수 있었던 것입니다. 심지어는 죽은 뼈조차도 죽은 사람을 살릴 수 있는 능력이 있었습니다. 엘리사의 뼈가 죽은 사람을 살려낸 것은 그 뼈를 우상시하라는 뜻이 아니었습니다. 사실 이스라엘에는 선지자의 무덤이 문제였습니다. 왜냐하면 하나님의 능력보다는 선지자의 뼈를 더 믿으려고 할 수 있기 때문입니다. 그래서 하나님은 모세의 무덤을 감춰 버리셨습니다. 그리고 엘리야는 아예 무덤도 남기지 못하게 공중으로 데리고 가 버리셨습니다. 그럼에도 불구하고 죽어서 장사를 지내던 사람의 몸이 엘리사의 뼈에 닿으니까 살아난 것은 무엇을 의미합니까? 죽은 선지자의 뼈도 이 정도의 능력이 있는데 하물며 살아 계신 하나님의 능력은 능치 못할 것이 무엇이겠느냐는 것입니다.

열왕기하 13장 말씀에서 우리는 하나님께 돌아가되 철저하게 돌아가야 철저한 축복을 받을 수 있다는 것을 보게 됩니다. 불완전하게 돌아갔던 여호아하스는 한번은 기도를 해서 하나님의 도움을 받았지만 그 다음에는 완전히 박살나 버렸습니다. 요아스는 병상에 누워 있는 엘리사를 찾아가서 안수 기도를 받고 구원의 활을 쏘았지만 열정이 없었기 때문에 살로 땅을 세 번만 치다가 결국 세 번밖에 이기지 못했습니다.

우리 모두는 하나님의 백성입니다. 기왕 믿는 것 철저하게 성경대로 믿어 봅시다. 망할 때는 망하더라도 철저하게 성경대로 믿을 때 온전한 축복이 임할 것입니다.

14. 아마샤의 판단 착오

◎ 왕하 14:1-22

요즘 경영 분야에서는 일본의 소니의 실패와 미국의 지엠 자동차의 경영 실패가 큰 화제로 떠오르고 있습니다. 일본의 소니와 미국의 지엠 자동차는 모두 일본과 미국을 대표하는 기업이었습니다. 그러나 두 회사의 최고 경영자는 세계 경제의 흐름을 제대로 파악하지 못해서 투자하지 말아야 할 분야에 엄청난 투자를 하고 경영 혁신을 해야 할 부분을 제대로 혁신하지 않는 바람에 결국 엄청난 적자 경영을 내고 실패한 대표적인 회사로 손꼽히고 있습니다.

이런 것을 볼 때 기업 경영에 있어서 2등이라고 하는 것은 있을 수 없음을 알게 됩니다. 현재 워낙 시장이나 국제 상황이 급변하고 있기 때문에 끊임없이 투자하고 연구 개발하여 단가를 낮추고 새로운 제품을 개발하여 시장에 적중시키는 회사만이 살아남을 수 있습니다. 반면, 방만하게 경영하고 엉뚱한 데 투자하고 빗나가는 전략을 수립하면 한순간에 빚이 눈덩이처럼 커지면서 주가가 떨어지게 되고 결국 한순간에 몰락해 버리고 맙니다. 그래서 요즘 우리나라 대기업들은 직원들에게 '우리가 한순간에 망할 수도 있다'는 위기의식을 가지고 밤낮없이 일하도록 직원들을 부리는 것을 볼 수 있습니다.

우리는 국가적으로나 교회적으로나 개인적으로나 미래에 대한 전략이 대단히 중요하다는 것을 알 수 있습니다. 우리는 국가적으로도 이제는 더 이상 미국에 의존할 수 없는 처지가 되었습니다. 우리나라와 미국 사이에 잡음이 날 수밖에 없는 것은 미국과 정치적으로는 과거처럼 영향력을 유지하면서 경제적으로는 경쟁 관계에 있기 때문입니다. 거기에다가 우리는 중국이나 일본 같은 경쟁국 사이에서 살아남아야 하고 북한과 같은 엄청난 암 덩어리를 어떻게 해서든지 터트리지 않는 범위 안에서 공존해야 하는 고도의 전략이 필요한 것입니다. 교회도 지금까지는 대충 목회를 해도 운영이 된다는 식으로 해서는 안 됩니다. 지금은 기독교가 성장이 멈춘 상태이고 교인들도 경제적으로 대단히 어려운 가운데서 신앙생활을 하고 있습니다. 이제 어떻게 하는 것이 진정으로 교회가 부흥하는 길이며 교인들이 믿음으로 승리하는 길인지에 대한, 진정한 성경적인 전략이 필요한 때인 것입니다.

또 교인들은 어제까지 모든 형편이 좋았다고 해서 미래도 잘 된다는 보장이 없는 불확실성의 시대에 살고 있습니다. 그 가까운 예가 섬유 산업이라고 볼 수 있습니다. 물론 누구든지 우리나라에서 섬유 산업이 사향 산업인 줄은 알고 있었지만 중국 때문에 이렇게 빨리 무너지게 될 줄은 아무도 예측하지 못했을 것입니다. 그리고 이것이 또 앞으로 어떻게 상황이 변할지 아무도 모르는 것입니다. 우리는 도무지 미래를 예측할 수 없는 불확실한 시대를 살아가고 있습니다. 그러나 우리가 알아야 할 것은 이런 상황조차도 하나님이 주장하신다는 것입니다. 그리고 미래에 대한 우리의 전략도 성경적인 바른 신앙에서 나와야 실패하지 않는다는 사실입니다.

이런 의미에서 유다의 아마샤가 했던 전략의 실패는 우리에게 큰 경종이 된다고 볼 수 있습니다. 아마샤는 처음에는 신중하게 성경적인 전략을 잘 세워 나갔습니다. 그러다가 에돔과의 전쟁에서 큰 승리를 거둔 후부터 판단을 잘못하는 바람에 불필요하게 이스라엘과 전쟁을 하게 되고 그 결과 자신도 망하고 백성들도 망하는 큰 고통을 겪게 된 것입니다.

아마샤의 신중한 출발

우리가 유다 왕들의 치적을 살펴볼 때, 처음에는 신앙적으로 잘 시작했다가 어느 정도 복을 받고 성공한 후에는 교만해져서 성경적인 원리를 버리고 자기 멋대로 욕심을 부리다가 나중이 비참해진 사람들이 많음을 알게 됩니다. 그 대표적인 사람이 아달랴의 반란에서 살아남은 요아스였습니다. 요아스는 자기를 살려 준 여호야다가 살아 있는 동안에는 신앙적으로 나라를 잘 다스렸는데 여호야다가 죽고 난 후 우상을 섬기는 유다의 방백들과 손을 잡고 바알 신앙을 끌어들였습니다. 그리고 아람 나라의 하사엘로부터 엄청난 피해를 입고 나중에는 신하의 칼에 찔려 죽었습니다.

그런데 그 아들 아마샤도 마찬가지였습니다. 처음에는 신앙적으로 잘 출발해서 에돔에서 엄청난 승리를 거둡니다. 그런데 에돔에서 승리를 거둔 후에는 에돔 신을 끌어들여서 아주 잘못된 판단을 하게 됩니다. 그리고 그 아들 웃시야도 마찬가지였습니다. 웃시야도 처음에는 아주 신앙적으로 나라를 잘 다스렸고 엄청난 복을 받았습니다. 아마 솔로몬 이후로 최고로 많은 복을 받았습니다. 그런데 그 역시 교만이라는 고질병이 도져서 자기가 성전에서 분향을 하겠다고 고집을 부리다가 갑자기 문둥병에 걸려 죽을 때까지 나환자로 살았습니다.

이것을 보면 물론 다윗의 후손들이 성경적인 신앙을 가지고 조심스럽게 출발해서 하나님의 큰 축복을 움켜쥐는 것까지는 좋지만 축복을 받은 후에 그리고 크게 성공한 후에 끝까지 초심을 잃지 않고 가는 것이 얼마나 어려운 일인지 알 수 있습니다. 이것은 결국 자동차를 운전하면서 안전벨트를 매지 않아서 큰 사고를 당하는 것과 같습니다. 사람들은 누구든지 교통사고를 당할 수 있다는 것을 믿으려고 하지 않습니다. 그러면서 사고가 나면 손으로 손잡이를 꼭 붙들면 될 것이라고 생각합니다. 하지만 그 충돌하는 힘이 얼마나 강한지 몸이 차 밖으로 튕겨져 나가면서 죽게 됩니다. 결국 성경에 자기 자신을 철저하게 잡아매는 사람만이 끝까지 갈 수 있고 적당하게 사람의 생각이나 유행을 따라가다가는 나중에 교만의 병이 도지면서 큰 실패를 하고야 마는 것입니다. 요아스의 아들 아마샤는 유다의 왕이 된 후 신중하게 왕의 일을 감당했습니다.

> 열왕기하 14:5-6
>
> "나라가 그 손에 굳게 서매 그 부왕을 죽인 신복들을 죽였으나 왕을 죽인 자의 자녀들은 죽이지 아니하였으니 이는 모세의 율법 책에 기록된 대로 함이라 곧 여호와께서 명하여 이르시기를 자녀로 인하여 아비를 죽이지 말 것이요 아비로 인하여 자녀를 죽이지 말 것이라 오직 사람마다 자기의 죄로 인하여 죽을 것이니라 하셨더라"

아마샤는 자기 아버지 요아스가 신하들의 칼에 찔려 죽은 후에 왕이 되었습니다. 그러나 그는 왕으로 있으면서 아버지를 죽인 신하들을 심판하지 못했습니다. 아직 아마샤에게는 그럴 만한 힘이 없기 때문입니다. 아마샤는 기왕 자기가 왕이 되었으니 죽은 아버지의 일을 복수하는 것은 그리 급할 것이 없다고 생각했던 것 같습니다. 아무리 아버지를 죽인 신하들을 심판하는 것이 중요하다 하더라도 아직 힘이 없는 상태에서 선불리 건드릴 수도 없고 특히 왕이 성경대로 나라를 다스리면 하나님이 모든 것을 알아서 하신다는 믿음이 있었기 때문입니다.

우리 속담에 '빈대를 잡으려다 초가집을 태운다'라는 말이 있습니다. 물론 집에 빈대가 있으면 안 되겠지요. 그러나 초가집을 태워가면서 빈대를 잡을 필요는 없는 것입니다. 마찬가지로 요즘 우리 사회에서 개혁이라는 말을 많이 하는데 그 개혁이라는 것을 가만히 보면 기존 세력을 다 부수고 모든 것을 자기 세력 중심으로 만들려고 하는 것임을 알 수 있습니다. 진정한 개혁은 그런 것이 아닙니다. 나라의 성장에 방해가 되는 암적인 요소만 제거하면 결국 나라가 성장하면서 치료될 것은 치료되고 고쳐질 것은 고쳐진다고 믿어야 하는 것입니다.

특히 교회에서 개혁은 다른 데 있지 않습니다. 하나님의 말씀만 바로 선포되면 교회 안에 충만한 성령의 역사가 나타나기 때문에 모든 것이 바로 되게 되어 있습니다. 이런 의미에서 아마샤가 왕이 되었을 때 반대 세력을 숙청하는 것이나 아버지를 죽인 원수를 갚는 일부터 하지 않았던 것은 하나님께 대한 믿음이 있었기 때문입니다.

그런데 아무리 세력이 있는 자라 하더라도 시간은 당할 수가 없습니다. 왕을 죽이고도 세력을 부리던 귀족들이 나이가 들어가니까 아무래도 힘이 약해지게 되고 또 여러 가지 비리가 드러나면서 결국 옛날의 왕을 죽인 죄까지 함께 재판을 받게 되었던 것 같습니다. 그래서 우리가 알아야 할 것은 죄라고 하는 것은 아무리 세월이 흘러도 언젠가는 심판을 받게 되어 있고 사람이 심판하지 않으려고 해도 하나님은 심판을 하신다는 것입니다.

그런데 여기서 아마샤는 재판을 하면서도 성경대로 했습니다. 그것은 아버지의 죄 때문에 아들까지 죽이지 말라는 것입니다. 또 아들의 죄 때문에도 아버지를 죽여서는 안 되었습니다. 전 세계의 어느 나라든지 반역에 대해서는 부모나 자식이나 할 것 없이 모두 다 죽이게 되어 있습니다. 왜냐하면 괜히 씨를 남겨 놓으면 나중에 커서 또 반역을 할 가능성이 있기 때문입니다. 그러나 이 부분에 있어서도 아마샤는 하나님을 믿었습니다. 그래서 자기감정대로 재판하지 않고 오로지 율법대로 죄를 지은 사람만 심판을 받게 했습니다. 이것은 아마샤가 나라 일을 하면서 자기감정에 치우치지 않고 대단히 균형 있게 통치한 것을 보여 줍니다.

우리는 어떤 사람이 미워지면 그 집 사람들이 다 미워지게 되고 어떤 한 부분이 싫으면 그 사람의 모든 부분을 싫어하게 됩니다. 그러나 그렇게 하는 것은 신앙의 균형을 잃어버린 것입니다. 우리가 성령의 능력에 의지해서 생각할 때 대단히 이성적이며 균형이 잡힌 판단을 해서 어느 한쪽으로 치우치지 않게 됩니다. 그렇게 할 때 잘못한 부분도 바로 잡을 수 있을 뿐 아니라 하나님이 그 사람을 믿고 마음껏 축복을 하십니다.

아마샤가 에돔에서 거둔 승리

아마샤가 하나님의 말씀대로 나라를 다스릴 때 하나님이 아마샤에게 큰 힘을 주셨습니다. 그래서 아마샤는 유다의 가시와 같은 에돔을 쳐서 다시는 골치를 썩이는 일이 없도록 완전하게 해결을 했습니다.

> 열왕기하 14:7
> "아마샤가 염곡에서 에돔 사람 일만을 죽이고 또 셀라를 쳐서 취하고 이름을 욕드엘이라 하였더니 오늘까지 그러하니라"

여기서 우리는 우선 아마사갸 에돔을 친 것이 왜 대단한 일인지 알아야 합니다. 에돔은 유다에게 옆구리에 박힌 빠지지 않는 큰 가시와 같은 나라였습니다. 에돔은 유다 남쪽에 있는 혈족의 나라인데 유다에 대해서는 대 원수였습니다. 그래서 언제나 유다를 위협하고 괴롭혔으며 틈만 있으면 유다 정권을 흔들어 놓으려고 했습니다. 게다가 에돔은 완전히 바위로 둘러싸인 도시였기 때문에 외부의 공격을 잘 막아낼 수 있었습니다. 사람으로 치면 마치 옆구리에 큰 암 덩어리가 있는데 이것을 도저히 수술할 수 없어서 계속 달고 살아야 하는 것과 같았습니다. 그런데 아마샤는 이런 암 덩어리를 수술하기로 결심했고 이 수술을 완전히 성공했습니다. 만약 우리 몸속에 큰 암 덩어리가 있는데 어느 날 좋은 의사를 만나서 수술로 그 암 덩어리를 완전히 제거하게 되었을 때 얼마나 시원하고 기분이 좋겠습니까?

역대기에 보면 이 부분에 대해서 보다 자세한 설명을 하고 있습니다. 아마샤는 에돔을 치기 위해 유다 군대를 30만 명을 모집했습니다. 이때 유다가 군대를 30만 명이나 모은 것은 이미 나라가 상당히 힘을 회복한 것을 보여 줍니다. 그리고 아마샤는 유다 군대 30만 명으로는 모지라다고 생각해서 이스라엘에 돈을 주고 용병 10만 명을 빌려 왔습니다. 문제는 바로 여기에서 발생하게 됩니다. 아마샤는 자기 나름대로 생각이 있어서 엄청난 돈을 들여서 군대를 데려 왔는데 한 선지자가 와서 하나님을 의지해야지 왜 용병을 의지하려고 하느냐면서 이스라엘 군대를 돌려보내라고 한 것입니다.

이때 아마샤는 그 선지자에게 내가 100달란트라는 큰돈을 주고 군대를 빌려 왔는데 그냥 돌려보내면 이 돈을 그냥 날리는 것이 아니냐고 반문했습니다. 그때 선지자는 100달란트 손해 보는 것을 아까워하지 말라고 했습니다. 그 돈을 손해 보고 하나님의 말씀에 순종하기만 하면 하나님은 그 몇 배 되는 축복을 주실 것이라고 했습니다. 아마샤는 기껏 돈을 주고 10만 명이나 되는 군인들을 빌려 왔는데 선지자는 그들을 돌려보내고 돈도 손해를 보고 힘써 싸우면 하나님이 이기게 해 주실 것이라고 합니다.

이때 아마샤가 얼마나 믿음이 좋았는가 하면 그 선지자의 말을 믿고 10만 명이나 되는 이스라엘 군인들을 한번 써 보지도 못하고 그대로 돌려보내고 100달란트의 돈을 손해 보았습니다. 그런데 이스라엘 용병들은 그냥 돌아가게 되자 너무 화를 내면서 그냥 가지 않고 유다 마을들을 약탈하고 사람들도 3천 명이나 죽이고 물건들도 많이 빼앗아서 돌아갔습니다. 아마샤는 하나님의 말씀에 순종을 하느라고 돈도 손해 보고 사람도 손해 보고 인심도 잃고 좌우가 엄청난 손해를 보았습니다. 그러면서도 하나님의 말씀을 붙들었습니다. 그렇게 했을 때 드디어 에돔을 완전히 이길 수 있게 되었습니다.

아마샤는 에돔 사람 만 명을 그냥 죽인 것이 아니고 바위 위에서 떨어트려 몸이 부서져서 죽게 했습니다. 이것은 에돔을 완전히 정복한 것을 의미합니다. 그리고 셀라를 정복하고 그 이름을 아예 '하나님이 정복하셨다' 라는 뜻의 '욕드엘' 로 바꿔 버립니다. 아마샤가 에돔을 정복한 것은 몸에 있는 큰 가시 하나를 완전히 수술해서 제거한 것입니다.

그런데 아마샤의 그동안 순수했던 신앙은 에돔을 정복하면서 변질됩니다. 아마샤는 에돔을 정복한 후에 에돔의 우상을 가지고 와서 자기 신으로 삼고 분향을 합니다. 이것을 보고 하나님은 진노하셔서 한 선지자를 보내어 책망을 하십니다. '아니, 에돔 신은 자기 백성들을 이기게 하지도 못했는데 왜 멸망당한 백성들의 신을 섬기려고 하느냐?' 고 했습니다. 이때 왕은 에돔 신을 섬기지 말라고 하는 선지자에게 화를 내면서 '누가 너를 왕의 모사로 삼았느냐?' 고 하면서 말을 하지 못하게 했습니다.

어떻게 해서 아마샤가 에돔을 정복하고 난 후에 사람이 이렇게 백팔십도로 변하게 되었을까요? 아마도 아마샤는 자기의 정적들도 다 제거를 했고 또 에돔까지 정복했을 때 이제는 더 이상 자기에게 걸림돌이 될 만한 것이 없다고 생각한 것 같습니다. 그러니까 어떻게 보면 그동안 아마샤가 하나님의 말씀에 고분고분하게 순종했던 것은 몸에 가시가 있었기 때문이었다고 볼 수 있습니다. 대신들 중에는 아버지를 죽인 사람들도 남아 있고 남쪽에는 에돔이라는 가시가 있어서 꼼짝할 수가 없었던 것입니다. 그러나 이제는 반대할 만한 사람들이 다 죽었고 모든 것을 마음대로 할 수 있게 되자 교만이 꽃을 피우면서 결국 자신의 뜻대로 밀고 나가게 되었던 것입니다.

누구든지 반대하는 사람도 있고 자기 세력도 아직 뿌리를 내리지 못했을 때에는 어떤 일을 결정해도 신중하게 하고 무리를 잘 하지 않는데 나중에 세력이 커지게 되어서 모두 다 순종하고 반대할 사람이 없어지면 자기 욕심대로 모든 것을 밀어붙이는 것을 많이 볼 수 있습니다. 그래서 어떤 의미에서는 가시가 남아 있는 것이 유리할 수도 있는 것입니다. 사실 상식적으로 생각해 볼 때 이미 망한 에돔 사람들의 신을 아마샤가 분향하고 섬길 이유는 전혀 없었습니다. 그런데 아마샤는 그 일을 막는 선지자에게 화를 내면서 입을 다물라고 했습니다. 이제부터는 선지자나 그 누구의 간섭도 받지 않고 모든 것을 자신의 생각이나 뜻대로 하겠다는 뜻이었습니다.

우리가 이런 것을 볼 때 아무리 성경적이고 충성된 사람이라도 그가 큰 승리를 거두고 하나님의 축복을 크게 받은 후에 교만하지 않고 처음 믿음을 그대로 지키는 것이 얼마나 어려운 일인지 알게 됩니다. 그래서 변질되지 않고 끝까지 처음 믿음을 유지하려면, 목표를 눈에 보이는 성공에 두면 안 됩니다. 그러면 교만하지 않을 수가 없습니다. 오직 하나님을 알아가고 하나님의 뜻에 순종하는 것을 목표로 삼을 때 성공을 해도 크게 교만할 것도 없고 크게 성공하지 못해도 덜 섭섭하게 되는 것입니다.

그래서 다윗은 "여호와를 가까이 하는 것이 내게 복이라"(시73:28)고 했고 사도 바울은 "그리스도를 아는 지식이 가장 고상하다"(빌3:8), "내게 능력 주시는 자 안에서 모든 것을 할 수 있다"(빌4:13)고 고백했습니다. 이 모든 것이 처음 믿음을 잃지 않으려는 몸부림이었던 것입니다.

아마샤의 판단 착오

아마샤가 에돔과의 전투 후에 큰 자만심에 빠졌던 것은 사실인 것 같습니다. 그래서 가만히 있는 북쪽 이스라엘 왕 요아스에게 사신을 보내 "우리가 서로 대면하자"고 했습니다.

열왕기하 14:8

"아마샤가 예후의 손자 여호아하스의 아들 이스라엘 왕 요아스에게 사자를 보내어 이르되 오라 우리가 서로 대면하자 한지라"

여기서 '대면하자'는 것은 한번 싸워 보자는 뜻입니다. 요세푸스라는 역사가의 기록에 의하면 아마샤가 요아스에게 남쪽 유다에게 복종하라고 편지를 했다고 합니다. 그리고 복종하지 않을 때에는 칼로 해결하겠다는 것입니다. 어떻게 보면 아마샤의 야심은 대단한 것 같습니다. 그는 이스라엘의 숙원 사업인 이스라엘의 통일을 자기 힘으로 한번 이루어 보겠다는 것이었습니다. 나라 안에 반대할 사람도 없고 에돔과 같은 가시도 뺐을 때 이제는 자신의 힘으로 남북통일을 한번 이루겠다는 것입니다. 이것에 대해서 이스라엘 왕 요아스는 유다 왕이 전혀 정신을 차리지 못하고 엉뚱한 소리를 하고 있다고 반박했습니다.

열왕기하 14:9-11
"이스라엘 왕 요아스가 유다 왕 아마샤에게 보내어 이르되 레바논 가시나무가 레바논 백향목에게 보내어 이르기를 네 딸을 내 아들에게 주어 아내를 삼게 하라 하였더니 레바논 들짐승이 지나가다가 그 가시나무를 짓밟았느니라 네가 에돔을 쳐서 파하였으므로 마음이 교만하였으니 스스로 영광을 삼아 궁에나 거하라 어찌하여 화를 자취하여 너와 유다가 함께 망하고자 하느냐 하나 아마샤가 듣지 아니하므로"

아마샤가 이스라엘까지 흡수하겠다고 생각한 것은 에돔을 정복한 데서 큰 확신을 얻은 것이었습니다. 아마샤는 '내가 에돔도 정복했는데 이스라엘을 이기지 못하겠느냐?' 고 생각한 것입니다. 이때 이스라엘 왕은 유다 왕에게 그 자신을 제대로 볼 수 있는 비유를 들어서 설명했습니다. '너는 지금 에돔을 이기고 큰 자신감을 갖고 있는데 그렇다고 해도 레바논의 가시나무밖에 되지 않는다' 는 것입니다. '어떻게 네가 레바논의 백향목인 이스라엘을 향해 통일을 하겠다고 하느냐? 너는 지나가던 들짐승이 밟아도 망할 수밖에 없는 처지이다' 라고 책망했습니다.

사실 누가 레바논의 가시나무이며 누가 레바논의 백향목인지는 보는 관점에 따라서 많이 다를 수 있습니다. 예를 들어서 신앙의 순수성의 입장에서 보면 그래도 예루살렘이 백향목이고 사마리아가 가시나무일 것입니다. 그러나 현실적인 경제력이나 국력을 비교해 본다면 예루살렘이 가시나무 수준까지는 가지 않는다 하더라도 5분의 1이나 10분의 1 수준인 것을 부인할 수는 없었습니다. 여기서 우리는 어떤 중요한 결정을 내릴 때 너무 신앙적인 관점을 가지고 결론을 내리는 것보다는 현실적인 여건도 고려해서 합리적인 결정을 내리는 것이 안전할 수 있습니다. 물론 하나님이 함께하시면 다섯 배가 아니라 열 배가 되는 적들도 이길 수 있습니다. 그러나 어떤 때에는 그렇지 않을 때도 있는 것입니다.

물론 이스라엘 왕이 한 말은 아마샤의 입장에서 생각해 볼 때는 대단히 기분이 나쁜 이야기였지만 사실이었습니다. 아마샤는 전혀 이스라엘과 싸울 수 있는 실력이 되지 못했고 특히 아마샤가 가지고 있는 에돔의 우상은 하나님의 능력을 마비시켜 놓고 있었는데 아마샤는 그것을 알지 못했습니다. 이스라엘 왕은 아마샤에게 기왕 이긴 것 왕궁에서 즐겁게 지내면 아무 문제될 것이 없다고 조언했지만, 아마샤는 기어코 전쟁을 일으켜서 크게 패배했습니다. 그래서 유다 왕 아마샤는 이스라엘 왕에게 포로가 되었고, 예루살렘 성벽은 400 규빗이나 허물어졌으며, 성전과 왕의 창고에 있던 금은 그릇들을 다 빼앗겼을 뿐만 아니라, 백성들이 볼모로 붙들리는 수모를 당했습니다.

아마샤는 포로가 된 후에도 15년을 더 살았지만 전혀 힘을 쓰지 못하는 왕으로 살았고, 나중에는 신하들에게 쫓겨나서 라기스로 도망을 쳤는데 신하들이 라기스까지 쫓아가서 아마샤를 죽였다고 기록되었습니다.

아마샤가 남북을 통일하겠다고 한 것은 대단한 생각이고 투자이지만 전혀 시대적인 흐름을 제대로 읽지 못한 잘못된 판단이었습니다. 아마샤가 이런 망하는 전략을 세우고 고집스럽게 밀어붙인 이유는 그가 바른 말씀을 거부하여 제대로 판단할 능력을 상실했기 때문입니다. 사실 이스라엘 왕 요아스가 한 말은 상당히 정세를 제대로 파악한 말이었습니다. 지혜로운 왕이라면 적의 입에서 얼마든지 하나님의 음성을 들을 수 있습니다. 사실 이런 말을 듣고 전쟁을 포기하는 것이 수치가 될 수도 있지만 좀 창피를 당하더라도 망하지 않는 것이 더 중요하고 아직 시간이 있을 때 실수를 바로 잡는 것이 더 좋습니다.

아마샤는 에돔의 우상 때문에 분별력을 다 잃어버린 것이 문제였습니다.

정상적으로 하나님의 백성들은 망하지 않습니다. 그럼에도 불구하고 망하는 것은 바른 신앙을 저버리고 교만의 영에 사로잡혀 분별하지 못하기 때문입니다. 결국 하나님의 종들이 끝까지 겸손할 수 있느냐 하는 것이 이스라엘의 부흥에 가장 중요한 요인입니다. 한때는 부흥하더라도 교만해버리면 그 부흥한 것이 흔적도 남지 않고 다 없어져 버릴 수 있습니다. 그래서 당장 크게 성공하지 못하고 인기를 끌지 못한다 하더라도 왕은 자기를 제도의 통제 속에 넣어서 끝까지 교만할 수 없도록 스스로를 만들어야 합니다. 이렇게 해야 왕이 잘못된 전략을 세우지 않고 하나님의 백성들로 하여금 비참하지 않게 할 수 있습니다. 결국 아마샤는 자기 아버지 요아스와 똑같은 과정에 의해서 신하의 칼에 찔려 죽임을 당하고 맙니다.

우리는 결국 시대적인 상황조차 하나님이 주장하신다는 것을 깨닫고 끝까지 신앙에서 변질되지 말아야겠습니다. 그리고 겸손과 정직한 신앙을 지켜서 모든 불확실한 상황들을 이기고 승리하는 성도들이 되시기를 바랍니다.

15. 하나님이 주신 물질적인 축복

◎ 왕하 14:23-15:7

우리나라에서는 돈을 많이 벌어서 부자가 되는 것을 능력이 있거나 복이 많은 것이라고 생각합니다. 거기에 비해 돈을 제대로 벌지 못해서 가난한 것을 복이 없다거나 무능한 것으로 생각합니다. 그래서 돈이 많은 것은 자랑할 만한 축복이고 가난한 것은 부끄러운 일로 생각할 때가 많습니다. 그러나 성경을 보면 꼭 그런 공식이 성립되는 것이 아님을 알게 됩니다.

이스라엘 나라는 남쪽과 북쪽으로 갈라진 후 두 나라 모두 별로 번창하지 못하고 늘 어려웠습니다. 이스라엘과 유다가 잘살지 못했던 이유를 두 가지로 볼 수 있습니다. 하나는 이 두 나라가 하나님의 말씀대로 살지 않으니까 하나님의 축복을 받을 수가 없었던 것입니다. 재앙을 한두 번 당해도 나라가 어려울 텐데 몇 번씩이나 당하니까 도저히 잘살 수가 없었습니다. 게다가 두 나라끼리 서로 자주 싸우니까 힘을 합쳐도 살아날까말까 하는 경쟁 시대에 도저히 다른 나라를 이길 수가 없었던 것입니다. 이것은 하나님이 이 두 나라를 깨닫게 하시려는 것이었습니다. 즉 하나님의 백성들은 하나님이 축복하시지 않으면 아무리 날고 기어도 절대로 축복을 못 받는다는 뜻입니다.

그러다가 이스라엘과 유다가 분열한 이후로 두 나라 모두 엄청난 하나님의 축복을 받았을 때가 있었습니다. 이때 이 두 나라 왕이나 백성들이 신앙생활을 제대로 잘한 것도 아니었습니다. 특히 이스라엘 왕 여로보암은 하나님 앞에서 신앙생활을 잘한 것이 아무것도 없었습니다. 그럼에도 불구하고 하나님이 한번 복을 주시려고 하니까 두 나라가 모두 엄청난 복을 받아서 나라가 부강해지게 되었습니다. 이때가 바로 이스라엘은 여로보암 때이고 유다는 웃시야 때였습니다. 이때 두 나라의 영토를 합치면 다윗과 솔로몬 때와 같을 정도로 국력을 많이 회복하게 되었습니다.

그러나 문제는 이때의 하나님의 축복이 부흥과 아무 상관이 없었다는 것입니다. 이스라엘이 신앙적으로 부흥한 열매로 하나님이 주신 물질적인 축복이면 가장 이상적이고 가장 안전했을 것입니다. 하나님이 말씀하신 것이 무엇입니까? "그 나라와 그 의를 구하라 그리하면 이 모든 것을 더 하시리라"(마 7:33)고 하셨습니다. 혹은 부흥의 결과는 아니라 하더라도 하나님이 주신 이런 복을 가지고 하나님의 사랑을 깨닫고 더 신앙적으로 나아가게 되었더라면 이 복은 오래 갈 수 있었습니다.

어리석게도 이스라엘과 유다는 하나님이 주신 이 절호의 기회를 살리지 못했습니다. 즉 하나님이 물질적으로 축복을 주셨을 때 하나님께 감사하고 지금까지 너무 가난하고 어려워서 제대로 하지 못했던 신앙생활을 열심히 했더라면 좋았을 것입니다. 그러나 이스라엘과 유다 모두 물질적으로 부강한 것에 만족하고 하나님을 사랑하는 신앙으로 더 나아가지 않았고, 결국 그들의 축복은 단회적으로 끝나서 이 후에 나라는 더 쇠퇴하게 되었습니다.

여로보암 2세 때 받은 축복

이스라엘 왕 여로보암은 신앙적으로 볼 때에는 정말 하나님의 축복을 받아야 할 이유가 전혀 없는 사람이었습니다. 그런데 하나님은 여로보암 2세를 축복하셔서 이때 이스라엘이 엄청나게 부강해지게 되었습니다.

열왕기하 14:23-24

"유다 왕 요아스의 아들 아마샤 십오 년에 이스라엘 왕 요아스의 아들 여로보암이 사마리아에서 왕이 되어 사십일 년을 위에 있으며 여호와 보시기에 악을 행하여 이스라엘로 범죄케 한 느밧의 아들 여로보암의 모든 죄에서 떠나지 아니하였더라"

이스라엘이 하나님의 축복을 받는 것을 원천적으로 막는 장애가 있었는데 그것은 바로 여로보암의 금송아지 신앙이었습니다. 이스라엘은 금송아지 때문에 도저히 더 나은 신앙의 자리나 축복의 자리로 나아가지 못하고 늘 한계에 부딪칠 수밖에 없었습니다.

그런데 하나님은 여로보암 2세 때 이스라엘 왕이나 백성들이 금송아지를 섬기고 있음에도 불구하고 복을 주셨습니다. 이상한 것이 바로 이것입니다. 이스라엘 백성들은 신앙적으로나 다른 것으로 보나 도저히 하나님의 축복을 받을 입장이 아니었습니다.

그럼에도 불구하고 하나님은 이스라엘에 복을 주셔서 나라를 아주 부강하게 하셨습니다. 이때 활약한 선지자가 바로 니느웨를 회개시키기 위하여 보냄을 받았던 요나 선지였습니다.

열왕기하 14:25-27

"이스라엘 하나님 여호와께서 그 종 가드헤벨 아밋대의 아들 선지자 요나로 하신 말씀과 같이 여로보암이 이스라엘 지경을 회복하되 하맛 어귀에서부터 아라바 바다까지 하였으니 이는 여호와께서 이스라엘의 고난이 심하여 매인 자도 없고 놓인 자도 없고 이스라엘을 도울 자도 없음을 보셨고 여호와께서 또 이스라엘의 이름을 도말하여 천하에 없이 하겠다고도 아니하셨으므로 요아스의 아들 여로보암의 손으로 구원하심이었더라"

여기서 성경은 세 가지 말씀을 하고 있습니다. 하나는 하나님이 이스라엘의 가난한 처지를 불쌍히 여기셨다는 것입니다. 즉 이스라엘에는 매인 자도 없고 놓인 자도 없었다고 말씀하고 있습니다. 이것은 모두가 다 거지나 마찬가지였기 때문에 노예나 상전이나 모두 다 굶주리고 있었다는 뜻입니다. 아람 왕 하사엘은 하나님이 전문적으로 이스라엘을 치기 위해 준비한 몽둥이였습니다. 하사엘이 얼마나 이스라엘을 약탈했는지 이스라엘 백성들이 목숨을 부지하고 있어도 나라 전체는 이미 부도가 난 상태였습니다. 그런데 이스라엘을 도울 사람이나 나라가 없었습니다.

그러나 하나님이 이스라엘을 한번 불쌍히 여기시니까 온 세상에 도울 자가 없어도 이스라엘은 갑자기 부자 나라가 될 수 있었습니다. 그래서 우리는 하나님이 자꾸 우리를 불쌍히 여기시도록 만들어야 합니다. 그렇게 하기 위해서는 늘 하나님 앞에서 은혜에 주리고 목마른 자가 되어야 하고 하나님이 아무리 축복하셔도 그것으로 교만하지 말고 늘 하나님 앞에서 가난한 마음이 되어야 합니다. 그래서 하나님은 요나 선지자를 통해서 아무 조건 없이 이스라엘을 부강하게 해 주겠다고 말씀하셨습니다. 하나님이 말씀하시면 인간의 생각으로는 불가능한 일도 이루어지게 되어 있습니다.

엘리사 때 사마리아가 포위되었을 때 얼마나 식량난이 심했던지 나귀 머리 하나가 은 80세겔이고 합분태 4분의 1갑이 은 다섯 세겔이고 너무 배가 고파서 아이를 삶아 먹을 정도였습니다. 그런데 하나님의 선지자가 24시간 후에 보리나 밀 값이 전쟁이 나기 전의 상태로 회복될 것이라고 했을 때 사람들은 믿지 않았습니다. 어떤 관리는 하늘에서 창문을 연다고 해도 불가능하다는 주장도 했습니다.

그러나 하나님은 간단하게 해결하셨습니다. 하나님이 하나님의 스테레오를 틀어놓으니까 갑자기 말소리와 병거 소리가 나면서 아람 군대가 놀라서 곡식을 두고 달아나는 바람에 모든 양식 문제가 다 해결되어 버렸습니다. 우리는 하나님의 말씀을 듣는 자체가 복이라는 것을 알아야 합니다. 이스라엘에 요나 같은 선지자가 있다는 것 자체가 아직 하나님이 이스라엘을 버리시지 않은 증거였습니다. 하나님이 아무 조건 없이 복을 주시겠다고 했는데 그대로 복을 받았습니다.

그리고 또 하나 가장 중요한 것은 이때까지만 해도 하나님은 이스라엘의 멸망을 구체적으로 말씀하지 않으셨다는 것입니다. 이것은 아직까지 이스라엘이 바른 신앙으로 돌아오기만 하면 얼마든지 오래 복을 받을 수 있는 길이 열려 있다는 것입니다. 여기서 우리가 알 수 있는 것은 여로보암 때 하나님이 이스라엘에 복을 주신 것은 하나님의 사랑의 배려였다는 것을 알 수 있습니다. 이스라엘 백성들이 지금까지 너무 고생만 하니까 하나님의 사랑을 믿을 수가 없었습니다. 그래서 하나님이 이제 내가 마음껏 축복을 하니까 금송아지나 다른 우상들을 다 치워 버리고 한번 제대로 믿어보라는 부르심이었던 것입니다. 사실 이스라엘이 이때 복을 받은 것은 갑자기 앗수르의 세력이 힘을 잃었기 때문입니다.

그리고 이스라엘을 괴롭히던 수리아도 힘을 잃고 남쪽에 있던 블레셋도 힘을 잃어 버렸습니다. 그래서 갑자기 가나안 땅에 권력의 공백이 생기게 되니까 어부지리로 이스라엘이 강해질 수밖에 없었습니다. 이스라엘 마음대로 다른 나라와 장사를 하고 또 요단 건너편의 왕의 길을 나니는 사람들에게서 세금을 받고 또 전쟁으로 소모하는 비용이 없으니까 갑자기 부자가 된 것입니다. 이처럼 하나님이 우리나라를 축복하시면 갑자기 일본도 약해지고 중국도 약해지면서 또한 다른 나라들이 우리나라 물건을 쓸 수밖에 없도록 만드실 것입니다.

이스라엘의 정신적인 위기

여로보암 2세 때 이스라엘은 북쪽만 보면 거의 솔로몬 때의 영토를 회복했지만 실제로는 이것이 부흥이나 신앙적인 축복의 열매가 아니었습니다. 하나님이 아무리 이스라엘의 잘못된 신앙을 징계하셔도 이들이 도저히 말로는 깨닫지 못하니까 물질적으로라도 여유가 있으면 제대로 된 신앙으로 돌아올까 기대하시면서 마지막 수단으로 복을 주신 것이었습니다. 그래서 여로보암 2세 때 이스라엘은 물질적으로는 풍요로웠지만 신앙적으로는 대 위기였습니다. 그것이 바로 두 선지자의 활동을 통해서 나타나게 됩니다.

한 선지자는 호세아였습니다. 호세아는 음란한 여인 고멜과 결혼해서 여러 명의 사생아 자식들을 두게 되었습니다. 고멜은 호세아와 결혼한 후에도 음란한 짓을 그만 두지 않았습니다. 그래서 호세아의 아이들은 모두 아버지가 달랐습니다. 이때 호세아는 이 아이들이 내 아들이 아니라고 선언을 합니다. 즉 하나님이 이스라엘 백성들과의 결별을 선언하시는 것입니다. 그래서 하나님은 호세아의 아이들 중에서 하나의 이름은 '로암미' 라고 짓게 하셨는데 그 뜻은 '너희들은 더 이상 내 백성이 아니다' 였습니다. 그리고 다른 아이의 이름은 '로루하마' 라고 지었는데 그 뜻은 '긍휼없음' 이라는 뜻입니다. 즉 앞으로 이스라엘 백성들에게 절대로 긍휼이나 자비를 베풀지 않으시겠다는 뜻이었습니다.

하나님은 이스라엘 백성들이 복을 받으면 받을수록 더 우상을 많이 섬겼다고 말씀하고 있습니다. 이스라엘 백성들은 하나님이 물질적으로 복을 주실 때 이것이 하나님의 사랑인 줄 깨닫고 그 전에는 먹고사느라 제대로 신앙생활하지 못했던 것을 다 청산하고 하나님의 사랑에 자신들을 완전히 맡겨야 살 수 있습니다. 그래야 물질적으로도 복을 받고 신앙적으로도 복을 받게 됩니다. 그러나 이스라엘 백성들은 이런 것을 전혀 깨닫지 못했습니다.

또 한 선지자는 바로 요나였습니다. 요나 선지자는 이스라엘의 원수의 나라인 니느웨에 보냄을 받았습니다. 이때 니느웨는 우라루트라는 민족의 공격으로 대단히 어려움을 겪고 있었고 그것 외에도 기근이나 전염병 등으로 어려움을 겪고 있었던 것으로 알려지고 있습니다. 요나가 원수의 나라에 하나님의 말씀을 전하러 가는 것은 원수를 살리는 것이었으며, 원수를 살려 놓으면 다음에 큰 어려움을 당할 것이 분명했습니다. 그래서 요나는 니느웨 성이 망하도록 하기 위해 하나님의 말씀을 거역하고 다시스로 가다가 풍랑을 만나서 도로 붙잡혀 오게 됩니다.

요나의 입장에서는 니느웨는 가만히 두면 40일 후에는 망하게 되어 있으니까 40일만 잘 피해 있으면 될 것 같았습니다. 그러나 하나님은 요나를 억지로 니느웨에 보내서 말씀을 전하게 하셨는데 놀랍게도 니느웨 성 사람들은 요나의 설교를 듣고 회개하였고 곧 큰 부흥이 일어나게 됩니다. 그리고 훗날 이스라엘은 요나가 살려 놓은 앗수르에 의해서 비참한 멸망을 당하게 됩니다.

사실 이스라엘 백성들의 입장에서는 이때 요나가 니느웨를 살려 놓지 말고 니느웨가 지진으로 망했더라면 좋았을 뻔 했습니다. 그러나 하나님은 이스라엘이 정신을 차리지 않는다면 니느웨가 아니더라도 다른 나라에 의해 얼마든지 망하게 하실 수 있다는 것을 보여 주셨습니다. 멸망이 확정된 니느웨 성도 회개하니까 구원을 얻는데 왜 하나님의 백성들은 회개를 하지 못하느냐 하는 것입니다. 하나님의 백성들은 회개하지 않는 것이 멸망하는 길입니다.

호세아 선지자의 말대로 깨닫지 못하는 백성은 망할 수밖에 없습니다. 그래서 우리는 다른 사람이나 다른 나라가 물질적으로 부강하고 잘 사는 것만으로 부러워해서는 안 됩니다. 오직 그들의 정신을 봐야 하는 것입니다.

웃시야 때 유다의 부강

북쪽에 여로보암이 나라를 부강시키고 있을 때 남쪽에서는 웃시야가 유다의 왕이 되어서 유다를 또 부강하게 만들었습니다.

열왕기하 15:1
"이스라엘 왕 여로보암 이십칠 년에 유다 왕 아마샤의 아들 아사랴가 왕이 되니"

여기에 나오는 아사랴라는 사람이 바로 웃시야입니다. 이 웃시야는 모든 부분이 아버지 아마샤나 할아버지 요아스와 비슷했습니다. 즉 처음에는 신앙적으로 잘 출발했는데 어느 시점이 지나면서 교만해져서 하나님의 축복을 잃어버린 것입니다. 북쪽 이스라엘의 축복의 장애가 금송아지였다면 남쪽 유다의 축복의 걸림돌은 왕의 교만이었습니다. 요아스는 자기를 키워 준 여호야다가 살아 있는 동안에는 성전도 수리하고 신앙적으로 나라를 잘 다스렸는데 여호야다가 죽은 후에는 우상을 섬기는 유다의 지도자들과 손을 잡고 바알이나 아세라 신앙을 끌어들였습니다. 그래서 부하들의 칼에 찔려 죽었습니다.

요아스의 아들 아마샤는 처음에는 모든 것을 하나님의 말씀대로 잘 인내하면서 나라를 다스렸습니다. 그래서 하나님이 축복하셔서 아버지를 죽인 원수들을 다 처형하고 나중에는 에돔을 정복했습니다. 그런데 이런 적들이 없어진 후에 교만해져서 북쪽 이스라엘과 싸우려고 했다가 포로가 되는 바람에 힘을 잃고 말았습니다. 이런 고질병이 그 아들 웃시야에게도 그대로 나타났습니다.

웃시야 때 왕을 신앙적으로 도왔던 선지자가 있었습니다. 그는 스가랴라는 선지자였는데 하나님의 말씀에 아주 밝은 사람이었습니다. 웃시야는 바른 말씀의 종의 가르침대로 하나님을 구하며 어마어마한 축복을 받았습니다. 역대기의 기록을 보면 웃시야는 블레셋 땅을 모두 지배하고 아라비아 사람들도 치고 암몬 족속들로부터 조공도 받고 심지어는 애굽 변방까지 영토를 넓히게 되었습니다. 그리고 예루살렘 성도 더 튼튼하고 크게 증축하고 거친 땅에 망대를 세우고 물웅덩이를 파고 포도원을 많이 만들었습니다. 이것을 요즘 식으로 표현하면 사막을 옥토로 만드는 대대적인 토지 사업을 성공했다는 것입니다. 그리고 군대도 늘리고 많은 무기도 만들어서 국방을 튼튼히 했습니다.

여기서 유다의 축복이 이스라엘의 축복과 다른 점은 그야말로 신앙적인 축복이었다는 것입니다. 이것은 가장 완전한 의미의 축복입니다. 만약 이스라엘 백성들이 교만하지 않고 죄를 짓지 않는다면 계속적으로 축복을 받으며 번영의 시기를 맞게 될 것입니다. 하나님의 은혜를 받는 것은 마치 황금알을 매일 낳는 거위를 가진 것과 같습니다. 물론 알 하나로 모든 사람들이 한꺼번에 복을 받을 수는 없지만 이 알을 모으면 결국 하나님의 복을 모든 성도들이 받게 될 됩니다. 이것은 확실한 축복의 시기로 접어든 것을 의미합니다. 이제 그들이 시험에 들지 않고 계속 부흥할 때 그야말로 축복의 황금기를 맞이하게 될 것입니다. 이렇게 하려면 하나님이 아무리 축복하셔도 복 자체에 만족하지 말고 계속 하나님의 말씀의 은혜를 사모해야 합니다.

그러나 웃시야는 나라가 아주 강성해지자 또 그 교만의 고질병을 이기지 못했습니다. 웃시야의 교만은 바알을 섬기거나 이스라엘과 싸우려고 한 것이 아니고 하나님께 자기가 직접 분향하려고 한 것으로 나타났습니다. 왜 웃시야가 굳이 자기가 직접 하나님께 분향하려고 했는지 알 수 없습니다. 아마도 웃시야의 마음속에 제사장을 무시하는 마음이 있었던 것 같습니다. '유다의 대제사장도 내가 다 임명하는데 내가 못할 일이 뭐가 있느냐?' 하는 식이었습니다. 그래서 웃시야는 성전에서 분향하려고 했고, 제사장 아사랴는 다른 제사장 80명과 함께 가서 왕에게 분향해서는 안 된다고 했습니다. 이때 웃시야는 향로를 잡은 손으로 화를 냈는데 그 순간 그의 이마에서 문둥병이 나기 시작했습니다. 결국 웃시야는 그 즉시 성전에서 쫓겨나고 죽을 때까지 별궁에 갇혀서 남은 한평생을 문둥병 환자로 지내면서 고독하게 살다고 죽었습니다.

이것은 결국 하나님 앞에서 교만이라는 것이 얼마나 무서운 것인지 보여 주는 예입니다. 그러나 유다의 축복은 하나님의 말씀에 입각한 축복이었기 때문에 웃시야가 교만했다고 해서 취소되지 않았습니다. 그러나 웃시야가 하나님의 징계를 받은 것은 그 아들 요담에게 심한 영향을 미쳤습니다. 웃시야의 아들 요담은 아버지가 성전에서 징계를 받아서 문둥병에 걸렸기 때문에 성전에 들어가는 것을 두려워해서 한평생 성전을 멀리하고 성전 안에 들어가지 않았습니다. 유다의 왕이 성전을 가까이 하고 기도 생활을 가까이 해야 백성들이 복을 받는데 왕이 성전에 들어가는 것을 두려워하니까 이것이 결국 이스라엘의 부흥을 소멸시키는 결과를 가져오게 되었던 것입니다.

결국 이스라엘과 유다 모두 하나님의 온전한 축복을 받는데 중요한 걸림돌이 있었습니다. 이스라엘은 금송아지 신앙이었고 유다는 왕의 교만이었습니다. 그들이 이 두 가지 걸림돌을 극복하지 못할 때 하나님의 부흥은 꺼지게 되고 축복도 없어지게 되었습니다.

우리가 이 말씀을 통해서 배워야 할 것은, 물질적인 축복이나 나라의 부강만 가지고 하나님의 바른 축복을 알 수가 없다는 것입니다. 그러나 이것이 좀 더 바른 신앙으로 돌아오라는 하나님의 손짓인지 아니면 정말 부흥의 열매로 하나님이 주시는 축복인지 분별해야 합니다. 사실 그렇게 분별할 수 있는 것도 결국 하나님의 말씀밖에 없습니다. 그래서 우리가 지속적으로 하나님의 축복을 받으려면 돈이나 명예에 마음을 빼앗기면 안 됩니다. 하나님이 아무리 축복하셔도 우리는 축복만 바라보면 안 됩니다. 우리에게는 하나님 그분이 가장 중요해야 하고 절대로 물질적인 축복을 신앙보다 더 우선순위에 두어서는 안 되는 것입니다.

우리는 웃시야가 가졌던 교만을 갖지 않도록 주의해야 합니다. 오늘날에는 교회의 강대상을 구약 시대 지성소에 있던 언약궤로 생각해야 합니다. 우리는 아무나 강대상에 서서 설교할 수 있도록 해서는 안 됩니다. 우리는 강대상의 거룩을 지켜야 합니다. 오직 거기에서는 하나님의 바른 말씀만 설교되게 할 때 거기서 흘러나오는 은혜로 온 성도들이 지속적으로 복을 받게 되는 것입니다.

우리는 하나님이 기회를 주고 복을 주실 때 하나님이 싫어하실 만한 모든 우상들을 전부 버립시다. 이런 우상들이 남아 있는 한 언젠가는 하나님의 축복이 막힐 것이 뻔합니다. 하나님이 축복을 주실 때 '그분이 우리를 사랑하시는데 우리가 포기하지 못할 것이 없다'라는 마음을 가집시다. 그리고 과감하게 비신앙적인 잔재들을 청산함으로 모든 장애를 이기고 완전한 축복 가운데 들어가는 성도들이 되시기를 바랍니다.

16. 이스라엘이 선택한 결과

◎ 왕하 15:8-38

마크 트웨인이 쓴 『톰 소여의 모험』이라는 책을 보면 톰 소여와 친구 허클베리 핀이 해적놀이를 하면서 선착장에 있는 보트를 타고 모래톱으로 된 섬에 가는데, 그곳에서 집에도 가지 않고 며칠 동안 먹고 자고 하면서 노는 이야기가 나옵니다. 아이들이 실컷 놀다 보니까 동네 어른들이 물에 대포를 쏘는 소리가 들렸습니다. 물에다가 대포를 쏘면 죽어서 가라앉은 아이가 떠오른다는 말 때문이었습니다. 그런데 가만히 들어 보니까 동네 어른들이 찾는 아이는 바로 자신들이었습니다. 그런데 이 사실을 알고도 이 악동들은 돌아가지 않고 더 놀다가 나중에 자기들의 장례식 때 나타나서 사람들을 놀라게 하는 내용이 나옵니다.

강에 매여 있는 배를 타고 노는 아이들이 가끔씩 사고를 당하는 것은 호기심으로 배를 잡아매고 있던 밧줄을 풀어버리기 때문입니다. 그러면 배가 자기도 모르게 점점 떠내려가게 되는데 나중에는 여기저기 바위에 부딪치다가 폭포에 떨어지면서 물에 빠져 죽게 되는 것입니다.

이와같이 이스라엘 백성들의 역사를 보면 그들이 바로 물가에 매어 놓은 배를 타고 노는 아이들의 모습과 같음을 알 수 있습니다. 이스라엘 백성들을 안전하게 잡아매는 것은 여호와의 율법이었지만, 그들은 항상 이 율법의 끈을 끊어버리려 했습니다.

다윗은 이스라엘의 역대 왕 중에서 이 율법의 끈을 가장 철저하게 붙들었던 사람이었습니다. 하나님의 율법으로 단단히 고정시키는 것은, 하나님의 말씀으로 죄의 기회나 욕망을 억제하는 것을 의미했습니다.

그러나 압살롬은 다윗이 통치하는 동안 반역을 일으키며 하나님의 율법을 외면하는 일을 했습니다. 압살롬은 답답하게 하나님의 율법에 매이지 말고 율법의 끈을 끊고 하고 싶은 대로 실컷 살고자 했습니다. 그 결과 압살롬의 반란은 성공하는 듯했지만 압살롬이 아버지 다윗의 부하들과의 싸움에서 죽는 바람에 실패하고 말았습니다.

그런데 이러한 불씨가 다시 어디서 솟아오르게 되느냐 하면 르호보암 때 여로보암에 의해 다시 살아나게 됩니다. 여로보암은 하나님의 율법의 끈을 끊고 우리가 나름대로 한번 재미있게 나라를 다스려 보자고 했습니다. 그러나 놀라운 것은 하나님의 율법의 끈을 끊어버린 이스라엘의 정치가 결코 재미있는 것이 아니었습니다.

이스라엘의 정치는 그야말로 쿠데타와 반역의 역사로 점철되다가 나중에는 앗수르에 의해 유다보다 훨씬 더 빨리 멸망하고 말았습니다. 열왕기하 15장 말씀이 보여 주는 것은 이스라엘의 정치가 서로 죽이고 죽이면서 멸망을 향해 달음질치는 모습입니다. 그런데 이 이야기가 남의 이야기같이 들리지 않는 이유가 바로 우리나라 정치가 이런 식으로 상대를 무너뜨리고 자기가 그 위에 올라선 후에 다시 다른 사람에게 무너뜨림을 당하는 혼란의 연속이기 때문입니다. 결국 우리나라 정치는 중심을 잃고 계속 떠내려가고 있는데, 과연 우리나라의 멸망을 막을 수 있는 방법은 무엇인지에 대해 생각해 봅시다.

이스라엘의 금송아지

이스라엘이 하나님의 축복을 받는데 가장 큰 걸림돌이 되었던 것은 여로보암이 만든 금송아지 신앙이었습니다. 그런데 신기한 것은 이스라엘의 모든 왕 중에서 단 한 사람도 이 금송아지를 부수고 바른 신앙으로 돌아온 사람이 없었다는 사실입니다. 본문도 이스라엘 왕이 모두 여로보암의 죄에서 떠나지 않았다고 말씀하고 있습니다.

열왕기하 15:8-9
"유다 왕 아사랴의 삼십팔 년에 여로보암의 아들 스가랴가 사마리아에서 이스라엘 왕이 되어 여섯 달을 치리하며 그 열조의 행위대로 여호와 보시기에 악을 행하여 이스라엘로 범죄케 한 느밧의 아들 여로보암의 죄에서 떠나지 아니한지라"

열왕기하 15:17-18
"유다 왕 아사랴 삼십구 년에 가디의 아들 므나헴이 이스라엘 왕이 되어 사마리아에서 십 년을 치리하며 여호와 보시기에 악을 행하여 이스라엘로 범죄케 한 느밧의 아들 여로보암의 죄에서 평생 떠나지 아니하였더라"

도대체 여로보암의 죄라고 하는 것이 무엇입니까? 그것은 이스라엘 백성들이 하나님을 섬기지 않겠다는 것이 아닙니다. 이스라엘 백성들이 하나님을 믿기는 하는데 모세의 율법대로 믿지는 않겠다는 뜻입니다. 그 이유가 무엇입니까? 모세의 율법은 너무나도 이스라엘 백성들에게 하지 말라는 것이 많기 때문입니다. '이것도 하지 말라. 저것도 하지 말라.' 모든 것이 하지 말라고 되어 있기 때문에 모세의 율법대로 하면 인간의 모든 상상력이나 재능이나 가능성을 포기해야 하는 것입니다. 그래서 여로보암의 신앙은 우리가 하나님을 믿기는 믿지만 모세의 율법에 다 죽어버리는 것이 아니라 우리의 열정을 가지고 우리의 열심대로 한번 신나게 하나님을 믿어 보자는 것이었습니다. 그런데 하나님은 이것을 바른 신앙으로 인정하지 않으셨습니다.

결국 우리의 신앙은 모세의 두 돌비의 신앙과 아론이 만들었던 금송아지 신앙의 대결이라고 볼 수 있습니다. 모세의 신앙은 오직 여호와는 성전에 계시니 모두 그 앞에서 잠잠히 하나님의 말씀을 들으라는 것입니다. 거기에 비해 아론의 금송아지는 하나님 앞에서 열정적으로 자기 자신을 표현하자는 것입니다. 그래서 소리도 지르고 노래도 부르고 춤도 추고 흥도 내는 것이었습니다. 슐라이어마허 같은 신학자는 신앙은 하나님께 대한 감정의 표현이라는 말을 했습니다. 물론 우리는 하나님 앞에서 울기도 하고 소리도 지르고 춤도 출 수 있습니다. 그러나 이 모든 것이 하나님의 말씀을 듣고 난 후 하나님의 말씀에 대한 반응이 되어야 하는 것입니다. 하나님의 말씀이 없는 감정 표현은 자기도취가 될 수밖에 없습니다. 이런 자기도취의 신앙은 바른 신앙의 걸림돌이 됩니다.

이스라엘 왕들은 이 금송아지 신앙이 하나님의 축복을 받는데 그렇게 큰 걸림돌이 된다고 믿지 않았습니다. 왜냐하면 이스라엘 백성들이 이 신앙을 그렇게 좋아하고 은혜를 받았기 때문입니다. 그러나 은혜를 받는다고 해서 그것이 반드시 바른 축복은 아닐 수 있습니다. 요즘도 누군가가 신나게 축복의 설교만 잔뜩 하면 사람들이 얼마든지 좋아하고 은혜를 받을 수 있습니다. 그리고 또 실제로 물질적인 복을 받을 수가 있습니다. 그러나 이것이 진정한 하나님의 축복이 아닌 것입니다. 이스라엘이 금송아지 신앙을 버리기 어려웠던 이유는 그들이 유다보다 항상 부강했기 때문입니다. 이스라엘은 언제나 유다보다 잘살았습니다. 그러니까 나타난 결과만 보면 금송아지가 옳다고 생각되었던 것입니다. 우리가 더 잘살고 있는데 무엇 때문에 못사는 나라의 신앙으로 돌아가겠습니까?

그러나 하나님은 이 왕들이 악했다고 말씀하고 있습니다. 우리가 보기에 이 왕들은 악해 보이지 않을 수도 있고, 오히려 너무나도 백성들을 좋아하고, 백성들 사이에서 인기가 있을 수도 있습니다. 그러나 하나님은 금송아지 신앙을 버리지 않는 것을 두고 악하다고 평가하시는 것입니다. 즉 누구든지 이스라엘의 왕이 되는 사람은 하나님 앞에 바르지 못한 것이 있으면 개혁해야 할 책임이 있고 그것을 알았든지 몰랐든지 바로 잡지 않으면 악한 왕이 됩니다.

왜 이스라엘 왕 중에서는 이 금송아지를 없애는 담대한 개혁자가 없었을까요? 어떤 사람이 나타나서 모세가 했듯이 금송아지를 부쉈더라면 이스라엘 백성들로부터는 무지하게 욕을 얻어먹었을 것입니다. 그리고 자기 왕위도 흔들렸을 것입니다. 그러나 이렇게 하는 것이 이스라엘이 살 수 있는 길이었습니다. 즉 누군가가 금송아지를 부수는 것은 떠내려가는 배에서 뛰어내려 헤엄쳐서 배를 다시 육지에 잡아매는 것인데 이렇게 할 용기를 가진 사람이 없었습니다. 우리는 배의 줄이 풀려서 폭포로 떠내려가는 것을 볼 때 배를 돌이킬 수 없으면 그 배에서 뛰어내려야 합니다. 종교 개혁자들은 떠내려가는 배에서 뛰어내려 다시 하나님의 말씀을 잡은 사람들이었습니다.

이스라엘의 정치적인 불안정

모세의 율법의 끈을 끊어버리고 금송아지의 신앙을 택했을 때부터 이스라엘은 정치적으로 불안정하게 되었습니다. 신하가 반역을 일으켜 왕족을 몰살한 후 왕이 되고 또다시 쿠데타가 일어나는 일이 반복되었습니다. 이것은 모세의 율법과 정치적인 안정이 밀접한 관계가 있음을 보여 줍니다. 정치적인 안정이라고 하는 것은 하나님이 주시는 아주 중요한 선물입니다. 나라가 안정되고 부강하려면 좋은 왕이 오랫동안 일관성 있게 다스려야 했는데 이스라엘 백성들이 하나님의 말씀을 붙들지 않으니까 도대체 정치의 안정을 이룰 수 없었습니다.

어느 나라든지 정치라고 하는 것은 기관차의 엔진과 같습니다. 정치가 나라를 잘 이끌어 주면 다른 부분도 따라서 발전을 하지만 정치가 방황하거나 퇴보하게 되면 나라 전체가 침체되어 앞으로 나아가지 못하는 것입니다.

우리는 나라든지 교회든지 개인이든지 하나님의 말씀을 붙잡아야 발전할 수 있다는 것을 알아야 합니다. 왜냐하면 하나님의 말씀은 나라나 교회나 개인이 앞에 놓여 있는 장애를 해치고 나아가게 하는 엔진이기 때문입니다. 어느 차나 배든지 엔진이 고장 나면 아무리 노력해도 앞으로 절대로 나아갈 수가 없습니다.

야고보 사도는 하나님의 말씀을 붙들지 못하고 왔다 갔다 하는 자들에게 "바람에 밀려 요동하는 바다 물결 같"(약 1:6)은 사람이라고 말씀하고 있습니다. 물 위에 떠있는 나뭇가지가 바람에 요동할 때는 마치 많이 움직이는 것 같지만 바람이 그치고 보면 원래 그 자리에 그대로 있는 것을 발견하게 됩니다. 우리가 하나님의 말씀이 없으면 절대로 앞으로 나아갈 수 없습니다. 사람들이 산이나 광야에서 길을 잃으면 실컷 돌아다녔는데도 몇 시간 후에 보면 원래 처음 그 자리에 돌아와 있는 것을 발견하게 되는 것입니다.

이스라엘의 역사를 보면 너무나도 복잡합니다. 이스라엘 왕조는 거의 2대에 걸쳐 끝이 났다고 보면 좋습니다. 물론 어떤 왕들은 자식 대에도 가지 못하고 한 달을 다스리기도 하고 또는 7일을 다스리고 죽은 사람도 있습니다. 그런데 비교적 통치가 길었던 두 왕조가 있습니다. 하나가 오므리 왕조인데 네 대에 걸쳐서 왕이 됩니다. 오므리, 아합, 아하시야, 여호람입니다. 그리고 그 다음이 예후 왕조인데 다섯 대에 걸쳐서 왕이 나옵니다. 예후, 여호아하스, 요아스, 여로보암2세, 그리고 본문에 나오는 스가랴입니다. 이 예후 왕조는 예후가 아합 일가를 다 죽였을 때 하나님이 앞으로 네 대에 걸쳐 왕이 나올 것이라는 예언대로 된 것입니다.

아이러니한 것은 왕들이 자기 자리를 유지하기 위해서 열심히 금송아지를 붙들 때에는 2대를 넘기지 못하고 몰살당하는데, 하나님의 말씀은 무려 다섯 대까지 자손들을 지켜 주시더라는 것입니다. 이것이 바로 하나님의 말씀과 금송아지의 차이입니다. 우리는 '내가 욕심내고 두 손으로 움켜쥐면 오래 갈 것이다' 라고 생각하는데 실제로는 한순간에 망해 버렸습니다. 그런데 망할 때 망하더라도 하나님의 말씀을 붙들면 다섯 대 이상을 하나님이 지켜 주시는 것입니다. 사실 우리가 하나님의 말씀을 붙들 때 우리의 손에는 아무것도 없기 때문에 너무나도 불안합니다. 그러나 이상한 것은 이렇게 불안해도 하나님이 지켜 주셔서 안전하더라는 것입니다.

이스라엘 역사를 대충 살펴보면 피의 역사인 것을 알 수 있습니다. 여로보암은 솔로몬의 아들 르호보암에게 반역해서 무려 열 개의 지파를 떼어가지고 이스라엘을 세웁니다. 그러나 금송아지 때문에 하나님은 여로보암의 자손이 살아남는 자가 없을 것이라고 말씀하셨습니다. 여로보암은 아들 나답에게 왕위를 물려주었는데 나답 일가는 왕이 된지 2년 만에 바아사에 의해 한 명도 살지 못하고 다 죽습니다. 바아사가 죽은 후 그 아들 엘라가 왕이 되지만 왕이 된지 2년 만에 시므리라는 신하가 모반을 해서 엘라를 죽이고 바아사의 집안 사람들까지 다 죽이고 왕이 됩니다.

그런데 시므리는 왕이 된지 7일만에 오므리가 군대를 끌고 와서 공격하니까 성이 무너지는 것을 보고 왕궁에 불을 놓아서 자살해 버립니다. 그리고 오므리 왕조가 네 대에 걸쳐서 온갖 악한 짓을 다하면서 유지가 됩니다. 이때 활약한 선지지가 엘리야와 엘리사입니다. 이 왕조가 유지될 수 있었던 것은 선지자들의 활약 때문이있습니다.

그 후에 예후가 나타나서 아합의 자손들을 모두 죽이고 예후 왕조가 다섯 대에 걸쳐서 유지됩니다. 예후의 왕조가 유지되는 것은 순전히 선지자의 예언 때문이었습니다. 하나님이 예후에게 이런 약속을 주신 것은 더 이상 왕조의 미래에 대해 불안해하지 말고 진정으로 한번 제대로 믿어보라는 뜻이었습니다. 그러나 예후의 자손들은 이 위대한 약속을 가지고도 평안을 누리지 못하고 하나님의 말씀을 붙들지 못했습니다.

그 예후 왕조의 마지막 왕이 본문에 나오는 스가랴 왕입니다. 스가랴가 왕이 된지 여섯 달 만에 살룸이라는 신하가 모반하여 스가랴를 죽이고 왕이 됩니다. 그런데 살룸은 왕이 된지 한 달 만에 므나헴의 반역으로 죽고 므나헴이 왕이 됩니다. 그러나 므나헴은 혼자 권력을 차지한 것이 아니고 베가와 함께 차지했습니다. 므나헴이 죽고 그 아들 브가히야가 왕이 되었을 때 베가가 2년 만에 브가히야를 죽이고 왕이 됩니다.

이 베가라는 사람은 수리아 왕 르신과 손을 잡고 유다를 공격해서 이사야의 예언에 나오게 되는 사람입니다. 이 당시 예루살렘은 이스라엘의 공격도 당해 낼 수 없는 상태였는데, 베가는 수리아와 연합 공격하여 깊은 절망에 빠지게 했습니다. 이때 하나님은 아하스 왕에게 이사야 선지자를 보내서, 이스라엘 왕 베가와 수리아 왕 르신이 무섭게 공격하지만 이 두 왕은 타다 만 두 부지깽이 나무와 같기 때문에 두려워하지 말고 하나님만 의지하라고 하셨습니다. 그러나 아하스는 하나님의 말씀을 믿지 않고 돈을 주어 앗수르 군대를 끌어들이는데 이 앗수르 세력에 의해 이스라엘과 수리아가 망하고 유다도 큰 피해를 입게 됩니다. 베가가 20년을 통치했다고 하지만 여기에는 므나헴과 같이 권력을 잡은 기간을 포함한 것 같습니다. 그 후에 호세아가 베가를 죽이고 왕이 되는데 호세아 9년에 이스라엘은 앗수르의 공격을 받고 완전히 멸망하고 맙니다.

이스라엘은 하나님의 율법의 끈을 끊어버린 후 계속 떠내려가다가 결국 앗수르라고 하는 거대한 폭포를 만나서 한 사람도 남김없이 모두 멸망하고 말았습니다. 여기서 우리가 생각하게 되는 것은 이스라엘은 보통 나라가 아니고 하나님의 교회였습니다. 그런데 하나님의 교회를 세상의 방식으로 다음 사람이 앞의 사람의 가족을 다 죽이고 자기가 차지할 수 있느냐 하는 것입니다. 이것이 바로 그들이 하나님의 말씀을 버린 결과를 돌려받고 있는 것입니다.

하나님의 약속과 앗수르 왕 불의 등장

오늘 말씀에서 아주 중요한 것은 예후의 왕조가 하나님의 말씀대로 네 대가 이어졌다는 것입니다. 결국 예후까지 합치면 다섯 대에 걸쳐서 왕이 나온 것입니다.

> 열왕기하 15:12
> "여호와께서 예후에게 말씀하여 이르시기를 네 자손이 이스라엘 위를 이어 사 대까지 이르리라 하신 그 말씀대로 과연 그렇게 되니라"

이스라엘 자손들이 알아야 할 것은 이 말씀이 그대로 이루어진다면 다른 말씀들도 그대로 이루어질 것을 믿었어야 하는 것입니다. 그러나 그들은 전혀 하나님의 말씀을 믿으려고 하지 않았습니다. 그 이유는 무미건조한 하나님의 말씀보다는 자신들의 노력이나 의지가 더 힘이 있을 것이라고 생각했기 때문입니다. 결국 이런 무지가 하나님의 축복을 받으면서도 망하게 만드는 것입니다.

또 한 가지 사건은 므나헴이 왕위를 찬탈할 때 딥사라는 성 사람들이 성문을 열지 않고 므나헴을 거부했습니다. 그랬더니 이 딥사를 정복하고 사람들을 다 죽였는데 아이 밴 여인들은 배를 갈라서 죽였습니다. 사람을 죽이는 가장 잔인한 방법이 아이 밴 여자의 배를 갈라서 죽이는 것입니다. 이렇게 하는 것은 잔인성을 과시해서 다른 성 사람들이 겁을 먹게 하는 목적이었습니다. 므나헴은 이런 방법으로 다른 사람들이 겁을 집어먹게 할 수 있었지만 자기 동료 베가를 겁먹게 하지는 못했습니다. 결국 므나헴의 왕위는 자기 동료 베가에 의해 빼앗기고 맙니다.

우리가 이해할 수 없는 것은 이스라엘은 하나님이 왕이신데 과연 사람이 자기가 하고 싶다고 해서 왕을 죽이고 자기 마음대로 왕 노릇을 할 수 있느냐 하는 것입니다. 이것이 바로 이스라엘이 망하고 있는 과정이었습니다. 심판 중에 가장 무서운 것은 하나님이 간섭하지 않으시고 가만히 내버려 두시는 것입니다. 이것은 이미 하나님이 포기하신 것을 의미합니다. 하나님은 자신이 사랑하는 자들은 절대로 그냥 두시지 않고 사사건건 간섭을 하십니다. 그러나 아무리 말하고 타일러도 듣지 않으면 그냥 포기해 버리십니다. 그러면 자기들이 하고 싶은 대로 실컷 죽이고 죽고 하다가 어느 한순간에 멸망해 버리는 것입니다.

그래서 우리는 하나님이 심판하시는 방법이 두 가지가 있음을 알아야 합니다. 한 가지 방법은 조금씩 망해가게 하시는 것입니다. 사람들이 옷에 좀이 스는 것을 느끼지 못하는 것처럼 천천히 망하는 방법입니다. 그러다가 한순간에 사자같이 덤벼들어서 목줄을 뜯어버리시는 것이 또 다른 한 가지 방법입니다.

이스라엘의 코앞에 하나님의 심판이 찾아왔습니다. 바로 앗수르 왕 불이 쳐들어온 것입니다. 이 불은 디글랏 빌레셋 3세인데 굉장한 영웅이었습니다. 므나헴은 불이 쳐들어온 것을 오히려 자기에게 유리하게 사용하기 위해서 부자들에게 은 50세겔씩을 거두어서 1천 달란트를 만들어 불에게 바쳤습니다. 여기서 우리는 왜 모든 부자들에게 은을 거두어 불에게 바치는 일이 므나헴에게 유리한지 잘 알 수는 없습니다. 아마도 므나헴은 이것을 통해서 이스라엘의 모든 부자들을 꼼짝 못하도록 손에 넣은 것 같습니다.

그리고 베가 때 갈릴리의 포로라는 사건이 일어나게 됩니다. 디글랏 빌레셋이 다시 쳐들어와서 갈릴리 지방에서 많은 사람들을 붙들어서 포로로 잡아갔습니다. 이것이 이스라엘 멸망의 서곡이었습니다. 디글랏 빌레셋의 정책은 잔인한 것이었습니다. 반역하는 자들을 비참하게 죽이고 살아남은 자들을 모두 싹쓸이로 다른 곳에 끌고 가는데, 가다가 죽는 자들은 그대로 버리고 갔고 산 자들은 포로 된 곳에서 살게 했습니다. 이스라엘은 하나님의 말씀의 지배를 받지 않고 자기 마음대로 살기를 원했지만 앗수르라고 하는 무시무시한 징계의 몽둥이가 준비되고 있었던 것입니다.

우리가 오늘 생각하게 되는 것은 지금 혹시 우리나라가 이런 식으로 떠내려가고 있지는 않느냐 하는 것입니다. 지금 우리나라는 정치적인 방향 감각이 없습니다. 물론 민주화와 통일이라는 대세가 있지만 이것이 우리나라의 방향은 아닌 것입니다.

또 분배라든지 평등주의 같은 것도 어떤 부분적인 정책은 될 수 있을지 몰라도 이 나라 전체를 이끌어 갈 수 있는 정신적인 기둥은 되지 못합니다. 게다가 우리나라는 중국과 러시아가 손을 잡고 있고 일본과 미국이 손을 잡고 있는 강대국 사이에서 북한이라는 엄청난 시한폭탄을 가슴에 품고 있습니다. 그리고 내부적으로는 사사건건 찢어지고 다투고 싸우는 것입니다.

결국 우리나라가 나아갈 수 있는 길이 무엇이겠습니까? 우리는 정치인이 아니기 때문에 나라의 방향을 결정할 수가 없습니다. 그러나 우리 정치가 이렇게 불안정한 것은 교회의 책임도 있다고 생각합니다. 물론 우리나라의 정치가 제대로 성장하려면 이런 진통을 겪어야 한다고 봅니다.

하지만 우리 교회들과 믿는 자들이 하나님의 말씀의 끈을 풀어버리고 금송아지 신앙을 붙들고 있기 때문이 아닌가 하는 생각이 듭니다. 즉 우리 믿는 자들이 하나님의 말씀의 가치를 무시하고 입으로만 믿는다고 떠들며 물질적인 복만을 위해 나아가면, 하나님은 이 나라의 정치가 혼란스럽게 그냥 되도록 내버려 두실 것입니다.

이것은 어느 한 사람이 애쓴다고 해서 될 일이 아닙니다. 모든 믿는 자들이 하나님 앞에 회개하고 바른 말씀으로 돌아갈 때 우리나라 정치도 안정이 되고 경제도 다시 살아나게 될 것입니다. 그래서 우리 믿는 자들이 이 나라의 엘리야나 엘리사 같은 역할을 해야 합니다. 그래야 하나님이 이 나라를 지켜 주실 것입니다. 하나님은 조금이라도 가능성이 있는 나라는 멸망시키지 않으십니다. 우리나라를 지킬 수 있는 것은 오직 하나님의 능력밖에 없습니다. 그래서 우리는 하나님의 능력을 의지하는 것을 부끄러워하지 말아야 합니다. 하나님은 니느웨 성이 요나의 설교를 듣고 회개했을 때 멸망을 보류하셨습니다.

우리가 살 수 있는 길은 이 세상이 아무리 아합 때와 같이 악하고 부패했다

하더라도 자꾸 진리의 말씀을 밝히고 하나님의 능력을 나타내는 것입니다. 그러면 하나님이 우리나라를 불쌍히 여겨 주셔서 지켜 주실 것입니다. 우리가 살 수 있는 길은 하나님의 말씀의 능력을 믿는 것입니다. "나를 사랑하고 내 계명을 지키는 자에게는 천 대까지 은혜를 베푸느니라"(출 20:6)고 하는 말씀을 믿어야 합니다.

17. 아하스의 탈 신앙 정책

◎ 왕하 16:1-20

사람이 어렸을 때에는 부모님을 따라서 착실하게 교회에 다니고 신앙생활을 하지만, 어느 정도 머리가 커지게 되면 부모님의 신앙을 버리고 세상으로 나가게 될 때가 많이 있습니다. 어떻게 보면 이것이 자기를 찾는 과정이라고 볼 수도 있습니다. 사람들이 어렸을 때에는 부모님의 말씀에 절대적인 영향을 받다가 어느 정도 자란 후에는 자신의 것을 찾고 싶어서 부모님의 모든 것을 부정하려고 합니다. 왜냐하면 자식들이 어느 정도 자란 후에도 부모님은 여전히 자식을 아이 취급하고 무엇을 좀 하려고 해도 언제나 하지 말라고 하기 때문입니다. 특히 하나님을 믿는 신앙은 너무나도 우리를 아이 취급하는 경향이 있습니다. 하나님의 율법은 모든 것을 하지 말라고 하고 모든 것을 하나님께 맡기라고 합니다. 이때 모든 것을 자기 나름대로 한번 해 보고 싶어서 하나님의 신앙을 완전히 부정하고 정반대 길로 가는 사람들이 있습니다.

열왕기하 16장 말씀을 보면 부모님의 신앙에 반발하여 완전히 세상으로 나간 유다 왕이 있었습니다. 그 가 바로 아하스였습니다. 아하스의 마음속에 세상으로 나가서 자기 마음대로 한번 살아 보고 싶은 욕망이 얼마나 강했던지 그 당시 가장 능력 있는 설교자였던 이사야 선지자의 설교로도 욕망이 다스려지지 않았습니다. 그런데 문제는 어떤 사람은 세상으로 나가서 성공하고 잘살기도 하는데 아하스는 그렇지 못했던 것입니다. 아하스는 완전히 망했고 완전히 망한 나라를 그 아들 히스기야에게 물려줄 수밖에 없었습니다.

우리는 아하스가 왜 하나님에 대하여 그렇게 답답해 했는지 이해를 할 필요가 있습니다. 아하스의 할아버지는 유다를 아주 크게 부강시킨 웃시야 왕이었습니다. 그런데 웃시야 왕은 단 한 번의 교만으로 문둥병에 걸려 남은 평생을 궁에 갇혀 살다가 죽게 되었습니다. 웃시야는 이방의 우상을 섬기려고 한 것이 아니었습니다. 하나님을 섬기는데 자기가 분향을 하려고 하다가 하나님이 치시는 바람에 문둥병이 걸리게 된 것입니다. 그래서 그 아들 요담은 비교적 신앙적인 왕이었지만 절대로 성전에 들어가지 않았습니다. 왜냐하면 아버지가 하나님께 분향하다가 문둥병 환자가 된 상처가 있기 때문입니다.

유다는 왕이 성전에서 열심히 하나님을 섬겨야 백성들도 하나님을 사랑하게 되어 부흥의 역사가 일어나는 나라인데, 요담 왕이 성전에 들어가지 않으니까 백성들도 성전을 사모하지 않게 되어 결국 부흥의 역사가 일어나지 않게 되었습니다. 교회에서도 마찬가지입니다. 일단 부흥이 일어나려면 교인들이 예배 때마다 열심히 모여야 합니다. 그러나 담임 목사가 설교하지 않고 예배에 참석하지 않으면 교인들도 예배를 소홀히 하게 되어서 좀처럼 부흥이 일어나지 않게 되는 것입니다.

아무래도 아하스는 부모님의 이런 신앙에 깊은 반감을 가졌던 것 같습니다. '왜 하나님은 하나님을 섬기는 할아버지를 치셔서 문둥병자가 되게 하셨을까? 왜 아버지는 하나님이 무서워서 성전에 들어가지도 못하면서 하나님을 섬긴다고 할까?' 그래서 아하스는 '나는 이런 무서운 하나님을 섬기지 않고 내 마음대로 한번 실컷 세상적인 방법으로 살겠다' 라고 결심하고 왕이 되자마자 아예 노골적으로 드러내 놓고 우상을 섬기기 시작했습니다. 그리고 그 결과는 유다에 엄청난 불행으로 나타났습니다. 그러나 아하스는 돌이키지 않고 더 세상적인 방법으로 나가게 되었습니다. 그래서 유다는 더 불행해졌습니다.

아하스의 노골적인 우상 숭배

열왕기하 16:1-4

"르말랴의 아들 베가 십칠 년에 유다 왕 요담의 아들 아하스가 왕이 되니 아하스가 위에 나아갈 때에 나이 이십 세라 예루살렘에서 십육 년을 치리하였으나 그 조상 다윗과 같지 아니하여 그 하나님 여호와 보시기에 정직히 행치 아니하고 이스라엘 열왕의 길로 행하며 또 여호와께서 이스라엘 자손 앞에서 쫓아내신 이방 사람의 가증한 일을 본받아 자기 아들을 불 가운데로 지나가게 하며 또 산당과 작은 산 위와 모든 푸른 나무 아래서 제사를 드리며 분향하였더라"

부모님을 따라서 교회에 다니던 자녀가 청년이 되면서 이제는 교회에 다니지 않고 하나님도 믿지 않고 자기 나름대로 살아 보겠다고 노골적으로 시위할 때가 있습니다. 그래서 다른 사람들이 보는 앞에서 버젓이 담배를 꺼내서 피우기도 합니다. 몰래 숨어서 피우는 것은 아직 교회에 다니겠다는 뜻입니다. 그런데 아예 남들이 보는 앞에서 담배를 꺼내 불을 붙여서 피울 때 그 기분이 얼마나 짜릿하고 좋은지 안 해 본 사람은 모를 것입니다. 이것은 나는 이제부터 더 이상 기독교 신앙에 예속되지 않고 완전한 자유인으로 살아가겠다는 것을 모든 사람들 앞에서 선포하는 것과 같습니다. 즉 이제는 비겁하게 하나님과 세상 사이에서 갈등하거나 왔다 갔다 하지 않고 오직 한길 세상으로만 나가겠다는 선언인 것입니다.

아하스가 아예 노골적으로 우상 숭배를 한 것은 바로 이런 의미가 있는 것 같습니다. 즉 지금까지는 자신이 너무 어려서 하나님의 신앙에 매여 있었지만 이제부터는 하나님께 예속되지 않고 완전한 자유인으로 이 세상을 마음대로 살아가겠다는 것입니다. 그래서 아하스가 섬긴 우상은 우상 중에서도 하나님이 가장 싫어하시는 몰렉이라는 우상이었습니다. 이 우상은 자식을 불 속에 집어넣어 지나가게 해서 결국 죽이는 인신 제사를 했던 것입니다. 아하스가 굳이 이런 인신 제사를 드린 것은 하나님이 몰렉 신앙을 가장 싫어한다는 것을 알았기 때문입니다.

아하스는 하나님이 가장 싫어하시는 일을 골라서 하면 결국 그를 포기하실 것이라고 잘못 생각했습니다. 오늘 많은 사람들도 이런 생각을 가지고 있습니다. 즉 교회에 다니지 않고 담배를 피우고 술을 마시면 하나님이 그를 잊으실 줄로 생각하는 것입니다. 그러나 하나님은 우리 중 어느 누구도 절대로 잊어버리지 않고 기억하시며, 그를 끝까지 따라가서 물어서라도 데려오는 분이십니다.

유다 왕이 이런 식으로 아예 내놓고 '나는 이제부터 하나님을 믿지 않겠다' 라고 선언하자, 백성들은 유다의 산당과 산 위와 나무 아래 등 온 땅에서 우후죽순같이 우상을 숭배했습니다. 우리가 생각하기에 참 이해가 되지 않는 것은 하나님이 그렇게 우상 숭배를 하지 말라고 하시면 하지 말 것이지 왜 이렇게 죽으라고 우상 숭배를 하느냐 하는 것입니다. 이것은 유다 백성들의 마음속에 세상 사람들처럼 잘살고 싶은 욕심이 있었기 때문입니다. 많은 유다 백성들은 '우리는 하나님 때문에 아무것도 못하고 있다. 하나님의 올무를 벗어나서 이방인들처럼 마음껏 능력을 발휘하여 한번 잘살고 싶다' 는 욕망이 너무나도 컸던 것입니다.

사실 우리가 유다 백성들의 이런 마음을 이해하지 못하는 것은 아닙니다. 왜냐하면 이 세상에는 너무나도 좋은 것들이 많고 우리 속에는 무한한 잠재 능력과 욕망이 있기 때문입니다. 무엇이든지 한번 세상에서 능력을 발휘하기만 하면 적어도 가만히 앉아서 하나님을 믿는 것보다는 나을 것 같습니다. 그럼에도 불구하고 우리가 하나님께로 돌아오는 이유가 무엇입니까? 우리 안에 있는 무서운 죄성 때문입니다. 만일 이 세상에 죄만 없다면 우리는 얼마든지 세상 속으로 달려가서 원하는 대로 살 수 있을 것입니다. 그러나 이 세상에는 죄가 만연해 있고 하나님의 무서운 진노의 심판이 대기 상태에 있기 때문에 세상을 향해 갈 수 없습니다.

유다의 불행

아하스는 하나님의 고리를 끊고 세상에서 열심히 노력해서 살면 적어도 아버지 요담이나 할아버지 웃시야보다는 잘살 수 있을 것 같았습니다. 그런데 이상하게 아하스는 북쪽 수리아와 이스라엘의 공격으로 무지무지하게 많은 사람들이 죽고 붙잡혀 가는 불상사를 당하게 되었습니다. 그리고 급기야는 수리아와 이스라엘이 연합군을 형성하여 쳐들어오는 바람에 예루살렘이 대단히 위급하게 되었습니다.

열왕기하 16:5-6

"이때에 아람 왕 르신과 이스라엘 왕 르말랴의 아들 베가가 예루살렘에 올라와서 싸우려 하여 아하스를 에워쌌으나 이기지 못하니라 당시에 아람 왕 르신이 엘랏을 회복하여 아람에 돌리고 유다 사람을 엘랏에서 쫓아내었고 아람 사람이 엘랏에 이르러 기하여 오늘날까지 이르렀더라"

본문에서는 유다가 얼마나 비참한 지경에 빠졌는지 자세하게 설명하고 있지 않습니다. 단지 '수리아와 이스라엘의 연합군이 예루살렘을 쳤고 엘랏이라는 항구를 빼앗았다' 라고 말씀하고 있습니다. 그러나 사정은 이보다 훨씬 더 심각했습니다. 역대하 28장에 보면 보다 자세한 설명이 나오는데, 일차적으로 수리아 군대가 유다에 쳐들어와서 숫자를 헤아릴 수 없을 정도로 많은 유다 백성들을 죽이고 붙들어 갔습니다. 역대기에는 이스라엘 왕 베가가 하루 동안에 유다 용사들 12만 명을 칼로 쳐 죽였다고 나옵니다. 이것은 아마도 유다 역사상 하루 동안에 가장 많은 군인들이 죽은 기록일 것입니다.

그리고 이스라엘 자손들이 유다 백성들 여자와 아이를 포함하여 20만 명을 포로로 잡아갔습니다. 하루 만에 12만 명이 죽고 20만 명이 포로가 되었다는 것은 나라가 완전히 망했다는 뜻입니다. 그럼에도 불구하고 다행스러운 것은 이 20만 명의 유다 포로가 사마리아로 끌려갔을 때 오뎃이라는 선지자가 나와서 이스라엘 사람들을 책망했던 것입니다. 오뎃 선지자는 어떻게 같은 하나님의 백성들을 이렇게 포로로 끌고 올 수 있느냐고 하면서 이들이 우상을 섬겨서 하나님이 치신 것인데 노예로 팔아먹는다면 너희는 죄가 없느냐고 책망했습니다. 여기서 이스라엘 사람들이 감동이 되어서 벗은 자는 옷을 입히고 굶주린 자에게는 먹을 것을 주고 신발을 신겨서 다시 유다로 돌려보냈습니다.

여기서 아하스는 하나님의 말씀의 능력을 깨달았어야 합니다. 아하스가 하나님을 버리고 그렇게 노력하면 잘살 것 같았는데 결과는 너무나도 비참했습니다. 그런데 선지자가 나와서 한마디 하니까 20만 명의 포로가 손가락 하나 대지 않았는데 그대로 돌아왔습니다. 결국 물고기는 물 안에서 살아야 하는 것처럼 하나님의 백성들은 하나님의 말씀 안에서 살아야 복을 받을 수 있습니다. 하나님의 백성들이 세상 사람들을 따라가면 반드시 망하게 됩니다. 그 이유는 하나님의 백성들과 세상 사람들은 그 길이 다르기 때문입니다. 세상 사람들이 세상적인 방법으로 아무리 잘살고 복을 받아도 그것은 우리들이 가야 할 길이 아닌 것입니다.

만일 아하스가 12만 명이 죽고 20만 명이 포로로 잡혀 간 것으로 큰 교훈을 받았더라면 비싼 등록금을 내고 큰 진리를 깨달은 셈이 되는 것입니다. 그러나 아하스는 이 비싼 대가를 지불하고도 전혀 깨닫지를 못했습니다. 그래서 이번에는 수리아와 이스라엘의 연합군이 쳐들어와서 온 유다를 망하게 하고 예루살렘만 겨우 남게 되었습니다. 이사야의 표현에 의하면 예루살렘이 "원두밭의 상직막"(사 1:8)같이 남았고, 유다는 머리부터 발끝까지 성한 곳이 없다고 말했습니다. 아하스와 유다 백성들의 마음이 얼마나 떨었던지 "삼림이 바람에 흔들림 같이 흔들렸더라"(사 7:2)고 했습니다.

그런데 유다와 아하스를 너무나 사랑하시는 하나님은 인간의 눈으로 보기에는 전혀 불가능한 말씀을 주셨습니다. 그것은 "아람 왕 르신과 르말리야의 아들이 심히 노할지라도 연기 나는 두 부지깽이 그루터기에 불과하니 두려워 말며 낙심치 말라"(사 7:4)는 말씀이었습니다. 타다 만 부지깽이는 불 속에 있는 나무들을 휘젓기 위해 집어넣는 나무 작대기를 말합니다. 불에 타다 만 부지깽이 나무는 당장은 연기가 나겠지만 가만히 두면 저절로 그 불이 꺼지게 되어 있습니다. 그래서 이사야 선지자는 아하스에게 당장 눈앞에 있는 어려움이나 적들을 생각하지 말고 하나님만 굳게 의지하라고 했습니다.

그리고 하나님은 아하스의 약한 믿음을 도와주시기 위해 무엇이든지 징조를 하나 구하라고 하셨습니다. 만약 그때 히스기야 같이 일영표가 물러나는 것을 구했더라도 하나님이 들어주셨을 것입니다. 그러나 아하스는 하나님의 말씀 앞에 위선적인 태도를 취했습니다. 즉 자기는 하나님을 시험하지 않겠다고 하면서 징조를 구하지 않겠다고 대답했던 것입니다.

이때 이사야의 유명한 말이 나옵니다. "주께서 친히 징조로 너희에게 주실 것이라 보라 처녀가 잉태하여 아들을 낳을 것이요 그 이름을 임마누엘이라 하리라"(사 7:14)는 말씀이었습니다. 이 말씀은 예수님이 처녀의 몸에서 태어나는 유명한 약속이 됩니다. 그러나 이 당시에 어떤 처녀가 정말 불륜으로 아이를 낳았던 것 같습니다. 그리고 그 아이의 이름이 임마누엘이었던 것입니다. 이사야는 이 아이가 '엄마 아빠'라는 말을 하기 전에 이 두 왕은 망한다고 약속했습니다.

그러니까 지금 아하스나 유다의 상황은 도저히 처녀라고 말할 수 없을 정도로 타락한 신앙을 기진 자들이었습니다. 그럼에도 불구하고 하나님은 그들 중에 임마누엘하시며 그들을 공격하는 적들을, 비록 두 나라가 연합했다 하더라도 망하게 하겠다고 약속하신 것입니다. 그러나 아하스가 하나님께 징조를 구하지 않은 것은 인간적인 계획이 있었기 때문이었습니다. 그것은 바로 돈을 주고 앗수르의 세력을 끌어들여서 수리아와 이스라엘을 물리치는 계획이었습니다.

아하스가 앗수르를 끌어들임

열왕기하 16:7-9

"아하스가 앗수르 왕 디글랏 빌레셀에게 사자를 보내어 이르되 나는 왕의 신복이요 왕의 아들이라 이제 아람 왕과 이스라엘 왕이 나를 치니 청컨대 올라와서 나를 그 손에서 구원하소서 하고 여호와의 전과 왕궁 곳간에 있는 은금을 취하여 앗수르 왕에게 예물로 보내었더니 앗수르 왕이 그 청을 듣고 곧 올라와서 다메섹을 쳐서 취하여 그 백성을 사로잡아 길로 옮기고 또 르신을 죽였더라"

우리가 인간적으로 생각할 때 아하스가 수리아와 이스라엘의 연합군을 물리치기 위해 앗수르 군대를 끌어들인 것은 탁월한 정책이었고 또 이것이 실제로 적중해서 앗수르 군대가 수리아를 멸망시킨 것은 큰 외교적인 승리라고 말할 수 있습니다. 그러나 하나님의 입장에서 보면 아하스가 한 것은 완전히 쓸데없는 짓이었고 낭비였으며 자신까지 다치는 일이었습니다. 결국 유다도 앗수르에 의해 치명적인 타격을 입었던 것입니다.

우선 아하스는 수리아를 물리쳐 달라고 돈을 주고 앗수르 군대를 불러들였지만 그렇지 않아도 앗수르 군대는 수리아를 칠 생각이었습니다. 가만히 두고 있어도 수리아는 망하게 되어 있는데 가만히 두어도 망할 사람을 망하게 해 달라고 엄청난 돈을 들인 셈이 되었습니다. 그런데 앗수르가 한 것은 수리아만 망하게 한 것이 아니라 자기들에게 돈을 준 유다까지 침공을 했습니다. 이것은 하나님이 하신 것이었습니다. 즉 아무리 아하스가 인간적인 방법을 쓴다고 하여도 하나님이 도와주시지 않으면 아무 소용이 없는 것입니다. 우선 아하스는 우상 숭배를 한 결과 수리아와 이스라엘의 공격으로 엄청난 피해를 입었지만 여전히 하나님의 말씀으로 돌아가는 것보다는 역시 자신의 인간적인 방법으로 해결하는 쪽을 택했습니다.

우리는 가만히 두면 저절로 해결될 부지깽이 같은 일에 너무나도 많은 돈이나 정력을 낭비할 필요가 없는 것입니다. 외부적인 어려움은 가만히 두면 저절로 해결될 때가 많습니다. 그러나 내 속에서 끓어오르는 욕망은 가만히 두어서는 안 되고 잘라버려야 합니다. 그래서 아하스가 살 수 있는 길은 수리아 왕 르신이나 이스라엘 왕 베가가 아무리 쳐들어와서 괴롭히고 성들을 부숴도 상대하지 않고 가만히 내버려 두면 되는 것입니다. 그러나 앗수르를 이용해서 덕을 보려고 하는 생각은 무서운 유혹이었으므로 잘라버려야만 했습니다.

여기서 우리는 이사야와 예레미야의 모순된 입장을 발견하게 됩니다. 이사야가 아하스 왕에게 주장했던 것은 앗수르 왕에게 사신을 보내지 말고 끌어들이지 말라는 것이었습니다. 거기에 비해서 예레미야 선지자는 시드기야 왕에게 일관되게 앗수르에 항복하는 것만이 살 길이라고 했습니다. 왜 하나님의 말씀은 시대에 따라서 이랬다저랬다 하는 것일까요? 이것은 유다 백성들의 사정이 달랐기 때문입니다. 아하스 때에는 아직 유다가 멸망할 정도까지는 오지 않았습니다. 물론 아하스나 백성들의 배교로 성전이 놀랍게 죽어가고 있었지만 아직 완전히 죽은 것은 아니었습니다. 그러니까 일부러 앗수르를 찾아가서 항복할 필요가 없었던 것입니다.

예를 들어 어떤 사람이 죄를 지으려고 생각은 했지만 아직 행동으로 옮겨지지 않았을 때에는 경찰서에 가서 자수할 필요가 없습니다. 단지 그 순간에 마음을 돌이켜서 죄를 짓지 않으면 되는 것입니다. 그러나 예레미야 때에는 이미 죄가 저질러져서 하나님의 심판을 피할 수가 없었습니다. 이때에는 굳이 심판을 당하는 것보다는 미리 앗수르를 찾아가서 포로가 되는 것이 경찰서를 찾아가서 자수하는 것과 같은 것입니다.

여기서 우리는 교회의 영적인 상태가 민족에게 얼마나 큰 영향을 미치는지 알아야 합니다. 아무리 정치인들이 타락하고 경제인들이 정직하지 못하다 해도 교회에 말씀이 살아 있고 기도가 살아 있으면 아직은 멸망할 때가 되지 않은 것입니다. 회개 운동과 부흥 운동이 일어나기만 하면 얼마든지 다시 일어설 수가 있는 것입니다. 그러나 만일 교회에 말씀이 없어지고 기도가 없어진다면 그때는 빨리 항복해서 징역을 사는 것이 멸망하지 않는 길입니다.

그런데 이때 아하스는 성전을 죽이는 변화를 일으킵니다. 만약 아하스가 자기는 불신을 가졌더라도 성전을 건드리지 말았더라면 유다의 생명은 좀 더 오래 갈 수 있었을 것입니다. 그러나 아하스는 자기 야망을 위해서 성전의 번제단 자리에 수리아가 망한 다메섹에서 단을 보고 그 단을 만들어 세우게 했습니다.

열왕기하 16:10-11

"아하스 왕이 앗수르 왕 디글랏 빌레셀을 만나러 다메섹에 갔다가 거기 있는 단을 보고 드디어 그 구조와 제도의 식양을 그려 제사장 우리야에게 보내었더니 아하스 왕이 다메섹에서 돌아오기 전에 제사장 우리야가 아하스 왕이 다메섹에서 보낸 모든 것대로 단을 만든지라"

우선 궁금한 것은 아하스가 다메섹에서 본 단이 어느 나라 단이냐 하는 것입니다. 우리가 자연스럽게 생각해 볼 때 수리아를 망하게 한 앗수르 왕을 만나러 갔으니까 앗수르의 제단일 것 같습니다. 그래야 아하스의 친 앗수르 정책이 설명될 수 있습니다. 그럼에도 불구하고 역대기에서는 아하스가 다메섹의 신을 섬겼다고 기록하고 있습니다. 그렇다면 아하스가 다메섹에 갔다가 다메섹의 단을 보고 그림을 그려서 보냈다고 볼 수 있습니다. 아마 아하스는 비록 수리아가 망했지만 아직도 수리아의 신들의 영험이 남아 있어서 자기들을 지켜 줄지도 모른다고 생각한 것 같습니다. 사람이 참 이상한 것은 다른 나라가 이미 망한 정책인데도 그것이 새롭다고 해서 끝까지 따라가려고 하는 사람들이 있다는 사실입니다.

이것은 지금 우리나라에도 잘 적용할 수 있습니다. 지금 전 세계적으로 이미 막시즘은 망한 것으로 결론이 났습니다. 막시즘의 본산이라고 할 수 있는 구소련이 망했고 중국도 경제적으로는 자본주의 노선을 채택하고 있습니다. 그럼에도 불구하고 우리나라에서는 이런 막시즘의 사상을 따르는 사람들이 많이 있습니다. 그리고 북한에서는 이미 경제적으로 실패해서 많은 국민들이 굶어 죽고 있습니다. 그럼에도 불구하고 북한의 주체사상을 따르는 자들이 많다는 것은 참으로 이해가 되지 않는 일입니다. 아하스도 이미 망한 나라의 제단을 그림으로 그려 와서 똑같이 만들게 했는데 결국 망한 나라의 전철을 그대로 따라가겠다는 것밖에 안 되는 것입니다.

여기서 아하스는 아주 중요한 죄를 범합니다. 그것은 자기 마음대로 성전의 구조를 바꿔 버린 것입니다. 성전의 구조는 대단히 중요한 것인데, 아하스는 있어야 할 것들을 없애버리고 없어야 할 것들을 많이 만들었습니다. 이것은 하나님의 성령의 역사를 완전히 봉쇄하는 것이었습니다. 불이 났을 때 가장 중요한 것이 소방차가 들어올 수 있는 진입로를 막지 않는 것입니다. 예루살렘 성전은 인간의 죄를 씻는 소방 호스와 같아서 어떠한 죄도 사함 받을 수 있었습니다. 여호와의 성전만 살아 있으면 죄를 씻을 수가 있는 것입니다. 그런데 아하스는 그 호스를 잘라서 아예 성령의 역사가 나타나지 못하게 했고 결국 불에 타서 망하게 되었습니다.

아하스는 하나님의 제단이 있던 곳에 다메섹에서 본 이방의 제단을 만들었습니다. 그리고 원래 제단은 북쪽에 치워 버렸습니다. 그리고 성전 뜰에 있는 물두멍을 떼어 버리고 바나라고 하는 물을 받아 놓는 곳도 치워 버렸습니다. 아하스가 성전 구조를 바꿔 버린 것은 그때까지만 해도 살아 있던 성전을 완전히 죽이기로 결심한 것입니다.

도대체 무엇 때문에 아하스는 철저하게 하나님을 반대하고 부정하는 쪽으로 나아갔을까요? 그 이유를 자세히 알 수는 없지만 신앙의 신경이 마비되니까 더 악한 방향으로 간 것 같습니다. 사람이 예수를 믿다가 타락하면 전혀 믿지 않던 사람들보다 훨씬 더 신성모독적인 것을 많이 볼 수 있습니다. 그 이유는 자기가 죄를 너무 많이 지어서 하나님이 미워하신다고 생각하기 때문입니다. 기왕 하나님의 미움을 받을 바에야 더 철저하게 하나님을 모독하자고 생각하는 것 같습니다. 바로 이렇게 하는 것이 자포자기입니다. 그러나 하나님은 아하스를 사랑하셨고 어떻게 해서든지 바로잡아 주려고 하셨는데 아하스는 그것을 믿지 못했습니다.

우리가 죄를 짓더라도 하나님은 언제나 우리를 사랑하고 계신다는 사실을 기억해야 합니다. 우리가 자포자기만 하지 않으면 아직 우리들에게는 기회가 있는 것입니다. 하나님 앞에서 너무 늦는 것은 없습니다. 아하스는 제단을 옮겼지만 우리는 설교하는 강대상을 하나님의 언약궤로 알고 바른 말씀의 강이 흘러가도록 해야 합니다. 그리고 언제나 모든 성도들이 하나님의 말씀을 붙잡고 나아가기를 바랍니다.

18. 이스라엘의 멸망

◎ 왕하 17:1-41

어떤 한 나라가 이 세상에서 멸망해서 완전히 없어져 버린다고 하는 것은 결코 쉬운 일이 아닙니다. 특히 고대에서의 전쟁은 금전적으로 조공을 받는 것이 목적이었기 때문에 굳이 항복한 나라 사람들을 완전히 죽이거나 다른 곳으로 추방시키지 않았습니다. 그러나 북쪽 이스라엘이 당한 운명은 완전한 멸망이었습니다. 즉 나라 자체가 이 지구상에서 완전히 없어져 버리고 그 나라 사람들이 모두 죽든지 아니면 모두 포로가 되어 다른 나라로 옮겨졌던 것입니다. 그리고 그 땅에는 이스라엘 사람들이 돌아오지 못하도록 아예 다른 민족이 이민 와서 성착을 했습니다. 이스라엘이라는 나라는 앗수르에 의해 완전히 멸망했습니다.

그런데 중요한 문제는 이 이스라엘이라는 나라가 하나님의 백성들의 나라요 하나님의 언약이 있는 나라였다는 사실입니다. 즉 하나님은 이스라엘 자손들을 애굽 땅에서 이끌어 내고 가나안 땅에 정착하게 하시면서 이 땅을 영원히 그들과 그 자손에게 주겠다고 약속하신 것입니다. 한때, 다윗과 솔로몬 시대에는 주변국들의 부러움을 살 정도로 가장 부흥했고 여로보암 2세 시대에는 나라가 크게 부강했습니다. 그래서 요나 선지자가 니느웨 성으로 가서 복음으로 니느웨를 정복하기까지 했던 이 엄청난 나라가 어느 한순간에 몰락하면서 이 지구상에서 영원히 없어지고 말았습니다.

우리가 항상 기억해야 할 것은 이스라엘은 유다에 비해 국력이 다섯 배에서 열 배 정도 큰 나라였다는 것입니다. 그런데 이스라엘이 유다에 비하여 100년 이상 빨리 멸망했습니다. 그 이유가 어디에 있을까요? 이것은 국력의 문제가 아니고 신앙의 문제인 것입니다. 이스라엘 백성들이 가나안 땅에 살기 위해서는 분명한 조건이 있었습니다. 그 조건이라고 하는 것은 그들이 반드시 하나님만 섬겨야 한다는 것입니다. 이스라엘 자손들이 하나님에 대한 신앙을 버리면 가나안 땅도 버려야 하는 것입니다.

그래서 이스라엘 백성들의 어려움이 바로 여기에 있었습니다. 다른 민족들은 하나님을 섬기지 않고도 얼마든지 가나안 땅에서 잘살고 있는데 우리도 그렇게 하면 안 되느냐는 것입니다. 그러나 그것은 안 되는 일입니다. 이스라엘 자손들은 다른 민족들이 다른 신을 섬겨서 아무리 잘살고 자기들은 하나님만 믿어서 아무리 못산다 하더라도 절대로 하나님을 믿는 신앙을 버리면 안 됩니다. 왜냐하면 이스라엘 백성들에게 있어서 하나님만 섬긴다고 하는 것은 존재의 근본 뿌리였던 것입니다. 이스라엘은 하나님을 버리면 이방인처럼 살게 되지 않을까 생각했지만, 그들이 하나님을 버리면 이방인처럼 되는 것이 아니라 포로가 되고 완전히 가나안 땅에서 나가야 했습니다.

호세아 때 일어났던 비극

열왕기하 17:1-2

"유다 왕 아하스 십이 년에 엘라의 아들 호세아가 사마리아에서 이스라엘 왕이 되어 구 년을 치리하며 여호와 보시기에 악을 행하였으나 그전 이스라엘 여러 왕들과 같이 하지는 아니하였더라"

이스라엘의 멸망은 아주 오래 전부터 예견되어 왔던 것입니다. 그런데 하필이면 이 멸망이 이루어진 시점이 호세아가 이스라엘 왕으로 있을 때였습니다. 그러니까 이전 왕들은 하나님의 심판을 받을 짓을 해 왔음에도 불구하고 멸망당하지는 않고 그냥 넘어갔는데 하필이면 호세아 때에 하나님의 심판이 실제적으로 일어났던 것입니다. 우리는 이런 경우 호세아가 참으로 불행하다고 말할 것입니다. 예를 들어 모든 직원들이 부정을 저지르는 어느 회사에서 다른 사람들의 일은 들통이 나지 않다가 하필이면 어떤 사람이 책임자로 있을 때 그 일이 들통 나는 경우가 있습니다. 그 바람에 경찰에 불려 다니고 나중에는 손에 수갑을 차고 감옥까지 가게 될 때 사람들은 '하필이면 내가 그 자리에 있을 때 일이 터질 것이 뭐냐' 하면서 재수가 없다고 말할 것입니다.

그러나 이것은 먼저 넘어간 사람들이 재수가 좋은 것이 아닙니다. 하나님은 말할 수 없는 자비와 긍휼로 그동안 참고 계셨던 것입니다. 그래서 지금 한창 죄가 쌓여가고 있는 자리에 책임자로 올라가게 될 때에는 남이 하라고 한다고 해서 덥석 그 자리를 차지하면 안 되는 것입니다. 하나님 앞에서 신중하게 그 문제에 대해 기도하면서 하나님의 약속을 받아 낸 후 그 자리에 가야 합니다.

예를 들어 이스라엘의 왕 자리 같으면 이미 좋지 않은 자리로 소문이 나 있었습니다. 즉 이스라엘의 역사를 보면 몇몇 사람을 제외하고는 신하가 왕을 죽이고 왕 자리를 차지하고 또 그렇게 할 때 전왕의 가족들을 한 사람도 살리지 않고 다 죽였던 것입니다. 이처럼 하나님 앞에서 죄가 쌓여가고 있는 자리는 아무리 다른 사람이 하라고 해도 하지 않는 것이 좋습니다. 왜냐하면 언제든지 시한폭탄이 터질 수 있기 때문입니다.

그럼에도 불구하고 하나님이 억지로 하라고 하시면 하나님께 약속을 받아 놓아야 합니다. 즉 '하나님, 이 자리는 언제 죄가 폭발할지 모르는 위험한 자리인 줄 하나님이 잘 알고 계십니다. 하나님이 이런 위험한 자리에 저를 보내시는 것은 이들을 한번 살려 보라는 뜻인 것 같은데 하나님, 저에게 시간을 주십시오. 그렇지 않으면 저는 도저히 이 일을 감당할 수가 없습니다.' 이렇게 해서 하나님으로부터 '좋다. 네가 이 일을 맡는 동안은 내가 심판하지 않겠다' 는 확답을 받고 일을 해야 하는 것입니다.

그러나 호세아는 그런 생각을 하지 않고 자기 앞에 왕으로 있는 베가를 죽이고 왕이 되었으니까 자기 스스로 멸망의 자리로 찾아 들어갔다고 봐야 합니다. 본문 말씀을 보면 호세아가 전임자들보다는 악하지 않았다고 합니다. 즉 이 사람은 전임자들만큼 지독하게 금송아지나 우상을 숭배하지는 않았던 것 같습니다. 그러나 이미 오랫동안 뒤뚱거리던 나라를 바로잡으려면 앞에 있던 사람들보다 조금 나은 수준으로는 하나님의 멸망의 초시계를 중지시킬 수가 없습니다.

하나님의 멸망을 중지시키려면 획기적인 개혁을 시도해야 합니다. 즉 하나님이 보시기에 '아, 이 사람은 이전 사람들이 하는 것과는 완전히 다르구나. 좀 더 시간을 주고 기다려 봐야겠다' 라는 기대가 가능해야 하는 것입니다. 다시 말해 하나님 앞에서 멸망의 점수가 높은 나라나 단체를 회생시키려면 다른 사람들이 하는 식으로 해서는 안 되고 하나님의 마음을 시원하게 해 드릴 수 있는 철저하고 획기적인 조치가 필요합니다. 이것은 오늘 우리나라 정치나 교회에도 마찬가지입니다. 지금 우여곡절을 겪는 이 민족을 살릴 수 있으려면 하나님께서 무엇인가 기대하실 수 있을 정도로 확실하게 신앙적인 방법으로 돌아와야 하는 것입니다.

그러나 이스라엘 왕 호세아는 이스라엘의 상태를 그렇게 심각하게 생각하지 않았던 것 같습니다. 그래서 병으로 치면 근본적인 수술을 하지 않고 적당하게 미봉책을 쓰다가 결국 앗수르 손에 걸려들어 지금까지 이스라엘에 쌓여왔던 모든 죄의 심판을 다 뒤집어쓰고 말았던 것입니다. 앗수르의 역사는 참으로 묘합니다. 앗수르는 한창 힘을 쓰다가 여로보암 2세 때 우라루트라는 민족의 침략으로 쇠약해졌습니다. 그 기회를 틈타 이스라엘과 유다는 크게 부강하게 됩니다. 이때 이스라엘의 선지자 요나는 니느웨 성에 가서 니느웨를 살려 놓습니다.

그런데 그 후 앗수르는 다시 부강해졌습니다. 호세아 때 살만에셀이 쳐들어와서 이스라엘의 항복을 받고 호세아는 앗수르에 조공을 바쳤습니다. 호세아는 어떻게 하든지 앗수르의 통치에서 벗어나 보려고 했습니다. 그래서 애굽의 소라는 왕에게 사신을 보내어 반 앗수르 동맹에 가입했는데 앗수르 왕은 이것을 알고 군사를 이끌고 이스라엘에 쳐들어가서 3년 동안 사마리아를 포위했다가 결국 멸망시켰던 것입니다. 이때 많은 이스라엘 사람들이 앗수르 군대에 무자비하게 죽고 살아남은 자들은 다른 나라에 포로로 잡혀 가게 되었습니다.

벽화에 의하면 앗수르 사람들이 이스라엘 사람들의 껍질을 벗겨 죽이고 산 사람들의 혀를 뚫어 고리로 꿰서 다른 나라로 끌고 간 것으로 되어 있습니다. 그러니까 이스라엘의 산 자나 죽은 자나 앗수르에 의해 가장 비극적인 멸망과 심판을 당하고 말았던 것입니다. 그래서 이 지구상에서 이스라엘이라는 나라는 완전히 사라져 버리고 말았습니다.

앗수르의 강경 정책

고대의 전쟁은 원래 사람을 많이 죽이는 것이 아니었고, 힘센 자들이 약한 자들에게 무력을 써서 항복을 받아내고 조공을 받는 것이었습니다. 즉 강대국이 무엇 때문에 약한 나라 사람들을 다 죽이겠습니까? 그럴 이유가 하나도 없습니다. 그러나 앗수르는 전쟁을 하는 원칙이 달라서 마치 사람을 죽이는 것 자체를 목적으로 생각할 정도로 사람을 많이 죽였습니다. 그러니까 앗수르는 고대에 등장했던 국가들 중에서 아주 악한 나라였던 것입니다. 앗수르는 다른 나라를 완전히 정복하기 원했습니다. 그래서 처음부터 완전하게 복종할 의사가 있는 나라는 항복을 받고 조공을 받되, 조금이라도 반역할 가능성이 있는 나라는 정복한 후 주민들을 다른 곳으로 옮겨 버리고 또 그 땅에는 다른 나라 사람들이 이주해서 살게 했습니다. 결국 그 나라 자체를 완전히 없애는 정책을 사용했던 것입니다.

우리는 성경에서 앗수르가 처음에는 수리아와 달리 이스라엘을 완전히 멸망시키려고 하지는 않았던 것을 알 수 있습니다. 앗수르 왕은 수리아를 완전히 멸망시켰지만 이스라엘에 대해서는 본때 정도만 보여 주고 조공을 받는 길을 택했습니다. 그런데 이스라엘이 완전히 멸망하게 되었던 것은 자기들 스스로가 그 길을 택했기 때문입니다. 즉 앗수르에 조공을 바치기 싫어서 애굽 왕 소에게 사신을 보냈는데 그 일이 들통 나는 바람에 앗수르 왕은 이스라엘에 대한 정책을 바꿔서 완전히 멸망하기로 했던 것입니다.

이렇게 된 이유가 어디에 있을까요? 우선 일차적으로는 왕인 호세아의 판단 착오라고 볼 수 있습니다. 호세아는 가까운 나라 수리아가 망하는 것을 보았고 또 베가 왕 때 갈릴리의 많은 사람들이 붙잡혀 가는 것을 보았으므로, 그들도 앗수르를 배반하면 그렇게 된다는 것을 심각하게 생각했어야 합니다.

그리고 하나님이 호세아로 하여금 앗수르에 조공을 바치게 하신 것은 지금까지 이스라엘이 지은 죄에 대한 하나님의 벌입니다. 하나님이 벌을 내리실 때 살 수 있는 길은 겸손하게 그 벌을 끝까지 받는 것입니다. 그러나 하나님이 내리신 벌을 받지 않으려고 잔꾀를 부리다가 결국 나라 전체가 완전히 멸망하고 말았습니다. 우리가 하나님 앞에서 지속적으로 복을 받는 비결은 자신의 분수를 잘 아는 것입니다. 우리는 모두 과거에 하나님 앞에서 불순종하면서 살다가 은혜를 받아서 이렇게 하나님의 놀라운 축복을 받게 되었습니다. 이때 우리가 해야 할 것은 자신의 분수를 잘 생각해서 너무 높아지려 하거나 너무 돈을 많이 벌려 하거나 너무 유명해지려고 욕심을 내지 않는 것입니다. 사도 바울이 말한 것처럼 "있는 바를 족한 줄로 알"(히 13:5)고 누가 뭐라고 충동질을 하더라도 거기에 속지 말아야 합니다.

옛날에 부지중에 살인을 한 사람들은 도피성으로 노망지면 살 수 있었습니다. 그런데 그 사람이 살 수 있는 조건은 도피성 밖으로 나가지 않는 것입니다. 죽었다고 생각하고 그 성 안에 자신을 가두어 놓아야만 살 수 있었고, 옛날처럼 큰소리치면서 잘난 체하려고 하면 결국 하나님의 은혜 밖으로 튕겨져 나가게 되는 것이었습니다. 우리는 믿음으로 살려고 애쓰는 중에 어려움이 오고 환란이 오면 그것을 피하려고 해서는 안 됩니다. 아무리 어려움이 오더라도 우리가 겸손하게 받아들이면 절대로 망하지 않습니다.

우리가 또한 생각할 것은 처음 앗수르 왕이 이스라엘에 대해 관대하려고 했던 것은 요나의 덕도 있지 않았나 하는 생각이 듭니다. 앗스르 왕도 분명히 과거에 니느웨 성이 하나님의 심판으로 멸망할 수밖에 없었는데 이스라엘에서 요나라고 하는 선지자가 와서 회개할 것을 선포하는 바람에 살게 되었음을 들었을 것입니다. 그럼에도 불구하고 호세아 왕이 앗수르 왕이 가장 싫어하는 배반의 길을 택했던 것은 그동안 하나님의 말씀에 불순종했던 것이 쌓여서 바른 길을 갈 수가 없었기 때문입니다. 결국 앗수르 같은 악한 나라가 등장하도록 만든 것이 이스라엘의 죄였습니다.

우리가 지금 살 수 있는 길은 우리에게 주어진 모든 여건들을 감사하는 마음으로 잘 받아들이고 획기적인 방법으로 성경으로 돌아가는 것입니다. 그러면 하나님의 멸망의 시계가 멈출 뿐 아니라 하나님이 다시 한 번 우리에게 살 수 있는 길을 주시는 것입니다.

본문을 보면 앗수르 군대가 이스라엘을 멸망시켜서 "할라와 고산 하볼 하숫가와 메대 사람의 여러 고을에 두었"(왕하 17:6)다고 말씀하고 있습니다. 그 대신 이스라엘 땅에는 "바벨론과 구다와 아와와 하맛과 스발와임"(왕하 17:24)에서 사람들을 잡아다가 강제로 이주시켜서 살게 했습니다. 즉 앗수르는 이스라엘 사람들이 영구적으로 돌아올 수 없도록 다른 민족을 이민시켰던 것입니다. 그런데 사자들이 나타나서 이 이주민들을 물어 죽이는 일이 발생하게 되었습니다. 그리고 그 이유가 이 땅은 여호와 하나님의 땅인데 백성들이 하나님을 섬기지 않기 때문이라는 것을 알게 됩니다. 이 사실을 알고 제사장 하나를 도로 잡아와서 하나님의 말씀을 가르치게 했는데, 이들이 바로 사마리아 사람들의 조상이었습니다.

사마리아 사람들은 하나님을 믿는 흉내를 내고 있었지만 혈통적으로는 거의 이스라엘의 혈통이 아니었습니다. 그래서 나중에 포로에서 돌아온 유다 자손들은 사마리아 사람들을 개 취급하면서 상대하지 않았던 것입니다. 그러나 이 엉터리 신앙도 신약 시대에는 예수님을 만나는 계기가 됩니다. 수가 성 여자는 예수님을 만난 후 변하여 새사람이 되었고 사도행전에서는 빌립 집사가 사마리아 지방에 가서 큰 부흥을 일으키는 것을 볼 수 있습니다. 어떻게 보면 사마리아 사람들은 유다 자손들에게는 불가촉천민들이었습니다. 그러나 하나님은 이런 사람들도 예수를 믿고 구원받을 수 있도록 오래 전부터 준비해 놓으셨습니다.

이스라엘이 멸망한 이유

본문은 이스라엘이 멸망한 이유를 신앙적인 데서 찾고 있습니다.

열왕기하 17:7-8

"이 일은 이스라엘 자손이 자기를 애굽에서 인도하여 내사 애굽 왕 바로의 손에서 벗어나게 하신 그 하나님 여호와께 죄를 범하고 또 다른 신들을 경외하며 여호와께서 이스라엘 자손 앞에서 쫓아내신 이방 사람의 규례와 이스라엘 여러 왕의 세운 율례를 행하였음이라"

이스라엘 백성들에게는 가장 중요한 축복의 조건이 있습니다. 그들은 이것을 잊는 순간 멸망할 수밖에 없습니다. 그 첫째 되는 것이 이스라엘 백성들이 존재하는 이유입니다. 이스라엘 백성들은 오직 여호와 하나님 한 분만 나타내기 위해 존재하는 백성들이었습니다. 만약 이스라엘 자손들이 여호와를 섬기지 않는다면 이스라엘은 존재할 이유가 없는 것입니다. 그래서 하나님은 이스라엘 자손들에게 하나님의 율법의 보증으로 가나안 땅을 주신다고 말씀하셨습니다. 즉 이스라엘 자손들이 하나님의 말씀대로 살면 축복으로 가나안 땅을 영구히 차지 할 수 있지만, 만약 이스라엘 자손들이 하나님의 말씀을 버린다면 가나안 땅도 내놓아야 합니다. 다시 말해서 이스라엘 자손들이 하나님의 말씀을 붙드는 이상 어려움은 오겠지만 절대로 가나안 땅에서 포로가 되는 일은 일어날 수가 없다는 것입니다.

결국 이스라엘 백성들은 하나님만 섬기는 것을 자신들의 목숨처럼 생각했어야 합니다. 즉 이스라엘 백성들은 절대로 다른 민족과 비교해서는 안 됩니다. 즉 다른 민족들이 아무리 우상을 섬기고 큰 복을 받는다 하더라도 그들을 쳐다보면 안 되는 것입니다. 그런데 하나님의 심판의 무서운 점은 죄를 지으면 바로 즉각적으로 나타나는 것이 아니라는 점입니다. 그래서 죄를 지어도 금방 하나님의 심판이 오지 않고 오히려 더 복이 임하고 더 일이 잘 되기 때문에 금방 회개를 하지 못하는 것입니다.

이것은 오늘 우리가 이 세상을 살아가는데 있어서도 마찬가지입니다. 우리가 무엇 때문에 이 세상에 존재합니까? 그것은 내가 더 성공하고 더 유명해지고 더 잘살기 위해서가 아닙니다. 우리는 오직 하나님 한분을 증거 하기 위해 존재합니다. 그래서 우리는 어떤 일이 있어도 하나님이 길을 인도하실 것을 믿고 능력 주시는 범위 안에서 모든 것을 해야 합니다. 그러면 하나님이 우리의 길을 형통하게 지켜 주실 것입니다. 우리는 이것을 믿어야 합니다. 그러나 하나님이 인도해 주시는 것을 믿지 못하면 결국 세상적인 방식으로 살 수밖에 없습니다.

여기에서 궁금한 것은, 왜 이스라엘 사람들은 자기들이 가나안 땅에서 몰아냈고 결국 자기들이 망하게 했던 가나안 사람들의 길을 따라갔어야만 했느냐 하는 것입니다. 사실 가나안 종교나 금송아지 종교는 '하지 말라' 는 것이 없었습니다. 모든 것을 원하는 대로 다 하라는 식이었습니다. 사람들의 욕심은 수동적으로 하나님을 따라가지 못하는 것입니다. 왜냐하면 우리 안에 폭발하려고 하는 에너지가 있는데 자꾸 하지 말라고 하면 답답해서 견딜 수가 없기 때문일 것입니다. 그러나 이런 폭발적인 에너지들도 예수님의 십자가 앞에서는 죽습니다. 그리고 하나님의 말씀만이 우리 안에 있는 욕망을 죽이고 성령으로 충만하게 합니다.

결국 인간은 자기 자신의 능력으로 하고 싶은 대로 다하면서 성공하느냐 아니면 내 자신은 죽고 성령의 능력을 끌고 와서 하나님의 능력이 임하게 하느냐 하는 것을 선택해야 합니다. 이 세상에 진정으로 필요한 것은 인간의 능력이 아니고 하나님의 축복입니다. 하나님의 축복이 없으면 어느 누구도 행복할 수가 없습니다. 결국 우리가 살 수 있는 길은 아무리 어렵고 힘들어도 하나님의 축복이 이 세상에 임하게 하는 것입니다. 그것이 되지 않고 세상 사람들처럼 살려고 하면 기본적인 모든 축복조차 다 내놓아야 합니다. 이스라엘 백성들은 하나님의 말씀을 버리면 가나안 땅을 반납해야 합니다. 그러나 스스로 반납을 하지 않으니까 하나님이 깡패 같은 앗수르를 보내셔서 강제로 가나안 땅에서 그들을 쫓아내신 것입니다.

우리가 생각하게 되는 것은 어떻든지 간에 이스라엘은 하나님의 백성들인데 과연 이들이 하나님의 말씀에 불순종했다고 해서 이런 식으로 완전히 멸망할 수 있을까 하는 것입니다. 하나님은 호세아 선지자를 통해 "너희는 내 백성이 아니요"(호 1:9)라고 말씀하셨습니다. 우상을 숭배하는 자들은 아무리 이스라엘의 혈통을 가지고 있더라도 결코 하나님의 백성이 될 수 없습니다. 적어도 하나님의 백성이 되려면 어떤 시련과 손해가 있더라도 하나님 외에 다른 신을 섬겨서는 안 됩니다. 이스라엘 백성들이 오해했던 것은 하나님과 이스라엘 백성들의 관계를 부모와 자식의 관계로 생각한 것입니다. 물론 어떤 의미에서 하나님과 이스라엘 백성들의 관계는 부모와 자식의 관계입니다. 부모는 자식이 연약하다고 해서 절대로 버리지 않습니다. 그러나 아무리 자식이라 하더라도 의도적으로 죄를 짓고 악을 행할 때에는 부모와 자식의 관계도 끊어질 수밖에 없습니다.

그러나 하나님은 이스라엘 자손들과의 관계를 남편과 아내의 관계로 말씀하셨습니다. 부부 사이의 중요한 전제는 서로가 서로에 대해 신뢰를 지키는 것입니다. 만일 남편이나 아내 어느 한 쪽이라도 부정을 저지르게 되면 부부의 신뢰 관계는 깨질 수밖에 없습니다. 이스라엘 백성들은 자기들이 아무리 잘못해도 하나님은 무조건 용서하고 축복하셔야 한다고 생각했습니다. 왜냐하면 이방 신들이 그랬기 때문입니다. 그러나 하나님은 이스라엘 백성들이 우상을 섬기고 하나님의 말씀을 저버렸을 때에는 그들을 더 이상 지켜 주실 책임이 없으셨고 오히려 그들이 지금까지 하나님으로부터 받은 모든 축복을 반납해야 했습니다. 그래서 이스라엘 백성들은 하나님께 받았던 가나안 땅을 빼앗기고 노예로 붙잡혀 다른 먼 나라로 가야 했습니다.

우리의 신앙은 하나님과의 언약 관계로 이루어져 있습니다. 우리가 하나님의 말씀 안에 있을 때 하나님은 우리를 지킬 책임이 있으시지만, 우리가 말씀을 버릴 때에는 그동안 받았던 축복도 빼앗기게 됩니다.

3부

유다의 멸망

19. 히스기야의 개혁과 위기

◎ 왕하 18:1-37

얼마 전에 중국 쑹화강 부근의 한 벤젠 공장이 폭발하는 바람에 강이 오염이 되어서 약 천만 명이 살고 있는 하얼빈 시 사람들에게 공급되던 수돗물이 끊겼습니다. 그 바람에 그 도시 사람들은 추운 겨울에 물을 구하지 못해서 큰 어려움을 겪어야 했습니다. 가정에 수돗물이 잘 나오려면 가정의 수도가 좋은 수원지와 연결되어 있어야 합니다. 수원지가 오염이 되든지 중간에 수도관이 파열되면 가정에 좋은 수돗물이 공급될 수가 없습니다. 마찬가지로 이스라엘 백성들은 그 축복의 관이 하나님께 연결되어 있어야 합니다. 그리고 하나님의 축복이 중간에 오염되거나 끊어지지 않고 콸콸 흘러야 제대로 살 수 있고 축복을 받을 수가 있습니다.

그런데 이스라엘 백성들이 하나님의 축복을 받는데 가장 걸림돌이 되는 것이 우상 숭배였습니다. 이스라엘 백성들에게 있어서 우상은 하나님의 능력을 완전히 마비시키는 독약이었습니다. 그들이 우상을 끊지 못하는 이유는 이방 민족들이 우상으로 복을 받고 강한 나라가 되는데 유혹을 받았기 때문입니다. 또한 이스라엘 백성들이 하나님의 말씀을 붙는다고 해서 축복이 바로 오지 않았던 것입니다. 이스라엘 백성들은 하나님의 말씀대로 살아도 어려움이 왔습니다. 그러나 이 어려움은 하나님이 더 큰 믿음을 가지게 하는 시험이었는데도 이스라엘 백성들은 인내하거나 견디지 못했습니다.

유다 역사상 다윗 다음으로 하나님의 말씀대로 정치를 한 왕이 나타났습니다. 그 왕이 바로 히스기야였습니다. 히스기야가 왕이 되었을 때에는 북쪽 이스라엘이 앗수르에 의해 망할 때였습니다. 히스기야가 왕이 되었을 때 국제적인 정세는 대단히 복잡했습니다. 이때 북쪽의 앗수르는 살만에셀 5세, 사르곤 2세, 산헤립과 같은 영웅들이 계속 나타나면서 애굽까지 전 세계를 지배하려는 야욕에 불타고 있었습니다. 게다가 애굽은 앗수르의 남진을 막으려고 나름대로 군사력을 모으고 있었습니다. 그 중간에 유다가 있었고 유다는 결국 자기가 원하든지 원하지 않든지 이런 국제적인 소용돌이에 말려들지 않을 수가 없었습니다.

어떻게 보면 히스기야 때 유다는 지금 우리와 비슷한 처지였다고 말할 수 있을 것입니다. 우리나라는 냉전 시대 때에는 미국의 보호를 받았는데 냉전 시대가 끝남으로 주위의 모든 나라와 경쟁적인 상태에 들어가게 되었습니다. 강하지 못했던 우리나라는 이럴 때 주위 나라의 힘에 원하든 원하지 않든 휩쓸려 들어가게 되어 있고 이때 나라를 지키려는 우리의 믿음이 때로는 큰 시험을 당하기도 합니다. 그러나 우리가 살 수 있는 길은 어떤 위기 가운데서도 끝까지 낙심하지 않고 하나님만 의지하는 것입니다. 우리가 하나님을 의지하다가 "죽으면 죽으리이다라"(에 4:16) 는 각오로 나가면 결국 하나님의 큰 구원을 보게 될 것입니다.

본문은 아하스의 뒤를 이어 유다의 왕이 된 히스기야의 개혁에 대해 기록하고 있습니다. 그는 하나님의 말씀대로 우상을 부수고 성전의 바른 예배를 회복하였지만 앗수르의 공격으로 큰 위기를 겪게 됩니다. 우리는 어떻게 하나님을 이렇게 잘 섬기는 왕에게 이런 위기가 오는지 이해할 수 없습니다. 그런데 이런 일을 당할 때 왜 이런 일이 일어나게 되었는지 이해하려고 해서는 안 됩니다. 단지 믿음으로 끝까지 하나님께 매달리는 수밖에 없습니다. 그렇게 했을 때 앗수르 군대 18만5천 명이 하룻밤 사이에 몰살당하는 엄청난 일이 일어나게 되는 것입니다. 그래서 우리가 기억해야 할 것은 내가 바로 믿으려고 애를 씀에도 불구하고 어려움이 올 때에는 무엇인가 하나님의 큰 구원이 준비되어 있다는 것입니다. 그러므로 우리는 끝까지 잘 견뎌야 합니다.

우리가 본문을 대하기 전에 다른 두 본문을 참고할 필요가 있습니다. 하나는 역대하 29장부터 32장까지인데 거기에는 열왕기 본문에 나오지 않는 히스기야의 개혁이 자세하게 기록되어 있습니다. 그리고 또 하나는 이사야 36장의 내용인데 이 부분은 앗수르 왕 산헤립의 부하 랍사게가 와서 유다를 모욕하는 내용입니다. 그런데 이 부분이 열왕기와 이사야서에서 거의 문자도 틀리지 않고 일치하고 있습니다. 아마 두 사람 모두 다 똑같은 자료를 사용해서 기록한 것 같습니다.

히스기야의 개혁

우리가 이스라엘이나 유다의 왕의 행적을 살펴보면 너무나도 마음이 답답해집니다. 그 이유는 그들이 기왕 여호와의 도우심으로 왕이 되었으면 한번 시원하게 하나님의 뜻대로 개혁하면 좋을 텐데 아무도 그렇게 하지 않는 것입니다. 어떤 왕은 개혁한다고 하면서 반대파나 숙청하고, 어떤 왕은 처음에는 정직하다가 어느 정도 축복을 받고 나면 변질해 버리고, 어떤 왕은 아예 하나님께 대한 반발심으로 우상을 끌어들여서 더 하나님의 징계와 심판을 받았습니다.

왜 이스라엘이나 유다 왕들은 하나님의 말씀대로 그야말로 시원하게 행하지 못할까요? 그것은 오늘 목회자의 문제와도 비슷하다고 볼 수 있습니다. 우선 하나님의 말씀대로 모든 것을 하려면 하나님의 말씀에 모든 것을 다 거는 모험을 해야 합니다. 눈에 보이는 모든 좋은 것들을 다 포기하고 다른 사람들의 반대를 이겨 내면서 아무 결과도 보이지 않는 말씀에 모든 것을 다 걸어야 하는 것입니다. 이런 것을 가장 싫어하는 사람들이 교육을 많이 받은 사람들입니다. 이들은 눈에 보이는 아무 근거도 없는 말씀에 모든 것을 다 거는 것을 결사적으로 반대합니다. 그리고 왕 자신도 하나님의 말씀대로 살려면 지금까지 비성경적으로 이익을 보던 모든 것들을 포기해야 합니다. 가장 심각한 것은 주위에 있는 다른 나라들에게서 철저하게 고립이 되어야 하는 것입니다.

요즘 일본의 고이즈미 수상이 신사참배를 하면서 아시아 모든 나라들과의 관계를 악화시키고 고립되었습니다. 아무도 그에게 좋은 말을 건네지 않고 있습니다. 만약 유다나 이스라엘 왕이 하나님만 섬기면 이와 같은 고립의 상태에 놓이게 됩니다. 그러니까 뭐가 답답하다고 나라의 지식인들과 싸워가면서 또 자기 이익을 잃어가면서 다른 나라들로부터 고립되어 가면서 하나님만 섬기겠습니까? 그래서 어느 왕도 이런 모험을 할 수가 없었습니다.

그런데 히스기야는 정말 속 시원하게 하나님의 뜻대로 유다를 개혁했습니다. 그는 하나님의 말씀에 모든 것을 다 걸고 모험한 사람이었습니다. 그리고 그 결과 큰 위기를 자초하게 됩니다. 그러나 히스기야는 미친 사람처럼 끝까지 여호와 하나님을 의지했고 이 세상 어느 누구도 경험하지 못했던 엄청난 하나님의 능력을 체험하게 되었습니다.

열왕기하 18:3-6

"히스기야가 그 조상 다윗의 모든 행위와 같이 여호와 보시기에 정직히 행하여 여러 산당을 제하며 주상을 깨뜨리며 아세라 목상을 찍으며 모세가 만들었던 놋뱀을 이스라엘 자손이 이때까지 향하여 분향하므로 그것을 부수고 느후스단이라 일컬었더라 히스기야가 이스라엘 하나님 여호와를 의지하였는데 그의 전후 유다 여러 왕 중에 그러한 자가 없었으니 곧 저가 여호와께 연합하여 떠나지 아니하고 여호와께서 모세에게 명하신 계명을 지켰더라"

우리가 히스기야의 개혁을 보면서 느끼는 것은 참 시원하다는 것입니다. 지금까지 다른 왕들은 하나님의 말씀으로 돌아간다고 하면서도 부분적인 개혁밖에 하지 못하여 답답한 모습이었는데 히스기야는 비성경적인 모든 것을 다 청산하고 완전히 하나님의 말씀으로 돌아가려고 했습니다. 이것은 히스기야의 신앙이 완전히 모험적인 것을 보여 줍니다. 즉 기왕 왕이 되었고 하나님의 말씀이 옳다면, 아무리 다른 사람들이 욕하고 자신에게 어려움이 오고 손해가 있더라도 끝까지 하나님의 말씀대로 해 보자는 결심이 있었던 것입니다.

왕이 이런 식으로 세게 나가면 비록 반대하는 생각을 가진 자라 하더라도 입을 다물고 따라올 수밖에 없습니다. 왜냐하면 사람들이 자기는 이렇게 독선적인 것을 좋아하지 않지만 성경적으로는 옳다는 것을 알기 때문입니다. 그래서 주의 종들이 하나님의 말씀으로 돌아올 때에는 모든 사람들의 마음을 만족시켜 주려고 해서는 안 됩니다. 마치 하나님의 말씀에 미친 사람처럼 거의 독단적으로 결단해야 하는 것입니다.

어떤 사람은 개혁이라고 하면 무엇이든지 새로운 것으로 바꾸는 것이라고 생각합니다. 그러나 성경적인 개혁은 새 것으로 바꾸는 것이 아니라 하나님과 이스라엘을 가로막고 있는 방해물을 제거하는 것입니다. 그러면 막혀 있던 하나님의 은혜가 다시 흐르게 되면서 이스라엘 백성들의 마음에 축복이 임하게 됩니다.

하나님의 은혜는 얼마나 예민한지 모릅니다. 우리가 조금이라도 교만하거나 우상을 받아들이거나 세상을 사랑하게 되면 신앙의 껍데기만 남고 진짜 축복은 없어져 버립니다. 이것을 다시 회복하려면 모든 형식적인 신앙과 거짓과 위선과 우상을 다 부수고 철저하게 하나님 앞에 자신을 낮춰야 하는 것입니다. 오직 가난하고 겸손한 마음이 되어야 다시 하나님의 은혜를 받을 수가 있습니다.

히스기야의 개혁은 주로 세 가지로 정리할 수 있습니다. 가장 중요한 것은 아버지 아하스가 더럽힌 성전을 정결케 하는 것이었습니다. 아하스는 북쪽 이스라엘과 수리아가 쳐들어왔을 때 이들을 두려워하지 말라는 이사야의 말을 믿지 않고 앗수르 왕에게 은금을 보내어 도움을 청했습니다. 그리고 그것으로 끝나지 않고 다메섹에 갔을 때 이방신의 제단을 보고 그려 와서 성전에 세우게 했습니다. 그리고 성전 안에 있는 방마다 거의 우상으로 채우고 또 성전에 있는 기구들을 빼내서 우상을 섬기는데 쓰게 했던 것입니다. 히스기야는 성전의 방 안에 들어 있는 것을 모두 꺼내서 우상을 섬기는 도구들을 기드론 시내에 버려 불태워 버리고 성전을 바르게 회복했습니다. 이것이 가장 중요한 것입니다. 하나님의 성전에는 은혜를 막는 그 어떤 것도 없어야 합니다.

두 번째는 범이스라엘적으로 유월절을 지킨 것이었습니다. 여기서 유월절을 지켰다고 하는 것은 완전히 출애굽의 정신을 갖고 새 출발을 하자는 것입니다. 또한 히스기야는 유다만 유월절을 지킨 것이 아니라 앗수르에 의해 망한 후에도 끌려가지 않고 있던 이스라엘 족속들에게도 공문을 보내서 모든 이스라엘이 다 참가하게 했습니다. 이때 이스라엘의 어떤 지파 사람들은 조롱하면서 오지 않았지만 많은 사람들이 성전에 와서 유월절을 지켰습니다.

그리고 세 번째로 한 것은, 유다 전체에서 모든 우상과 산당을 부수고 하나님께만 예배드리게 한 것이었습니다. 히스기야의 개혁은 외적으로만 보면 거의 완전한 개혁이었습니다. 그러나 결코 완전한 개혁이 되지 못했습니다. 그 이유는 유다 지도자들이나 백성들이 온전한 마음으로 왕을 따르지 않았기 때문입니다. 그들은 워낙 왕이 강력하게 밀어붙이니까 마지못해서 따라가는 체했을 뿐이지 마음속으로는 여전히 우상을 섬기고 있었던 것입니다. 이것을 보면 우리 인간이 온전한 믿음으로 하나님께 돌아온다는 것이 얼마나 어려운 일인지 알게 됩니다.

우리나라 문민정부 때 김영삼 대통령이 얼마나 신나게 개혁을 했던지 한때 지지율이 90%를 능가할 정도였고 사람들은 김영삼 대통령을 여호수아라고 불렀습니다. 그러나 그도 우리나라 사람들의 부패한 사고방식을 고칠 수가 없었고 결국 우리나라는 IMF라고 하는 엄청난 시련을 당하게 되었습니다. 즉 우리가 알아야 할 것은 위로부터의 개혁은 겉으로 나타나는 것을 고칠 수는 있지만 결코 속에 들어있는 것을 바꿀 수가 없다는 사실입니다. 진정한 개혁이 일어나려면 아래에서부터 한 사람 한 사람이 깨닫고 변화되는 일이 일어나야 하는 것입니다. 그래서 예수님이 하신 것이 바로 이것이었습니다. 우리 한 사람 한 사람이 은혜 받고 변화되는 것이 겉으로 나타나는 요란한 것은 없어도 진정으로 하나님이 기뻐하시는 일인 것입니다.

히스기야의 시련

히스기야의 외교 정책은 두 가지였습니다. 하나는 유다 서남쪽에 있는 블레셋을 공격해서 지배한 것이고 다른 하나는 반 앗수르 정책을 쓴 것이었습니다. 그러나 이 두 가지 정책 모두 앗수르의 심기를 아주 불편하게 했습니다. 이 당시 세계는 우리가 생각하는 것만큼 넓지 않고 앗수르에서 애굽까지 이르는 그 지역이 세계라고 말할 수 있었습니다. 이때 앗수르에는 살만에셀 5세, 사르곤 2세, 그리고 산헤립 같은 영웅들이 계속 나오면서 전 세계를 정복하려는 야망을 불태우고 있었습니다. 특히 앗수르의 정책은 우상 숭배를 강요하고 조금이라도 반역의 기미가 있는 민족이나 나라는 완전히 제거해서 뿌리를 뽑아버리는 것이 원칙이었습니다.

히스기야가 아무리 하나님을 잘 믿는다고 해도 전 세계가 돌아가는 실정을 전혀 무시할 수가 없었습니다. 왜냐하면 유다는 그 당시 세계 속의 유다였기 때문입니다. 히스기야가 왕이 된 지 4년에 살만에셀이 사마리아를 공격하다가 죽고 그 아들 사르곤 2세가 사마리아를 완전히 멸망시켜 버렸습니다. 그리고 히스기야는 왕이 된지 14년에 가장 큰 시험에 빠지게 되는데 그것은 사르곤 2세의 아들 산헤립이 대군을 이끌고 공격해 온 것이었습니다. 이때 유다는 무려 46개의 성읍을 점령당하고 약 20만 명이 넘는 사람들을 포로로 빼앗겨야 했습니다. 이때 히스기야는 전쟁에 패배했다는 것을 시인하고 엄청난 전쟁 배상금을 지불하고 앗수르와 휴전을 하려고 했습니다. 그런데 앗수르 군대는 돈을 돈대로 다 받고 또한 예루살렘도 공격했습니다.

열왕기하 18:13-16

"히스기야 왕 십사 년에 앗수르 왕 산헤립이 올라와서 유다 모든 견고한 성읍들을 쳐서 취하매 유다 왕 히스기야가 라기스로 보내어 앗수르 왕에게 이르되 내가 범죄하였나이다 나를 떠나 돌아가소서 왕이 내게 지우시는 것을 내가 당하리이다 하였더니 앗수르 왕이 곧 은 삼백 달란트와 금 삼십 달란트를 정하여 유다 왕 히스기야로 내게 한지라 히스기야가 이에 여호와의 전과 왕궁 곳간에 있는 은을 다 주었고 또 그때에 유다 왕 히스기야가 여호와의 전 문의 금과 자기가 모든 기둥에 입힌 금을 벗겨 모두 앗수르 왕에게 주었더라"

우리가 이해가 되지 않는 것은 하나님의 말씀대로 살려고 애썼던 히스기야 왕에게 왜 이런 엄청난 시련이 오느냐 하는 것입니다. 우리는 그것에 대해 '모른다' 라고 대답할 수밖에 없습니다. 물론 어떤 분은 히스기야의 개혁이 불충분했기 때문이라고 말하는 사람도 있습니다. 그러나 아무리 예수를 잘 믿고 신앙생활을 잘한다 하더라도 우리는 불완전할 수밖에 없습니다. 우리가 나름대로 최선을 다했는데도 우리의 믿음이 부족해서 시련이 올 때에는 그것을 감당해야 합니다. 히스기야가 잘한 것은 바로 이 점이었습니다.

히스기야는 어려움이 왔을 때 '하나님, 왜 저에게 이런 어려움을 주십니까?' 라고 질문하지 않았습니다. 그는 이런 어려움을 나름대로 최선을 다해 해결하려고 노력했습니다. 즉 성전에 있는 모든 금과 심지어는 성전 문에 있는 금까지 벗겨서 앗수르 왕에게 주었습니다. 히스기야의 아버지 아하스는 믿음이 별로 없었기에 신앙으로 인해 오는 고난을 피하려고만 해서 결국 더 큰 문제를 일으켰습니다. 일단 통상적으로는 여기서 히스기야의 시련이 끝나야 정상적입니다. 그러나 히스기야가 자존심을 버리고 모든 금을 다 주었음에도 불구하고 앗수르 군대는 약속을 어기고 예루살렘으로 쳐들어왔습니다. 이것은 돈은 돈대로 다 주고 결국 사기를 당한 것과 같습니다. 여기서 히스기야는 끝까지 하나님을 의지해서 하나님의 기적을 체험하게 됩니다.

랍사게의 모욕

하나님의 백성들은 하나님의 사랑을 많이 받아서 자존심이 강한 족속들입니다. 그래서 돈이 없어서 가난한 것은 참을 수가 있고 몸이 병들어서 아픈 것은 참을 수 있을지 몰라도 다른 사람으로부터 욕을 얻어먹는 것은 참기가 어렵습니다. 하나님은 히스기야로 하여금 전쟁의 고난을 겪게 하시고 그 다음에는 경제적으로 금을 다 앗수르에 바치는 시련을 겪게 하시고 이번에는 산헤립의 부하 랍사게로부터 욕이란 욕을 다 얻어먹게 하셨습니다. 졸지에 히스기야는 다른 사람들은 한평생 한 가지씩만 당하는 고난을 한꺼번에 세 가지를 겪게 되었습니다. 이것이 바로 고난의 삼중주인 것입니다.

그런데 히스기야는 다른 것은 견딜 수 있어도 많은 유다 백성들 앞에서 앗수르 왕의 졸개로부터 감히 입에 담을 수 없는 욕을 듣는 것은 참기가 어려웠습니다. 히스기야가 랍사게로부터 웬만큼 모욕을 당했다면 참을 수 있었을 텐데 너무나도 더럽고 비참한 욕을 들었을 때에 히스기야는 너무나도 분해서 하나님 앞에 나아가서 통곡하지 않을 수가 없었습니다. 우리는 세상 사람들에게 무지막지한 욕을 얻어먹을 때 바로 하나님 앞에서 울고 통곡하면서 기도하라는 하나님의 뜻을 깨달아야 합니다. 이때 가만히 있으면 더 무지막지한 욕을 듣게 되어 결국은 울면서 기도하게 될 것입니다.

삼손이 들릴라에게 속아서 머리털이 밀리고 눈알이 뽑힌 채 블레셋에 붙잡혀 가서 노예 생활을 할 때 너무나도 비참했지만 삼손은 참았습니다. 왜냐하면 자기가 잘못해서 눈알이 뽑혔는데 누구를 원망하겠습니까? 그러나 블레셋 사람들이 삼손을 불러내어 너무나도 부끄러운 재주를 부리게 하며 치욕을 주자 결국 삼손은 하나님께 부르짖으면서 기도하게 됩니다. '하나님, 제가 잘못해서 눈알 뽑힌 것을 원망하지 않겠습니다. 그러나 나 때문에 하나님의 이름이 모욕당하는 것을 도저히 참을 수가 없습니다. 하나님, 한번만 저에게 힘을 주셔서 이 원수를 갚게 해 주십시오!' 삼손이 이렇게 부르짖으면서 기도했을 때 그에게 다시 힘이 생기면서 블레셋 사람의 집 기둥을 뽑아서 블레셋 사람들을 다 죽게 했습니다.

우리는 때때로 울면서 부르짖어야 하는데 미련하게 참을 때가 있습니다. 그때 하나님은 무지막지한 욕을 얻어먹게 하심으로 결국 울면서 기도하게 하시는 것입니다. 랍사게가 히스기야에게 온 것은 무슨 협상을 하려고 하는 것이 아닙니다. 유다가 얼마나 힘이 없고 무력한지 보여 줌으로 스스로 망하게 하려는 것입니다. 이것이 바로 사람을 위협하고 협박해서 사람의 피를 말려 죽이는 것입니다. 이렇게 하는 것을 '참소한다' 라고 합니다. 원래 사탄이라는 말의 뜻이 '참소한다' 라는 뜻에서 나왔습니다. 사람이 겨우 힘을 내어 일어서려고 할 때 그가 가지고 있는 약점이나 문제를 들추어서 결국 스스로 무너지게 하고 자포자기하게 하는 것이 참소하는 것입니다. 랍사게는 지금 예루살렘이 은근히 기대하고 있는 두 가지를 공격합니다. 하나는 애굽의 도움입니다.

열왕기하 18:19-23

"랍사게가 저희에게 이르되 너희는 히스기야에게 고하라 대왕 앗수르 왕의 말씀이 너의 의뢰하는 이 의뢰가 무엇이냐 네가 싸울 만한 계교와 용력이 있다고 한다마는 이는 입에 붙은 말뿐이라 네가 이제 누구를 의뢰하고 나를 반역하였느냐 이제 네가 저 상한 갈대 지팡이 애굽을 의뢰하도다 사람이 그것을 의지하면 그 손에 찔려 들어갈지라 애굽 왕 바로는 무릇 의뢰하는 자에게 이와 같으니라 너희가 혹시 내게 이르기를 우리는 우리 하나님 여호와를 의뢰하노라 하리라마는 히스기야가 여호와의 산당과 제단을 제하고 유다와 예루살렘 사람에게 명하기를 예루살렘 이 단 앞에서만 숭배하라 하지 아니하였느냐 하셨나니 이제 너는 내 주 앗수르 왕과 내기하라 네가 만일 그 말 탈 사람을 낼 수 있다면 나는 네게 말 이천 필을 주리라"

랍사게가 히스기야를 욕하는 것은 어떤 의미에서 너무나도 정확한 것이었습니다. 랍사게는 히스기야에게 '너희들이 모략과 용맹이 있다는 것은 입술에 발린 말이고 실제로 애굽을 의지해서 동맹을 맺은 모양인데 애굽은 썩은 갈대이다' 라는 것입니다. 우리도 산에 올라가면서 갈대를 손으로 잡으면 도움이 되지 않고 오히려 그 잎사귀에 손이 베여 피가 날 때가 있습니다. 갈대는 도움은 되지 않고 손만 베이게 하기 때문에 잡지 않는 것이 좋습니다.

두 번째로 공격하는 것은 히스기야의 종교 개혁이 하나님을 화나게 했다는 것입니다. 이것은 랍사게가 잘 모르고 하는 소리였습니다. 여기서 산헤립은 히스기야가 유다와 예루살렘에서 대대적인 종교 개혁을 일으킨 것을 잘 알고 있었습니다. 그런데 산헤립은 이것이 오히려 하나님을 진노하게 했다고 생각합니다. 왜냐하면 그들은 제단이 많으면 많을수록 신이 더 좋아한다고 생각하기 때문입니다. 그들은 히스기야가 모든 산당을 없애고 다른 우상의 재단을 부쉈기 때문에 이것이 틀림없이 여호와를 화나게 했다는 것입니다. 그래서 결국에는 하나님이 히스기야를 미워해서 그를 돕지 않을 것이라고 말합니다.

사실 랍사게가 이 이야기만 하지 않았더라면 히스기야나 유다 백성들은 속았을 것입니다. 왜냐하면 그가 하는 말이 너무나도 옳고 타당했기 때문입니다. 그러나 그는 공연히 히스기야의 종교 개혁을 비방하면서 스스로의 무식을 드러내고 말았습니다. 이것은 그들이 가장 중요한 부분을 모르며 대충 지레짐작하고 히스기야를 공격하는 허점을 드러내는 것입니다.

누군가를 공격하려면 스스로 모순이 없어야 합니다. 그런데 히스기야의 다른 일은 몰라도 산당을 없애고 예배를 한 곳으로 모은 것은 그가 하나님 앞에서 가장 정직하고 바르게 한 것이었습니다. 우리는 어떤 때에 다른 사람으로부터 공격을 받을 수 있고 그 말이 타당하고 강하기 때문에 그 말대로 죽으려고 작정하기도 합니다. 그런데 어느 한 부분에서 그 사람이 말도 되지 않는 소리를 하면 그때 번쩍 정신이 들면서 '내가 지금 속고 있고 이 사람의 이야기가 엉터리구나' 라는 것을 깨닫게 됩니다.

랍사게의 말은 이것입니다. 싸울 능력이 있으면 나와서 싸우든지 아니면 그럴 힘이 없으면 포로로 잡혀가든지 할 것이지 도대체 누가 와서 너희를 돕는다고 그렇게 버티고 있느냐는 뜻입니다. 사실 하나님을 모르는 사람들이 고난당하는 하나님의 백성들을 보면서 이해하지 못하는 부분이 바로 이 점입니다. 세상에서 아무도 도와줄 사람이 없고 또 도와줄 수도 없는데도 하나님의 백성들은 자존심을 버리지 않습니다. 그래서 도대체 너희들이 무슨 '힘' 을 믿고 그렇게 버티느냐 하는 것입니다.

그것은 성도들이 하나님께 대한 소망이 있기 때문입니다. 그들은 끝까지 기적을 믿습니다. 예를 들어 야구 경기장에서 9회 말 투 아웃이 되도 관객들은 자리를 지키고 앉아 있습니다. 그 이유가 무엇입니까? 야구는 홈런 한 방이면 얼마든지 경기를 뒤집을 수 있기 때문에 끝까지 자리를 뜨지 않는 것입니다.

하나님의 백성들의 묘미는 바로 여기에 있습니다. 사람들이 보기에는 전혀 가능성이 없는 거기에서부터 하나님의 가능성이 시작되기 때문입니다. 그래서 이 세상 사람들이 아무리 조롱해도 하나님의 백성들은 자포자기하지 않고 하나님을 소망합니다.

20. 고난 중에 드리는 기도

◎ 왕하 19:1-19

비행기나 배를 타고 가다가 긴급한 상황을 만나게 되면 SOS 긴급 구조 신호를 보내게 됩니다. 이것은 누군가가 가까운 곳에서 이 신호를 듣고 자기들을 구조할 수 있으면 구조해 달라는 것입니다. 그러나 아무리 구조 신호를 보내도 사람들이 그 신호를 받지 못하거나 받았다 하더라도 도와줄 처지가 안 되면 어려움을 당한 사람들은 죽을 수밖에 없습니다. 하지만 만일 누군가가 그 SOS 구조 신호를 듣고 늦지 않게 도우러 온다면 정말 구사일생으로 목숨을 건지게 되고 기적적으로 살아나게 되는 것입니다.

우리가 예수를 믿으면서 때로는 죽느냐 사느냐 하는 아주 절박한 위기를 당할 때가 있습니다. 이때 우리가 잘 판단하는 것이 중요합니다. 과연 살기 위해 발버둥을 쳐야 할지, 아니면 모든 것을 하나님께 맡기고 가만히 있어야 하는지, 아니면 누군가 기도를 잘하는 사람에게 기도 부탁을 해야 할 것인가 하는 것입니다. 사실 믿음이라고 하는 것은 이런 위기의 순간에 나타나게 됩니다. 우리가 왜 자꾸 평소에 말씀을 붙들어야 한다고 강조하는가 하면 바로 이런 위기의 순간에 말씀을 붙든 신앙이 반드시 응답받기 때문입니다. 그러나 평소에 하나님의 말씀을 붙들지 않고 다른 것을 붙들었던 신앙은 그 결과를 장담할 수가 없습니다. 그야말로 하나님이 어떻게 해서 도와주시면 사는 것이고 그렇지 않으면 망할 수밖에 없는 신세인 것입니다.

성경 말씀을 보면 하나님의 말씀을 붙들고 바른 믿음으로 살아 보려고 한 히스기야 왕에게 정말 사느냐 죽느냐 하는 큰 위기가 발생했습니다. 그것은 앗수르의 대군이 쳐들어와서 히스기야 왕에게 어서 죽으라고 한 것입니다. 앗스르 왕이 히스기야에게 단순히 항복을 요구했다면 이것은 문제가 간단한 것입니다. 이미 히스기야는 항복하기로 했고 어떤 보상이라도 다 하겠다고 했습니다. 그러나 앗수르 왕이 요구한 것은 하나님의 신앙을 버리고 먼 다른 나라로 포로가 되어 가라는 것이었습니다. 이것은 죽으라는 것과 똑같았고 히스기야는 도저히 하나님의 신앙을 버릴 수가 없었습니다. 그러나 하나님의 신앙을 버리지 않으면 앗수르 군대가 쳐들어와서 모든 유다 백성들을 죽일 것입니다. 이때 히스기야는 하나님께 SOS 긴급 구조 신호를 보냈고 하나님은 전무후무한 방법으로 히스기야와 유다 백성들을 구원해 주셨습니다.

그래서 하나님의 백성들이 위기에 처했을 때 가장 좋지 못한 것이 살려고 발버둥치거나 아니면 아예 기도를 포기해 버리는 것입니다. 하나님의 백성들의 어려움은 망하라고 오는 것이 아닙니다. 우리로 하여금 하나님께 기도하고 매달리라고 주시는 것입니다. 이때 우리가 취할 태도가 무엇입니까? 상당한 정신적인 여유를 가지는 것입니다. 즉 어려움이 제법 오래 끌 수도 있다고 생각하고 장기적이고 지속적으로 기도에 전력을 다하는 것입니다. 그렇게 하면 우리는 어떤 어려움도 이길 수가 있게 됩니다.

히스기야의 태도

히스기야는 나름대로 철저하게 하나님의 말씀대로 한번 살아 보려고 애쓰던 왕이었습니다. 히스기야는 모든 우상을 부수고 성전을 회복하고 유월절도 회복했습니다. 그런데 이 세상 현실은 그렇게 간단한 것이 아니었습니다. 지금 막 일어나기 시작한 신생 앗수르 제국이 유다를 공격한 것입니다. 이것은 마치 비유를 들자면 신앙이 좋은 성도가 사업을 하는데 갑자기 IMF가 터져서 회사 운영에 큰 위기를 겪게 된 것과 비슷합니다.

아무리 신앙이 좋다고 해도 우리는 마치 온실 안의 화초와 같을 때가 많습니다. 막상 이 세상의 거친 현실 앞에 나가 보면 나의 믿음이라고 하는 것은 너무나도 보잘 것 없고 이 세상에서 알아주는 것 역시 권력이고 돈이고 힘이란 것을 알게 됩니다. 이때 우리가 할 수 있는 것이 무엇이겠습니까? 우리는 자칫 잘못하면 미리 낙심해서 '역시 신앙이라고 하는 것은 교회 안에서만 통하는 것이야' 라고 생각할 수 있습니다. 그러나 절대로 믿음을 포기해서는 안 됩니다. 우리가 성경적인 믿음을 가지고 세상에 나가면 실패할 수밖에 없습니다. 그러나 그 실패한 것을 그대로 가지고 하나님의 전에 나아와서 부르짖으면서 기도할 때 하늘이 열리게 되는 것입니다.

히스기야는 앗수르 왕이 먼저 보낸 랍사게라는 신하를 통해 무지무지한 욕설을 듣고 멸망의 최후통첩을 받게 되었을 때 다른 것은 하지 않고 오직 하나님께 나아갔습니다. 그는 두 가지 일을 했습니다. 그 첫째는 옷을 찢고 하나님의 성전에 나아간 것입니다.

열왕기하 19:1

"히스기야 왕이 듣고 그 옷을 찢고 굵은 베를 입고 여호와의 전에 들어가서"

히스기야가 옷을 찢은 것은 하나님 앞에서 자신의 상황을 드러낸 것입니다. 예를 들어 어떤 부인이 자신의 자녀나 남편이 무슨 사고로 구급차에 실려서 병원 응급실에 실려 가게 되었을 때 자신의 몸치장에 신경 쓸 여유가 없을 것입니다. 얼굴에 무슨 화장품을 바를 정신도 없을 것이며 머리를 꾸밀 겨를도 없을 것입니다. 이때는 오직 아들이나 남편이 죽지 않는 것만 생각할 것입니다.

히스기야는 랍사게의 말을 듣기 전까지는 상황을 좀 안일하게 생각했던 것 같습니다. 앗수르 왕이 대충 협박을 하다가 돈을 제법 뜯어 내고는 물러갈 줄로 생각했던 것입니다. 그러나 랍사게의 욕설을 통해서 앗수르 왕의 의도를 알게 되었는데 그것은 정말 예루살렘을 멸망시키려고 하는 것이었습니다. 하나님의 신앙을 버리면 목숨을 간신히 살리되 먼 곳으로 귀양을 가야 했습니다. 그러나 끝까지 하나님을 믿고 성전을 지키려면 모두 죽어야 하는 것입니다. 이때 히스기야 왕은 지금 우리가 멋이나 내고 폼을 잡을 상황이 아니라 모두 죽느냐 사느냐 하는 아주 절박한 시점이라는 것을 알게 됩니다. 이제 다른 모든 것을 다 버리고 오직 하나님 앞에서 결사적으로 한 가지만 구하게 되는데, 그것은 우리의 생명을 지켜 주시고 신앙을 지켜 달라는 기도입니다.

우리는 평소에 믿음 생활을 하면서 여러 가지 욕심을 낼 때가 많습니다. 믿기는 믿지만 하나도 손해를 보지 않으려 하고, 다른 사람의 이목에 많은 신경을 쓰게 됩니다. 그러다가 사느냐 죽느냐 하는 문제가 생기게 되거나 신앙을 지키느냐 아니면 망하느냐 하는 절박한 문제에 부딪치게 되면 외모를 꾸미려는 생각을 다 버리고 오직 하나님께 살려 주시기만 하면 아무 다른 것을 원치 않는다고 기도하게 되는 것입니다.

이것이 바로 히스기야가 옷을 찢은 의미입니다. 사실 우리에게는 자식을 잃거나 남편을 잃는 것보다 더 중요한 것이 있습니다. 그것은 바로 하나님을 믿는 신앙입니다. 만약 이것을 잃어버린다면 우리는 살아 있어도 산 것이 아닙니다. 그런데 어떤 사람이 나의 이 신앙을 빼앗으려고 할 때 우리는 하나님 앞에서 옷을 찢을 수밖에 없습니다.

히스기야가 지금까지 한 것이 무엇입니까? 그는 하나님을 한번 바로 믿기로 했습니다. 또한 그것을 위해 예루살렘 안에서 철저한 개혁을 일으켰습니다. 그런데 이제 앗수르에 의해 그 참된 신앙이 짓밟히고 소중한 신앙을 포기하도록 강요받고 있는 것입니다. 히스기야는 옷을 찢음으로 여호와께 대한 바른 신앙이 자신의 생명이며 가장 중요한 것임을 나타냈습니다. 또한 이런 신앙을 잃으면 죽을 수밖에 없다는 것을 하나님 앞에서 고백했습니다.

오늘 우리에게 있어서 가장 중요한 것이 무엇이겠습니까? 그것은 성경 말씀을 마음껏 듣고 자신 있게 믿을 수 있는 자유입니다. 만약 이 자유가 없어진다면 우리가 살아 있어도 산 것이 아닙니다. 그것은 죽은 것입니다. 이것이 오늘 우리 모두의 심정이 되어야 할 것입니다. 우리는 가장 귀한 한 가지를 붙들어야 합니다. 이럴 때에 때론 금전적으로 큰 손해를 볼 수도 있습니다. 다른 사람에 의해 수치를 당할 수도 있고 직장의 좋은 보직을 빼앗길 수도 있습니다. 심지어는 살고 있던 집을 빼앗길 수도 있습니다. 그러나 우리는 그런 것으로 옷을 찢어서는 안 됩니다.

하나님의 백성에게 있어서 생명과 같이 절대로 빼앗길 수 없는 유일한 것은 성경대로 믿고 성경대로 하나님의 말씀을 듣고 마음껏 기도할 수 있는 특권입니다. 이것이 아닌 다른 것은 잃어도 되고 빼앗겨도 되는 것입니다. 그래서 앗수르의 공격은 하나님이 히스기야와 예루살렘 사람들에게 다시 한 번 질문하시는 것입니다. 그것은 '과연 너희에게 절대적으로 중요한 것이 무엇이냐?' 하는 것입니다.

히스기야가 두 번째로 한 것은 선지자 이사야에게 사람을 보내서 자신들의 사정을 알리고 하나님의 말씀을 전해 달라는 것이었습니다.

> 열왕기하 19:2
> "궁내 대신 엘리야김과 서기관 셉나와 제사장 중 장로들에게 굵은 베를 입혀서 아모스의 아들 선지자 이사야에게로 보내매"

히스기야는 선지자 이사야에게 대신들을 보내서 하나님께 기도해 달라고 했습니다. 왜 히스기야는 이렇게 어려운 위기 상황에서 무기나 군사를 가진 애굽 왕에게 사람을 보내지 않고 선지자 이사야에게 사람을 보냈을까요? 거의 대부분의 유다 왕들은 위기가 생기면 주위의 힘 있는 나라에 사신을 보내서 도와달라고 부탁을 했습니다. 그런데 히스기야는 전쟁에는 아무 도움도 되지 않은 이사야 선지자에게 사람을 보냈습니다. 그 이유가 어디에 있을까요? 그 이유는 히스기야는 하나님의 말씀 한 마디가 군대 몇 만 명보다 더 위력이 있다는 것을 믿었기 때문입니다. 이것은 마치 신약 성경에 나오는 백부장의 신앙과 같은 것입니다. 그는 오직 예수님이 말씀하시기만 하면 모든 것들이 다 그대로 될 줄 믿었습니다. 히스기야는 이사야에게 예루살렘의 사정을 그대로 이야기했습니다.

열왕기하 19:3

"저희가 이사야에게 이르되 히스기야의 말씀이 오늘은 곤란과 책벌과 능욕의 날이라 아이가 임산하였으나 해산할 힘이 없도다"

얼마나 실감나는 말입니까? 지금 어느 산모가 아이를 낳으려고 진통을 하는데 이미 지쳐서 더 이상 힘을 줄 수가 없었습니다. 그러면 어쩔 수 없이 아이와 산모는 다 죽을 수밖에 없습니다. 특히 옛날에는 더 그랬습니다. 여기서 놀라운 것은 히스기야가 아이를 낳지 않게 해 달라고 하는 것이 아닙니다. 그는 어차피 이 고통을 받아야 하고 아이를 낳아야 하는 것을 알았습니다. 그런데 문제는 이것을 감당할 수 있는 힘이 자기들에게는 없는 것입니다. 이것을 다른 말로 표현하면 하나님이 힘을 더 주시면 이 시험을 이길 수 있다는 것입니다. 히스기야는 이스라엘이 살기 위해서는 이 시험을 이겨야 한다는 것을 잘 압니다. 이 시험을 이겨야 엄마도 살고 아기도 살 수가 있습니다. 그러나 그들에게는 더 이상 아무런 힘이 남아 있지 않아서 이제 죽음을 눈앞에 두고 있는 실정이라는 뜻입니다. 그러면서 이사야에게 무엇을 부탁하고 있습니까?

열왕기하 19:4

"랍사게가 그 주 앗수르 왕의 보냄을 받고 와서 사신 하나님을 훼방하였으니 당신의 하나님 여호와께서 혹시 저의 말을 들으셨을지라 당신의 하나님 여호와께서 그 들으신 말을 인하여 꾸짖으실듯하니 당신은 이 남아 있는 자를 위하여 기도하소서 하더이다"

히스기야의 신앙은 하나님이 만군의 하나님이심을 믿는 것이었습니다. 그러니까 온 세상을 다스리시는 왕인 하나님 앞에 감히 앗수르 왕이 군대를 끌고 와서 시위를 하고 욕을 퍼부었으니 이것은 왕에 대한 반역 행위가 됩니다. 만약 어떤 사령관이 자기 나라 군대를 이끌고 왕궁에 와서 왕에게 욕을 퍼붓는다면 다른 군대가 가만히 있겠습니까? 히스기야의 믿음은 하나님은 온 세상의 왕이시기 때문에 그분을 향하여 총부리를 들이밀고 욕을 해대는 것은 하나님께 용서할 수 없는 죄라는 것입니다. 이것에 대해 하나님이 뭐라고 말씀을 해 달라는 것입니다.

그리고 이사야에게 남아 있는 자를 위해서 기도해 달라고 합니다. 사람들이 많이 죽었는데 이제 남아 있는 자들이 끝까지 믿음을 지키고 믿음의 선한 싸움을 싸울 수 있도록 기도해 달라는 말입니다. 히스기야의 기도에서 우리가 주목할 수 있는 것은 그가 어려움을 없애 달라고 하나님께 기도하지 않았다는 것입니다. 오히려 어려움을 이길 수 있는 믿음과 힘을 달라는 것이었으며 또한 자신이 끝까지 주님을 부인하지 않도록 이사야에게 부탁하는 것이었습니다.

환란의 날에 준비된 하나님의 말씀

이 절박한 어려움의 때에 히스기야의 복은 하나님의 준비된 말씀을 들을 수 있었다는 것입니다. 앗수르라는 나라가 사람들에게는 너무나도 큰 어려움이었지만 하나님께는 전혀 어려움이 되지 못했습니다. 하나님의 준비된 말씀이 무엇입니까?

열왕기하 19:6-7
"이사야가 저희에게 이르되 너희는 너희 주에게 이렇게 고하라 여호와의 말씀이 너는 앗수르 왕의 신복에게 들은 바 나를 능욕하는 말을 인하여 두려워하지 말라 내가 한 영을 저의 속에 두어 저로 풍문을 듣고 그 본국으로 돌아가게 하고 또 그 본국에서 저로 칼에 죽게 하리라 하셨느니라"

하나님은 히스기야에게 앗수르 왕의 종들이 하나님을 능욕한 말을 두려워하지 말라고 말씀하셨습니다. 즉 그들의 말은 들을 일고의 가치도 없으니까 그냥 개짓는 소리 정도로 생각하라는 것입니다. 사실 우리가 악한 자의 말을 이렇게 들을 수만 있다면 얼마나 좋겠습니까? 그러나 실제로 악한 자가 모든 힘을 다 가지고 있고 실제로 우리를 해칠 수 있는 능력이 있고 해치려고 하고 있는 것이 문제입니다. 그러나 하나님의 말씀은 아무리 강한 자의 말보다 더 강합니다. 하나님의 말씀은 이 세상에서 강한 자의 말이 개소리 정도밖에 되지 않게 하십니다. 왜냐하면 그들의 말은 하나님께 능욕이 되지도 않고 히스기야에게도 아무 해가 되지 못하기 때문입니다. 이미 하나님이 그리스도의 피로 의롭다고 하신 하나님의 백성들을 공격하는 말들은 자기 자신들의 머리로 그 욕이 다 돌아가게 됩니다.

하나님은 온 세상이 감당하지 못하는 앗수르 왕을 물리치기 위해 많은 군대를 사용하지 않으십니다. 왜냐하면 하나님께는 이것이 큰 가치가 없는 것이기 때문입니다. 하나님이 '한 영'을 주겠다고 하십니다. 여기 '영'은 어떤 생각을 말합니다. 무슨 생각입니까? 자기 나라의 부하나 자식들에 대한 의심입니다. 즉 누군가가 자기를 배반할 것 같은 생각이 드니까 전쟁하던 것도 멈추고 돌아가게 되는데 실제로 산헤립은 본국으로 돌아가서 자식의 칼에 죽게 됩니다.

앗수르 왕의 단 한 가지 의심으로 그 많은 앗수르 군대는 돌아가게 되는데 이스라엘 백성들은 활 하나 쏘지 않고 그 많은 군대를 물리치는 것입니다.

이것은 다윗의 시편 말씀 그대로입니다. "악인은 그렇지 않음이여 오직 바람에 나는 겨와 같도다"(시 1:4). 앗수르 군대가 얼마나 강력합니까? 앗수르 군대의 숫자는 태산만큼이나 많았습니다. 그런데 하나님의 말씀 한 마디에 완전히 쭉정이가 날아가듯이 한순간에 없어지고 말았습니다. 그런데 앗수르가 없어지는 것도 그냥 곱게 없어지는 것이 아니라 자기 나라에 가서 칼에 맞아 죽을 것이라고 하십니다. 얼마나 놀라운 말씀입니까? 앗수르 왕은 죽어야 합니다. 왜냐하면 죽지 않으면 또다시 쳐들어올 것이기 때문입니다.

앗수르 왕의 마지막 위협

이사야가 이 말을 하고 난 후 바로 산헤립은 구스 왕 디르하가가 움직인다는 정보를 받게 되었습니다.

> 열왕기하 19:9
> "앗수르 왕이 구스 왕 디르하가가 나와서 더불어 싸우고자 한다 함을 듣고 다시 히스기야에게 사자를 보내며 가로되"

이때 구스 사람들이 애굽을 지배하고 있었습니다. 만약 앗수르 왕이 예루살렘을 공격하면 뒤에서 구스의 공격을 당할 것이 두려웠습니다. 그래서 공격을 미루고 있는데 드디어 디르하가가 움직인다는 정보를 얻게 된 것입니다. 지금까지 산헤립이 생각한 것은 예루살렘을 먼저 함락시키고 구스와 한판을 벌일 생각이었는데, 놀랍게도 예루살렘이 히스기야 중심으로 잘 뭉쳐져 있어서 쉽게 함락될 것 같지 않아 보였습니다. 그래서 랍사게를 보내어 이간질을 시켰는데 별로 효과가 없었습니다. 그런데 드디어 구스가 움직인다는 것입니다. 그러니까 이제는 별수 없이 구스와 먼저 싸우는 수밖에 없었습니다. 히스기야는 하나님께 기도만 했을 뿐인데 구스 군대가 움직이면서 앗수르 군대가 또 물러가기 시작했습니다. 그러나 산헤립은 곱게 물러나지 않고 다시 한 번 사람을 보내서 위협을 했습니다.

> 열왕기하 19:10-11
> "너희는 유다 왕 히스기야에게 이같이 말하여 이르기를 너의 의뢰하는 네 하나님이 예루살렘을 앗수르 왕의 손에 붙이지 않겠다 하는 말에 속지 말라 앗수르의 열왕이 열방에 행한 바 진멸한 일을 네가 들었나니 네가 어찌 구원을 얻겠느냐"

하나님의 백성들이 일치단결하여 하나님만 믿으면 그 누구도 그들을 이길 수가 없다는 것을 이방인들도 잘 알고 있었습니다. 이것을 마귀는 너무나도 잘 알고 있습니다. 아무리 이 세상이 살기가 어렵고 상황이 절망적이라 하더라도 우리 믿는 자들이 오직 하나님 한 분만을 붙들고 단결하면 아무도 건드릴 수 없습니다. 산헤립이 다시 사신을 보내 히스기야에게 욕을 퍼붓는 이유가 무엇입니까? 그것은 자기에게는 그런 신앙이 없기 때문입니다. 산헤립은 히스기야와 예루살렘 사람들이 너무나 놀라울 정도로 하나님을 의지하고 있으니까 찔러나 보는 것입니다. 그리스도인들은 이런 욕을 얻어먹어야 합니다. 우리는 다른 사람들이 보기에 시기심이 나서 죽을 정도로 철저하게 하나님을 의지해야 합니다. 그러면 그들도 결국은 인정하게 됩니다. 설사 산헤립이 무력으로 예루살렘을 정복하고 이스라엘 백성들을 다 죽였다 하더라도 실제로 그는 진 것입니다. 왜냐하면 그들의 신앙을 꺾지 못했기 때문입니다.

이 세상에서 가장 아름다운 것이 무엇인가 하면 이런 절망적인 상황을 앞에 두고서도 하나님을 의지하고 마음에 참된 평안을 누리는 것입니다. 이것은 세상 사람들은 몇 번씩 죽었다가 살아나도 흉내 낼 수 없는 것입니다. 이 세상 사람들은 우리가 오직 하나님만을 의지하는 신앙을 미워하고 증오합니다. 그러나 또 다른 한편으로는 그런 사람을 진정으로 존경합니다. 미워하면서도 존경합니다. 왜냐하면 그런 신앙은 어느 누구도 이길 수가 없기 때문입니다.

아주 고결한 인품을 가진 사람이 있을 때 다른 사람들은 자기 마음대로 되지 않으니까 욕을 해댈 것입니다. 그러나 다른 한편으로는 그를 존경합니다. 헤픈 사람은 당장은 좋아할지 모르지만 결국 아무 가치가 없습니다. 그래서 우리의 신앙은 거부하는 신앙이 되어야 합니다. 주님의 말씀이 아니면 아무리 그럴듯한 소리라도 듣지 말아야 합니다. 그리고 주님의 방법이 아닌 세상적인 방법으로 아무리 출세하고 성공해도 조금도 부러워하지 말아야 합니다. 오히려 그런 것을 천박하게 생각해야 합니다. 그러면 세상 사람들은 욕을 하면서도 존경할 것입니다.

산헤립의 참소 편지를 받은 히스기야는 그 글을 가지고 또 하나님의 성전으로 올라갔습니다. 그리고 하나님 앞에 그 편지를 펴놓고 읽으시라고 했습니다.

> 열왕기하 19:14
> "히스기야가 사자의 손에서 편지를 받아 보고 여호와의 전에 올라가서 그 편지를 여호와 앞에 펴 놓고"

히스기야에게 하나님은 실제적인 분이었습니다. 그에게 하나님은 글을 읽으실 수 있고 귀로 들을 수 있는 살아 계신 하나님이셨습니다. 그래서 히스기야의 기도에 '사신 하나님' 이라는 표현이 두 번씩이나 나옵니다. 성전에서 산헤립의 편지를 펴 놓고 하나님께 읽으시라고 요청을 합니다. 이것은 참으로 대단히 실제적인 신앙입니다. 누군가가 자기에게 욕을 퍼부을 때 어떻게 합니까? "하나님, 욕하는 소리를 다 들으셨지요?" 라고 묻는 것입니다.

히스기야의 기도에서 몇 가지 특징을 살펴볼 수 있습니다. 우선 그는 이 어려움이 없어지게 해 달라고 떼를 쓰지 않았습니다. 그는 무엇보다 하나님이 이 모든 것을 듣고 계시며 읽고 계시며 알고 계신다는 것을 전제로 했습니다. 그는 어려움을 피하게 해 달라는 것이 아니라 이길 수 있도록 해 달라는 기도를 드렸습니다. 그 다음에 히스기야는 자신의 신앙을 하나님께 고백합니다. 하나님은 어려울 때 우리의 고백을 듣는 것을 원하십니다. 왜냐하면 어려울 때 나오는 신앙 고백이 진정한 신앙 고백이기 때문입니다. 또한 하나님은 우리로 하여금 어려움을 통해 하나님을 새롭게 발견하기를 원하십니다. 이것이 어려움의 열매입니다. 우리는 그 속에서 새로운 하나님을 하나씩 더 배워가게 되어 있습니다. 그리고 그는 결국 하나님의 영광을 위해 이기도록 해 달라고 기도합니다.

열왕기하 19:19

"우리 하나님 여호와여 원컨대 이제 우리를 그 손에서 구원하옵소서 그리하시면 천하만국이 주 여호와는 홀로 하나님이신 줄 알리이다 하니라 "

히스기야는 자기들이 망하는 것은 상관이 없지만 하나님의 이름이 악한 자에게서 영구적으로 욕을 먹어서는 안 되며 특히 바로 믿으려는 교회가 이 지상에서 없어지지 않게 해 달라고 기도를 드립니다. 이런 위대한 기도는 커다란 고통이 있기 때문에 나오는 것입니다. 평소에는 이런 위대한 기도나 신앙 고백이 나오지 않습니다. 그저 하루하루 어려움 없이 살게 해 달라는 기도밖에 나오지 않습니다. 그러나 절망적인 상황에서 내 속에 있는 모든 교만이나 거짓된 것을 다 하나님 앞에 회개하고 믿음의 눈으로 이 모든 것을 다시 보게 되었을 때 이런 위대한 기도가 나오게 되는 것입니다.

하나님의 백성들은 어려움을 통하여 하나님의 모습을 새롭게 인식할 뿐 아니라 더욱 성숙한 신앙의 자리로 나아가게 됩니다. 하나님이 우리 모두에게 그런 믿음을 주시기 원합니다.

21. 하나님의 응답

◎ 왕하 19:20-37

가족 중에 갑자기 어른이 많이 아프시거나 혹은 큰 사고가 발생하여 사람이 다치게 되면 가장 먼저 119에 전화를 걸어서 도움을 요청하게 됩니다. 누군가가 119에 전화를 건다는 것은 지금 급한 환자가 생긴 것인데, 이제 조금 있으면 구급차가 반드시 올 것입니다. 만일 급한 환자가 생겼는데 구급차가 연락을 받고서도 오지 않으면 그 환자는 죽게 될 것입니다. 마찬가지로 우리 예수 믿는 사람들에게는 기도가 119 전화가 될 때가 많습니다. 즉 우리 예수 믿는 사람들은 무슨 급한 일이 생겼는데 도움을 요청할 데가 없으면 하나님께 도움을 청할 수밖에 없는 것입니다.

그런데 만일 우리가 하나님께 급한 기도를 드렸는데도 하나님이 응답해 주시지 않으면 우리는 망할 수밖에 없고 큰 어려움에 빠질 수밖에 없습니다. 그러나 우리는 너무나도 많은 경우에 하나님의 응답을 받지 못한다고 말을 합니다. 이것이 우리 예수 믿는 사람들의 큰 어려움입니다. 우리가 하나님께 기도드릴 때마다 바로 응답을 주시면 상관이 없는데 어떤 때는 아무리 부르짖어도 응답을 하시지 않는 것입니다. 그렇게 되면 우리는 큰 낭패에 빠질 수밖에 없습니다. 우리가 하나님의 응답을 받는데 가장 중요한 것은 내가 무엇을 붙드느냐 하는 것입니다. 내 열정을 붙들고 내 봉사를 붙들고 내 인간적인 능력을 붙들면 급한 때 하나님의 응답을 받을 수 없습니다. 그러나 우리가 하나님의 말씀을 붙들고 신앙생활을 하면 급할 때 하나님이 반드시 응답해 주실 것입니다.

히스기야 왕은 유다 왕 중에서 하나님을 제대로 믿어 보려고 노력한 왕입니다. 그래서 그는 유다 나라의 모든 우상을 부수고 산당을 폐지시키는 종교 개혁을 감행했습니다. 그리고 정직하고 의롭게 나라를 다스리려고 애를 많이 썼습니다. 그런데도 불구하고 앗수르라는 무지무지하게 악한 나라가 많은 군사들을 끌고 와서 수리아와 이스라엘을 멸망시키고 이제는 예루살렘까지 멸망시키려 하고 있습니다. 이때 히스기야는 대단히 어려운 신앙의 위기를 맞이하게 되었습니다. 히스기야의 마음속에는 '과연 내가 지금까지 하나님을 바로 믿으려고 애쓴 것이 아무 소용이 없단 말인가?' 하는 의심이 생길 수 있었습니다.

우리가 하나님을 바로 믿으려고 애를 써도 나쁜 일이 생기고 또 신앙을 버리고 자기 멋대로 살아도 나쁜 일이 생긴다면 누가 애써 제대로 믿으려고 하겠습니까? 이것이 예수 믿는 사람에게 생기는 가장 큰 시험거리입니다. 그러나 우리가 알아야 할 것은 말씀대로 살려고 애쓰기 때문에 어려움이 오는 것과 말씀대로 살지 않아서 어려움이 오는 것은 천지 차이라는 것입니다. 말씀대로 살아도 어려움이 오는 것은 하나님의 훈련이고 하나님이 반드시 그 어려움을 책임져 주십니다. 그러나 말씀대로 살지 않아서 오는 어려움은 하나님의 마지막 경고이고 그 뒤에는 무서운 심판이 있습니다.

히스기야는 앗수르 왕의 신하 랍사게로부터 엄청나게 모욕적인 욕설을 들었습니다. 그리고 앗수르 왕은 구스가 쳐들어온다는 말을 듣고 물러나면서도 다시 한 번 편지를 보내서 협박을 했습니다. 이때 히스기야는 낙심하거나 절망하지 않고 기도로 하나님께 매달렸습니다. 그 결과 하나님은 놀라운 기도의 응답을 히스기야에게 주셨습니다. 하나님은 우리가 119에 선화해서 구급차의 도움을 받는 것처럼 이사야 선지자를 보내어 히스기야의 기도에 응답해 주셨습니다. 여기서 응답이 왔다는 것은 그 자체가 놀라운 승리인 것입니다.

예루살렘에 대한 하나님의 사랑

가끔 아주 힘 있는 자가 약한 자를 세워 놓고 욕을 퍼부으면 약한 자는 강한 자가 욕을 마칠 때까지 꼼짝 못하고 그 욕을 다 들을 수밖에 없습니다. 특히 하나님의 백성들은 자존심이 아주 강한 사람들입니다. 이런 사람들이 견디기 어려운 것이 바로 무지막지한 사람들에게 욕을 얻어먹는 것입니다. 직장에서 성질 나쁜 상사가 욕을 퍼부으면 밑에 있는 사람은 다 들을 수밖에 없고 술에 취한 아버지가 주사를 부리면 자식들은 아버지의 잔소리를 다 들을 수밖에 없는 것입니다. 시어머니가 며느리를 앉혀 놓고 야단을 치면 며느리는 다 들을 수밖에 없고 깡패가 약한 아이를 세워 놓고 욕을 해도 다 들을 수밖에 없는 것입니다. 히스기야는 앗수르 왕 산헤립으로부터 두 번에 걸쳐 큰 욕과 조롱을 당했는데, 그는 그 모든 욕을 하나님께로 가지고 가서 하나님께서 들으시게 했습니다. 그때 하나님이 히스기야에게 응답을 주셨습니다.

> 열왕기하 19:20-21
> "아모스의 아들 이사야가 히스기야에게 기별하여 가로되 이스라엘 하나님 여호와의 말씀이 네가 앗수르 왕 산헤립 까닭에 내게 기도하는 것을 내가 들었노라 하셨나이다 여호와께서 앗수르 왕에게 대하여 이같이 말씀하시기를 처녀 딸 시온이 너를 멸시하며 너를 비웃었으며 딸 예루살렘이 너를 향하여 머리를 흔들었느니라"

하나님이 가장 먼저 말씀하신 것은 "네가 앗수르 왕 산헤립의 일로 내게 기도하는 것을 내가 들었다"는 말씀입니다. 하나님은 우리가 기도하는 모든 기도를 다 듣고 계십니다. 그래서 우리는 기도하면서 혹시 하나님이 내 기도를 듣지 않으시면 어떻게 하나 하는 걱정을 할 필요가 없습니다. 하나님은 귀를 만들고 소리도 만든 분이시기 때문에 이 세상에서 나는 모든 소리를 다 듣고 계십니다. 그런데 문제는 많은 사람들이 하나님의 뜻과 맞지 않는 기도를 자꾸 하는 것입니다. 그러나 히스기야가 강한 자로부터 무지막지한 욕과 위협을 얻어먹고 특히 위기 가운데서 하나님을 찾은 것은 하나님의 뜻에 맞는 것이었습니다.

하나님은 우리가 우리의 어려운 문제를 하나님께 가지고 나오기를 원하십니다. 그런데 우리는 바로 하나님께로 나아가지 못하고 내 방법대로 실컷 몸부림쳐 보다가 정 안될 때 마지못해서 하나님께 나아갈 때가 많습니다. 마치 어떤 사람이 병들었는데 바로 병원에 찾아가지 않고 자기 생각대로 치료해 보려고 이리 저리 돌아다니다가 나중에 병원을 찾는 것과 같습니다. 그런데 그 때는 이미 병이 커져서 더 이상 손을 쓸 수 없을 때가 많은 것입니다. 우리는 어려움이 터졌을 때 제일 먼저 하나님부터 찾아야 합니다.

하나님은 예루살렘에 대해 무엇이라고 말씀하십니까? '처녀 딸 시온' 이라고 말씀하십니다. 원래 처녀 딸은 힘이 없고 약합니다. 그래서 힘이 센 사람이 소리를 지르거나 위협을 하면 겁을 집어먹을 수밖에 없습니다. 그러나 이 처녀는 혼자 사는 것이 아니고 아주 힘이 센 아버지가 있었습니다. 이 딸의 비명 소리를 듣고 아버지가 나타나고 나면 상황은 완전히 뒤바뀌게 됩니다.

열왕기하 19:21

"여호와께서 앗수르 왕에게 대하여 이같이 말씀하시기를 처녀 딸 시온이 너를 멸시하며 너를 비웃었으며 딸 예루살렘이 너를 향하여 머리를 흔들었느니라"

어떤 깡패가 길을 가던 처녀를 붙들고 못된 짓을 하려고 했습니다. 이 처녀는 깡패를 이길 힘이 없었지만 아주 힘이 센 아버지가 있어서 크게 소리를 질렀습니다. 그러자 아버지가 딸의 소리를 듣고 달려와서 깡패를 꼼짝 못하게 했습니다. 왜냐하면 그는 힘만 센 것이 아니라 깡패를 잡는 경찰이었기 때문입니다. 깡패들은 약한 자들 앞에서는 눈을 부라리고 주먹을 휘두르지만 경찰 앞에서는 꼼짝을 하지 못합니다. 이 처녀는 아버지에게 뒷덜미를 잡혀 가는 깡패에게 혀를 내밀면서 이 깡패를 조롱하고 놀리게 되는 것입니다. 이 깡패가 소란을 피운다면 그러면 그럴수록 처녀는 그를 더 우습게 여길 것입니다. 적어도 이런 처녀를 데리고 가려면 최고급 레스토랑을 예약한 후 예의를 갖추고 '제가 댁의 따님께 청혼을 하고 싶은데 허락해 주시겠습니까?' 라고 정중하게 해도 승낙을 받을까 말까 한 것입니다.

결론적으로 지금 예루살렘은 하나님 앞에서 무남독녀와 같이 소중한 존재입니다. 하나님은 히스기야와 유다 나라를 쥐면 꺼질까 불면 날아갈까 하면서 소중히 보고 계셨습니다. 게다가 히스기야는 하나님 앞에서 더 소중한 딸이었습니다. 그런데 깡패 같은 앗수르가 나타나서 무지막지하게 욕을 하고 딸을 끌고 가려고 하는데 하나님이 가만히 보고 계실리가 만무합니다. 이러한 때에는 어느 아버지라도 목숨을 걸고 딸의 생명을 지킬 것입니다. 하나님의 말씀에 순종해서 살려고 하는 히스기야나 그의 백성들은 하나님의 눈에 넣어도 아프지 않을 정도로 모두 소중한 사람들이었습니다. 이것이 하나님 앞에서의 히스기야나 예루살렘 사람들의 모습입니다. 그런 딸을 어떻게 소중히 보호하지 않을 수 있겠습니까? 이제 하나님은 앗수르 왕 산헤립이 완전히 헛나리를 짚었음을 책망하십니다.

열왕기하 19:22

"네가 누구를 꾸짖었으며 훼방하였느냐 누구를 향하여 소리를 높였으며 눈을 높이 떴느냐 이스라엘의 거룩한 자에게 그리하였도다"

앗수르 왕은 연약한 히스기야를 향하여 눈을 허옇게 치켜뜨고 입에 거품을 흘리면서 욕을 했습니다. 그러나 그는 히스기야가 아니라 하나님께 욕을 한 것입니다. 왜냐하면 하나님은 히스기야를 가장 사랑하셨기 때문입니다. 하나님이 가장 사랑하는 사람을 욕하고 대적하는 것은 하나님을 욕하고 대적하는 것입니다. 이 세상에서 가장 어리석은 사람이 누군가 하면 말씀대로 살려고 애쓰는 사람과 교회를 향해 욕하고 대적하는 사람입니다. 왜냐하면 그가 하는 것은 하나님께 욕을 하는 것이 되어 버리기 때문입니다. 그래서 이 세상에서 말씀대로 살기 위해 고난 받는 성도들을 욕하고 괴롭히는 것은 하나님의 눈을 찌르려 하는 것과 같습니다. 이렇게 고통 중에 있는 성도들에게는 말이라도 한마디 따뜻하게 해 주어야 하며 냉수라도 한 그릇 떠 줘야 합니다.

앗수르에 대한 심판

한때 앗수르는 그야말로 못할 일이 없을 정도로 강하고 유능한 나라였습니다.

> 열왕기하 19:23-24
> "네가 사자로 주를 훼방하여 이르기를 내가 많은 병거를 거느리고 여러 산 꼭대기에 올라가며 레바논 깊은 곳에 이르러 높은 백향목과 아름다운 잣나무를 베고 내가 그 지경 끝에 들어가며 그 동산의 무성한 수풀에 이르리라 내가 땅을 파서 이방의 물을 마셨고 나의 발바닥으로 애굽의 모든 하수를 말렸노라 하였도다"

앗수르 군대가 얼마나 강했는가 하면 그들 앞에는 불가능이라는 것이 없었습니다. 앗수르 군대는 병거를 거느리고 산꼭대기를 넘었습니다. 이것은 마치

나폴레옹 군대가 눈이 얼어 있는 알프스를 넘는 것과 같습니다. 또 길이 없으면 돌아서 가는 것이 아니라 숲을 몽땅 다 베어 내고 길을 만들었습니다. 물이 없으면 먼 데까지 가서 물을 길어오는 것이 아니라 땅을 파서 물을 만들어 냈습니다. 다른 말로 표현해서 앗수르 군대는 불가능한 것을 가능하게 만드는 천하무적 군대였습니다.

심지어는 운하가 많아서 공격하기 힘들었던 애굽을 쳐들어갈 때에도 앗수르의 군인들이 하도 많아서 그들이 밟고 지나가기만 하면 하수가 다 마를 정도였습니다. 즉 앞에 가던 군인이 하수에 빠져 죽으면 그 시체를 밟고 또 빠져 죽은 시체를 밟으며 나아가면 배가 없어도 애굽의 모든 하수를 다 밟을 수 있다는 뜻입니다. 다시 말해 앗수르 왕의 정책은 그들이 가지 못할 곳이 없고 정복하지 못할 대상이 없다는 것이었습니다. 예루살렘 같은 경우에는 죽은 시체만 쌓고 밟고 넘어가도 얼마든지 정복할 수 있는 성이었습니다.

> 열왕기하 19:25
> "네가 듣지 못하였느냐 이 일은 내가 태초부터 행하였고 상고부터 정한 바라 이제 내가 이루어 너로 견고한 성들을 멸하여 돌무더기가 되게 함이니라"

그러나 앗수르 왕이 알지 못한 것은 그들이 나오게 된 것 자체가 하나님이 아주 오래 전에 계획하신 일이라는 것입니다. 사실 앗수르 같은 폭력적인 나라가 생긴 자체가 인류에게는 큰 재앙이었습니다. 그러나 하나님은 인간들을 심판하시는 한 방법으로 앗수르 같은 나라를 계획하셨습니다. 이것이 20세기에 와서는 히틀러나 일본의 천황 같은 사람이 될 수 있고 공산주의 혁명이 될 수도 있습니다. 그리고 21세기에는 알 카에다 같은 테러 집단이 될 수도 있는 것입니다.

하나님은 왜 이렇게 좋지 않은 계획을 태초부터 하신 것일까요? 그것은 인간들이 이 세상에서 먹고 마시며 죄를 지으면서도 하나님을 알려고 하지 않기 때문입니다. 이 세상은 완전한 세상이 아닙니다. 이 세상은 우리가 잠깐 스쳐 지나는 정거장과 같은 곳입니다. 여기서 사람들이 해야 하는 것이 무엇인가 하면 영생을 얻는 열차를 얻어 타는 것입니다. 그런데 사람들은 정거장이 너무 좋으니까 여기서 천년만년 살려고 합니다.

열왕기하 19:26

"그러므로 그 거한 백성의 힘이 약하여 두려워하며 놀랐나니 저희는 마치 들의 풀 같고 나물 같고 지붕의 풀 같고 자라기 전에 마른 곡초 같으니라"

앗수르 앞에서 모든 나라들은 들풀이나 나물 같이 뽑혔습니다. 지붕의 풀은 뿌리가 깊이 들어갈 수가 없기 때문에 당기면 바로 뽑힐 수밖에 없습니다. 하나님은 앗수르를 심판의 수단으로 세우셨습니다. 그러나 앗수르의 실수는 바로 하나님을 대항하여 으르렁거린 것입니다.

열왕기하 19:27-28

"네 거처와 네 출입과 네가 내게 향한 분노를 내가 다 아노니 네가 내게 향한 분노와 네 교만한 말이 내 귀에 들렸도다 그러므로 내가 갈고리로 네 코에 꿰고 자갈을 네 입에 먹여 너를 오던 길로 끌어 돌이키리라 하셨나이다"

어떤 사람이 자기 집에 좀도둑이 많이 들어서 사나운 개를 한 마리 사서 두었다고 합시다. 그런데 이 개가 무식하게 주인을 향해 으르렁거리고 주인의 아들을 물어뜯는다면 주인은 이 개를 그냥 두지 않을 것입니다. 당장 팔아 버리든지 죽이든지 할 것입니다. 지금 히스기야는 하나님의 아들이요 가장 존귀한 자입니다. 앗수르가 세상의 다른 나라를 다 건드려도 되지만 히스기야나 예루살렘을 건드리면 절대 안 됩니다. 그런데 이 미친 개 같은 앗수르가 예루살렘을 물어뜯으려고 했던 것입니다.

하나님의 약속

지금 예루살렘은 거듭되는 전쟁으로 모두 거의 다 굶어 죽기 직전의 형편이었습니다. 만약 하나님이 이대로 전쟁을 끝내신다고 해도 예루살렘 사람들은 먹을 것이 없고 농사지을 것이 없어서 굶어 죽을 지경이었습니다. 이때 하나님은 그들의 어려움을 해결해 주는 응답을 주셨습니다.

> 열왕기하 19:29
> "또 네게 보일 징조가 이러하니 너희가 금년에는 스스로 자라난 것을 먹고 명년에는 그것에서 난 것을 먹되 제 삼 년에는 심고 거두며 포도원을 심고 그 열매를 먹으리라"

사람들이 밭에 씨를 뿌리지 않으면 아무것도 나지 않는 것이 정상입니다. 그런데 사람들이 모르는 가운데 하나님이 뿌려 놓은 씨가 흙 속에 들어 있어서 전쟁이 끝난 후에 저절로 난 곡식만 거두어도 예루살렘의 남은 자들이 다 먹고살 수 있었습니다. 그러나 먹기는 해도 그 다음해에 농사지을 씨가 없는데 어떻게 합니까? 하지만 그 다음 해에도 저절로 난 곡식이 농사를 지은 것 이상으로 많아서 먹기도 하고 그 다음해에 농사지을 것까지 충분했습니다. 그래서 3년째부터 그들은 정상적으로 농사도 짓고 포도나무도 심어서 생활을 할 것이라고 하십니다.

이것이 하나님이 이사야를 통해 약속하신 말씀입니다. 그래서 하나님의 백성들은 아무리 절망적인 상황 가운데서도 하나님이 예비해 놓으신 길이 있다는 것을 알아야 합니다. 우리가 알고 있는 축복은 하나님의 무궁무진한 축복 중의 아주 적은 일부분에 불과한 것입니다. 이렇게 하나님의 능력을 끌어오는 통로가 바로 믿음입니다.

열왕기하 19:30-31

"유다 족속의 피하고 남은 자는 다시 아래로 뿌리가 서리고 위로 열매를 맺을지라 남은 자는 예루살렘에서부터 나올 것이요 피하는 자는 시온산에서부터 나오리니 여호와의 열심이 이 일을 이루리라 하셨나이다"

이 말씀은 진정한 하나님의 백성들은 절대로 망하지 않는다는 뜻입니다. 아무리 어려움이 와도 아래로 뿌리가 박히고 위로 열매를 맺기 때문에 망할 수가 없습니다. 이스라엘의 생명은 하나님의 말씀에 있습니다. 말씀이 땅 속에 숨어 있다가 햇볕이 비취고 비를 맞으면 저절로 싹이 나서 자라게 되어 있습니다. 비가 억수같이 내리는 것이 성령의 역사입니다. 그러면 당장 예루살렘의 숨통을 끊어 놓으려 하는 이 앗수르는 어떻게 됩니까? 하나님은 앗수르 군대가 화살을 한 개도 쏘지 못하고 방패를 가지고 접근하지도 못하며 단지 소리만 지르다가 돌아간다고 하셨습니다. 그 이유가 무엇입니까?

열왕기하 19:34

"내가 나와 나의 종 다윗을 위하여 이 성을 보호하여 구원하리라 하셨나이다 하였더라"

예루살렘을 지키시는 것은 하나님에게 아주 중요한 일이었습니다. 왜냐하면 아직 이들은 하나님께 대한 바른 믿음을 가지고 있고 바른 말씀이 있는 살아 있는 교회였기 때문입니다. 그리고 하나님은 다윗에게도 그렇게 하겠다고 약속하셨습니다. 그런데 그날 밤에 어떤 일이 있었습니까?

열왕기하 19:35

"이 밤에 여호와의 사자가 나와서 앗수르 진에서 군사 십팔만 오천을 친지라 아침에 일찍이 일어나 보니 다 송장이 되었더라"

하나님의 천사 하나가 앗수르 진중에 들어갔는데 단 하룻밤 만에 18만5천 명이 죽어 있었습니다. 이것이 바로 하나님의 말씀의 능력이었습니다. 하나님은 역사상 전무후무한 능력으로 히스기야를 놀라게 하셨습니다. 요세푸스 같은 사람은 아마도 하룻밤 사이에 페스트가 퍼져서 이렇게 많은 사람들이 한꺼번에 죽었을 것이라고 말했습니다. 우리는 어떻게 된 일인지 정확하게 알 수 없지만 하나님의 말씀대로 앗수르 군대는 활 하나 쏘지 못하고 방패를 세우지도 못하고 모두 죽었습니다.

이것이 바로 살아 있는 성전의 능력입니다. 성전에 바른 말씀의 선포가 있고 눈물의 기도가 있을 때 하나님은 그 성전을 하나님의 눈동자로 생각하십니다. 그래서 이 세상의 군대가 하나님의 성전을 짓밟는 것을 절대로 용납하지 않으십니다. 그러나 바른 말씀의 선포가 없고 눈물의 기도가 없을 때에는 외국의 군대를 끌어 오셔서라도 심판을 하십니다.

하나님의 백성들에게 가장 중요한 것은 하나님의 말씀을 자신의 생명처럼 붙드는 것입니다. 우리가 하나님의 말씀만 붙들 때에는 주위 사람들로부터 지나치게 독선적이며 자기 혼자만 잘 믿는 체한다는 비난을 받을 수밖에 없습니다. 그리고 우리가 하나님의 말씀만 붙든다고 해서 인간적으로 전혀 실수하지 않는 것도 아니고 허물이 없는 것도 아닙니다. 그러나 우리에게 중요한 것은 하나님의 말씀이 생명인 것입니다. 이것이 없으면 앗수르 군대를 물리칠 수가 없습니다. 이것은 오늘날 우리나라의 경우에도 마찬가지입니다. 우리나라에서 전쟁을 막을 수 있는 곳은, 바른 말씀이 선포되고 눈물의 기도가 있는 교회입니다. 그렇지 않고 교회가 외형적으로만 비대한 채 건물이나 다른 것을 자랑한다면 우리나라를 지킬 수 없을 것입니다.

우리가 바른 말씀을 붙들고 신앙생활을 하는데도 불구하고 무서운 어려움이 찾아올 때 우리는 어떤 일이 있어도 놀라거나 두려워하지 말고 끝까지 하나님을 의지해야 합니다. 그러면 우리는 하나님의 놀라운 구원을 보게 될 것입니다. 그러나 우리가 만일 중간에 포기해 버리면 아무것도 되지 않습니다.

아무리 눈에 보이는 상황이 절망적이라도 낙심하거나 자포자기하지 말고 끝까지 하나님을 의지하면서 견디면 하나님이 전무후무한 기적을 보여 주실 것입니다. 앗수르 왕 산헤립은 자기 나라 니스록의 묘에서 경배하다가 아들 아드람멜렉과 사레셀의 칼에 맞아 죽었습니다.

하나님의 말씀대로 살려고 하다가 어려움을 겪은 히스기야나 예루살렘은 하나님 앞에서 이 세상의 어떤 것과도 바꿀 수 없는 무남독녀 딸과 같은 존재입니다. 우리가 영적인 싸움을 싸우느라고 모든 것을 잃었다 하더라도 염려하지 맙시다. 우리에게는 하나님이 감추어 놓으신 값진 양식이 있습니다. 그리고 하나님의 진정한 교회는 세상 끝날까지 없어지지 않고 언제나 꽃피우고 열매를 맺을 것입니다. 우리에게 다시 한 번 큰 부흥의 불씨가 일어나기를 바랍니다.

22. 히스기야의 병

◎ 왕하 20:1-11

우리는 우리 주위에서 신앙이 아주 좋은 분이 암과 같은 무서운 병에 걸려서 고생하는 것을 볼 때 참으로 마음이 답답해집니다. 그리고 왜 그가 이렇게 죽어 가야 하는지, 왜 그에게 이런 일이 일어나야 하는지 이해할 수 없어서 애태웁니다. 예수 믿는 사람들이 하나님으로부터 받는 연단의 시험들이 결코 쉽지가 않습니다.

우리 믿는 사람들이 주로 당하는 시험을 세 가지로 이야기 하는데 가장 흔한 것이 경제적인 어려움입니다. 우리가 사업을 실패하거나 직장을 잃어버렸을 때 사회적으로는 죽음이나 마찬가지일 것입니다. 도대체 앞으로 살아갈 대책이 서지 않는 것입니다. 그러나 이것이 하나님 앞에서는 사망이 아니고 사는 길입니다. 그 다음 시험은 질병인데, 질병은 몸 자체가 고통스러울 뿐 아니라 모든 사회적인 활동이나 관계를 중단해야 하는 문제가 있습니다. 그리고 그 질병으로 인해 자칫 잘못하면 죽을 수 있다는 점에서 심각합니다. 마지막으로 세 번째 시험은 나보다 더 힘이 있는 사람으로부터 지속적으로 모욕이나 정신적인 고통을 당하는 것입니다. 우리 예수 믿는 사람들은 자존심이 강한 사람들이기 때문에 이처럼 욕을 얻어먹는 것을 참기가 너무나 힘이 듭니다.

유다 왕 중에서 히스기야 왕은 하나님을 가장 잘 믿는 왕 중의 한 사람이었습니다. 그러나 불행하게도 히스기야는 성도들이 당하는 이 세 가지 시험을 모두 당했습니다. 하나는 앗수르 군대가 쳐들어왔을 때 막대한 돈을 지불하면서 돌아가 달라고 했던 일입니다. 그런데 앗수르 왕은 그 엄청난 돈을 그대로 떼먹고 공격을 계속 했습니다. 요즘 식으로 말하면 완전히 사기를 당한 것입니다. 또한 앗수르 왕은 신하를 보내서 백성들을 세워 놓고 욕이란 욕을 다 해댔습니다. 그런데 유다 백성들이 힘이 없으니까 이 신하의 욕을 그대로 다 들을 수밖에 없었습니다. 그리고 히스기야는 도저히 살 수 없는 병에 걸려서 이사야 선지자로부터 '곧 죽을 테니 신변을 정리하라'는 하나님의 사망 선고를 받게 됩니다. 그런데 히스기야는 하나님께 기도로 매달려서 죽을병을 치료받고 수명을 15년 연장해 주시는 약속을 받게 됩니다.

히스기야의 생애에 있어서 가장 큰 시련 두 가지는 앗수르 군대가 쳐들어와서 유다를 멸망시키려고 한 것과 죽을병에 걸린 것이었습니다. 그런데 놀랍게도 히스기야 왕은 이 두 가지 모두 기도로 응답받고 승리하게 됩니다. 이것은 무엇을 의미합니까? 우리 성도들의 기도가 이렇게 능력이 있다는 것입니다. 지금도 하나님은 기도를 통해 불치병을 치료해 주시고 때로는 사람의 힘으로 감당할 수 없는 위기에서 살 길을 열어 주십니다.

히스기야가 죽을병에 걸림

열왕기하 20:1

"그때에 히스기야가 병들어 죽게 되매 아모스의 아들 선지자 이사야가 저에게 나아와서 이르되 여호와의 말씀이 너는 집을 처치하라 네가 죽고 살지 못하리라 하셨나이다"

하나님을 잘 섬기고 어느 누구보다도 믿음으로 살려고 애쓴 히스기야 왕에게 전혀 생각지도 못했던 불청객이 찾아왔습니다. 그 불청객은 바로 죽음이었습니다. 히스기야는 유다의 여러 왕들 중에게 가장 하나님의 말씀대로 살려고 애썼습니다. 그리고 하나님도 히스기야를 어느 누구보다도 사랑하셨습니다. 그럼에도 불구하고 이 무서운 죽음의 병이 히스기야에게 찾아왔습니다. 이것을 어떻게 이해할 수 있을까요? 우리 머리로는 왜 신앙생활을 잘하려고 하는데 이런 무서운 병이 찾아와서 그만 살고 죽어야 하는지 이해할 수가 없습니다. 그러나 분명한 것은 히스기야가 죽을병에 걸렸고 이제 살 시간이 얼마 남지 않았다는 것입니다.

아마도 히스기야는 병에 걸려 피골이 상접할 정도로 좋지 못한 몰골을 했던 것 같고 병상에서도 매우 고통스러워했던 것 같습니다. 그런데 결정적으로 이사야 선지자가 찾아와서 히스기야가 더 이상 살지 못한다는 하나님의 말씀을 전했습니다. 하나님은 히스기야에게 이사야 선지자를 보내서 아예 사형 선고까지 하셨던 것입니다. 즉 '좀 더 열심히 기도해라. 그러면 치료해 주겠다' 라는 것이 아니라 '네가 죽고 살지 못한다' 라는 것입니다. 이것은 이제 죽는 것이 확정적이니까 더 살려는 노력을 포기하고 죽을 날만 기다리라는 말씀입니다. 얼마나 절망적입니까?

우리는 하나님이 왜 히스기야에게 이런 무서운 시험을 주셨는지 생각해 볼 필요가 있습니다. 몇 가시 가능성 중 그 첫 번째는 하나님의 말씀에 대한 백성들의 반응이 진실하지 않아서 하나님이 실망하셨다는 것입니다. 이것은 사실이었습니다. 히스기야가 유대 나라에서 종교 개혁을 했지만 백성들의 반응은 적극적이지 않았습니다. 전부 그저 눈에 보이는 피상적인 개혁만을 했고, 그들의 마음속에는 버리지 못한 우상 숭배 사상이 그대로 배여 있었습니다. 하나님이 은혜를 주셔도 백성들의 마음이 움직여지지 않을 때 하나님은 말씀의 종을 데려가 비리십니다. 다시 말해서 촛대를 빼앗아 버리시는 것입니다. 그래서 하나님은 이런 식의 개혁이 소용없다고 생각하셔서 히스기야를 데려가기로 하신 것으로 생각할 수도 있습니다.

사실 이럴 가능성이 가장 농후합니다. 하나님의 종이 나타나서 말씀의 부흥을 일으킬 때 다른 사람들도 적극적으로 힘을 합쳐야 하는데 그렇지 않고 방관적인 자세를 보이거나 혹은 억지로 따라가는 흉내만 낼 때 이들은 부흥을 체험할 자격이 없는 것입니다. 그래서 일반 백성들과 지도자들은 서로를 위해서 기도해야 합니다. 만약 왕이 죄를 짓는다면 하나님은 백성들을 치십니다. 다윗 때 다윗이 인구 조사를 해서 하나님이 치셨는데 백성들이 염병으로 7만 명이나 죽임을 당했습니다. 그런데 이번 히스기야의 경우에는 정반대입니다. 히스기야는 열심히 하나님을 섬기려고 했지만 유다 방백들의 마음은 전혀 변한 것이 없었습니다. 그들은 속으로 모두 우상을 숭배했습니다. 그러니까 하나님이 그들의 왕을 치셔서 데려가려고 하시는 것입니다. 이것을 보면 일반 백성들은 히스기야의 개혁에 전심으로 동참하지 않았고 그를 위해서 별로 기도하지 않았던 것을 알 수 있습니다.

또 하나는 히스기야가 그동안 하나님의 손에 붙들려서 일을 한다고 했지만 너무나도 사람의 눈치를 많이 본 것 같습니다. 사실 왕이라고 하는 사람은 독선적으로 일해서는 안 됩니다. 할 수 있는 한 많은 사람들의 의견을 수렴해서 원만하게 나라를 다스리는 것이 좋습니다. 그런데 히스기야는 아마 사람이 너무 좋았던 것 같습니다. 그래서 할 수 있는 대로 많은 사람들의 의견을 들어서 일을 하니까 하나님이 보시기에는 미흡했던 것입니다. 하나님은 히스기야에게 죽을병을 주심으로 '너는 너무나도 사람의 눈치를 보면서 일하는구나. 그렇게 시시하게 나의 일을 하려면 차라리 죽는 것이 낫다' 고 하셔서 이런 병을 주셨을 수도 있습니다. 사실 히스기야는 이 죽을병에 걸린 순간부터 사람을 바라보지 않고 오직 하나님만 바라보는 신앙을 가지게 되었고 그래서 끝까지 하나님께만 충성된 종이 될 수 있었습니다.

결국 하나님은 히스기야를 시험하셔서 그를 겸손하게 하시고 그가 끝까지 하나님의 손에 붙들리게 하기 위해서 이런 시험을 주셨다고 볼 수 있습니다.

예를 들어 모세는 하나님의 부르심을 받고 애굽으로 가던 중간에 숙소에서 그를 죽이려고 하시는 하나님을 만난 적이 있습니다. 그것은 하나님이 다시 한 번 그를 정신 차리게 하셔서 절대로 다른 사람의 말을 듣지 않고 오직 하나님의 말씀만 듣게 하려는 의도였습니다.

마귀가 히스기야 한 사람만 찍어 넘길 수 있으면 그것은 다른 사람 몇 백 명을 넘어지게 하는 것보다 마귀에게 훨씬 유리한 일이었습니다. 그런데 유다에서 가장 중요한 히스기야가 죽을병에 걸린 것을 보면 아무래도 유다 백성은 믿음이 없었던 것 같습니다. 그들은 히스기야의 부흥 운동에 별로 동의하지 않았고 히스기야를 위해서도 별로 기도하지 않았습니다. 그러니까 유다에서 가장 중요한 사람을 마귀가 찍어서 빼가려고 하는 것입니다. 그러나 히스기야는 이런 절망적인 상황에서도 하나님 앞에 기도로 물고 늘어져서 병을 치료받고 죽음의 자리에서 일어서게 되었습니다.

하나님께만 기도한 히스기야

가장 절망적인 상황에서 히스기야는 하나님만 붙들고 기도했습니다.

> 열왕기하 20:2-3
> "히스기야가 낯을 벽으로 향하고 여호와께 기도하여 가로되 여호와여 구하오니 내가 진실과 전심으로 주 앞에 행하며 주의 보시기에 선하게 행한 것을 기억하옵소서 하고 심히 통곡하더라"

우리는 보통 선지자가 아니라 이사야 같이 위대한 선지자가 '너는 죽을 것이니까 이제 집안일을 정리하라'는 하나님의 말씀을 전하면 모든 것을 포기하고 죽을 생각만 했을 것입니다. 그러나 히스기야는 아무리 이사야 같은 선지자가 말해도 절대 포기하지 않고 하나님께만 매달렸습니다. 여기서 히스기야가 얼굴을 벽으로 향했다고 하는 것은 이제 더 이상 사람을 바라보지 않겠다는 뜻이었습니다. 사람의 위로도 필요 없고 약도 소용없고 오직 하나님께만 매달려서 결판을 보겠다는 것입니다.

우리는 이런 히스기야의 태도에서 몇 가지를 생각해 볼 수 있습니다. 우선 히스기야는 자신의 죽음에 대해 생각해 봤을 것입니다. 히스기야의 죽음은 개인적인 불행이기도 했지만 사실 유다 나라 전체를 생각해 볼 때 한참 하나님의 일을 하는 중간에 해고 통보를 받은 것과 같았습니다. 히스기야는 지금 본격적으로 하나님을 위해 일하려고 하는데 하나님은 더 이상 맡기시지 않고 내려오라고 하십니다. 야구 경기에서 감독이 열심히 공을 던지고 있는 투수에게 마운드에서 내려오라고 하는 것은 이제 그를 못 믿겠다는 뜻입니다. 지금 히스기야는 나름대로 하나님을 위해 충성을 하다고 있는데 하나님이 '이제 일을 그만 하라' 고 하시는 것은 그를 별로 미더워하지 않으시거나 또는 하나님 나라의 일을 다른 사람에게 맡기시겠다는 뜻일 수 있습니다.

히스기야의 마음을 더 답답하게 한 것은 지금 유다의 상황이 너무나도 어렵다는 것입니다. 유다가 하나님께로 돌아온다고 했지만 제대로 돌아온 것도 아니고 앗수르 군대는 쳐들어왔습니다. 이런 형편에서 히스기야 자신마저 죽어버리면 이 유다라는 배는 어디로 가야 합니까?

우리는 기도를 할 때 몇 가지 입장이 있다는 것을 생각해야 합니다. 우리가 신앙이 가장 어렸을 때에는 무조건 하나님께 해달라는 기도를 많이 드립니다. 그래서 기도 내용을 보면 거의 대부분이 무슨 청구서 같은 기분이 들 정도로 이것도 해 주시고 저것도 해 달라고 합니다. 그러나 거기서 좀 더 신앙이 자라게 되면 그때에는 죄를 회개하는 기도를 많이 드리게 됩니다. 어떤 때에는 회개했던 죄를 또 회개하고 또 회개합니다. 그래야 하나님이 나를 버리시지 않고 은혜를 주실 것이라고 생각하는 것입니다.

그러나 거기서 신앙이 더 자라게 되면 하나님의 뜻을 두고서 의논을 하는 기도를 하게 됩니다. 아브라함 같은 경우에는 소돔과 고모라의 멸망을 두고서 하나님과 의논을 했고 또한 감히 하나님께 협상을 시도하기도 했습니다. 그런데 하나님은 우리가 하나님의 말씀을 붙들고 신앙생활을 할 때 이미 친구처럼 생각해 주시기 때문에 이런 의논하는 기도를 아주 좋아하시고 또 아주 중요하게 생각하십니다. 그래서 우리가 우리나라나 도시의 어떤 중요한 문제를 두고서 영적인 계획을 말씀드리면 하나님이 상당히 중요한 제안으로 받아들여 주십니다.

성경을 보면 히스기야가 낯을 벽으로 향하고 심히 통곡했다고 말씀하고 있습니다. 사람이 운다는 것이 대단히 중요합니다. 왜냐하면 사람들은 울고 싶어도 체면 때문에 울 수 없는 경우가 많기 때문입니다. 특히 왕은 울 수가 없습니다. 왕이 신하들 앞에서 울면 나라꼴이 무엇이 되겠습니까? 우리가 알듯이 남자들은 잘 울지 않습니다. 속으로는 두렵고 힘들고 답답해도 울지 않습니다. 왜냐하면 남자는 약한 모습을 보이면 안 된다고 생각하기 때문입니다. 그런데 문제는 우리가 사람 앞에서만 그런 것이 아니라 하나님 앞에서도 그러는 것입니다. 우리는 하나님 앞에서도 당당하고 늘 체면을 유지해야 된다고 생각합니다. 사실 우리와 하나님 사이에 막혀 있는 것이 많이 있어서 이 모든 것을 다 털어 버려야 하는데도 체면 때문에 그렇게 하지 못하는 경우가 많이 있습니다. 그러나 히스기야처럼 사형 선고를 받으면 그때는 체면이고 뭐고 없습니다.

하나님의 백성들에게 가장 강력한 무기는 통곡하는 기도입니다. 특히 우리 믿는 자들이 하나님 앞에서 통곡하면서 기도할 때 하나님이 귀를 기울이십니다. 하지만 우리는 웬만한 경우에는 자존심 때문에 통곡해야 하는데도 참아 버립니다. 이것이 문제입니다. 이것은 아직 하나님 앞에서까지 위선의 탈을 쓰고 있는 것입니다.

일단 하나님은 이사야 선지자를 보내서 '네가 죽는다'라고 말씀하셨습니다. 이것은 적어도 하나님이 히스기야의 문제에 무관심한 것은 아니라는 것을 보여 줍니다. 하나님이 히스기야에게 무관심했다면 죽든지 말든지 상관하지 않으셨을 것입니다. 거기에다가 하나님은 '네가 죽을 것이다' 라고 하셨지 '기도하지 말라' 는 말씀은 하지 않으셨습니다. 하나님의 말씀 중에 가장 무서운 것이 바로 이런 것입니다. '더 이상 나에게 기도하지 말라!' 이것은 완전히 끝났다는 뜻입니다. 하나님은 히스기야에게 '기도해도 아무 소용이 없다' 고는 말씀하지 않으셨습니다. 이것을 뒤집어서 말하면, '지금 너의 상태는 죽음이 가까운 아주 어려운 상태이기 때문에 다른 인간적인 방법은 도움이 되지 않는다' 라는 말씀일 수도 있습니다. 즉 혹시라도 살 기대를 가져서 이 방법 저 방법으로 치료를 받는다고 시간을 다 허비할 수 있는데 인간적인 방법으로는 살 수 없으니까 쓸데없는데 시간을 낭비하지 말라는 말씀인 것입니다.

우리는 때때로 주위에 어떤 성도들이 도저히 살 수 없는 병에 걸려서 병이 깊어졌을 때 두 가지 가능성이 있다는 것을 알려 주어야 합니다. 즉 죽을 수도 있기 때문에 죽음도 준비를 해야 하고 또한 하나님의 기적적인 능력으로 살 수도 있기 때문에 낙심하지 말고 기도해야 한다는 것입니다. 어떤 경우에는 죽을 수밖에 없는 사람인데도 인정 때문에 자꾸 살 소망을 줘서 결국 그가 죽음을 전혀 준비하지 못하고 돌아가시게 되는 경우도 있는데 이런 것은 좋은 것이 아닌 것 같습니다.

그런데 히스기야의 경우에는 그가 생에 대해 강한 소망을 가져야 했던 이유가 개인적인 것보다는 유다의 상황 때문이었습니다. 지금 유다는 신앙적으로 겨우 일어서려고 하는 때입니다. 그런데 그들의 신앙으로는 앗수르라는 적을 이길 수가 없습니다. 게다가 그때까지만 해도 히스기야에게는 아들이 없었습니다. 아무리 지금 죽는 것이 정해진 하나님의 뜻이라 해도 나라를 생각하면 반드시 살아야겠다는 믿음을 가졌습니다.

그래서 히스기야는 하나님께 무엇을 기도했습니까? "내가 진실과 전심으로 주 앞에 행하며 주의 보시기에 선하게 행한 것을 기억하옵소서"(왕하 20:3). 이것은 과거에 행한 것이 무슨 공로가 된다는 뜻이 아닙니다. 지금 내 안에는 하나님께 대한 믿음이 있는데 그 작은 믿음을 보시고 다시 한 번 일어설 수 있도록 축복해 달라는 기도입니다. 이것보다 더 중요한 것이 없습니다. 아무리 하나님 앞에서 진실과 정직으로 일했다고 해도 사실 그것은 모두 하나님이 도우셔서 할 수 있었던 것이지 자기 힘으로 한 것은 아무것도 없습니다.

그뿐 아니라 우리는 하나님의 일을 한다고 하지만 순간순간 죄를 짓습니다. 다른 사람들은 모른다고 하지만 본인은 알고 하나님도 알고 계십니다. 그때 만일 하나님이 '너, 안되겠다. 보따리 싸고 지금 하고 있는 일을 그만 둬라' 고 말씀하실 때 어떻게 하겠습니까? '네. 하나님의 뜻이니까 순종하겠습니다' 라고 하겠습니까? 절대로 그럴 수 없습니다. 하나님께 매달리면서 '하나님, 저의 모든 죄와 허물을 하나님은 알고 계십니다. 그것은 전부 사실입니다. 그러나 제 마음속에는 정말 하나님의 뜻에 순종하고자 하는 작은 믿음이 있습니다. 저를 불쌍히 여겨 주셔서 한번만 더 기회를 주십시오. 그러면 절대로 사람을 보지 않고 죽을 때까지 하나님께만 충성하겠습니다' 라고 기도해야 할 것입니다.

어쨌든 히스기야는 이사야의 말을 좋게 받아들였습니다. 그는 이사야의 사형 선고와 같은 말을 듣고 '아, 인간의 방법은 소용이 없다는 하나님의 뜻이구나. 그러면 사람을 의지하지 말고 하나님께만 다시 한 번 기회를 달라고 매달려 보자' 는 생각을 한 것입니다.

하나님의 놀라운 응답

하나님은 히스기야가 사람을 쳐다보지 않고 오직 하나님을 향해 눈물로 기도한 것을 기뻐하셨습니다. 그래서 다시 한 번 이사야를 보내셔서 새로운 하나님의 응답을 들려주셨습니다.

열왕기하 20:4-6

"이사야가 성읍 가운데까지도 이르기 전에 여호와의 말씀이 저에게 임하여 가라사대 너는 돌아가서 내 백성의 주권자 히스기야에게 이르기를 왕의 조상 다윗의 하나님 여호와의 말씀이 내가 네 기도를 들었고 네 눈물을 보았노라 내가 너를 낫게 하리니 네가 삼 일 만에 여호와의 전에 올라가겠고 내가 네 날을 십오 년을 더할 것이며 내가 너와 이 성을 앗수르 왕의 손에서 구원하고 내가 나를 위하고 또 내 종 다윗을 위하므로 이 성을 보호하리라 하셨다 하라 하셨더라"

하나님은 히스기야의 눈물의 기도에 응답하셨습니다. '네가 죽고 살지 못하리라' 고 하셨는데 하나님이 뜻을 돌이켜 15년을 더 살게 하셨습니다. 이것을 보면 믿음의 기도가 얼마나 능력이 있는지 알 수 있습니다. 믿음의 기도는 능치 못함이 없습니다. 죽어야 하는데 믿음으로 기도를 하니까 하나님이 히스기야에게 생명을 주실 뿐만 아니라 무려 15년이나 더 살게 하셨습니다. 하나님이 히스기야의 기도를 들으신 이유가 무엇입니까? 그가 다른 아무것도 소망하지 않고 오직 하나님께만 매달렸기 때문입니다. 그가 벽을 향해 돌아누워 울었을 때 이제는 어떤 사람의 말도 의지하지 않고 하나님께만 모든 것을 말씀드리고 하나님 앞에서 해결 받겠다는 뜻입니다.

다시 말해 히스기야는 지금까지 하나님 앞에 자신의 약한 모습을 그대로 드러내지 못했습니다. 그리고 아직까지 사람의 말에 의해 좌우되고 있었던 것 같습니다. 그러나 이 죽음에 이르는 병을 체험하고는 그의 모든 생사를 주장하시는 분은 하나님이시라는 것을 깨닫고 절대적으로 하나님만 신뢰하게 되었습니다. 이것이 하나님을 기쁘시게 했습니다. 우리는 하나님 앞에서 체면을 차리면 안 됩니다. 우리는 하나님 앞에서는 어디까지나 어린아이요 죄인입니다. 하나님 앞에서는 감출 것도 없고 숨길 것도 없습니다. 히스기야가 하나님 앞에서 아무런 가식 없이 눈물을 철철 흘리면서 통곡했을 때 하나님은 그 은밀한 기도를 들어 주셨습니다.

결국 하나님이 히스기야에게 원하신 것이 바로 이것인 것 같습니다. '내가 너를 왕으로 세운 이유가 무엇이라고 생각하느냐? 오직 나의 말에 충성되게 하기 위해서이다. 그런데 네가 체면만 내세우면서 사람의 말에 의해 좌우된다면 지금 죽는 것이 더 낫다' 라는 뜻으로 생각됩니다. 사실 우리가 과거를 돌이켜 보면 하나님의 뜻에 충실하지 못하고 사람의 눈치를 보고 사람의 말에 의해 좌우된 때가 많을 것입니다. 그런데 하나님은 그렇게 사람의 말을 듣고 왔다 갔다 하려면 차라리 지금 죽는 것이 더 낫다고 하십니다. 하나님은 지금 우리가 하나님께만 절대적으로 충성하는 종이 되기를 바라시는 것입니다. 그리고 우리는 히스기야처럼 되기 전에 미리 자꾸 하나님 앞에 와서 울면서 통곡하는 것이 좋습니다.

하나님은 히스기야의 병만 치료하신 것이 아닙니다. 무려 15년이라는, 하나님의 일을 할 수 있는 충분한 시간을 주셨습니다. 또한 히스기야에게 더 큰 어려움에서도 건져 주겠다고 약속을 해 주셨습니다. 이것은 우리가 하나님을 의지하기만 하면 이루어지지 못할 축복이 없다는 뜻입니다. 하나님은 한 가지만 축복하는 분이 아니십니다. "너희는 먼저 그의 나라와 그의 의를 구하라 그리하면 이 모든 것을 너희에게 더하시리라"(마 6:33).

사실 유다가 앗수르의 손에서 놓이는 것은 쉬운 일이 아니었습니다. 유다는 이와 같은 멸망의 위기를 정말 여러 번 겪었습니다. 그러나 어떤 일이 있어도 하나님을 의지하면 망하지 않는다는 것을 믿었던 히스기야는 절대로 질밍하지 않고 어려우면 어려울수록 인간의 방법이 아니라 하나님께 기도로 매달렸습니다. 오늘 우리는 하나님의 약속이 있어도 기도를 해야 합니다. 왜냐하면 기도해야 우리의 믿음이 흔들리지 않기 때문입니다. 그리고 기도를 해야 하나님의 일에 우리가 동참하는 것입니다.

하나님의 증표

하나님은 히스기야가 병을 이기고 살 것을 증표로 보여 주셨습니다.

열왕기하 20:7-8
"이사야가 가로되 무화과 반죽을 가져오라 하매 무리가 가져다가 그 종처에 놓으니 나으니라 히스기야가 이사야에게 이르되 여호와께서 나를 낫게 하시고 삼 일 만에 여호와의 전에 올라가게 하실 무슨 징조가 있나이까"

여기서 무화과 반죽으로 치료가 이뤄집니다. 그렇다고 해서 무화과 반죽에 무슨 치료의 힘이 있었던 것 같지는 않습니다. 하나님의 말씀의 능력이 있으니까 무엇을 바르든지 치료가 되었던 것입니다. 이때 히스기야는 자기가 완치되어 성전에 올라갈 표적이 무엇이냐고 물어보았는데, 오히려 이사야는 히스기야에게 '일영표가 앞으로 가기를 원하느냐 뒤로 가기를 원하느냐' 라고 물었습니다. 그리고 일영표가 앞으로 10도 나아가는 것은 쉬우니까 뒤로 물러가게 해 달라는 히스기야의 원대로 표적을 보여 주었습니다.

여기서 아하스의 일영표가 나오는데, 그것은 일종의 해 시계로 거기에 세워 놓은 작대기가 계단 모양의 시계에 나타내는 그림자로 시간을 측정했던 것 같습니다. 아마 계단 하나하나가 1도를 나타냈는데, 아하스의 해시계가 뒤로 10도 물러난 것에 대해 지구 자체가 거꾸로 돌았느냐 아니면 그 시계에만 이적이 생겨서 그림자가 뒤로 물러났느냐 하는 것에 대해 논란이 있습니다. 이것은 다른 예에서 여호수아 때 기브온에 머물렀던 태양이 지구 전체가 일시적으로 정지를 했던 것이냐 아니면 그곳에만 그런 현상이 나타났느냐 하는 문제와 같은 것입니다.

이에 대해 성경은 그곳에만 일어난 일시적인 현상이 아니고 하나님이 태양을 머물게 하신 것으로 말씀하고 있습니다. 자연 현상이 절대적인 것이 아닙니다. 하나님은 얼마든지 태양을 멈추게 하고, 지구를 멈추게 하실 수 있습니다. 특히 하나님은 사랑하는 종의 믿음을 축복해 주시고 그의 마음에 기쁨의 확신을 가지게 하시기 위해 얼마든지 태양을 반대로라도 가게 하실 수 있습니다.

중요한 것은 왜 하나님이 증표를 보여 주셨느냐 하는 것입니다. 지금 히스기야는 말씀만 하셔도 얼마든지 믿을 수 있는 정도의 신앙을 가진 사람입니다. 그럼에도 불구하고 하나님이 히스기야에게 이적을 보여 주신 이유는 그의 약해진 믿음을 붙들어 주시기 위해서입니다. 사람은 누구나 다른 사람이 아프거나 어려움이 생기면 믿음의 상담을 잘해 주는데 막상 자기에게 어려움이 생기면 정신을 차리지 못하게 됩니다. 이때는 정말 지푸라기라도 잡고 싶은 심정이 됩니다. 그래서 하나님이 기적으로 붙들어 주시는 것입니다. 즉 '내가 너를 위해서 태양까지라도 뒤로 가게 할 테니까 인간을 절대로 두려워하지 말라' 는 것입니다.

기도하면 하나님 앞에서 능치 못할 일이 없습니다. 우리의 상황이 어려우면 어려울수록 그리고 절망적이면 절망적일수록 더 기도합시다. 특히 은혜를 사모하여 나아왔는데 하나님의 말씀마저 너무 치시며 정죄하실 때에라도 긍휼의 하나님 앞에 나아가기를 중단하지 맙시다. 그러면 하나님이 상상할 수 없는 기적으로 응답하실 것이며 내가 구하지 않은 것까지 응답해 주실 것입니다.

23. 바벨론에서 온 사신들

◎ 왕하 20:12-21

얼마 전에 우리나라에서 APEC(아시아태평양경제협력체) 회의가 열렸을 때 우리나라 지도자들은 외국의 원수들에게 경주의 불국사와 부산의 범어사를 구경시켰습니다. 저는 이 사실에 너무나도 가슴이 아팠습니다. 사실 그 외국 사신들은 기독교인들이었는데 그들이 그 절에 가서 무엇을 생각했겠습니까? 물론 오래 된 절을 보여 준 우리나라 지도자들 생각에는 우리나라의 문화나 정신이 이렇게 뿌리가 깊다고 자랑하고 싶었겠지만, 외국 사신들은 한국이 아직까지 우상에서 벗어나지 못했고 그래서 대화가 잘 되지 않는다고 생각했을 것입니다. 미국 대통령은 중국에 가자마자 가장 먼저 교회를 방문했고 거기서 예배드리는 일로부터 외교적인 활동을 시작했다고 합니다.

저는 우리나라 지도자들이 머리가 조금이라도 돌아간다면 그들을 우리나라의 부흥한 교회에 데리고 가서 예배를 드렸어야 한다고 봅니다. 그렇게 했더라면 그들은 우리나라의 뜨겁고 감격적인 예배와 설교를 듣고 왜 한국이 이런 위기 가운데서도 살아남는지 그 능력을 알 수 있었을 것입니다. 그만큼 우리가 다른 사람들에게 무엇을 자랑하며 무엇을 보여 주는가 하는 것은 바로 우리의 정신을 보여 주며 영적인 상태를 나타내는 것입니다.

우리나라는 보통 외국 사절단들이 오면 포항 제철과 같은 산업 시설을 보여 줍니다. 그것은 지금 한국의 경제력은 이런 산업 시설에서 나온다는 뜻입니다. 그러나 지난번에 영국의 엘리자베스 여왕이 우리나라를 방문했을 때는 안동의 하회마을을 보여 주었습니다. 거기에 있는 하회탈이나 탈춤을 보여 준 것은 우리나라도 영국 못지않게 오래 된 문화적인 전통이 있다는 것을 보여 주려는 뜻으로 받아들여집니다.

본문 성경 말씀을 보면 히스기야가 죽을병에 걸렸다가 다시 살게 되었을 때 먼 곳에 있는 바벨론의 사신들이 축하하기 위해 온 사건이 나옵니다. 그때 히스기야는 자기의 병이 나은 소문이 그렇게 멀리까지 알려지고 또 거기서 사신까지 온 것이 너무 고마워서 예루살렘 안에 있는 모든 보물들을 보여 주면서 자랑했습니다. 그런데 그 일이 있은 후에 이사야 선지자가 찾아와서 히스기야 왕을 책망하였습니다. 즉 히스기야가 바벨론 사신들에게 자랑한 보물들이 모두 바벨론으로 옮겨질 것이고 그의 자손 중에 몇이 바벨론에 환관으로 끌려갈 것이라고 했습니다. 이것은 히스기야가 자랑을 잘못했다는 뜻입니다. 유다를 지탱하는 힘은 보물 창고에 있는 보물들이 아닌데 그는 마땅히 보여 줄 것을 보여 주지 못했던 것입니다.

유다를 지키는 힘은 하나님의 말씀이었고 기도의 능력이었습니다. 히스기야가 바벨론 사신들에게 이것을 보여 주었더라면 바벨론이 유다를 공격하지 못했을 것이라고 말씀하고 있습니다.

바벨론의 사신들이 찾아 온 이유

열왕기하 20:12

"그 때에 발라단의 아들 바벨론 왕 부로닥발라단이 히스기야가 병들었다 함을 듣고 편지와 예물을 저에게 보낸지라"

히스기야가 병에 걸렸다가 나았을 때에 국제적으로는 바벨론이라는 신흥 제국이 서서히 등장하고 있었습니다. 사실 바벨론 왕 부로닥발라단이 히스기야가 병에 걸렸다가 나았다고 해서 사신을 보내고 축하해야 할 정도로 유다가 대단한 나라는 아니었습니다. 그럼에도 불구하고 바벨론 왕이 히스기야에게 사신을 보내 축하했던 것은 유다의 힘을 알고 싶었던 것입니다.

바벨론 왕의 입장에서 생각할 때 유다는 도무지 이해할 수 없는 미스터리가 가득 차 있는 신비의 나라였습니다. 바벨론 왕이 이런 사정을 모두 다 알고 있었는지는 모르겠지만 예루살렘에서 일어난 일 중의 몇 가지만 해도 엄청나게 대단한 사실이 아닐 수 없었습니다. 간단히 말해서 예루살렘에는 다른 나라에서는 도무지 이해할 수 없는 기적들이 자꾸 일어나는데 그 기적의 힘이 어디에서 나오는지 알고 싶었던 것입니다.

바벨론 왕은 히스기야 왕이 분명히 죽을병에 걸렸고 하나님의 선지자도 그가 죽을 것이라고 했다는 소문을 들었습니다. 그런데 히스기야는 기도를 했고 그 결과 완전히 병이 나아서 정상적으로 나라를 다스릴 수 있게 되었다는 것입니다. 다시 말해서 예루살렘에는 병으로 죽어가는 사람도 살릴 수 있는 능력이 있다는 것입니다. 이것은 바벨론 왕에게 매우 중요한 사실이었습니다. 왜냐하면 부로닥발라단 자신도 혹시 죽을병에 걸리게 되면 예루살렘에 있는 이 신기한 힘의 도움으로 치료를 받을 수 있기 때문입니다.

그런데 더 놀라운 것은 히스기야가 병에서 치료될 때 일영표가 뒤로 10도 물러나는 일이 일어난 것입니다. 원래 바벨론 사람들은 천문학에 조예가 아주 깊은 사람들이었습니다. 그래서 히스기야가 병에서 나을 때 하나님이 주신 징조가 바벨론 사람들의 해 시계에도 나타났을 것입니다. 이것은 마치 예수님이 탄생하셨을 때 동방에 있는 박사들이 예수님의 별을 보고 찾아온 것과 비슷합니다.

만약 바벨론의 해시계에 이런 변화가 일어났다면 예루살렘 왕은 바벨론 왕이 생각하는 사람보다 훨씬 더 대단한 사람일 수도 있습니다. 바벨론 왕은 이것을 확인하기 위해 사신을 보낸 것입니다. 즉 도대체 예루살렘은 어떤 도시이기에 죽어가는 왕도 살려 내며 그들의 하나님은 어떤 분이시기에 태양을 뒤로 가게 할 수 있을까 하는 것입니다. 더욱이 바벨론 왕이 알고 싶었던 것은 유다를 지탱하는 힘의 근원이었습니다. 유다는 아주 작은 나라였습니다. 유다는 북쪽 이스라엘에 비하면 그 힘이 5분의 1밖에 되지 않았습니다. 그런데 놀랍게도 북쪽의 수리아와 이스라엘이 연합해서 공격해도 예루살렘은 망하지 않았고, 앗수르 군대 18만5천 명이 공격해도 망하지 않을 뿐 아니라 오히려 이 18만5천 명이 의문의 죽음을 당했습니다.

이때 전 세계를 지배하려고 하는 야심을 가진 바벨론 왕으로서는 예루살렘의 신비와 비밀은 반드시 풀어야 할 숙제였던 것입니다. 바벨론 왕은 예루살렘과 유다 왕이 가지고 있는 신비로운 힘의 정체를 풀지 못하면 자기들은 결코 세계를 제패할 수 없다고 생각했습니다. 다시 말해서 바벨론이 세계의 제국이 되는데 가장 큰 걸림돌로이 바로 작은 나라 유다였고 그들이 가지고 있는 힘이었습니다.

이것을 보면 하나님의 교회가 세상 사람들의 눈에 얼마나 신비롭게 보이는지 알 수 있습니다. 이것은 마치 영원히 풀리지 않던 삼손의 신비와 같습니다. 블레셋 사람들이 들릴라라는 여자까지 매수해 가면서 끝까지 알고 싶었던 것이 바로 삼손의 힘의 근원이었습니다. 삼손에게서 도저히 인간의 힘으로는 감당할 수 없는 능력이 나오는데 그 힘의 근원이 어디에 있는지 알기 위해서 블레셋 왕들은 들릴라에게 은 1천1백씩, 즉 5천5백을 주고 알아냈던 것입니다.

하나님이 백성들에게는 신비로운 능력이 있습니다. 그것은 바로 성령의 능력입니다. 우리 믿는 사람에게 하나님의 성령이 임하시면 사람이 갑자기 변해버립니다. 너무나도 큰 어려움에 절망하고 낙심하던 사람이 한번 예배를 드리고 힘을 얻게 되면 완전히 그 절망을 이기고 담대하게 일어서게 됩니다. 그리고 우리 예수 믿는 사람들 중에는 중병에 걸려서 병원에서도 못 고치고 있는데 기도로 병이 낫는 경우도 나타나게 됩니다.

그래서 하나님의 백성들은 마치 질그릇 속에 보화를 담고 있는 것과 같습니다. 전에 어떤 사진에서 형편없는 흙으로 만들어진 그릇 안에 번쩍 번쩍 빛나는 금화와 보석들이 잔뜩 들어있는 그림을 본적이 있습니다. 저는 그것이 바로 교회의 모습이요 예루살렘의 정체라고 생각합니다. 하나님의 백성들은 외모도 보잘것없고 힘도 없는 사람들입니다. 그러나 그들 안에 있는 하나님의 말씀과 능력은 어떤 적도 이길 수 있으며 불치의 병도 치료할 수 있습니다.

우리는 바벨론 왕이 히스기야가 병이 나았다는 말을 듣고 그 정체를 알고 싶어 한 것이 당연하다고 생각합니다. 왜냐하면 이 세상에는 이것보다 더 충격적인 사건이 없기 때문입니다. 이 세상에서 가장 특별한 곳이 하나님의 말씀이 있는 교회입니다. 예루살렘이 그렇게 특별할 수 있었던 이유가 무엇이었습니까? 나라의 규모가 컸기 때문이 아닙니다. 돈이 많았기 때문도 아니고 군사력이 강했기 때문도 아닙니다. 예루살렘에는 하나님의 말씀이 있었고 적어도 그때까지는 교회가 제 기능을 감당하고 있었기 때문입니다.

이 세상에서 가장 복된 곳이 바로 이런 교회입니다. 말씀이 살아 있고 성령이 역사하는 교회는 이 세상에서 가장 복된 곳이며 하나님의 영광이 충만한 곳입니다. 그리고 절대로 그곳은 멸망할 수가 없습니다. 어떤 전쟁이나 홍수나 악의 세력도 그곳을 건드릴 수가 없습니다. 그리고 그곳에 피하는 자는 절대적으로 안전합니다. 사실은 어느 교회나 그렇게 영광스러워질 수가 있습니다. 인간적인 모든 자랑과 교만을 버리고 교역자부터 온 교인들이 철저하게 말씀에 헌신하고 거기에 목숨을 걸면 하나님의 영광이 나타나기 시작합니다. 그러나 이런 가치를 교인들이나 목회자 자신들이 바로 알지 못하고 세상적으로 교회를 꾸미려고 하는 경우가 얼마나 많은지 모릅니다. 그것이 실제로는 스스로를 망하게 하는 것입니다.

히스기야의 자랑

히스기야는 먼 곳에 있는 바벨론 왕이 사신을 보냈을 때 매우 기분이 좋았고 기뻤던 것 같습니다. 그 이유는 먼 곳에 있는 나라에까지 자기 소문이 퍼지고 자기가 인정을 받게 된 것에 감격했던 것입니다. 특히 유다의 바른 왕들은 주위의 나라들로부터 시기와 질투를 당할 때가 많았습니다. 아마 유다 주위의 에돔이나 모압 같은 나라들은 히스기야가 나았다고 해서 사신을 보내지 않았을 것입니다. 왜냐하면 이 나라들은 언제나 히스기야를 시기하고 있었고 히스기야가 죽기를 바랐습니다. 그래서 다른 나라 왕들은 히스기야가 죽어야 하는데 다시 살아나서 오히려 더 화를 내고 욕도 했을 것입니다.

하지만 먼 곳에 있는 바벨론 왕이 축하하는 사절단을 보내자 히스기야가 너무 기분이 좋았던 것 같습니다. 그래서 보여 줄 것이나 보여 주지 말아야 할 것들을 다 보여 주었습니다. 이것이 아주 중요한 히스기야의 실수였습니다. 사실 이런 중요한 일은 반드시 하나님의 선지자와 의논을 해야 했던 것입니다. 그렇게 했다면 히스기야는 바벨론 사신들이 왜 왔는지, 그리고 그들에게 무엇을 말하며 무엇을 보여 주어야 하는지 알았을 것입니다.

그러면 왜 히스기야는 어려울 때에는 하나님께 눈물로 통곡하며 기도하면서 이제 병에서 놓여나니까 하나님께 묻지도 않고 자기 마음대로 모든 것을 결정합니까? 히스기야는 너무 기분이 좋아서 방심했던 것입니다. 히스기야는 바벨론 사신에게 무엇을 보여 주었습니까?

열왕기하 20:13

"히스기야가 사자의 말을 듣고 자기 보물고의 금은과 향품과 보배로운 기름과 그 군기고와 내탕고의 모든 것을 다 사자에게 보였는데 무릇 왕궁과 그 나라 안에 있는 것을 저에게 보이지 아니한 것이 없으니라"

우리에게 너무나도 좋은 일이 있을 때 우리는 기분이 유쾌한 나머지 조심하지 않고 다른 사람의 마음이 우리 마음과 같은 줄 알고 보여 줄 것, 안 보여 줄 것 다 보여 줄 때가 있습니다. 그래서 어떤 큰 승리가 있고 난 후에나 축복이 있고 난 후에 시험에 들기도 합니다. 우리는 은혜 받는 것도 중요하지만 은혜를 간직하는 것이 더 중요합니다. 히스기야는 당연히 하나님의 뜻에 따라서 외교 사절을 대해야 했습니다. 그런데 자기 마음대로 궁중의 모든 것을 보여 주면서 자랑한 이유가 무엇입니까? 그것은 큰 병에서 나은 데다가 바벨론 왕이 사신을 보내 축하를 하니까 방심해서 마음을 풀었기 때문입니다.

히스기야는 바벨론 왕이 대등한 외교를 했으면 좋겠다는 의사를 보이자 결코 우리는 가난한 나라가 아니며 돈도 많고 군자금도 넉넉하다는 것을 보여 주기 위해 왕궁에 있는 모든 보물을 다 보여 주었습니다. 우리가 이것을 보면 하나님의 종들이 참으로 하나님 앞에서는 바로 믿으려고 애쓰면서도 얼마나 이 세상에 대해 열등의식을 가지고 있는지를 알 수 있습니다. 또한 얼마나 세상 사람들의 인정을 받고 싶어 하는지도 알 수 있습니다. 특히 주의 종들에게 있어서 지적인 열등감은 말로 표현할 수가 없을 정도로 심각합니다. 그래서 명예박사 학위 같은 것을 아주 좋아합니다. 그리고 세상 사람들의 칭찬을 얻기 위해서라면 신앙의 본질적인 것을 포기해 가면서라도 교회를 끌고 가려고 할 것입니다.

바벨론의 사신이 온 것은 히스기야에게 하나의 시험이었습니다. 히스기야는 세계적으로 유명한 사람이 되었으며 이제 국제 사회에서도 그를 인정하게 되었습니다. 그러나 히스기야는 다시 하나님 앞에 나아가서 엎드려 기도했어야 합니다. "하나님, 참 감사합니다. 제가 이렇게 병이 나음으로 유명한 사람이 되었습니다. 이제는 급기야 먼 곳 바벨론에서도 사신이 왔습니다. 그러나 과연 이것이 저에게 본질적인 것입니까? 이럴 때 제가 어떻게 처신해야 하나님의 은혜를 놓치지 않을 수가 있습니까?" 이것을 하나님께 물었어야 했습니다.

그랬더라면 히스기야는 이때야말로 온 세상에 하나님의 영광을 나타낼 때라는 것을 알았을 것입니다. 그는 바벨론 사신들에게 베드로가 성전 미문에 앉은 앉은뱅이 거지에게 한 말을 할 수 있었을 것입니다. "은과 금은 내게 없거니와 내게 있는 것으로 네게 주노니 곧 나사렛 예수 그리스도의 이름으로 걸으라"(행 3:6). 얼마나 권세가 있는 말입니까? 히스기야는 바벨론 사신들에게 무엇을 보여 주어야 했습니까? 거룩하신 하나님의 성전을 보여 주어야 했습니다.

"이 안에 온 천지를 창조하신 하나님의 영광이 있습니다. 당신들은 이방인이기 때문에 이 안에 들어갈 수가 없습니다. 이 안에는 오직 택함 받은 자들만이 들어갈 수가 있습니다. 하나님은 나의 병이 낫는다는 증거로 태양을 뒤로 10도나 물러가게 하셨습니다. 앗수르 군대가 쳐들어왔을 때 기도를 드렸더니 18만5천 명이 몰살당했습니다. 예루살렘의 힘은 우리가 믿는 하나님께 있습니다. 우리가 하나님을 섬기는 이상 이 세상 어떤 나라도 앗수르 같은 운명이 될 것입니다"라고 말했더라면 바벨론은 감히 예루살렘을 공격할 생각을 하지 못했을 것입니다.

오늘 우리는 이 세상에 무엇을 자랑해야 하겠습니까? 하나님이 우리에게 주신 말씀과 우리 성도들이 변화되고 있는 모습을 자랑해야 할 것입니다. 참으로 놀라운 변화들이 교회 안에 있습니다. 우상을 섬기던 자들이 모든 것을 버리고 하나님께로 돌아오고 있습니다. 기도로 병이 낫고 있습니다. 젊은이들이 하나님의 말씀을 붙들고 몸부림치면서 기도하고 있습니다. 우리는 교회가 교회다운 모습을 가지고 교인이 교인다운 모습을 가질 때 이 세상이 저절로 잘살게 된다고 믿습니다.

히스기야는 바벨론의 사신들에게 이사야를 만나게 했어야 합니다. 바벨론 사신들이 이사야의 입에서 나오는 불꽃같은 하나님의 말씀을 들었을 때 왜 예루살렘이 망하지 않는지 그 이유를 알았을 것입니다. 엘리사 때에 수리아 왕은 자기들 안에 이스라엘의 간첩이 있다고 생각했습니다. 왜냐하면 어떤 은밀한 군사 작전도 이스라엘에 다 포착되었기 때문입니다. 그때 신하가 한 말이 무엇입니까? 간첩이 있는 것이 아니라 그 나라에는 엘리사라는 선지자가 있는데 그는 왕이 침상에서 속삭이는 소리도 다 듣고 이스라엘 왕에게 알려 준다는 것입니다.

무엇 때문에 히스기야가 바벨론의 사신들 앞에서 하나님의 말씀과 하나님의 영광을 자랑하지 못하고 쓸데없는 자기 영광만 자랑했습니까? 이 세상에 대한 열등감 때문이었습니다. 자기 자신이 유다의 왕으로서 얼마나 존귀한지 생각하지 못했기 때문입니다.

이사야 선지자의 책망

히스기야가 얼마나 정신이 없었는가 하면 이사야가 찾아와서 책망하기까지 자기가 무엇을 잘못했는지 전혀 깨닫지 못하고 있었습니다.

열왕기하 20:14-15

"선지자 이사야가 히스기야 왕에게 나아와서 이르되 이 사람들이 무슨 말을 하였으며 어디서부터 왕에게 왔나이까 히스기야가 가로되 먼 지방 바벨론에서 왔나이다 이사야가 가로되 저희가 왕궁에서 무엇을 보았나이까 히스기야가 대답하되 내 궁에 있는 것을 저희가 다 보았나니 나의 내탕고에서 하나도 보이지 아니한 것이 없나이다"

바벨론의 사신들은 히스기야의 보물 창고를 보고 무슨 생각을 했겠습니까? 예루살렘이 다른 나라에 비해 다른 것은 아무것도 없고, 예루살렘을 두려워할 필요도 없고 약탈할 물건만 많이 있다고 생각했을 것입니다. 히스기야는 마땅히 자랑할 것을 자랑하지 못했기 때문에 결국 바벨론 사람들의 욕심만 불러일으키게 되었습니다. 만일 이들이 하나님의 백성들의 믿음과 기도의 능력을 보았더라면 훔칠 필요도 없고 가져갈 수도 없다고 생각했을 것입니다. 그러나 쓸데없이 보물을 자랑하는 바람에 바벨론 사신들이 엉뚱한 생각을 하게 되었습니다.

우리 믿는 사람들이 도대체 어떻게 살아가는지 다른 사람들이 궁금해 하고 알고 싶어 할 때 우리는 우리의 신앙을 분명하게 말해 줘야 합니다. 이때 성령님은 듣는 이의 마음에 심한 두려움을 줄 것입니다. 우리 교인들은 집에 놀러 온 사람을 붙잡고 최근에 설교들은 것을 다 이야기해 주시기 바랍니다. 그러면 아마 다시는 놀러오지 않을지 모르겠습니다. 우리가 하나님의 능력을 이야기하면 세상 사람들은 미쳤다고 생각할지 모릅니다. 그러나 우리의 능력이 바로 하나님께 미친 데서 나온다는 것을 보여 줘야 합니다.

열왕기하 20:16-18

"이사야가 히스기야에게 이르되 여호와의 말씀을 들으소서 여호와의 말씀이 날이 이르리니 무릇 왕궁의 모든 것과 왕의 열조가 오늘까지 쌓아 두었던 것을 바벨론으로 옮긴 바 되고 하나도 남지 아니할 것이요 또 왕의 몸에서 날 아들 중에서 사로잡혀 바벨론 왕궁의 환관이 되리라 하셨나이다"

하나님은 히스기야가 참으로 하나님을 자랑하지 않고 자기의 보물을 자랑했기 때문에 그 보물들을 모두 바벨론에 빼앗길 것이라고 말씀하셨습니다. 그리고 유다의 왕자가 포로로 잡혀서 바벨론의 환관이 될 것이라고 말씀하셨습니다. 우리는 이 말씀을 듣고 '왕궁에 있는 보물을 자랑한 것이 그렇게 큰 죄가 되는가?' 하는 의문이 들지 모르겠습니다. 자기가 가지고 있는 보물을 좀 자랑했다고 해서 유다의 왕자가 바벨론에 포로로 잡혀가야 합니까? 여기서 우리가 알아야 할 것은 하나님의 백성들에게 있어서 돈은 그들을 위기에서 지키는데 전혀 도움이 되지 않는다는 것입니다. 그래서 하나님의 백성들은 돈을 없는 것으로 생각해야 합니다. 히스기야는 자기에게 돈이 있고 보물이 있다고 생각하니까 제대로 하나님을 의지하지 못했습니다.

우리는 하나님이 아무리 좋은 것을 많이 주셔도 그것을 하나님의 은혜와 바꿔서는 안 됩니다. 하나님이 병을 치료해 주시면 건강도 중요하지만 하나님을 더 사랑해야 합니다. 집을 주시면 집도 중요하지만 여전히 없는 것으로 생각하고 변함없이 하나님을 사랑해야 합니다. 왜냐하면 이 세상의 모든 것들은 하나님이 한번 불면 한순간에 다 없어지기 때문입니다. 그래서 하나님이 히스기야에게 여기에 있는 보물이 다 바벨론에 빼앗긴다고 미리 알려 주시는 것이 반드시 나쁜 것은 아닙니다. 왜냐하면 다 빼앗기기 전에 좋은 일에 쓰면 되기 때문입니다. 쌓아 놓은 돈을 자랑하지 말고 뺏기기 전에 다 쓰라는 것입니다.

그런데 하나님은 히스기야가 살아 있는 동안에는 예루살렘을 지켜 주겠다고 약속해 주셨고, 히스기야는 이것을 좋게 생각했습니다. 히스기야의 생각은 단지 나만 망하지 않으면 된다는 이기적인 생각이 아닙니다. 오히려 지금까지 유다가 망하지 않은 것만 해도 너무나도 큰 축복이라는 것입니다. 물론 히스기야가 잘한 것은 아니지만 지금까지 유다가 지은 죄를 생각하면 당장 망해도 아무 항의도 할 수 없는데 하나님이 히스기야의 임기 동안 또 지켜 주고 시간을 주시는 것입니다. 이것은 그들이 다시 한 번 하나님 앞에 매달릴 수 있는 기회입니다. 적어도 주어진 기간만이라도 하나님 앞에 정직하게 매달리면 또 하나님은 그 다음 왕에게도 기회를 주실 것입니다.

사실 지금 우리나라의 형편은 하나님이 당장 심판을 내리셔도 아무 할 말이 없을 정도로 죄악이 충만합니다. 그러나 하나님은 우리에게 말씀을 하십니다. 나중을 위해 돈을 쌓아 두지 말고 너무 자식에게 투자하지 말라는 것입니다. 우리에게 지금 기회가 있을 때 선한 일에 몸과 마음과 돈을 투자하면 하나님은 이 평화의 축복을 계속 허락해 주실 것입니다. 히스기야는 미래를 위해 많은 재물을 모았지만 그것은 아무런 도움이 되지 못했습니다. 마찬가지로 우리도 사신의 미래를 위해 혹은 자식을 위해 많은 투자를 한다면 그것은 하나님을 기쁘시게 하지 못할 것입니다.

중요한 것은 지금입니다. 지금 이 순간 하나님의 말씀을 존중하고 그 말씀에 순종하여 살 때 하나님은 우리를 지켜 주시며 우리의 자녀들의 미래도 지켜 주실 것입니다.

24. 정신적인 사망 선고

◎ 왕하 21:1-26

어떤 사람이 살인죄를 저질러서 법정에서 사형 구형을 받으면 그에게 있어서 사망은 이미 결정된 것과 같습니다. 단지 언제 사형이 집행되느냐 하는 것이 문제일 뿐, 이 사람이 다시 살아날 가능성은 기적이 일어나지 않는 이상 불가능합니다. 마찬가지로 예루살렘이 정식으로 멸망당한 것은 주전 586년 시드기야 왕 때이지만 하나님 앞에서 사형 판결이 내려진 것은 본문에 나오는 므낫세 왕 때였습니다.

우리는 이미 히스기야 왕의 역사를 보면서 왜 하나님은 하나님의 말씀대로 나라를 잘 다스리려고 하는 히스기야에게 죽음의 병을 주셨는가 하는 문제를 생각해 본 적이 있습니다. 그때 우리는 히스기야가 하나님의 말씀대로 유다를 바로 세우려고 노력을 많이 한 것은 사실이지만 백성들이 히스기야 왕을 위해서 기도를 많이 하지 않았을 것이라는 생각을 했습니다. 그 이유는 워낙 히스기야가 앞장서서 하나님의 말씀대로 강하게 밀고 나가니까 어쩔 수 없어서 백성들이 따랐지만 그들의 마음속에 뿌리 깊게 들어 있는 것은 바알과 같은 우상을 숭배하는 것이었습니다. 그래서 하나님은 억지로 흉내만 내는 유다 백성들을 향해서 '너희들이 이런 식으로 억지로 나를 따라오면 부흥의 축복을 받을 자격이 없다' 고 해서 히스기야를 빼앗아 가려고 하셨던 것입니다. 하나님은 부흥을 원치 않는 자들에게 억지로 부흥을 주지 않으십니다. 오로지 지도자나 백성들이 한결같은 마음으로 부흥을 사모할 때 하나님이 부흥의 복을 주시는 것입니다.

그런데 유다 지도자들이나 백성들의 본심은 히스기야가 죽자마자 바로 나타났습니다. 그것이 바로 히스기야의 아들 므낫세의 적극적인 우상 숭배 정책이었습니다. 히스기야가 혼신의 힘을 다해 이루어 놓았던 말씀의 신앙을 어떻게 그 아들 므낫세가 단숨에 부숴 버리고 유다를 우상의 나라로 만들 수 있었을까요? 그것은 결코 므낫세 왕이 혼자 한 것이 아니라는 것을 알아야 합니다. 유다 백성들은 마음속으로 히스기야의 말씀의 신앙을 원하지 않았습니다. 그러니까 히스기야가 죽자마자 그 아들 므낫세 대에 히스기야의 종교를 완전히 파괴시키고 유다와 예루살렘을 우상의 나라로 만들었습니다.

하나님은 므낫세의 이런 우상 숭배 정책을 보시고 유다의 멸망을 선고하셨습니다. 결국 유다가 정신적으로 하나님의 사형 선고를 받고 죽은 것은 므낫세 때였습니다. 그들이 요시야 때 잠깐 부흥을 경험하지만, 이는 사형수가 감옥 안에서 잠시 은혜를 받은 것과 같았습니다. 그리고 요시야의 세 아들이 번갈아 가면서 유다를 엉망으로 통치하고 결국 시드기야 때 완전히 멸망을 당하게 되는 것입니다.

우리가 본문을 보면서 몇 가지 생각해야 할 것이 있습니다.

첫 번째는 성경이 므낫세의 우상 숭배 정치에 대해 맹렬하게 비난하고 있는 것입니다. 그런데 그 시대 사람들은 므낫세의 우상 숭배 정치에 대해 이런 식으로 심각하게 생각하지 않았을 것입니다.

두 번째는 하나님이 므낫세의 우상 숭배 정치를 보시고 이스라엘 자손들과 세우신 언약의 파기를 선언하시는 것입니다. 즉 이제 하나님과 이스라엘의 관계는 끝이 났다는 것입니다. 하나님의 언약이 파기되면 이스라엘 자손들은 가나안 땅을 내놓아야 합니다. 왜냐하면 가나안 땅은 그 언약의 보증으로 하나님이 주신 것이기 때문입니다.

세 번째는 열왕기에는 나오지 않고 역대기에 나오는 것인데 므낫세가 바벨론에 붙잡혀 갔다가 다시 돌아왔던 것입니다. 므낫세는 너무 심하게 우상 숭배를 하다가 앗수르 왕의 공격을 받아서 바벨론으로 붙들려가게 됩니다. 그런데 거기서 므낫세는 하나님 앞에 열심히 회개 기도를 했고 하나님은 그의 기도를 들어 주셔서 예루살렘으로 돌아와서 왕이 되게 하셨습니다. 므낫세는 돌아온 후에는 우상도 부수고 하나님을 제대로 믿어 보려고 했지만 하나님의 사형 선고를 돌이킬 수는 없었습니다.

므낫세의 우상 숭배 정치

열왕기하 21:2-3

"므낫세가 여호와 보시기에 악을 행하여 여호와께서 이스라엘 자손 앞에서 쫓아내신 이방 사람의 가증한 일을 본받아서 그 부친 히스기야의 헐어 버린 산당을 다시 세우며 이스라엘 왕 아합의 소위를 본받아 바알을 위하여 단을 쌓으며 아세라 목상을 만들며 하늘의 일월성신을 숭배하여 섬기며"

여기서 우리는 두 가지 일에 대해 관심을 가질 필요가 있습니다. 하나는 어떻게 해서 므낫세는 왕이 되자마자 이렇게 철저하게 여호와의 종교를 파괴시키고 유다를 완전한 우상의 나라로 만들 수가 있었느냐 하는 것입니다. 그리고 또 하나는 므낫세가 백성들을 우상 숭배로 이끈 것입니다. 9절에 보면 유다 백성들이 "므낫세의 꾀임을 받고" 우상의 종교로 따라갔다고 되어 있습니다. 그런데 과연 백성들은 우상 숭배를 원하지 않았는데 므낫세만 적극적으로 우상 숭배 정책을 가지고 백성들을 유혹했느냐 하는 것입니다.

여기서 중요한 것은 이미 유다 백성들의 대세가 우상 종교였다는 사실입니다. 유다 백성들은 히스기야 왕 때에도 마음속으로 우상 종교를 원하고 있었습니다. 단지 히스기야가 워낙 적극적으로 말씀의 종교를 밀어붙이니까 드러내고 반대하지 못했을 뿐입니다. 그래서 우리는 히스기야를 정상적이라고 생각하지만, 유다 백성들은 그를 비정상으로 여겼고 그 아들 므낫세를 통해 자기들이 원하는 상태로 유다를 돌려놓았습니다. 즉 유다 백성들에게는 므낫세의 우상 숭배 정책가 정상적이었습니다.

여기서 우리가 생각하게 되는 것은 어떻게 해서 하나님의 백성들이 이토록 여호와의 종교를 싫어하게 되었느냐 하는 것입니다. 가장 중요한 것은 여호와의 종교의 폐쇄적인 특징이었습니다. 즉 유다에게 가장 중요한 것은 하나님의 말씀 율법을 지키는 것입니다. 그래서 유다 백성들은 하나님의 율법을 지키고 우상이 들어오지 못하도록 하기 위해 결국 다른 나라와 교류를 포기해야 했습니다. 하나님이 유다 백성들에게 요구하신 것은 절대로 우상을 받아들이지 말라는 것이었는데 다른 나라와 교류를 하려면 우상을 받아들여야만 했던 것입니다. 그러니까 결국 우상을 받아들이지 않는 것은 폐쇄주의로 나가는 것을 의미했습니다. 그러나 이 당시 이미 유다는 다른 나라들과 많은 문화적인 교류를 하고 있었기 때문에 폐쇄주의로 나갈 수가 없었습니다.

그리고 또 하나는 너무 부국강병책으로 나가지 말라는 하나님의 말씀이었습니다. 나라가 잘살려면 부를 모아야 하고 국방을 튼튼히 해야 합니다. 그러나 하나님은 부를 모으지도 말고 국방을 튼튼히 하지도 말고 오직 하나님만 의지하라고 요구하셨습니다. 그러나 말이 하나님을 의지하는 것이지 아무 대책도 없이 율법의 말씀만 붙드는 것은 거의 자포자기하는 것처럼 생각되는 것입니다.

본문은 므낫세의 우상 정책을 아주 힐난하고 있습니다. 그러나 당시 유다 백성들도 과연 이 선지자의 기록처럼 므낫세의 우상 숭배 정책을 생각했을까요? 결코 그렇지 않았을 것입니다. 오히려 므낫세의 정책이야말로 모든 금지를 과감하게 풀어 버리는 속 시원한 정책이라고 생각했을 것입니다. 물론 므낫세가 백성들의 마음을 이용하려는 인기 정책을 쓴 것은 사실입니다. 이것이 오늘 많은 사람들이 말을 하는 '포퓰리즘' 이라는 것입니다.

유다의 왕이라면 백성들이 원하는 것보다는 하나님이 원하시는 정책을 쓰는 것이 옳습니다. 원래 사람은 하나님의 말씀에 얽매이는 것보다는 자기 욕심대로 사는 것을 더 좋아합니다. 그러나 왕이 하나님의 말씀의 목표를 제시하고 '우리가 싫더라도 하나님의 말씀대로 한번 순종해 보자' 라고 설득하면 백성들은 따라오게 되어 있습니다. 히스기야가 한 것이 바로 그것이었습니다. 히스기야는 유다 백성들이 좋아하지 않는 줄 알면서도 하나님의 말씀을 목표로 해서 끌고 갔습니다. 그러니까 백성들이 억지로라도 따라왔고 또 하나님의 큰 기적을 체험할 수 있었습니다. 그러나 므낫세는 백성들이 하나님의 말씀에 매이는 것을 별로 좋아하지 않으니까 머리를 굴려 적극적으로 우상을 끌어들이는 인기 정책을 써서 백성들의 인기를 한 몸에 받았습니다. 이것은 결국 백성들을 속이는 것이었고 자기 자신도 망하는 길이었습니다.

본문 말씀처럼 선지자의 눈으로 보면 유다에게 최고로 악한 왕이었던 사람이 당시 백성들의 눈으로 보면 최고로 인기 있는 왕이었던 것입니다. 그래서 우리는 사람들에게 인기가 있고 지지를 받는 것이 성경적으로도 옳은 것이 아님을 알 필요가 있습니다.

본문 말씀을 보면 므낫세가 일마나 과감하게 우상 숭배 정책을 썼는지, 북쪽 이스라엘보다 더 심했고 이스라엘 자손들이 쫓아냈던 가나안 원주민들보다 더 심했다고 합니다. 북쪽 이스라엘 왕들도 대개는 바알이나 아세라보다는 금송아지를 섬겼습니다. 금송아지 신앙은 하나님을 믿지만 금송아지도 믿는 것입니다. 즉 성전이나 율법에 매이지 않고 자기들이 원하는 방식대로 열정적으로 믿겠다는 것입니다. 요즘으로 치면 말씀이나 교리 중심보다는 체험이나 축복 중심이 되는 것입니다. 그렇다고 해서 우상을 섬기는 것과는 좀 달랐습니다.

북쪽의 아합은 금송아지도 버리고 바알 우상을 끌어들인 사람이었습니다. 그런데 히스기야의 아들 므낫세는 모든 우상을 완전히 끌어들였습니다. 심지어는 성전 뜰에 우상 숭배의 제단을 세우고 가나안 족속들이 행하던 점이나 복술이나 자식을 불에 통과시키는 의식까지 과감하게 다 행했습니다. 이것은 유다를 부자로 만들 수만 있다면 수단과 방법을 가리지 않고 모든 방법을 다 동원했다는 뜻입니다. 아마도 그렇게 해서 유다는 굉장히 잘살게 되었을 것입니다. 그러나 유다는 잘 사는 것 이상으로 중요한 것을 잃어버렸는데 그것은 바로 만복의 근원되시는 하나님이었습니다.

하나님의 반응

유다가 행복하게 사는 것에 대해 유다 백성들과 하나님의 생각은 완전히 달랐습니다. 유다 백성들은 어떻게 해서든지 자신들이 다른 나라의 좋은 것을 많이 받아들여서 풍성하게 되는 것을 원했고, 하나님은 유다 백성들이 하나님만 붙들고 하나님이 주시는 복으로만 사는 것을 원하셨습니다. 그런데 유다 백성들이 하나님의 행복으로 만족하지 못하고 세상의 행복을 택했을 때 하나님은 유다를 포기하실 수밖에 없으셨습니다.

열왕기하 21:7-8

"옛적에 여호와께서 이 전에 대하여 다윗과 그 아들 솔로몬에게 이르시기를 내가 이스라엘 모든 지파 중에서 택한 이 전과 예루살렘에 내 이름을 영원히 둘지라 만일 이스라엘이 나의 모든 명령과 나의 종 모세의 명한 모든 율법을 지켜 행하면 내가 그들의 발로 다시는 그 열조에게 준 땅에서 떠나 유리하지 않게 하리라 하셨으나"

하나님은 유다 백성들이 전 세계에서 하나님만 믿고 복을 받는 백성으로 남는 것을 원하셨습니다. 그래서 어떤 의미에서 이스라엘 자손들이 하나님을 믿는 것은 큰 복이기도 했고 동시에 큰 위기이기도 했습니다. 왜냐하면 이스라엘 자손들이 하나님을 믿는다는 것은 세상의 다른 모든 방법을 포기하는 것을 의미했기 때문입니다. 즉 세상에서는 다른 나라를 약탈하기도 하고 우상을 믿기도 하고 자기들이 인간으로서 할 수 있는 모든 방법을 다 써서 복을 받지만 이스라엘 자손들은 하나님의 말씀만 지키고 복을 받아야 하는 것입니다.

그리고 이스라엘 백성들은 나라를 지키는 것도 하나님만 의지해야 했습니다. 즉 주위에 있는 다른 나라들과 연합하거나 동맹하는 것보다는 하나님이 도와주시면 사는 것이고 하나님이 도와주시지 않으면 망하는 외골수 방법이었습니다.

그러면 이스라엘 자손들이 하나님만 섬겼을 때 다른 나라보다 잘살았느냐 하면 그렇지 않을 때가 더 많았습니다. 즉 세상적으로 보면, 우상을 섬기는 나라 사람들은 쉽게 망하지 않고 이스라엘 자손들보다 더 잘살 때가 많았습니다. 이때 이스라엘 자손들이 바른 믿음만 가지고 있었다면 세상 사람들이 잘사는 것을 결코 부러워하지 않았을 것입니다. 그러나 그들은 하나님을 철저히 신뢰하지 못하고 우상을 섬김으로 결국은 망하게 되었습니다.

유다 자손들이 스스로 속은 것은 다른 민족은 우상을 믿어도 망하지 않는 것이었습니다. 그리고 한 걸음 더 나아가서 자기들보다 더 잘살더라는 것입니다. 그래서 자기들이 우상을 섬겨도 망하지 않을 줄 알고 우상의 길로 속아서 따라갔습니다.

우상이 무엇입니까? 그야말로 나무와 돌로 만들어진, 아무것도 아닌 것입니다. 그러나 이것이 이스라엘 백성들에게는 아주 심각한 것이었습니다. 왜냐하면 우상 자체는 전혀 생명이 없는 아무것도 아닌 것이지만 우상은 이스라엘 안에서 하나님의 능력을 마비시키고 축복을 마비시키는 힘을 가지고 있었던 것입니다. 하나님은 무궁무진한 능력을 갖고 계셨지만 우상이 있는 곳에는 전혀 능력을 주지 않으셨습니다. 이것은 오늘 우리들에게도 마찬가지입니다. 하나님은 우리를 말씀으로만 복을 받는 자들로 세우셨습니다. 그렇기 때문에 우리는 다른 사람들이 아무리 세상적인 방법으로 잘살고 출세해도 그것을 부러워해서는 안 됩니다. 우리는 우리의 길이 있고 성경대로 잘살든지 못살든지 이렇게 사는 자체를 최고의 복으로 생각해야 합니다.

그리고 하나님은 이스라엘 자손들에게 약속하시기를 이스라엘 자손들이 우상을 섬기지 않고 하나님의 율법을 지키면 적어도 가나안 땅에서 쫓겨나지는 않을 것이라고 말씀하셨습니다. 그러니까 이스라엘 자손들이 가나안 땅에서 가난할 수도 있고 어려울 수도 있지만 쫓겨나지만 않는다면 얼마든지 재기해서 다시 복을 받을 수 있었습니다. 그러나 이스라엘 자손들은 가나안 땅에서 좀 더 잘살려고 하다가 그만 하나님의 율법을 버리고 가나안 땅 자체를 빼앗기게 됩니다.

우리가 생각하기에 하나님만 의지하면 다른 힘이 전혀 없기 때문에 반드시 쫓겨날 것 같습니다. 그러나 중요한 것은 눈에 보이는 힘이 아니고 눈에 보이지 않는 힘입니다. 눈에 보이지 않는 하나님의 힘이 우리를 지켜 주셔서 이상하게 사람의 힘으로는 가나안 땅을 지킬 수 없는데 지킬 수 있게 되는 것입니다. 그런데 반대로 유다 백성들이 하나님의 말씀을 버리고 인간적인 방법으로 가나안 땅을 지키려고 할 때에는 인간적인 생각으로는 더 튼튼하게 지킬 수 있을 것 같은데 이상하게 망하게 되는 것입니다. 그래서 우리가 하나님의 말씀대로 믿는 것이 얼마나 모험적인지를 알아야 합니다. 우리가 하나님의 말씀대로 믿는다는 것은 세상의 생각과는 완전히 거꾸로 가는 것입니다. 그러나 이렇게 해서 살아남고 복을 받는 것이 하나님의 능력이요 축복입니다.

하나님의 심판

하나님은 므낫세 왕이 히스기야의 모든 여호와의 종교를 부숴 버리고 우상 종교를 적극적으로 끌어들였을 때 유다의 정신적인 사망을 선고하셨습니다. 즉 유다는 하나님 앞에서 사형이 확정되어 버린 것입니다. 그러므로 이제부터 유다는 사형이 확정된 죄수로 살게 됩니다. 하나님은 먼저 예루살렘과 유다의 재앙에 세상 사람들의 귀가 울릴 것이라고 하셨습니다.

열왕기하 21:12

"그러므로 이스라엘 하나님 여호와가 말하노니 내가 이제 예루살렘과 유다에 재앙을 내리리니 듣는 자마다 두 귀가 울리리라"

어떤 뉴스에 대해 사람들의 두 귀가 울리게 되었습니까? 그것은 그들의 평소 생각과는 너무나도 다른 충격적인 뉴스일 때입니다. 우리나라 같은 경우, '황우석 교수의 논문이 엉터리이다' 라는 뉴스는 모든 백성들의 두 귀를 울리게 하는 충격적인 뉴스였습니다. 지금까지 보통 사람들에게 예루살렘은 가장 복 받은 도시로 알려져 왔습니다. 그리고 예루살렘은 어느 누구도 함락시킬 수 없는 하나님이 지키시는 성으로 믿어져 왔습니다. 그러나 그것이 아니라는 것이 알려지게 되었을 때 전 세계가 놀랐습니다. 즉 예루살렘은 복 받은 도시가 아니며 그들이 받았다고 생각했던 복은 진짜가 아니라 가짜라는 것입니다. 더욱이 예루살렘이 바벨론에 의해 완전히 멸망해서 돌 하나도 돌 위에 남지 않고 성전까지 불타고 무너지게 되었을 때 온 세상이 놀랐습니다. 하나님은 유다와 예루살렘의 자를 바꾸겠다고 말씀하십니다.

열왕기하 21:13-14

"내가 사마리아를 잰 줄과 아합의 집을 다림보던 추로 예루살렘에 베풀고 또 사람이 그릇을 씻어 엎음 같이 예루살렘을 씻어 버릴지라 내가 나의 기업에서 남은 자를 버려 그 대적의 손에 붙인즉 저희가 모든 대적에게 노략과 겁탈이 되리니"

건축자들이 토지나 집을 측량할 때 새로 집을 지으려고 하는 경우도 있고 부수려고 하는 경우도 있을 것입니다. 하나님이 지금까지 이스라엘이나 아합의 집을 재었던 자나 추는 부수려는 것이었습니다. 그 대신 예루살렘을 재는 자나 추는 보호하는 자였고 회복시키려는 추였습니다. 그러나 이제는 하나님의 자와 추를 바꾸어서 부수는 용으로 사용하시겠다는 것입니다. 특히 어느 정도로 철저하게 심판하시는가 하면 사람이 그릇을 씻어서 엎는 것처럼 하나도 남지 않도록 철저하게 비우겠다고 말씀하십니다. 그러면서 하나님이 무엇이라고 말씀하십니까?

열왕기하 21:15
"이는 애굽에서 나온 그 열조 때부터 오늘까지 나의 보기에 악을 행하여 나의 노를 격발하였음이니라 하셨더라"

하나님은 이스라엘 자손들의 우상 숭배의 본성이 애굽에서 나온 후부터 지금 이렇게 사형 선고를 받기까지 한 번도 변함없이 똑같았다고 말씀을 하십니다. 그러면 이스라엘 백성들이 중간에 열심히 하나님을 믿는 것처럼 했던 것은 무엇이었습니까? 그것은 진심으로 하나님을 사랑해서 한 것이 아니라 히스기야 때까지 지도자가 밀어붙이니까 어쩔 수 없어서 따라온 것이지 마음속으로는 언제나 하나님으로부터 벗어나서 언제나 자기 욕심대로 살고 싶어 했다는 것입니다. 그래서 하나님의 은혜가 더 강할 때에는 어쩔 수 없어서 하나님을 믿었지만 조금이라도 하나님의 은혜가 약해지기만 하면 여지없이 바알의 우상 숭배로 돌아갔습니다.

이것은 오늘 우리들에게도 깊이 생각해 볼 말씀입니다. 우리가 과연 오늘까지 신앙생활을 하면서 정말 하나님이 좋아서 말씀을 사모하고 기도했던 적이 얼마나 되는가 하는 것입니다. 아무리 신앙이 좋은 사람이라 하더라도 하나님이 우리를 강권적으로 끌고 오셨고 또 우리가 아무리 세상으로 달려가려고 해도 하나님이 막으셨기 때문에 우리가 이렇게 신앙의 자리에 있게 된 것이지 진심으로 하나님을 사랑해서 세상을 포기하고 하나님을 섬겼던 적이 있느냐 하는 것입니다. 아마도 우리들 대부분은 세상에서 많은 돈을 벌고 높은 자리에 올라간다면 하나님을 버리고 세상 정욕을 향해 달려갔을 것입니다. 그래서 오늘 우리가 이 정도라도 신앙생활을 하는 것은 전적으로 하나님의 은혜라고 생각하고 하나님의 축복 속에서 더 겸손해야겠습니다.

그래서 오늘 우리들은 더 이상 억지로 끌려서 신앙생활을 해서는 안 됩니다. 우리는 정말 하나님을 사랑하기 때문에 기쁨으로 이 믿음의 길을 가야 합니다. 역대기에는 므낫세가 너무 우상 숭배를 심하게 하니까 하나님이 므낫세를 바벨론의 포로로 붙들려가게 하십니다. 그런데 므낫세는 바벨론에서 하나님께 기도했고 그 결과 다시 유다로 돌아와 유다의 왕이 됩니다. 그래서 우상을 부수고 나름대로 다시 신앙생활을 해 보려고 했지만 이때는 이미 너무 늦어버렸습니다. 물론 므낫세 자신의 신앙은 인정을 받겠지만 그가 망가트린 유다의 신앙은 이미 엎질러진 물이었습니다.

유다의 멸망이 므낫세 때 이미 확정되는 것을 볼 때 우리가 사람들의 마음을 기쁘게 하기 위해 하나님의 말씀을 저버리는 것이 얼마나 무서운 죄인지 알게 됩니다. 아무리 하나님을 믿는 것이 답답하고 불리해 보이더라도 이것이 최고로 복된 길입니다. 우리 모두가 끝까지 믿음의 길을 갈 수 있기를 바랍니다.

25. 요시야왕의 성전 수리

◎ 왕하 22:1-20

우리는 대개 부모님들로부터 많은 재물을 물려받지 못하고 순전히 자기 힘으로 월급을 모읍니다. 그런데 이처럼 부모님께 아무런 재산도 물려받지 못한 상태에서 순수하게 자기 힘으로 일어선다는 것이 얼마나 어려운 일인지 모릅니다. 그럼에도 불구하고 다른 사람보다는 다행스러운 편이라고 말해야 할 때가 있습니다. 그것은 어떤 집에서는 부모가 자녀들에게 엄청난 부채까지 물려주는 바람에 자식이 그 빚을 갚느라 결코 가난에서 벗어나지 못하는 것입니다. 그러나 이스라엘에는 금전적인 부채 이상으로 심각한 것이 있었는데 그것은 바로 신앙적인 빚이었습니다.

유다의 마지막 등불은 요시야라는 왕이었습니다. 요시야는 부모로부터 엄청난 신앙적인 부채를 유산으로 물려받은 왕이었습니다. 요시야의 아버지 아몬과 할아버지 므낫세는 마치 우리나라로 치면 노름을 해서 집안을 망쳐버린 개망나니 같은 사람이었습니다. 무려 2대에 걸쳐서 아주 지독하게 우상 숭배를 하니까 유다는 정신적으로 완전히 황무지가 되어 버리고 제대로 남아 있는 것이 아무것도 없었습니다. 게다가 하나님 앞에서 유다 나라는 축복이 아니라 무지무지한 저주와 심판이 쌓여 있었습니다.

이런 상태에서 요시야가 불과 여덟 살에 유다의 왕이 되어서 할 수 있는 것이 무엇이겠습니까? 놀랍게도 요시야는 어린 나이임에도 불구하고 정확하게 바른 길을 갔습니다. 이것은 바로 예루살렘의 성전을 회복하는 길이었습니다. 예루살렘의 성전은 하나님의 축복이 흘러내리는 입구였습니다. 지금까지 므낫세나 아몬 같은 망나니 왕이 한 것은 하나님의 은혜를 입구부터 막아 버리는 것이었고, 하나님의 은혜가 막히자 유다 백성들은 더 망할 수밖에 없었습니다. 여기서 요시야가 유다의 왕이 되어서 한 가장 중요한 일은 성전을 수리해서 제 기능을 발휘할 수 있도록 한 것입니다. 그렇게 했을 때 하나님은 요시야와 유다 백성들에게 놀라운 선물을 주셨습니다. 그 선물은 바로 하나님의 말씀의 재발견이었습니다. 그리고 요시야 왕과 유다 백성들이 그대로 했을 때 예루살렘에는 놀라운 부흥의 역사가 다시 일어났습니다.

우리가 알아야 할 것은 부흥이라고 하는 것이 너무나 귀한 축복이며 보배라는 것입니다. 요시야와 유다 백성들이 해야 할 일은 이 부흥의 불길을 조심스럽게 계속 타오르게 하는 것이었습니다. 그러나 요시야가 너무 일찍 죽는 바람에 유다의 부흥의 불길은 꺼지게 됩니다. 요시야가 하나님의 저주의 빚더미 속에서 부흥의 불길을 일으킨 것이나, 그가 너무 일찍 죽음으로 유다의 부흥의 꺼지고 나라가 망하고 만 것은 우리가 조심해서 살펴보아야 할 내용인 것입니다.

요시야가 가장 먼저 한 것

요시야가 유다의 왕이 되었을 때의 상황은, 어떤 사람이 집이라고 해서 물려받기는 했는데 보니까 너무나도 엉망이어서 성한 곳이라고는 한 군데도 없고 오히려 어마어마한 빚만 딸려 있는 형편과 같았습니다. 집은 손을 봐야 할 곳이 너무나도 많았고 물도 제대로 나오지 않았으며 돈도 없는데 식구들은 모두 병들고 많은 빚만 남아 있었습니다. 이럴 경우 그 누구라도 도대체 어디에서부터 문제의 실마리를 풀어가야 할지 모를 것입니다.

요시야는 할아버지나 아버지가 조상 히스기야의 신앙적인 축복을 다 탕진해 버림으로 인해 저주의 빚더미만 물려 받았습니다. 요시야의 아버지 아몬의 경우는 그가 우상 숭배를 너무 심하게 하니까 이렇게 해서는 도저히 안 되겠다고 해서 부하들이 왕궁에서 그를 죽이고 그 아들 요시야를 세웠던 것입니다. 그때 요시야는 불과 여덟 살이었습니다. 그런데 요시야는 이런 폐허 가운데서 가장 정확한 방법으로 유다를 회복하기 시작했습니다. 그것은 하나님의 성전을 수리해서 성전의 기능을 회복하려고 한 것입니다.

열왕기하 22:3-5

"요시야 왕 십팔 년에 왕이 므술람의 손자 아살리야의 아들 서기관 사반을 여호와의 전에 보내며 가로되 너는 대제사장 힐기야에게 올라가서 백성이 여호와의 전에 드린 은 곧 문 지킨 자가 수납한 은을 계수하여 여호와의 전 역사 감독자의 손에 붙여 저희로 여호와의 전에 있는 공장에게 주어 전의 퇴락한 것을 수리하게 하되"

여덟 살에 왕이 된 요시야는 하나님 앞에서 정직히 행하였다고 말씀하고 있습니다. 여덟 살이라는 나이는 우리나라에서도 초등학생에 불과한데 어떻게 이렇게 어린 사람이 바른 길을 갈 수 있겠습니까? 이것이 바로 다윗의 후손의 놀라운 점입니다. 다윗의 후손은 그가 어린아이든 노인이든 그 누구라도 하나님의 말씀을 붙들기만 하면 부흥을 일으키는 능력이 있었습니다. 그래서 요시야는 어린 소년이었지만 바른 믿음의 길을 가서 유다에 진정한 부흥을 일으키는 사람이 되었습니다.

요시야는 왕이 된지 18년에 성전을 대대적으로 수리하기로 결정하고 사반을 성전에 보냈습니다. 이는 왕이 된 지 18년 만에 처음으로 성전에 관심을 가졌다는 뜻이 아닙니다. 이미 요시야는 어려서부터 성전을 가까이 하고 기도운동을 벌여 왔습니다. 이미 성전의 헌금고에 은이 가득 들어 있는 것이 그 증거입니다. 그리고 성전에서 일하는 사람들이 얼마나 정직한 사람들이었는지 전혀 돈을 회계할 필요가 없었다고 말씀하고 있습니다. 이것은 하루 이틀 만에 되는 것이 아닙니다. 아무리 기도하러 오라고 해도 아버지와 할아버지가 완전히 폐허로 만들어 버린 성전에 사람들이 오지 않을 것이며 헌금도 하지 않을 것이며 정직한 일꾼들을 만나는 것도 쉽지 않을 것입니다. 그러나 요시야는 어려서부터 꾸준하게 성전에 출입하면서 사람들에게 기도와 제사를 권했고 18년이 되었을 때에는 어느 정도 기도 운동이나 헌금이나 신실한 사람들이 모여지게 되었던 것입니다.

만약 전혀 신앙이 없는 사람이 유다의 왕이 되었더라면 유다에 무엇이 문제인지 전혀 알지 못했을 것입니다. 왜냐하면 유다는 겉으로 보면 아무 문제가 없었을 뿐 아니라 경제적으로 큰 어려움이 없는 상태였기 때문입니다. 그러나 유다라고 하는 나라는 돈으로 사는 나라가 아니었습니다. 얼마나 돈이 많고 잘사느냐 하는 것은 본질적인 문제가 아니었습니다. 중요한 것은 유다는 하나님의 은혜로 사는 나라라는 것입니다.

만일 유다에 하나님의 은혜가 막혀서 전혀 공급이 되지 않는다면 나라가 아무리 부강하고 돈이 많아도 실제로는 하나님 앞에서 죽은 것입니다. 이것은 북쪽 사마리아가 이미 겪었던 일입니다. 사마리아는 유다에 비해 다섯 배나 큰 나라였습니다. 그런데 사마리아의 신앙은 이미 죽어 있었습니다. 그래서 이스라엘이 경제적으로는 부강했지만 신앙을 잃어 버린 가운데 앗수르의 공격을 받고 나라가 완전히 멸망해 버렸습니다.

그러나 그때 앗수르 군대는 예루살렘에도 침공했지만 실컷 욕만 퍼붓고는 활도 제대로 쏘지 못하고 하룻밤 사이에 18만5천 명이라는 많은 사람들이 몰살하고 말았습니다. 그 이유는 히스기야 때는 성전의 기능이 아직 살아 있어서 하나님의 말씀과 눈물의 기도가 있었기 때문입니다. 이것은 오늘 우리나라도 마찬가지입니다. 우리나라를 지킬 수 있는 것은 군인들이나 대포나 총이 아닙니다. 하나님이 우리나라를 지켜 주셔야 우리나라는 안전할 수 있습니다. 그러나 하나님이 무엇 때문에 우리나라를 지켜 주시겠습니까? 그것은 바로 교회에 성전의 기능이 살아 있어야 하는 것입니다. 성전에 바른 하나님의 말씀이 살아 있고 눈물의 기도가 있을 때 하나님은 우리나라를 지켜 주시고 책임져 주시는 것입니다.

여기서 요시야가 성전을 수리해야겠다고 결심하게 된 이유가 어디에 있을까요? 요시야는 유다를 지키는 힘은 기도에서 나온다는 것을 알았던 것 같습니다. 성전을 수리한다는 것은 하나님 앞에 회개하고 기도하는 일부터 회복하겠다는 것입니다. 만약 이스라엘 백성들 가운데서 회개하고 기도하는 운동이 회복되면 어떻게 됩니까? 성전에서 성령의 생수가 흐르기 시작하게 되는데 이 성령의 생수가 이스라엘의 모든 병든 것들이나 더러운 것을 치료하면서 죽어 있던 것들이 하나씩 둘씩 살아나게 되는 것입니다. 예를 들어서 어떤 사람이 아무 것도 없는 황무지에서 농사를 지으려고 한다면 해야 할 일이 많이 있을 것입니다. 울타리도 만들어야 하고 창고도 세워야 하고 기계도 새로 마련해야 할 것입니다. 그러나 가장 중요한 것은 역시 물을 끌어오는 것입니다. 물만 공급되면 황무지가 옥토로 변하면서 나머지 다른 것들은 다 하나씩 갖추어지게 되는 것입니다.

그래서 교회에서는 가장 중요한 것이 기도가 살아나는 것입니다. 예수님은 "내 집은 만민이 기도하는 집"(막 11:17)이라고 하셨습니다. 그러나 누구나 기도가 중요하다는 것은 알지만 실제로 많은 하나님의 백성들이 모여서 뜨겁게 기도하는 것은 성전만 수리를 한다고 해서 저절로 되어지는 것이 아닙니다. 요시야가 성전을 수리했지만 백성들이 여전히 우상에 빠져서 기도하러 모이지 않는다면 비싼 돈을 들여서 성전을 수리하는 것이 아무 소용이 없는 것입니다. 그래서 실제로는 성전 수리보다 더 중요한 것이 하나님의 말씀이 회복되는 것입니다. 그러나 요시야는 이것을 잘 알지 못했던 것 같습니다. 단지 하나님과의 관계를 바로 하려면 성전부터 회복되어야 한다고 생각했는데 그렇게 하다 보니까 하나님의 율법 책을 발견하게 된 것입니다.

하나님의 백성들이 하나님의 말씀을 들으면 마음속에 기도하고 싶은 마음이 생기게 됩니다. 그렇게 되면 이미 부흥의 역사는 시작된 것입니다. 결국 하나님은 우리가 완전히 하나님의 뜻을 잘 몰라도 어떻게 해서든지 은혜 받으려하고 기도하려고 시도하면 더 온전한 축복의 자리로 인도하십니다. 결국 요시야의 경우에는 먼저 하나님의 말씀이 선포되고 난 후에 성전을 수리한 것이 아니라 성전을 수리하다 보니까 우연히 하나님의 율법 책이 발견이 되고 결국 이 말씀의 선포를 통해서 유다에 큰 부흥이 한번 일어나게 됩니다.

오늘 우리나라나 민족에게 많은 문제들이 있습니다. 그러나 어떤 정치인도 우리나라의 이 복잡한 문제들을 한꺼번에는 다 해결하지 못할 것입니다. 오히려 자기 나름대로 해결한다고 집적거리는 것이 오히려 더 망쳐 놓는 결과를 가져오게 될 것입니다. 결국 하나님이 우리나라에 은혜를 회복시켜 주셔야 이 산적한 문제들이 하나씩 해결되는데 그렇게 하려고 하면 가장 중요한 것이 교회 강단에서 설교가 회복되어야 하는 것입니다. 더 이상 사람들의 귀를 즐겁게 하는 설교를 하지 말고 교회의 건물을 크게 지어서 성공하려고 하지 말고 오직 하나님이 말씀하시는 그대로 부르짖으면서 전해야 하는 것입니다. 그러면 그 말씀을 듣고 은혜 받은 성도들이 가장 하고 싶어 하는 것이 기도입니다. 우리 믿는 자들이 하나님의 말씀을 붙들고 부르짖으면서 기도하기 시작하면 하나님의 축복은 임하기 시작합니다.

여호와의 율법 책의 발견

요시야 전에 아주 극렬하게 우상을 섬기던 므낫세나 아몬은 바른 믿음의 사람들을 많이 죽였을 뿐 아니라 율법의 말씀을 모두 불태워 없앴던 것 같습니다. 그래서 유다에 그 중요한 하나님의 말씀이 없었고 왕이나 제사장이나 백성들이나 하나님의 율법을 잘 몰랐습니다. 그러나 참으로 놀라운 것은 그 엄청난 핍박 중에서 누군가가 하나님의 율법 책을 성전 깊숙한 곳에 감춰 놓았는데, 그것이 이번에 성전을 대대적으로 수리하면서 발견된 것입니다.

열왕기하 22:8

"대제사장 힐기야가 서기관 사반에게 이르되 내가 여호와의 전에서 율법 책을 발견하였노라 하고 그 책을 사반에게 주니 사반이 읽으니라"

예루살렘에는 세상 사람들이 알지 못하는 어마어마한 보물이 두 가지가 있었습니다. 그 하나가 바로 성전입니다. 성전은 사람의 죄를 씻는데 탁월한 능력이 있는 곳이었습니다. 우리가 하나님의 축복을 받으려면 죄가 해결되어야 하는데 이 세상 어느 곳에도 죄를 해결할 수 있는 곳이 없었습니다. 그러나 전 세계에서 유일한 곳인 예루살렘 성전에서 피의 제사를 드리면 죄가 씻어지면서 사람의 양심이 치료되고 회복되었습니다. 이 세상에서 보물 중에서 가장 값비싼 보물이 바로 깨끗한 양심입니다. 이 깨끗한 양심은 돈으로 환산하면 수백억짜리 다이아몬드보다 더 가치가 있는 것입니다. 우리가 하나님 앞에서 울고불고하면서 눈물 흘리며 기도할 때 우리 안에 수백억짜리 보석이 돌아오게 됩니다. 이것보다 더 복된 일이 어디에 있습니까? 하나님은 사람의 기도를 들으실 때 그 깨끗한 양심을 보고 기도에 응답을 하십니다. 더러운 양심을 가진 자의 기도는 하나님이 들은 체도 하지 않으실 것입니다. 그러나 깨끗한 양심을 가진 자는 "너희 믿음대로 되라"(마 9:29)고 하면서 응답하시는 것입니다.

그리고 또 하나의 보물이 바로 하나님의 말씀인 성경책입니다. 성경책은 비유를 하자면 보물 지도와 같습니다. 보물 지도는 아무리 오래 되어도 그 가치가 손상되는 법이 없습니다. 그 보물을 그대로 찾아가기만 하면 지금도 얼마든지 무진장 쌓여 있는 하나님의 복을 캐낼 수 있는 것입니다. 그러나 우리는 복이라고 할 때 주의해야 할 것이 있습니다. 그것은 너무나도 많은 경우에 우리 눈에 보이는 돈이나 권력이나 명예를 복이라고 생각하는 것입니다. 그러나 그것은 진정한 복이 아닙니다. 진정한 복은 하나님이 우리 마음에 주시는 신령한 복입니다.

우리가 하나님의 말씀을 읽거나 들으면 아주 중요한 것을 발견하게 됩니다. 그것은 바로 지금 나의 위치입니다. 우리가 복을 받으려면 복을 받을 만한 위치에 있어야 합니다. 하나님이 전혀 복주시지 않는 위치에 있으면 아무리 복을 달라고 아우성쳐도 하나님의 복이 임하지 않습니다.

시편 1편에 보면 "복 있는 사람은 악인의 꾀를 좇지 아니하며 죄인의 길에 서지 아니하며 오만한 자의 자리에 앉지 아니하고"(시 1:1)라고 되어 있습니다. 악인의 꾀를 따라가고 죄인의 길에 서서 오만한 상태로 있다면 아무리 하나님께 복을 달라고 부르짖어도 복은 오지 않는 것입니다.

우리가 하나님의 말씀을 읽으면 가장 먼저 발견하게 되는 것이 '내가 그동안 얼마나 오만하게 살아 왔으며 얼마나 세상적인 꾀를 추구했으며 얼마나 진정한 하나님의 축복으로부터 멀어져 왔는가?' 하는 것입니다. 그때 자신이 마귀에게 속은 것이 너무나도 억울하고 원통해서 어떻게 해서든 하나님의 은혜와 축복을 회복해야겠다고 생각될 때 하나님을 향해 부르짖으면서 기도하게 됩니다. 우리가 하나님의 축복으로부터 잘못된 위치에 있다는 것을 알고 부르짖는 기도를 하기만 해도 하나님의 은혜는 회복되기 시작합니다. 그러니까 하나님의 말씀으로 자신의 영적인 위치를 바로 안다는 것은 축복을 받는데 있어서 결정적으로 중요한 것입니다.

요시야 왕은 서기관 사반이 여호와의 율법 책을 읽는 것을 듣고 옷을 찢었습니다.

열왕기하 22:11

"왕이 율법 책의 말을 듣자 곧 그 옷을 찢으니라"

왜 요시야는 하나님의 율법의 말씀을 듣고 옷을 찢으면서 비통해 했을까요? 그것은 자신들의 바른 위치를 알게 되었기 때문입니다. 요시야나 유다의 고관들이 하나님의 율법 책을 듣기 전까지는 유다가 좀 잘못되었다고 생각하는 정도였습니다. 그러나 정확한 하나님의 말씀을 듣자 유다의 상태가 요즘으로 치면 위암 말기 환자에 해당함을 깨닫게 된 것입니다. 즉 유다 안에 너무나도 죄가 많이 퍼져 있어서 도저히 회복이 불가능할 뿐 아니라 앞으로 살 시간이 거의 없을 것 같은 심각함을 알게 된 것입니다.

우리는 어떤 때 은혜를 받으려고 하나님의 말씀을 듣다가 더 절망할 때가 있습니다. 왜냐하면 하나님의 말씀에 의하면 지금 내가 하고 있는 것 중에서 죄가 아닌 것이 없고 잘못되지 않은 것이 없으며 당장이라도 하나님의 진노의 심판을 피할 수 없다는 것을 알게 되었기 때문입니다. 이때 입에서 나오는 말이 사도행전에 나오는 것처럼 "형제들아 우리가 어찌할꼬"(행 2:37) 하는 탄식입니다. 우리가 대충 자기 생각으로 신앙생활을 하는 것보다 더 위험한 것은 없습니다. 왜냐하면 자기 나름대로는 잘 믿었다고 생각한 것들이 모두 죄이고 교만이라서, 하나님 앞에서 진노의 심판만 잔뜩 쌓았기 때문입니다.

특히 하나님의 백성들에게 가장 치명적인 것은 우상 숭배였습니다. 하나님의 백성들이 우상 숭배를 하면 하나님의 모든 축복을 반납하고 다른 민족에게 포로로 잡혀 가야 하는 것입니다. 그런데 유다는 지금까지 왕부터 앞장서서 멸망할 짓을 너무나도 많이 했습니다. 요시야가 하나님의 말씀을 듣고 보니까 유다는 하나님 앞에서 멸망할 수밖에 없는 형편이었습니다. 이럴 때 도대체 어떻게 해야 합니까? 그래서 요시야 왕은 먼저 제사장들에게 하나님의 뜻이 무엇인지 기도하게 하고 여선지자 훌다에게 사신을 보내 물어보았습니다.

하나님의 응답

하나님이 여선지자 훌다를 통해서 요시야에게 응답하신 말씀은 두 가지였습니다. 하나는 유다가 율법의 말씀대로 멸망하게 된다는 것이었습니다.

열왕기하 22:15-17

"훌다가 저희에게 이르되 이스라엘 하나님 여호와의 말씀이 너희는 너희를 내게 보낸 사람에게 고하기를 여호와의 말씀이 내가 이곳과 그 거민에게 재앙을 내리되 곧 유다 왕의 읽은 책의 모든 말대로 하리니 이는 이 백성이 나를 버리고 다른 신에게 분향하며 그 손의 모든 소위로 나의 노를 격발하였음이라 그러므로 나의 이곳을 향하여 발한 진노가 꺼지지 아니하리라 하라 하셨느니라"

하나님은 유다 왕과 백성들이 우상을 섬긴 것이 용서할 수 없는 죄라고 말씀하셨습니다. 유다 왕과 백성들이 하나님과의 언약을 깨고 우상을 섬겼기 때문에 취소가 되지 않는다는 것입니다. 우리는 이것을 통해 죄라고 하는 것이 하나님 앞에서 그렇게 간단하게 해결되는 것이 아님을 알아야 합니다. 죄라고 하는 것은 일단 한번 저질러지면 하나님 앞에서 없어지지 않고 그대로 남아 있습니다. 우리는 결코 죄 문제를 간단하게 생각해서는 안 됩니다. 해결되지 않은 죄는 하나님 앞에 그대로 쌓여 있다가 진노로 폭발하게 되는 것입니다. 그래서 때로는 옛날에 잊어버린 죄가 폭발하면서 망하기도 하고 심지어는 조상들이 지은 죄가 남아서 생각지도 못한 순간에 폭발하기도 하는 것입니다.

우리가 과거에 지은 죄로 인하여 하나님의 진노의 심판을 받지 않으려고 하면 과거의 죄의 뿌리를 뽑아야 합니다. 예를 들어서 어떤 사람이 지뢰가 깔려 있는 곳을 지나가면서 안전하다고 생각하는 것은 대단히 위험합니다. 그곳을 안전하게 지나가려면 다른 일을 다 포기하고 철저하게 지뢰를 찾아내서 해체

해야 하는 것입니다. 마찬가지로 부모의 대에 죄를 많이 지었거나 자신이 과거에 방탕하게 생활한 사람은 자기 혼자 회개했다고 그냥 넘어가서는 안 됩니다. 해결해야 할 죄를 찾아서 철저하게 그 뿌리를 뽑고 완전히 딴 사람이 되어야 하는 것입니다.

하나님은 유다 백성들의 우상의 뿌리가 너무 깊어서 요시야의 노력으로는 약간의 증세만 누그러트릴 뿐 완전히 뿌리뽑을 수 없다고 보셨습니다. 결국 히스기야나 요시야의 개혁은 우상 숭배의 뿌리를 뽑지 못했습니다. 하나님은 유다 백성들이 가나안 땅에 사는 이상 바알이라든지 아세라를 버리지 못할 줄 아셨습니다. 유다 백성들이 바알 신을 버린 것은 바벨론에 포로 되어 가서 70년이 지난 후였습니다. 그만큼 우상의 뿌리를 뽑는 것은 어려운 수술이었습니다.

그리고 훌다를 통해 전해진 두 번째 말씀은 하나님이 요시야의 대에는 이 심판을 내리지 않고 연기하시겠다는 것입니다.

> 열왕기하 22:19-20
>
> "내가 이곳과 그 거민에게 대하여 빈 터가 되고 저주가 되리라 한 말을 네가 듣고 마음이 연하여 여호와 앞 곧 내 앞에서 겸비하여 옷을 찢고 통곡하였으므로 나도 네 말을 들었노라 여호와가 말하였느니라 그러므로 내가 너로 너의 열조에게 돌아가서 평안히 묘실로 들어가게 하리니 내가 이곳에 내리는 모든 재앙을 네가 눈으로 보지 못하리라 하셨느니라 사자들이 왕에게 복명하니라"

하나님은 유다가 망한다고 하시면서도 두 가지 희망을 주셨습니다. 그 하나는 하나님이 요시야가 하나님의 말씀을 듣고 겸손하게 옷을 찢고 통곡한 것을 귀하게 보셨다는 것입니다. 또 하나는 하나님이 그렇게 한 요시야를 사랑하셔서 그가 죽을 때까지는 멸망이 오지 않도록 하시겠다는 것입니다.

그렇다면 요시야가 취할 수 있는 방법은 무엇이겠습니까? 첫 번째는 할 수 있는 한 빨리 죽지 않도록 자신의 신변이나 건강관리를 철저하게 하는 것입니다. 대개 하나님의 종의 문제가 자신을 너무 보잘 것 없이 취급하는 것입니다. 그래서 별로 중요하지도 않은 일에 뛰어들어서 쉽게 건강을 다치거나 목숨을 잃어서는 안 됩니다. 왜냐하면 요시야의 생명은 요시야 개인의 것이 아니고 유다 전체의 생명이었기 때문입니다. 그러나 요시야는 자기 생명을 별로 중요하게 생각하지 않았던 것 같습니다. 그래서 유다와는 아무 상관도 없는 애굽과 앗수르의 전쟁에 개입했다가 전사하게 됩니다. 아마도 요시야는 너무나도 정의감이 강해서 주위에서 일어나는 불의의 세력을 참을 수가 없었던 것 같은데, 그 바람에 유다는 더 빨리 망하게 되었습니다.

그리고 두 번째는 어떻게 하든지 다음 왕에게 찢어진 옷과 눈물을 물려주는 것입니다. 다음 유다의 왕이 될 사람에게 좌우간 망하지 않으려면 하나님 앞에서 이 찢어진 옷을 입고 언제나 눈물로 기도하라고 신신당부를 해야 하는 것입니다. 만약 그 다음 왕이 받아들이면 유다의 역사는 또 50년 이상 갈 수 있었습니다.

오늘 우리는 우리 한 사람 한 사람의 생명을 귀하게 생각해서 오랫동안 이 기도와 부흥의 불길을 지키도록 합시다. 그리고 다음 사람들에게 우리의 목이 쉰 것과 눈물로 썩은 의자와 찢어진 옷을 물려줍시다. 그러면 하나님이 또 우리나라에 기회를 주시며 지켜 주실 것입니다.

26. 요시야의 부흥 운동

◎ 왕하 23:1-30

농부에게는 가을에 풍년이 드는 것보다 더 좋은 것은 없을 것입니다. 또 어부에게는 바다에서 만선이 되어 돌아오는 것보다 더 기쁜 일은 없을 것입니다. 그러나 하나님 앞에서 가장 복된 일은 많은 사람들이 자신의 죄를 버리고 하나님께로 돌아오는 것입니다. 이때 하나님은 믿는 사람들에게 성령을 부으시는데 이것이 우리 인간들에게 일어날 수 있는 최고의 기쁨이요 복입니다. 하나님께서 다윗의 자손들에게 주어진 놀라운 복은 어느 누구든지 다윗의 자손이 하나님께로 돌아와서 하나님의 말씀을 바르게 붙들고 백성들의 죄를 바로잡으면 하나님이 부흥을 허락하시는 것입니다.

유다에 이런 부흥을 일으켰던 다윗의 자손들이 있었습니다. 그 사람들 중에는 솔로몬이 있었고 히스기야와 요시야가 있었습니다. 이것을 보면 아무리 다윗의 자손이라 하더라도 바른 하나님의 말씀으로 돌아가는 것이 얼마나 어려운 일인지 알 수 있습니다. 교회사적으로 보면 사도행전에 나오는 오순절에 성령이 임하셨던 것이 놀라운 부흥의 시작이었습니다. 그리고 16세기에 루터와 칼빈이 일으켰던 종교 개혁도 분명한 부흥이었습니다. 중세 때 전 세계가 암흑에 빠져 있었을 때 이들이 하나님의 말씀을 붙들고 바른 신앙을 외치자 미신에 빠져 있던 세계가 어둠의 잠을 깨고 새로운 역사를 시작했습니다. 그리고 18세기에는 영국의 웨슬레라든지 조지 휫필드나 미국의 조나단 에드워즈 같은 사람이 부흥을 일으켰습니다. 이런 부흥은 인간들을 미신과 억압에서 벗어나게 했고 사람들의 인권과 자유를 놀랍게 발전시켰습니다.

이것을 보면 다윗의 자손이 얼마나 귀한 사람들인지 알 수 있고 바른 말씀을 붙드는 목회자나 성도들이 얼마나 귀한 사람들인지 알 수 있습니다. 다윗의 자손 중에서 세상의 부귀나 영화에 속지 않고 오직 하나님의 말씀에 자신의 모든 것을 바쳤던 사람들은 하늘의 복의 문을 열어서 이 세상에 하나님의 은혜와 축복이 부어지게 만들었습니다. 오늘날도 우리는 이런 큰 축복을 이 땅에 임하게 할 수 있습니다. 그러나 그렇게 하려면 하나님의 말씀에 우리의 목숨을 걸어야 합니다.

유다의 마지막 부흥을 일으킨 다윗의 자손은 요시야였습니다. 그러나 놀라운 점은 요시야가 태어나기 300년 전에 하나님이 한 이름 없는 선지자를 통해 미리 예언하셨다는 것입니다. 이스라엘의 초대 왕 여로보암이 벧엘에 금송아지를 만들어 놓고 변질된 금송아지 신앙을 시작했을 때 유다에서 온 선지자가 장차 유다에 요시야라 이름 하는 한 왕이 와서 제단을 헐고 거짓 제사장들의 뼈를 불태울 것이라고 했던 것입니다. 그리고 무려 300년 후에 이 예언은 성취되었습니다.

요시야는 그야말로 유다의 청소부였습니다. 지금까지 유다의 왕들이나 귀족들이나 백성들이 만들어 놓은 모든 우상의 제단과 제사장과 악한 풍습을 철저하게 청소하는 일을 했습니다. 그러나 놀라운 것은 요시야의 이런 철저한 개혁도 하나님의 진노를 완전히 막지 못했다는 것입니다. 그래서 다른 나라의 전쟁에 개입했던 요시야가 므깃도에서 전사하고 그 아들들이 아버지의 부흥을 다 망쳐 놓자, 유다는 주전 586년에 바벨론에 의해 멸망하게 됩니다.

요시야의 언약의 갱신

우리가 다른 사람으로부터 땅이나 건물을 임대해서 사용하다가 기간이 만료되면 계약을 갱신하는 일을 하게 됩니다. 만약 계약을 갱신하지 못하면 그 사람은 그 땅이나 건물을 비우고 다른 곳으로 이사를 가야 하는 것입니다. 그러나 이스라엘 백성들은 하나님과 언약을 갱신하지 못했습니다. 언약을 갱신한다는 것은 하나님의 말씀에서 떠나면 결국 가나안 땅에서 멸망할 수밖에 없는 이스라엘 백성들이 잘못을 회개하고 다시 하나님의 말씀대로 살겠다고 약속하고, 그런 그들을 하나님이 다시 받아주시는 의식을 말합니다.

> 열왕기하 23:1-3
> "왕이 보내어 유다와 예루살렘의 모든 장로를 자기에게로 모으고 이에 여호와의 전에 올라가매 유다 모든 사람과 예루살렘 거민과 제사장들과 선지자들과 모든 백성이 무론 노소하고 다 왕과 함께한지라 왕이 여호와의 전 안에서 발견한 언약책의 모든 말씀을 읽어 무리의 귀에 들리고 왕이 대 위에 서서 여호와 앞에서 언약을 세우되 마음을 다하고 성품을 다하여 여호와를 순종하고 그 계명과 법도와 율례를 지켜 이 책에 기록된 이 언약의 말씀을 이루게 하리라 하매 백성이 다 그 언약을 좇기로 하니라"

배임사들은 사용하지 않는 배를 강가나 바닷가에 있는 기둥에 잡아매어 놓습니다. 그런데 아이들이 그 배에 올라가서 놀다가 배를 잡아 놓은 줄을 풀어버리면 배가 강 아래 먼 바다로 떠내려가게 됩니다. 처음에는 이것이 조금이지만 나중에는 아주 멀리 떠내려가서 폭포를 향해 가거나 먼 바다로 떠밀려가게 돼서 결국 돌아올 수 없게 되는 것입니다. 그때 아이들이 겁을 집어먹고 헤엄을 치려고 물에 뛰어들었다가는 결국 물에 빠져서 목숨을 잃게 될 것입니다.

그런데 이런 일이 신앙적으로도 반복적으로 일어나게 됩니다. 처음에는 별 것 아닌 줄 알고 이런 저런 관습이나 인간적인 방법을 쓰게 되는데 결국 이것들이 나중에는 하나님의 은혜와 축복에서 멀어지게 합니다. 그래서 이스라엘로 하여금 완전히 하나님의 은혜에서 떠나게 만듭니다. 그러면 아무리 기도해도 응답이 없고 하나님의 기적을 바라지만 일어나지 않게 됩니다. 백성들은 더 타락하고 하나님의 진노의 심판은 자꾸 나타납니다. 그때 이스라엘의 왕이 이 엄청난 사실들을 발견하고 백성들에게 '우리는 이제 하나님의 바른 말씀으로 돌아간다' 고 선포하는 것이 언약의 갱신입니다. '우리는 지금 하나님의 은혜와 축복에서 너무 벗어나 있다. 그러나 이제부터 우리는 온 힘을 다해 하나님께로 돌아간다.'

물론 한번 이런 선포식을 한다고 해서 한꺼번에 하나님의 은혜가 회복되는 것은 아닙니다. 사실 이스라엘을 책임지는 왕이 자신과 백성들이 하나님의 은혜의 자리에서 많이 벗어나 있다는 것을 공식적으로 선포하는 것은 대단히 중요한 일입니다. 왜냐하면 이것은 자신들의 영적인 위치를 확인하는 것이기 때문입니다. 그리고 우리가 살기 위해서 최우선적으로 해야 할 일은 바른 하나님의 말씀으로 돌아가는 것이라는 목표를 설정하는 것입니다.

사실 이스라엘의 왕이 해야 하는 가장 중요한 일이 바로 이것입니다. 즉 우리의 위치가 어디에 있느냐 하는 것을 확인하는 것이고, 백성들을 설득해서 바른 말씀으로 돌아가도록 인도하는 것입니다. 사람들 개개인은 미련해서 자기가 잘못된 위치에 있는 줄 알면서도 쉽게 결단을 내리지 못합니다. 그러나 왕이 바른 목표를 제시하면 사람들은 어떻게 해서든지 따라오게 됩니다. 그러나 문제는 이런 의식을 행했다고 해서 그 즉시 그 동안 잘못된 모든 것들이 바로잡히는 것이 아니라는 사실입니다. 오히려 꾸준한 노력으로 잘못된 것을 하나씩 하나씩 바로잡아 나갈 때에 점점 더 큰 하나님의 축복이 임하게 됩니다.

그러나 유다의 안타까운 점은 이런 부흥이 몇몇 왕이나 제사장들의 몸부림으로 끝나고 일반 백성들의 마음속 깊은 곳에 있는 우상을 없애지는 못했다는 것입니다. 우리 속담에 '말을 물가까지 끌고 갈 수는 있지만 억지로 물을 마시게 할 수는 없다' 는 말이 있습니다. 요시야 왕이나 제사장들은 유다 백성들을 억지로 물가로 끌고 오는 데는 성공을 했습니다. 그러나 이들로 하여금 성령의 물을 마시게 하는 데는 성공하지 못했습니다. 그래서 유다의 부흥은 요시야가 죽음으로 끝나고 마는 것입니다. 우리가 알아야 할 것은 부흥의 불이라고 하는 것은 함께 타오를 때 강력한 불이 될 수 있는 것이지, 한두 사람이 일으키는 불은 불을 붙일 수는 있지만 오래가지 못하고 꺼질 수 있다는 것입니다.

요시야의 우상 청산 운동

요시야는 유다에서 하나님의 축복을 막는 것은 우상 숭배의 죄라고 판단을 했습니다. 그래서 성전에서부터 시작해서 유다와 나아가서는 이미 망한 이스라엘 땅까지 모든 우상을 파괴시키는 광범위한 우상 파괴 운동을 벌였습니다. 우리는 아무리 유다의 왕이라 하더라도 이미 한번 만들어진 우상을 파괴시키는 것이 결코 쉬운 일이 아님을 알아야 합니다. 왜냐하면 우상을 파괴시키면 모든 식구들이 저주를 받아서 죽는다는 미신을 믿었기 때문입니다. 사사 시대에 바알 상을 파괴시킨 유명한 사람이 기드온이었습니다. 사람들은 기드온이 바알 상을 파괴시키고도 죽지 않는 것을 보고 기드온의 이름을 '여룹바알' 이라고 지었습니다.

마찬가지로 요시야가 이미 만들어진 성전의 우상이나 앞선 왕들의 제단을 부수는 것은 제정신으로는 하기 어려운 일이었습니다. 예를 들어서 예수 믿는 청년의 집에 사당이 있거나 부적이 있을 때 자기 자신은 그것을 믿지 않는다 하더라도 그것을 부수는 것은 쉽지가 않습니다. 또한 우리나라 안에 많은 부처상들이 있는데 자기가 안 믿는 것은 쉽지만 그것을 가서 부순다고 하는 것은 우상 숭배자들과의 전면적인 전쟁을 벌이지 않는 이상 불가능한 일인 것입니다.

아프가니스탄의 탈레반 정부는 거대한 바위에 새겨진 부처를 파괴시켰습니다. 자기들 나름대로는 우상을 파괴시켜야 한다는 알라의 명령을 지킨다고 생각한 것입니다. 그러나 탈레반 정부는 그것 때문에 전 세계의 사람들로부터 소중한 문화재를 파괴시킨 무식한 정부라는 비난을 받아야만 했습니다.

우상이라고 하는 것이 어떤 사람에게는 복을 주는 신으로 나타나고 또 어떤 사람에게는 가치 있는 문화재로 등장해서 어마어마한 입장료까지 받고 또 어떤 사람에게는 저주를 내리는 신으로 나타나는 것입니다. 그런데 어떤 의미에서 요시야는 바벨론 군대가 쳐들어오기 전에 하나님의 이름으로 가나안 땅에 있는 모든 우상들을 파괴시키는 것을 자신의 사명으로 알았고 이것을 실제로 해 냈던 인물이었습니다.

요시야의 개혁 운동은 크게 세 가지로 나누어 볼 수 있습니다. 우선 첫째는 예루살렘 성전에서 우상을 몰아내는 것입니다. 예루살렘 성전에는 많은 방들이 있었는데 사실은 그 방들마다 우상의 물건들이 들어 있었고 은밀하게 우상을 섬기는 일들이 이뤄지고 있었습니다. 예루살렘 성전은 사람의 죄를 씻는데 탁월한 능력을 가진 곳입니다. 그런데 유다의 지도자들이 성전의 기능을 마비시켜 놓았습니다. 예를 들어 성전이 죄를 씻는 생수가 나오는 수도라면 그 수도를 끊어놓았던 것입니다. 그 이유는 성전이 살아 있으면 마음대로 죄를 지을 수가 없기 때문입니다. 즉 환하게 불이 켜져 있으면 사람들이 마음대로 죄를 지을 수 없으니까 불부터 끄고 보는 것과 같습니다. 요시야가 한 것은 성전 방마다 들어 있는 우상의 물건들을 다 끄집어내서 불태우고 가루를 만들어서 기드론 시내에 버린 것입니다.

열왕기하 23:4

"왕이 대제사장 힐기야와 모든 버금 제사장들과 문을 지킨 자들에게 명하여 바알과 아세라와 하늘의 일월성신을 위하여 만든 모든 기명을 여호와의 전에서 내어다가 예루살렘 바깥 기드론 밭에서 불사르고 그 재를 벧엘로 가져가게 하고"

열왕기하 23:6

"또 여호와의 전에서 아세라 상을 내어 예루살렘 바깥 기드론 시내로 가져다가 거기서 불사르고 빻아서 가루를 만들어 그 가루를 평민의 묘지에 뿌리고"

하나님의 성전을 이렇게 더럽힌 죄는 다른 어떤 것으로도 용서가 되지 않습니다. 왜냐하면 이것은 자기만 망하는 것이 아니라 다른 사람들까지도 죄 용서받지 못하도록 원천적으로 하나님의 은혜를 봉쇄한 것이기 때문입니다. 엘리의 두 아들이 예배를 더럽힌 일로 인해, 같은 날에 두 아들과 아버지와 며느리가 죽는 비극을 겪었고 언약궤를 빼앗기고 성전이 불탔습니다. 그런데 유다의 지도자들은 예배를 더럽힌 정도가 아니라 성전 안에 우상을 세워서 하나님께 대한 예배를 원천적으로 봉쇄했습니다. 이것은 성령을 훼방한 죄이며 어떤 것으로도 용서 받을 수가 없었습니다.

예수님 당시에 대제사장들은 성전의 수입을 올리기 위해 성전 마당에서 소와 양을 팔고 돈을 바꾸었는데 예수님은 이 성전을 헐라고 저주하셨고 결국 로마에 의해 성전이 무너지고 말았습니다. 이 세상에 어떤 일이 있어도 하나님의 성전 안에 우상을 끌어들이고 하나님의 말씀을 막는 일을 하면 용서를 받을 수 없습니다. 그는 그 성전을 무너지게 하는 것입니다.

그리고 요시야는 유다 안에서 모든 미신적인 풍습을 못하게 했습니나. 요시야가 한 것 중에 대단한 것은 아하스가 다락에 세운 단들을 부순 것과 므낫세가 세운 성전 마당의 두 제단을 부순 것과 한 걸음 더 나아가서 솔로몬이 자기 부인을 위해서 세운 산당들을 더럽힌 것입니다.

사람들은 요시야가 이런 일을 할 때 당장 '당신이 솔로몬보다 더 똑똑한 사람이냐? 당신이 아하스나 므낫세보다 더 훌륭한 사람이냐?' 하는 식으로 공격하기 때문에 전에 있던 사람이 만든 것을 손대는 것은 보통 어려운 일이 아닙니다. 그러나 요시야가 얼마나 용기 있는 사람인가 하면 아무리 솔로몬이 만든 것이라 하더라도 하나님의 말씀과 맞지 않으면 부숴 버렸습니다. 아무리 할아버지가 만든 것이고 고조할아버지가 만든 것이라 하더라도 하나님의 율법의 말씀과 맞지 않는 것은 전부 폐기처분했습니다. 이것은 사실 하나님께 미치지 않으면 할 수 없는 일입니다. 그러나 요시야는 이런 일을 해 냈습니다. 그리고는 유다 안에서 모든 미신적인 풍습들을 광범위하게 바로잡아 나갔습니다. 우선 유다 안에서 모든 산당과 산당의 제사장을 폐지했습니다.

열왕기하 23:5

"옛적에 유다 왕들이 세워서 유다 모든 고을과 예루살렘 사면 산당에서 분향하며 우상을 섬기게 한 제사장들을 폐하며 또 바알과 해와 달과 열두 궁성과 하늘의 모든 별에게 분향하는 자들을 폐하고"

결국은 이런 잘못된 제사장들이 있기 때문에 우상 숭배가 계속 이루어지게 되는 것입니다. 그러나 어느 누구도 제사장을 자기 마음대로 폐할 수가 없습니다. 일반 백성이 제사장을 함부로 폐하려고 했다가 모든 저주를 다 당하게 될 것입니다. 그러나 유다의 왕은 아무리 제사장이라 하더라도 잘못된 제사장을 폐할 수 있었습니다. 일단 제사장을 폐지해 버리니까 맹렬한 우상 숭배가 잠시 주춤해질 수밖에 없었습니다.

여기서 놀라운 것은 예루살렘 성전이나 성 안에 태양과 달과 별을 섬기는 종교가 들어와서 성행했다는 것입니다. 이것은 결국 유다 안에 바벨론 문화가 많이 들어온 것을 의미했습니다. 바벨론이 당시 가장 강대국이고 잘사는 나라니까 그들의 것을 베껴 보려고 바벨론 종교를 많이 받아들인 것입니다. 그러니까 결국 바벨론에 지배를 당하게 됩니다.

요시야는 예루살렘과 유다에서 모든 바벨론의 종교를 치우는 일을 했습니다. 7절에 보면 성전 안에 있던 '미동의 집'이라는 것이 나옵니다. 그곳은 자칭 바알 종교의 사제라고 불리는 남창(the male shrine prostitutes)이 있던 곳입니다. 그들은 바알 신전에서 바알 우상을 숭배하는 여신도들과 섹스를 하는 무서운 죄를 범하였습니다. 그래서 요시아는 하나님이 가장 싫어하시는 그 장소를 완전히 헐어 버렸습니다.

결국 여기서 우리가 생각하게 되는 것은 요시야의 이 개혁이 유다를 살리는 개혁이었는가 아니면 하나님의 심판의 시작이었는가 하는 것입니다. 이것이 살리는 개혁이 될 수도 있지만 심판의 시작일 수도 있었습니다. 사실 요시야의 개혁을 보면 하나님의 백성들이 이렇게 진리에서 떠났는가 하는 것을 보게 하는 것입니다. 그러나 회개라고 하는 것은 한순간에 마음만 먹는다고 해서 될 수 있는 것이 아닙니다. 잘못된 길을 갔으면 그만큼 다시 돌아와야 하는 것입니다. 즉 하나님의 축복이 아닌 방법으로 많은 부를 쌓고 많은 부귀와 영화를 누렸다면 그것을 포기할 생각을 해야 회개가 될 수 있는데 유다 사람들은 지금 자기들이 하고 있는 것을 하나도 포기할 생각이 없었습니다. 그렇다면 요시야의 개혁은 하나님의 심판의 전주곡이었던 것입니다.

이스라엘의 무명 선지자의 비운

요시야가 행한 또 한가지 놀라운 것은 우상 폐지를 예루살렘과 유다에서만 한 것이 아니라 멸망한 이스라엘 땅까지 가서 아직 남아 있는 우상을 다 파괴시키는 일을 한 것입니다.

열왕기하 23:15-16

"이스라엘로 범죄케 한 느밧의 아들 여로보암이 벧엘에 세운 단과 산당을 왕이 헐고 또 그 산당을 불사르고 빻아서 가루를 만들며 또 아세라 목상을 불살랐더라 요시야가 몸을 돌이켜 산에 있는 묘실들을 보고 보내어 그 묘실에서 해골을 취하여다가 단 위에 불살라 그 단을 더럽게 하니라 이 일을 하나님의 사람이 전하였더니 그 전한 여호와의 말씀대로 되었더라"

결국 이스라엘의 신앙은 두 돌비의 신앙과 금송아지의 신앙의 대결이었다고 볼 수 있습니다. 이 갈등은 이미 모세 때부터 나타나기 시작했습니다. 모세가 이스라엘 백성들에게 가르친 신앙은 잠잠히 하나님의 말씀을 듣고 그 말씀에 순종하기만 하면 복을 받는다는 것이었습니다. 그러나 이스라엘 백성들은 그런 신앙을 너무나도 답답하게 여겼습니다. 그들은 금송아지를 만들고 그 앞에서 마음껏 감정을 표현하고 소리 지르고 춤추고 즐기자는 것이었습니다. 그러나 하나님은 이 금송아지 신앙을 인정하지 않으셨습니다. 모세는 금송아지를 만든 이스라엘 백성 앞에 두 돌비를 던져서 깨트리고 그 금송아지를 부수게 했습니다.

하지만 이스라엘 백성들은 가만히 앉아서 하나님의 말씀을 듣는 것만으로는 답답해서 견딜 수가 없었고 무려 열 개 지파가 떨어져 나가서 이스라엘 나라를 세우고 금송아지 신앙을 이스라엘의 신앙으로 공식화했습니다. 바로 그때 유다에서 한 무명의 선지자가 와서 벧엘에서 분향하는 여로보암을 향해, 앞으로 유다에 요시야라는 한 왕이 나타나서 이 제단을 헐고 이 제단 위에 사람의 뼈를 불살라 태울 것이라는 예언을 했던 것입니다.

이 말을 들은 여로보암은 죄를 깨닫지 못하고 크게 화를 냈습니다. 그리고 선지자를 잡으라고 명령하기 위해 손을 뻗었습니다. 그런데 그 손이 굳어져서 오므려지지가 않았고, 결국 선지자가 기도해 준 후에야 다시 오므려지게 되었습니다. 이 일로 여로보암은 선지자에게 호의를 베풀려 했으나, 선지자는 그것을 거절했습니다. 왜냐하면 절대로 이스라엘에서는 물도 마시지 말고 음식도 먹지 말라는 하나님의 명령을 받았기 때문입니다.

그런데 이스라엘의 한 늙은 선지자는 이 젊은 선지자에게 거짓말을 했습니다. 즉 하나님이 그에게 임하셔서 젊은 선지자가 음식을 먹어도 된다고 말씀하셨다는 것입니다. 그래서 방심하고 음식을 먹은 젊은 선지자는 결국 사자에게 물려 죽었습니다. 사실 이 젊은 선지자가 죽은 것은 방심했기 때문이기도 하지만, 늙은 선지자의 질투심도 한몫했습니다. 왜냐하면 늙은 선지자는 자기에게 그런 용기와 능력이 없기 때문에 젊은 선지자를 시기했던 것입니다. 그러나 결국 그 시기심이 한 아까운 젊은 선지자를 하나님의 말씀에 불순종하게 해서 죽게 만들었습니다.

놀라운 사실은 이 젊은 선지자가 예언했던 그 요시야라는 왕이 이제 나타나서 그가 예언한 대로 제단을 헐고 제단에 사람의 뼈를 불태웠던 것입니다. 이것은 이 무명의 선지자가 예언을 한 지 300년 후의 일이었습니다. 우리에게 안타까운 것은 왜 이 요시야라는 왕이 이렇게 늦게 등장했느냐 하는 것입니다. 좀 더 일찍 나타나서 이 벧엘의 단을 헐고 뼈를 불태우고 이스라엘과 유다를 모두 바로잡을 수는 없었을까요? 그러나 이것은 하나님이 유다나 이스라엘에 그만큼 충분한 시간을 주신 것입니다. 그리고 요시야를 통해 '보라. 이제 너희들의 금송아지 신앙은 확실히 틀린 것을 알겠지?' 하면서 종지부를 찍는 의미가 있는 것입니다.

요시야는 무려 300년 전에 자기를 예언한 무명의 선지자의 뼈를 옮기지 말고 그대로 두라고 명령했습니다. 왜냐하면 비록 그는 죽었지만 그가 전한 하나님의 말씀은 살아 있기 때문입니다. 더 놀라운 것은 요시야 자신에 대해 이름까지 300년 전에 하나님이 미리 예언하신 것입니다.

우리는 이만큼 하나님의 손에 붙들려서 사용되는 것이 귀함을 알아야 합니다. 그래서 우리는 하나님의 말씀은 앞으로 분명히 이루어진다는 것을 믿고 그대로 살면 됩니다. 다 일이 벌어진 후에 바로잡으려고 하면 이미 너무 늦어버립니다. 요시야가 나타났을 때에는 이미 이스라엘은 멸망한 지 100년이 지난 때였습니다. 결국 사람은 풀과 같고 그 영광은 풀의 꽃과 같은데 하나님의 말씀만은 영원하다는 것을 실감하게 됩니다. 다행스럽게도 그 죽은 선지자의 묘가 남아서 이미 멸망한 이스라엘 백성들에게 '거봐 내가 뭐라고 했어. 이런 신앙은 틀린 신앙이라고 하지 않았어?' 라고 증거하고 있었습니다.

하지만 이제 가슴 아픈 일이 벌어지게 됩니다. 그것은 이런 놀라운 개혁을 행한 요시야가 생각지도 못한 다른 나라의 전쟁에 자기 발로 들어가서 전사했던 것입니다.

열왕기하 23:29

"요시야 당시에 애굽 왕 바로느고가 앗수르 왕을 치고자 하여 유브라데 하수로 올라가므로 요시야 왕이 나가서 방비하더니 애굽 왕이 요시야를 므깃도에서 만나 본 후에 죽인지라"

요시야는 자기 나라의 전쟁도 아니고 애굽과 앗수르의 전쟁에 개입했다가 우연히 쏜 화살에 맞아서 중상을 입고 결국 전사하게 됩니다. 무려 300년 전에 그의 이름이 예언되었던 요시야 왕이 유다를 완전히 살리지 못하고 개혁만 하고 죽은 이유가 어디에 있을까요? 그것은 결국 백성들이 요시야를 위해서 기도를 많이 하지 않은 것입니다. 부흥이라는 것은 한 사람의 힘으로 다 할 수 있는 것이 아닙니다. 요시야가 이 정도의 개혁을 일으켰을 때 백성들이 전심으로 마음을 합하여 함께 기도하는 일을 했더라면 요시야가 이런 판단을 하지 않았을 것이고 자신의 몸을 좀 더 아꼈을 것입니다. 요시야는 정의를 위해서는 물불을 가리지 않는 사람이므로 백성들이 기도로 요시야를 좀 더 지켰어야만 했던 것입니다. 결국 요시야의 이 엄청난 개혁과 부흥은 유다 백성들을 물가에는 데리고 왔지만 마시게 하는 데는 실패했다고 볼 수 있습니다.

오늘 우리는 한 사람 한 사람이 요시야같이 부흥을 일으킬 수 있는 사람들입니다. 그리고 이런 부흥들이 실제로 일어나고 있습니다. 우리가 해야 할 것은 사도행전에 나타난 것처럼 더 전심으로 기도로 우리의 마음을 합쳐서 하나님이 오래 전에 예정하셨던 영적인 축복이 오늘 이 시대에 우리를 통해 지속적으로 부어지게 하는 것입니다.

27. 몰락하는 유다 왕국

◎ 왕하 23:31-24:20

우리나라는 역사적으로 늘 주위에 있는 강대국들의 영향을 받으면서 살아왔습니다. 요즘 우리나라에 가장 큰 영향을 미치는 나라는 북한과 중국과 미국 이 세 나라입니다. 많은 사람들이 가장 두려워하는 시나리오는 북한과 미국의 관계가 악화되어서 미국이 북한을 공격하고 북한이 남한을 공격해서 전면전이 벌어지는 일일 것입니다.

아마 미국이 이라크에서 고전을 하지 않았더라면 벌써 우리나라는 큰 위기가 고조되었을지도 모릅니다. 사실 미국이 아프가니스탄과의 전쟁을 조기에 끝내고 그 다음에 손볼 나라는 북한과 이라크 두 나라였습니다. 그런데 기름 때문에 이라크를 먼저 공격했다가 생각보다 훨씬 전쟁이 장기화되면서 갈수록 고전하고 있는 것입니다. 그렇지만 않았더라면 미국이 북한의 핵무기 문제를 그냥 둘 리가 없고 미국이 강하게 나갔더라면 우리나라의 상황은 아주 어려워졌을 것입니다. 우리는 이 모든 것이 하나님의 은혜인 것을 알아야 합니다. 우리가 지속적으로 하나님께 기도로 매달리니까 미안하게도 하나님은 미군의 발목을 이라크에 계속 붙잡아 놓고 계신 것 같습니다.

우리가 이런 것을 통해서 알 수 있는 것은 모든 것이 하나님의 손에 의해 움직이게 된다는 것입니다. 이스라엘과 유다가 잘살았던 적이 있었는데 그때에도 하나님이 한번 간섭하시니까 앗수르 제국이 내부적인 문제로 약화되면서 저절로 잘살게 되었던 것입니다. 그때가 이스라엘은 여로보암 2세 때요 유다는 웃시야 때였습니다. 그러나 이스라엘이나 유다가 정신을 차리지 않고 죄만 지으면서 사니까 하나님은 다시 강대국을 일으키셨습니다. 그래서 유다가 몰락할 때에는 애굽도 강했지만 더 무시무시한 것은 바벨론이라는 신흥 제국이었습니다. 결국 유다는 애굽과 바벨론 사이에서 이리 치이고 저리 치이다가 영구적으로 망하고 말았던 것입니다.

유다가 망할 때 그 주변에서는 강한 세 나라가 대립하고 있었습니다. 하나는 앗수르였고 다른 하나는 애굽이었고 세 번째가 이제 막 머리를 쳐드는 바벨론이었습니다. 아마 이때 모든 사람들은 바벨론이 그렇게 강대국이 되리라고는 예상하지 못했던 것 같습니다. 그때까지만 해도 앗수르가 최강대국이었고 애굽은 느고라는 왕이 등장하면서 막 다시 패권을 쥐려고 힘을 쓰던 형편이었습니다. 이때 유다는 전혀 중심을 잡지 못하고 앗수르에 붙으려고 했다가 애굽에 당하고, 바벨론의 지배를 받다가 배반하는 등 갈팡질팡하는 중에 몇 번 바벨론에 큰 타격을 입고 결국 망해 버렸습니다.

이때 우리는 유다에 참으로 아쉬운 점들이 있습니다. 그 하나는 요시야가 죽고 난 후에 요시야의 아들 세 사람이 유다의 왕이 되는데 그 아들들 중에서 단 한 사람도 요시야같이 하나님을 제대로 믿는 왕이 없었던 것입니다. 그렇게 신앙이 좋았던 요시야의 아들들이 모두 하나님 보시기에 악한 자들뿐이었습니다. 만일 요시야의 아들들 중에서 단 한 사람이라도 하나님 앞에 정직한 자가 있었더라면 유다의 역사는 달라질 수 있었을 것입니다. 그러나 요시야의 아들들은 단 한 사람도 다윗 자손의 구실을 하지 못했습니다.

여호아하스와 여호야김

유다 마지막 왕들의 역사를 보면 일을 저지르기는 앞 왕이 저질렀는데 그 보응은 그 다음 왕이 다 받는 것을 보게 됩니다.

열왕기하 23:31-34
"여호아하스가 위에 나아갈 때에 나이 이십삼 세라 예루살렘에서 석 달을 치리하니라 그 모친의 이름은 하무달이라 립나 예레미야의 딸이더라 여호아하스가 그 열조의 모든 행위대로 여호와 보시기에 악을 행했더니 바로느고가 저를 하맛 땅 립나에 가두어 예루살렘에서 왕이 되지 못하게 하고 또 그 나라로 은 일백 달란트와 금 한 달란트를 벌금으로 내게 하고 바로느고가 요시야의 아들 엘리아김으로 그 아비 요시야를 대신하여 왕을 삼고 그 이름을 고쳐 여호야김이라 하고 여호아하스는 애굽으로 잡아갔더니 저가 거기서 죽으니라"

애굽 왕 바로느고와 전쟁을 한 사람은 요시야였습니다. 역사의 가장 큰 의문점은 그렇게 신앙이 좋았던 요시야가 왜 갑자기 자기 나라의 전쟁도 아닌 애굽과 앗수르의 전쟁에 뛰어 들어서 죽고 패전함으로 엄청난 부채를 유다에 물려주게 되었느냐 하는 것입니다. 아마도 요시야는 앗수르, 애굽과 바벨론 중에서 앗수르 쪽에 붙어야 한다고 생각했던 것 같습니다. 그래서 앗수르를 치러가는 바로느고의 군대를 누가 시키지도 않았는데 막으려 하다가 자신은 전사하고 유다를 패전하게 했습니다. 그래서 우리는 위정자를 위해서 항상 기도해야 합니다. 왜냐하면 나라의 정치는 어떤 사람이 혼자 하는 것이 아니고 기도의 힘으로 이루어지기 때문입니다. 유다 백성들이 요시야를 위해서 기도를 많이 했더라면 그런 말도 되지 않는 결정을 할 리가 없습니다. 그러나 많은 유다 백성들이 요시야의 종교 정책에 억지로 따라오는 수준이었기 때문에 별로 기도해 주는 사람이 없어서 결국 한순간에 요시야는 착각을 해서 망해 버린 것입니다.

요시야의 아들은 네 명이었습니다. 이 아들들의 이름은 요하난, 여호야김, 시드기야 그리고 살룸이었습니다. 요시야가 전쟁에서 죽어 버리니까 유다 백성들은 요시야의 아들 중에서 맏아들이 아닌 살룸을 왕으로 세웠고 그의 이름을 여호아하스라고 했습니다. 요하난은 나중에도 언급이 없어서 알 수가 없고 살룸보다는 여호야김이 분명히 형이었습니다. 그럼에도 불구하고 유다 장로들이 형을 제쳐 놓고 동생인 살룸을 왕으로 세운 것을 보면, 형에게는 성격적으로나 실력 면에서 동생에 비해 현격한 결함이 있었던 것 같습니다.

유다 백성들은 살룸이 형보다 더 똑똑하다고 해서 왕으로 세웠지만 여호아하스는 성경적인 사람이 아니었습니다. 성경에 보면 여호아하스가 "그 열조의 모든 행위대로 여호와 보시기에 악을 행하였"다고 했습니다. 여기서 사람이 악하다고 하는 것은 우리가 생각하는 것처럼 못된 사람이라는 뜻이 아닙니다. 성경은 성경적이지 않은 사람은 아무리 사람이 좋아도 '악하다' 고 평가를 하는 것입니다. 아마도 여호아하스가 사람은 똑똑하고 좋았는지 모릅니다. 그렇기에 장로들이 형을 제쳐 놓고 왕으로 세웠겠지요. 그러나 하나님은 사람이 얼마나 똑똑하고 잘났느냐 하는 것을 보시지 않습니다. 왜냐하면 유다의 왕은 자기가 똑똑하고 잘나서 나라를 잘 다스리는 것이 아니기 때문입니다.

유다의 왕은 백성들을 하나님의 말씀의 꼴이 있는 곳으로 인도하는 목자입니다. 백성들이 하나님의 말씀을 잘 먹고 말씀에 순종하면 복을 받게 되어 있습니다. 물론 지금 유다에게는 시간이 많이 남아 있는 것은 아닙니다. 하나님은 요시야가 죽을 때까지만 유다를 지켜 주신다고 말씀하셨기 때문에 언제든지 멸망이 올 수 있습니다. 그러나 여호아하스가 '망할 때는 망하더라도 오늘이라도 백성들에게 하나님의 말씀을 먹게 하자' 고 해서 말씀을 먹이는 일을 최우선적으로 했더라면 하나님은 또 기대를 가지고 시간을 연장해 주실 수 있는 것입니다. 그러나 아마도 여호아하스는 자신의 계획이나 청사진이 많았던 것 같습니다. 그래서 하나님은 아예 여호아하스가 가능성이 없다고 보시고 석 달 만에 바로느고에게 붙들려가게 하셨습니다.

바로느고가 보니까 전쟁에서 진 유다가 허락도 없이 자기들끼리 여호아하스를 왕으로 세운 것입니다. 그래서 도저히 이렇게 내버려 둬서는 안 되겠다고 해서 여호아하스를 잡아가 버리고 유다 백성들이 별로 좋아하지 않는 형인 여호야김을 왕으로 세웠습니다. 그리고 유다 백성들에게 어마어마한 전쟁 배상금을 물렸는데 은이 100달란트이고 금이 1달란트였습니다. 여호야김은 그렇지 않아도 백성들이 자기를 왕으로 세우지 않아서 미웠는데 바로느고가 전쟁 배상금을 먹이니까 그대로 유다 국민들에게 세금으로 부과해서 백성들이 아주 힘들어지게 되었습니다. 이것은 결국 하나님의 뜻에서 나온 것입니다. 하나님은 하나님의 말씀에 순종치 않는 백성들을 가난하게 만드셨습니다. 그리고 그들이 원하는 왕도 빼앗고 애굽에게 죽게 하셨습니다. 이것은 하나님의 말씀을 먹지 않는 유다 백성들은 다른 어떤 축복도 받을 수 없다는 것을 보여주는 것입니다.

우리가 하나님의 복을 받는 비결이 어디에 있습니까? 바로 하나님의 풍성한 말씀을 먹고 말씀대로 순종해서 사는 것입니다. 그러면 하나님이 다른 나라의 공격도 막아 주시고 쓸데없이 전쟁 배상금도 내지 않게 하시는데, 말씀대로 살지 않으니까 쓸데없는 벌금이 엄청나게 나와서 큰 손실을 보게 된 것입니다.

바벨론의 공격

유다의 고통은 애굽의 바로느고에게 전쟁 배상금을 준 것으로 끝나지 않았습니다. 이제 유다는 본격적으로 바벨론에 의해 고통당하게 됩니다. 그때까지 세계 최강대국은 앗수르였고 그 다음이 애굽이었습니다. 그러니 신흥 제국 바벨론이 앗수르를 쳐서 이기자, 앗수르는 영구적으로 사라져 버렸습니다. 이것만 봐도 요시야가 앗수르를 도와주려고 바로느고를 막은 것이 얼마나 잘못된 예측이었는지 알 수 있습니다. 바로느고는 갈그미스 전투에서 바벨론에게 패하자 그 후에는 나일강을 넘어서 나올 생각을 하지 못했습니다. 그래서 당연히 팔레스타인의 판도는 바벨론의 수중에 들어가게 되었습니다.

느부갓네살은 바로느고가 유다의 왕으로 세운 여호야김 4년에 친애굽 성향의 유다를 공격하기 위해 예루살렘으로 쳐들어갔습니다. 역대하 36장 6절에 보면 "바벨론 왕 느부갓네살이 올라와서 치고 저(여호야김)를 쇠사슬로 결박하여 바벨론으로 잡아 가고"라고 되어 있습니다. 그런데 끌고 간 것은 아니고 끌고 가려고 했다가 여호야김으로부터 바벨론을 잘 섬기겠다는 맹세를 받고 다시 풀어준 것 같습니다. 그때 성전에 있는 기물 일부가 바벨론으로 옮겨지게 됩니다.

열왕기하 24:1-2

"여호야김 시대에 바벨론 왕 느부갓네살이 올라오매 여호야김이 삼 년을 섬기다가 돌이켜 저를 배반하였더니 여호와께서 그 종 선지자들로 하신 말씀과 같이 갈대아의 부대와 아람의 부대와 모압의 부대와 암몬 자손의 부대를 여호야김에게로 보내어 유다를 쳐 멸하려 하시니"

여기서 보면 여호야김은 바벨론 왕을 잘 섬겼으면 될 텐데 또 3년 만에 배반을 했습니다. 애당초 느부갓네살이 예루살렘의 항복을 받고 서둘러서 바벨론으로 돌아간 것은 아버지 나보폴라살이 죽는 바람에 왕이 되기 위해서 돌아간 것이었습니다. 그 틈을 타서 여호야김은 바벨론을 배반했습니다. 이것은 그때까지 바벨론이 그렇게 강대국이 될지 모르고 여전히 애굽을 의지하려고 했던 것으로 보입니다. 여호야김은 여호아하스가 애굽 왕의 말을 듣지 않다가 애굽에 끌려가서 죽은 것을 보고 자기도 그렇게 될까봐 바벨론을 버리고 다시 애굽에 붙으려고 한 것입니다.

물론 우리는 모든 일이 다 이루어진 후에 보니까 어떤 나라가 망하고 어떤 나라가 강해지는지 알 수 있지만 이 당시에는 이런 정책이 너무나도 어려운 문제였던 것 같습니다. 이때 들어야 하는 것이 선지자의 말인데 선지자들은 일관되게 애굽을 의지하지 말라고 했습니다. 왜냐하면 이스라엘 백성들은 옛날 애굽에서 나온 사람들인데 무엇 때문에 다시 애굽의 부하가 되려고 하느냐는 것입니다. 하나님이 열 가지 재앙으로 이스라엘 백성들을 애굽에서 인도하여 내셨는데 애굽의 부하는 되지 말라는 것이었습니다.

그리고 예레미야 선지자 같은 경우에는 계속 바벨론에 항복하라고 했습니다. 그 이유는 그 동안 유다 백성들이 하나님 앞에 죄를 지었으니까 죄를 지은 사람은 자수해서 징역살이를 해야 한다는 것이었습니다. 그러나 유다가 바벨론에 항복하면 바벨론이 재산이나 집이나 모든 것을 다 가져가고 오직 목숨 하나만 남겨 줄 것입니다.

예레미야는 유다 백성들에게 다른 욕심을 다 버리고 목숨 하나 건져서 다시 새출발을 하라는 것이었습니다. 그러나 유다 백성들은 바벨론보다는 그래도 애굽이 더 신사적이라고 생각해서 애굽을 의지하려고 바벨론을 배반했습니다. 여호야김이 바벨론을 배반했지만 느부갓네살이 당장은 쳐들어올 수가 없었습니다. 그래서 유다 주위에 있는 갈대아 군대나 암몬이나 모압의 군대가 쉴 새 없이 쳐들어와서 유다를 많이 고통스럽게 했습니다.

성경에 보면 여호야김이 어떻게 죽었는지 말이 없습니다. 그런데 예레미야는 그의 시체를 성문밖에 던져 놓고 애곡도 하지 않고 나귀를 묻듯이 땅에 묻을 것이라고 예언(렘 22:18-19)했습니다. 이것을 보면 여호야김은 끝까지 백성들의 사랑을 받지 못했던 것 같고 이런 군대들과 싸우다가 전사했을 때 백성들이 미워서 거적 같은데 둘둘 말아서 아무데나 장사를 지내버렸던 것 같습니다.

신기한 사실은 요시야의 아들이 이미 둘이나 왕이 되었는데 어느 누구도 전혀 신앙적이지 않았던 것입니다. 나중에 여호야김의 아들 여호야긴이 바벨론에 끌려가고 난 뒤에 다시 요시야의 아들 시드기야가 왕이 되는데 이 사람도 악한 사람이었습니다. 이것을 보면 어떻게 요시야는 그렇게 신앙적인데 그 아들 중에서는 신앙적인 왕이 한 사람도 없을 수 있느냐 하는 생각이 듭니다.

결국 요시야는 아주 가까운 사람들조차 함께하지 못하고 자기 혼자 일방적으로 밀어붙이다가 끝난 개혁을 했다고 볼 수 있습니다. 심지어는 그의 아들들조차도 전혀 요시야의 개혁의 영향을 받은 것이 없었습니다. 그래서 요시야는 두 가지 방향으로 개혁을 했어야 옳았던 것입니다. 즉 하나는 눈에 보이는 우상을 부수는 개혁을, 다른 하나는 아들들을 개인적으로 불러서 하나님의 말씀을 가르치고 제자 훈련하는 개혁을 했어야 하는 것입니다.

따라서 우리는 요시야의 개혁이 내부적인 개혁이 아니라 외적인 개혁이었던 것을 알 수 있습니다. 어떻게 보면 요즘 우리나라 교회들의 부흥과도 연결시켜서 생각해 볼 수 있을 것입니다. 요즘 우리나라 교회들의 부흥은 대개 화려한 예배당 건축과 요란한 행사 위주의 부흥입니다. 그래서 수백억의 돈을 들여서 예배당 건물을 짓고 또 유명한 사람들을 불러서 자꾸 화려한 행사 위주로 부흥을 일으키는 것입니다. 그렇게 하면 목회자나 교회가 유명해지기도 하고 또 많은 교인들이 찾아와서 대형 교회가 되기도 합니다. 그러나 이런 식의 성공이나 부흥이 사람들의 진정한 내면을 변화시키지 못하는 것이 문제입니다.

유다의 다윗의 후손은 어느 누구든지 제대로 하나님의 말씀에 붙잡히기만 하면 부흥을 일으킬 수 있는 잠재력을 가진 사람들이었습니다. 그런데 요시야는 자기 아들들 중 단 한 사람도 성경적인 인물을 길러 내지 못하고 외적인 개혁만 치중했습니다.

여호야긴이 바벨론에 붙들려감

바벨론에 반역을 하기는 여호야김이 했는데 바벨론의 공격을 받고 포로로 끌려간 것은 그 아들 여호야긴이었습니다.

열왕기하 24:9-10

"여호야긴이 그 부친의 모든 행위를 본받아 여호와 보시기에 악을 행하였더라 그때에 바벨론 왕 느부갓네살의 신복들이 예루살렘에 올라와서 그 성을 에워싸니라"

여호야긴은 왕이 된지 석 달 만에 바벨론의 공격을 받자, 애굽이 나일강을 넘어서 그들을 도울 수 없다는 것을 알고 아예 일찌감치 항복해 버렸습니다. 그러나 그 대가는 너무나도 가혹했습니다. 왜냐하면 느부갓네살이 보기에 유다의 죄질은 아주 좋지 못했던 것입니다. 즉 여호야김이 3년 만에 바벨론을 배신했기 때문에 절대로 그냥 두어서는 안 된다고 생각한 것 같습니다. 그래서 여호야긴이 빨리 항복했음에도 불구하고 느부겟네살은 여호야긴을 용서하지 않고 여호야긴과 그의 어머니와 왕비와 유다의 좀 똑똑하다고 하는 사람들 1만 명을 바벨론에 포로로 붙들어 갔습니다. 이것은 어느 나라가 완전히 망하지 않은 규모로서는 대단히 큰 규모였습니다.

여기서 우리는 한 가지 공통점을 살펴볼 수 있습니다. 그것은 새로 등장하는 강대국들마다 유다를 도저히 그냥 두어서는 안 되는 질이 나쁜 나라로 보고 있다는 점입니다. 애굽의 바로느고는 여호아하스를 도저히 그냥 두어서는 안 되겠다고 생각해서 애굽으로 끌고 갔고 바벨론의 느부갓네살은 여호야긴을 포로로 붙들어 갔습니다. 이것은 사실 유다의 반역적인 성향을 그대로 보여 주는 것이었습니다. 유다는 그 동안 하나님의 사랑을 받으면서 대단히 교만해져 있었습니다. 그래서 하나님의 말씀도 불순종할 정도였기 때문에 다른 나라에 대해서도 고분고분할 리가 없었습니다. 이것을 세상 왕들은 이미 간파를 하고 있었던 것입니다.

유다는 모든 것을 그때 대충대충 때우기만 하면 사정이 나아질 것이라는 안일한 생각을 하고 있었습니다. 그 모든 것이 잘못된 신앙에서 나온 것입니다. 유다는 지금까지 예루살렘이 함락된 적이 없었고 어느 나라도 유다를 완전히 멸망시킨 적이 없으니까 위기가 생겨도 언제나 '이번 위기만 넘기면 하나님이 또 우리를 지켜 주시겠지' 라는 안일한 생각을 가지고 있었던 것입니다. 그러나 이번은 그렇게 간단하지 않았습니다. 왜냐하면 하나님이 유다의 이삿짐을 옮기고 계셨기 때문입니다.

느부갓네살은 유다의 좀 똑똑하다는 엘리트 1만 명을 끌고 갔습니다. 이때 다니엘이라든지 그의 세 친구나 에스겔 같은 사람들도 잡혀 갔습니다. 그리고 공장과 대장장이들을 다 사로잡아 가서 다시는 무기를 만들지 못하게 했고 성전의 보물들과 왕궁의 보물들을 모조리 다 빼앗아서 알거지로 만들어 버렸습니다. 실제로 유다는 이때 완전히 껍데기만 남고 속 알맹이는 모두 바벨론에 빼앗긴 셈이었습니다.

이것이 무엇을 의미합니까? 집이나 공장이 망해서 파산할 때를 보면 생각나는 것이 있을 것입니다. 이제 집행관들이 들이닥쳐서 모든 것을 차압할 때 망한 사람의 입장에서는 중요한 기계나 가구들 한두 개라도 빼돌려야 남는 것입니다. 그런데 별일 없겠지 하고 미련을 부리고 있으면 나중에 모든 물건에 차압 딱지가 붙어서 그때는 한 개도 건지지 못하고 다 경매에 넘어가고 마는 것입니다. 하나님은 요시야가 죽은 후에 유다가 파산할 수밖에 없다는 것을 알고 계셨습니다. 그래서 하나님은 성전 기구에서부터 시작해서 몇 가지라도 일단 옮길 수 있는 것을 바벨론으로 옮겨 놓으셨던 것입니다. 이것은 사실 놀라운 하나님의 지혜였고 바벨론으로 옮겨 놓으셨기 때문에 70년이 지난 후에도 예루살렘으로 돌아올 자가 있었던 것입니다.

여호야긴은 바벨론에서 무려 37년을 포로로 있다가 나중에 복권이 되어서 죄수의 옷을 벗고 바벨론 왕 앞에서 음식을 먹게 됩니다. 여호야긴은 석 달 왕노릇을 하고 무려 37년을 바벨론의 죄수로 있었던 것입니다.

하나님의 눈에 예루살렘은 완전히 부서질 도시였고 남겨 진 것은 다 부서지고 멸망할 것들이었습니다. 어떤 의미에서는 이때 더 많은 사람들이 붙잡혀 갔더라면 살아남은 사람들이 더 많을 뻔했습니다. 그래서 예레미야가 일관되게 설교한 것이 바벨론에 항복하라는 것이었습니다. 차라리 바벨론에 붙들려 가는 것이 더 안전하다는 뜻이었습니다. 왜냐하면 이미 성전 기능을 잃어버린 성전은 어느 누구도 지켜 주지 못하기 때문입니다.

특히 하나님은 소멸하는 불이십니다. 성전은 바로 하나님의 진노의 심판을 축복으로 바꾸는 곳이었습니다. 예루살렘 성전은 원자력을 에너지로 바꾸는 곳이었습니다. 그런데 성전의 기능이 고장 나니까 성전에서부터 불이 나와서 모든 것을 다 태워버리는 것입니다. 그래서 이 세상에서 가장 큰 죄가 성전의 기능을 고장 나게 하는 것입니다. 교회에서 예배의 기능을 죽이고 기도의 기능을 죽이고 설교의 기능을 죽일 때 그 교회는 더 이상 사람들을 살리지도 못하고 나라를 지켜 주지도 못합니다.

반대로 하나님의 말씀이 살아 있고 눈물의 기도가 있는 성전은 멸망할 사람도 살려 내고 망할 나라도 지켜 주는 능력의 성전이 되는 것입니다. 우리가 이 사회를 살리고 우리나라를 지키는 방법은 하나님의 말씀을 지키고 눈물의 기도가 살아 있어야 합니다. 그러면 하나님이 끝까지 우리나라와 이 도시를 지켜 주실 것입니다. 그러나 그런 기능은 죽고 외형만 화려하게 해서 사람들의 시선을 끌려고 할 때에는 하나님이 진실한 성도들은 한 사람씩 물어서 옮겨 버리고 온 세상을 불이나 전쟁으로 심판하시게 됩니다.

우리나라는 지금 미국과 일본과 러시아와 중국과 북한 사이에서 계속 눈치를 봐야 하고 여기에 붙었다 저기에 붙었다 줄다리기해야 하는 처지입니다. 우리의 미래는 어느 누구도 예측할 수 없는 가운데 있습니다. 그러나 우리가 확신하는 것은 참새 한 마리도 하나님의 허락 없이는 땅에 떨어질 수 없다는 것입니다. 우리가 하나님 앞에 정직하면 강대국에게 붙지 않아도 기가 막힌 하나님의 지혜로 우리를 지켜 주실 것입니다.

우리는 요시야가 했던 것처럼 외형적인 변화나 부흥으로 만족해서는 안 됩니다. 오히려 외형적인 부흥의 한계를 인식하고 철저하게 내실을 다져야 합니다. 화려한 교회 건물이나 요란한 행사가 나라를 지켜 주지 못할 것입니다. 우리는 교인들에게 사람이 복을 주는 것이 아님을 기억하고 그들을 말씀의 꼴로 인도해야 합니다. 교인들이 하나님의 복을 받는 방법은 그들이 그 말씀을 먹고 기도하는 것입니다. 때가 급하면 급할수록 더 철저하게 하나님의 방법으로 나가야 하나님의 긍휼하심을 얻을 수 있습니다.

우리는 성전의 기능을 바로 지켜야 합니다. 그러면 주위에 아무리 강대국들이 버티고 있다 하더라도 걱정할 것이 없습니다. 성전이 바른 기능을 하는 나라는 하나님이 지켜 주시는 나라가 될 것입니다.

28. 예루살렘의 멸망

◎ 왕하 25:1-30

경기가 침체되는 바람에 부도가 나서 망하는 사람들을 주위에서 볼 기회가 있을 것입니다. 그들은 망하기 전까지만 해도 자기 집을 갖고 자기 차를 갖고 회사를 갖고 살았습니다. 그런데 부도가 나서 그 모든 것들이 경매로 넘어가면 자기 것이라고는 하나도 가지지 못하게 됩니다. 그들은 살던 집에서 쫓겨나고 차나 가구들을 다른 사람들이 다 가져가 버립니다. 그리고 거의 빈손으로 남의 지하방 같은 데서 겨우 목숨만 유지하고 살아가야 합니다. 그래도 감사한 것은 아직 살아 있고 몸이 멀쩡하고 나라 자체가 망한 것은 아니기에 소망이 있습니다.

그러나 나라가 전쟁에서 지게 되면 이것은 개인이 부도나는 것과는 비교가 되지 않습니다. 전쟁에서 지게 되면 생명과 재산과 가족과 모든 것을 다 잃어버리게 됩니다. 전쟁에 지는 즉시 적군이 쳐들어와서 살아남은 사람들을 감옥에 집어넣든지 노예로 만들든지 처형시켜 버리고 모든 재산들을 다 가져가 버리는 것입니다. 캄보디아의 크메르루즈 군은 사람들을 얼마나 많이 죽였는지 '킬링 필드' 라는 말까지 나왔습니다. 그만큼 나라가 망했을 때에는 생명과 신체와 재산과 모든 것을 다 잃어버리게 되고 살아남은 사람은 다 노예가 되고 맙니다.

구약 성경을 읽으면서 가장 슬픈 부분이 하나님의 사랑과 축복을 받았던 이스라엘 자손들이 결국 망한 것입니다. 예루살렘 성이 무너지고 성전이 불타고 많은 사람들이 죽고 살아남은 자들도 모두 전쟁 포로가 되어 쇠사슬에 묶인 채 먼 바벨론 땅으로 끌려가고 말았습니다.

우리가 이 부분에서 참 안타까운 것은 하나님이 지금까지 유다 백성들의 죄를 용서해 주셨는데 이번에도 용서하고 망하지 않게 지켜 주실 수 없으셨을까 하는 것입니다. 유다 백성들은 사실 그것을 믿었습니다. 그들은 하나님이 결코 이스라엘 백성들과 하나님의 성전을 내버려 두지 않으실 것이라고 생각했습니다. 하지만 그들은 버림받았고 성전은 불타 버리고 백성들은 멸망당했습니다.

어떻게 보면 이것은 어떤 사람이 절벽에서 떨어진 사람을 밧줄로 끌어 올리려고 온갖 애를 쓰다가 나중에 힘이 다 빠져서 결국 밧줄을 놓치는 바람에 매달려 있는 사람이 절벽으로 떨어져 죽고 마는 것 같다는 느낌이 듭니다. 하나님은 유다 백성들을 바른 신앙의 자리로 이끄시려고 무던히도 애를 쓰셨습니다. 그러나 유다 백성들이 끝까지 바른 신앙으로 돌아오지 않으니까 결국 그 밧줄을 놓으셔서 유다 백성들이 다 망하고 만 것처럼 보이는 것입니다.

본문 말씀은 유다가 어떻게 망하게 되었고 또 성전이 어떻게 불타게 되었으며 예루살렘에 끝까지 숨어 있던 사람들이 결국 어떻게 붙들려 죽었으며 바벨론 왕이 불쌍히 생각해서 남겨 두었던 가난한 사람들이 어떻게 최후를 맞았으며 바벨론으로 먼저 끌려갔던 여호야긴 왕이 어떻게 37년 만에 죄수복을 벗고 복권되어 왕의 대접을 받게 되는지를 전하고 있습니다. 그리고 이것으로 열왕기는 마치게 됩니다.

예루살렘의 멸망

예루살렘이 멸망할 때까지 활약했던 선지자는 예레미야였습니다. 예레미야 선지자는 끝까지 예루살렘이 망하지 않을 가능성이 있다고 했는데 그것은 예루살렘 사람들이 느부갓네살에게 항복하는 것이었습니다. 그래서 예레미야는 끝까지 유다 백성들에게 바벨론에 항복하라고 하다가 많은 미움과 고통을 받게 되었습니다. 그러면 왜 예레미야는 유다 백성들에게 하나님을 믿지 않는 바벨론에 항복하라고 했을까요? 그것은 예레미야가 바벨론을 감옥의 간수로 생각했기 때문입니다. 하나님께 죄를 지은 유다 백성들이 자꾸 죄의 결과를 피하려고만 하지 말고 떳떳하게 자수해서 벌을 받으라는 것입니다.

그러나 당시 예루살렘에는 민족주의가 굉장히 성행하고 있었는데, 그들은 죽으면 죽었지 절대로 바벨론 같은 나라에는 고개를 숙일 수가 없다고 주장했습니다. 하나님의 백성들은 바벨론 같은 악한 나라에 머리를 숙여서는 안 된다는 민족주의자들의 말이 평소 같으면 얼마든지 맞을 수 있습니다. 하지만 이미 하나님의 말씀을 버리고 우상에 빠진 자들에게 있어서 민족주의의 자존심은 아무 소용이 없었습니다. 그런데 그때 바벨론에 항복하자는 사람은 믿음이 없는 사람으로 찍혔고 강경파들은 목숨을 걸고 끝까지 성을 지키면 하나님이 또 도와주실 것이라는 식으로 밀어붙였습니다.

여기서 우리가 알아야 하는 것은 아무리 옳은 말이라 하더라도 상황에 따라서는 정반대로 틀린 말이 될 수 있다는 것입니다. 즉 유다 백성들이 진정으로 하나님을 섬기고 있는데 이런 환난이 왔다면 이것은 그들의 믿음을 시험해 보는 것이고 이럴 때에는 목숨을 걸고 끝까지 하나님을 의지해야 합니다. 히스기야가 했던 것이 바로 이런 것이었습니다. 히스기야왕은 앗수르 군대가 쳐들어왔을 때 항복하지 않고 끝까지 하나님을 의지했다가 결국 하나님이 앗수르 군대 18만5천 명을 하룻밤 동안에 쳐 죽이심으로 승리를 거두었습니다. 그러나 시드기야 때에는 하나님의 대한 신뢰나 신앙이 없었고 그들의 죄에 대한 심판으로 바벨론 군대가 쳐들어온 것입니다. 이때에는 끝까지 목숨을 걸고 하나님을 기다리는 것이 아니라 예레미야의 말대로 자수하고 심판을 받은 후에 다시 시작을 해야 합니다.

그런데 왜 예루살렘 사람들은 예레미야의 말대로 항복하지 않았을까요? 그들의 마음속에 끝까지 하나님을 의지하는 믿음이 있었기 때문일까요? 그런 것 같지는 않습니다. 단지 바벨론 왕에게 복종한다고 했다가 배반했기 때문에 반드시 강경파들이 바벨론으로 끌려갈 것이니까 이렇든 저렇든 망하는 것은 마찬가지로 생각했던 것 같습니다. 그러나 이것은 결코 같은 것이 아니었습니다. 선지자의 말대로 바벨론에게 항복했더라면 적어도 많은 사람들이 죽는 것을 막을 수는 있었습니다. 재산과 성과 모든 것을 다 빼앗겨도 생명과 신앙을 지킬 수 있고 성이나 성전도 불타지 않을 수 있었습니다. 우리에게 어려운 환난이 왔을 때 목숨을 지키고 신앙만 지키면 얼마든지 다시 재기할 수 있습니다. 그러나 재산과 자유를 빼앗기기 싫어서 끝까지 자존심을 내세우다가 결국 예루살렘은 비참하게 멸망당하고 말았습니다.

열왕기하 25장 말씀을 보면 예루살렘이 망할 때 그들이 너무 굶은 후에 힘이 없어서 성이 무너지고 적군들이 들어온 것을 알게 됩니다.

열왕기하 25:1-3

"시드기야 구 년 시월 십일에 바벨론 왕 느부갓네살이 그 모든 군대를 거느리고 예루살렘을 치러 올라와서 진을 치고 사면으로 토성을 쌓으매 성이 시드기야 왕 십일 년까지 에워싸였더니 그 사월 구일에 성중에 기근이 심하여 그 땅 백성의 양식이 진하였고"

바벨론 군대는 시드기야 왕 9년에 예루살렘으로 쳐들어와서 그 성을 에워쌌습니다. 그런데 워낙 예루살렘 성이 견고하고 백성들의 저항이 완강하니까 햇수로 3년 동안 정복을 하지 못했습니다. 사실 이 정도만 해도 유대 민족이 얼마나 용감하게 바벨론 군대와 잘 싸웠는지 짐작할 수가 있습니다. 그 엄청난 바벨론 군대가 예루살렘 사람들을 무력으로 정복하지 못하고 토성을 쌓은 채 그들이 굶어서 기진할 때까지 기다렸던 것입니다. 그러나 아무리 유대 민족이 정신력이 뛰어나서 단결이 잘 되었다 하더라도 하나님이 함께하시지 않으니까 모든 것이 소용없었습니다. 결국 예루살렘 사람들은 양식이 떨어지니까 힘이 없어서 바벨론 군대가 성을 부수는 것을 막지 못했고 굶주림 속에서 패배했던 것입니다.

유대 민족은 바벨론 군대와 싸우는 동안 하나님의 도와주시기를 얼마나 많이 기대했는지 모릅니다. 그러나 끝내 하나님은 도와주시지 않았고 예루살렘은 망하고 말았습니다. 유대 백성과 하나님 사이에는 신앙에 대한 이해에 근본적인 차이가 있었습니다. 유대 백성들은 신앙을 부자 관계로 이해해서 아들이 아무리 잘못해도 아버지는 용서하고 용납해 주어야 한다고 생각했습니다. 그러나 하나님은 신앙을 부부 관계로 이해해서 부부는 양쪽이 모두 신실해야 하며 어느 한 쪽이라도 부정을 저지르면 깨질 수밖에 없다고 생각했습니다.

하나님이 유대 백성들을 끝내 용서하실 수 없었던 것은 우상 숭배 때문이었습니다. 하나님이 이스라엘 자손을 택하신 이유는 유일하신 참 하나님을 나타내시기 위해서였습니다. 이스라엘 자손들에게 가나안 땅을 주신 것도 바로 그 신앙의 담보였던 것입니다. 그래서 이스라엘 자손들이 하나님의 신앙을 버리면 가나안 땅도 반납해야만 했습니다. 그러나 이스라엘 백성들은 하나님이 그들의 행복을 위해서 그들을 선택하셨고, 그들이 아무리 잘못해도 결코 그 땅에서 내쫓지 않으실 것이라고 생각했습니다. 그러나 하나님은 유다 백성들을 결국 버리셨던 것입니다.

예루살렘 성에 구멍이 뚫리니까 시드기야 왕과 군인들은 두 성벽 사이의 비상 통로로 빠져 나와 도망을 쳤습니다. 그러나 바벨론 군대가 그것을 알아차리고 추격하니까 모든 신하들이 시드기야를 버리고 자기 살 길을 찾아서 흩어져 버렸습니다. 결국 바벨론 군인들에게 포로가 된 시드기야는 본부가 있는 립나로 붙들려 왔습니다. 그때 바벨론 왕은 시드기야가 보는 앞에서 그의 자식들을 다 죽이고는 시드기야의 눈을 뽑고 쇠사슬로 결박하여 바벨론으로 끌고 갔습니다.

시드기야는 예레미야가 두루마리 성경을 적어서 왕에게 보였을 때 그것을 하나씩 읽으면서 모두 작은 칼로 찢어서 불에 던져 태웠습니다. 그래서 결국 예레미야는 자신의 예언서를 다시 써야만 했습니다. 왜 시드기야는 예레미야의 예언을 들으면서 흔적을 남기지 않고 모두 불로 태웠을까요? 그것은 성 안에 있는 강경파가 알지 못하게 하기 위해서였습니다. 그들은 모두 절대로 바벨론에 항복하지 않고 끝까지 싸우기로 한 애국주의자들이었는데, 왕이 이런 글을 읽었다는 것을 알고 그 자리에서 쫓아낼 것이 두려웠던 것입니다. 그러나 시드기야는 이런 강경파 사람들에게 속아서 실컷 이용만 당했고 나중에는 버림받아서 가장 비참한 결과를 맞이하고 말았습니다.

하나님의 말씀은 우리의 미래를 보여 주는 책입니다. 아마 시드기야가 자신이 최후에 이런 식으로 망한다는 것을 미리 알았더라면 아무리 강경파 사람들이 싫어한다고 해도 무슨 결단을 내렸을 것입니다. 아무리 왕 자리에서 쫓겨나는 한이 있더라도 자식들이 죽는 것을 무력하게 지켜보고 눈이 뽑히는 것보다는 낫지 않겠습니까? 그러나 하나님의 말씀에 대한 신뢰가 없었기 때문에 결국 사람의 눈치를 보다가 성경을 읽은 흔적도 남기는 것이 두려워서 불에 태웠던 그는 실컷 이용만 당하고 가장 비참하게 망하고 말았습니다.

예루살렘 성전의 최후

느부갓네살 왕은 예루살렘을 정복한 후에도 당장 예루살렘을 불태우지는 않았습니다. 바벨론 왕의 신하들은 일단 거의 대부분의 사람들을 포로로 잡아

간 후에 성 자체는 그냥 두고 있었습니다. 그러다가 약 한 달이 지난 후에 예루살렘을 불살라서 완전히 파괴하기로 결정을 했습니다.

열왕기하 25:8-10
"바벨론 왕 느부갓네살의 십구 년 오월 칠일에 바벨론 왕의 신하 시위대 장관 느부사라단이 예루살렘에 이르러 여호와의 전과 왕궁을 사르고 예루살렘의 모든 집을 귀인의 집까지 불살랐으며 시위대 장관을 좇는 갈대아 온 군대가 예루살렘 사면 성벽을 헐었으며"

사실 예루살렘 안에는 아주 좋은 집들이 많았습니다. 그리고 무엇보다 예루살렘 사람들이 자랑하는 성전이 있었습니다. 그러나 바벨론 군대는 이 좋은 집들과 예루살렘 성전을 조금도 아까워하지 않고 모두 거대한 쓰레기더미로 만들어 버렸습니다. 특히 성전에는 보아스와 야긴이라는 특별한 두 개의 기둥이 있었습니다. 천장을 받치는 보통 기둥들과 달리 보아스와 야긴은 천장을 받치지 않고 하나님의 나라를 받치는 엄청나게 큰 놋쇠 덩어리였습니다. 그런데 바벨론 군대는 이 두 기둥을 부숴서 고철덩어리로 만들어 바벨론으로 실어 갔습니다. 아마도 화살촉이나 다른 무기를 만드는 재료로 쓰려고 했을 것입니다. 이 세상의 평화를 받치던 두 놋 기둥이, 하나님의 백성들이 제구실을 하지 못하니까 다시 전쟁용 무기를 만드는 재료로 뜯겨져 나갔던 것입니다. 그리고 예루살렘 성전은 바벨론 군대의 방화로 완전히 불타서 폐허가 되고 말았습니다.

본문에서는 나타나지 않지만 예루살렘 성이 무너졌을 때 가장 활동을 많이 했던 사람들이 에돔 사람들이었습니다. 이 사람들은 먼저 성 안으로 들어가서 살아 있는 유대인들을 모두 붙들어서 두로 사람들을 통해 전 세계에 노예로 팔아먹는 일을 했습니다. 그리고 성을 불태우자 그동안 성에 숨어 있다가 어쩔 수 없이 밖으로 나오는 유다의 관리들을 처형했습니다.

열왕기하 25:18-21

"시위대 장관이 대제사장 스라야와 부제사장 스바냐와 전 문지기 세 사람을 잡고 … 시위대 장관 느부사라단이 저희를 잡아 가지고 립나 바벨론 왕에게 나아가매 바벨론 왕이 하맛 땅 립나에서 다 쳐 죽였더라 이와 같이 유다가 사로잡혀 본토에서 떠났더라"

결국 바벨론 왕이 선택한 것은 온 예루살렘에 불을 질러 그 속에 숨어 있는 자들까지 다 찾아내서 죽이는 것이었습니다. 그리고 미리 항복한 사람들은 모두 쇠사슬로 묶어 바벨론으로 산 채로 끌고 갔습니다. 여기서 유다 백성들이 이해를 할 수 없었던 것은 어떻게 살아 계신 하나님이 바벨론 군대에 질 수가 있느냐 하는 것입니다. 그러나 유다 백성들은 자기들이 성전에 세웠던 우상이 하나님을 이미 떠나시게 했으며 자기들은 지금까지 참 하나님이 아닌 껍데기만 붙들고 있었다는 것을 알지 못했습니다. 하나님은 하나님의 말씀에 순종하는 그 백성 가운데 거하시지 사람이 만든 집에 구속당하는 분이 아니십니다.

요즘도 우리나라 교인들은 예배당 건물에 그렇게 집착하는 것을 볼 수 있습니다. 큰 예배당 건물만 지으면 대단한 일을 한 것처럼 생각을 합니다. 그러나 하나님은 말씀을 순종하는 백성들 가운데 계십니다. 그래서 우리가 하나님을 우리 가운데 계시게 하려면 하나님의 말씀을 붙잡아야 하며 거룩하고 순결한 백성들이 되어야 합니다.

남은 백성들의 형편

사실 어느 나라든지 망하고 나면 모든 것이 끝장나는 것입니다. 그러나 유대인들은 그 후에도 이야기가 계속됩니다. 우선 중요한 것은 예루살렘이 망한 후에 유다 땅에 남은 자들이었습니다. 바벨론 왕은 특별한 관용을 베풀어서 유다의 가난한 자들과 병든 자들이 유다 땅에 남아서 농사를 지으며 살도록 허락해 주었습니다. 그리고 신앙이 좋은 그달리야라는 사람을 총독으로 임명까지 해 주었습니다. 느부갓네살이 이렇게 한 것은 유다의 가난한 사람들에 대한 배려였습니다. 그리고 예레미야도 남은 사람들에게 바벨론 사람들을 배반하지 말고 그냥 섬기면서 살면 얼마든지 안전하게 살 수 있다고 했습니다.

그러나 역시 문제는 강경파들이었습니다. 이들은 바벨론 사람들이 나중에 자신들을 다 죽일 거라고 하면서 총독 그달리야를 죽이고 억지로 백성들을 이끌고 애굽으로 갔습니다. 결국 유다 땅은 불안하고 애굽은 안전하다는 생각 때문이었습니다. 그러나 느부갓네살이 다음 공격 목표로 삼은 곳은 애굽이었습니다. 그래서 애굽으로 피난을 갔던 유대인들은 애굽에서 바벨론 군대에 붙들려 모두 죽임을 당했습니다. 이것을 보면 어차피 우리 인간의 미래는 모든 것이 불안한 것밖에 없습니다. 인간의 생각에 아무리 안전하게 보인다 하더라도 그 길이 멸망의 지름길이 될 수 있습니다.

우리가 유다 백성들이 망한 것을 보면 어떻게 이렇게도 정확하게 망하는 길만 택해서 갈 수 있는가 하는 생각이 듭니다. 이것이 결국 하나님의 말씀을 떠난 유다 백성들의 운명입니다. 하나님의 말씀을 버린 사람들에게는 멸망의 길이 가장 안전하게 보입니다. 그래서 놀랍게도 망할 길만 골라서 가는 것을 보게 됩니다. 처음에 이스라엘 백성들이 애굽에서 나왔을 때 그들은 아예 죽음의 길로 들어섰습니다. 물이나 양식이 없는 사막에서는 도무지 살 길이 없는 것입니다. 그러나 하나님의 말씀을 가지고 있었기 때문에 무려 40년 동안을 광야에서 굶어 죽지 않을 수 있었습니다. 이것이 바로 오늘 우리가 이 세상에서 살 수 있는 길입니다. 우리는 지금 경제적으로 매우 어려운 시대를 살고 있습니다. 그러나 "사람이 떡으로만 사는 것이 아니요 여호와의 입에서 나오는 모든 말씀으로 사는 줄을 너로 알게 하려 하심이니라"(신 8:3)는 이 말씀을 붙잡으면 우리에게도 광야의 그 기적이 일어나게 될 것입니다.

본문에는 바벨론에 포로로 먼저 끌려갔던 여호야긴 왕의 일이 기록되어 있습니다. 여호야긴 왕은 무려 37년 동안 죄수로 감옥에 있었던 것 같습니다. 그러나 37년의 복역 기간이 끝나자 여호야긴에게 기적이 일어났습니다. 그것은 여호야긴이 복권되어 감옥에서 풀려난 것입니다. 그래서 비록 바벨론 땅에서 머물렀지만 왕의 옷을 입고 왕의 식탁에서 식사를 하는 특권이 주어졌습니다. 여호야긴 왕이 이렇게 복권된 것을 보면 아마도 포로가 된 유다 백성들에게도 상당한 자유가 주어졌을 것입니다. 즉 예레미야가 예언했던 대로 바벨론에 붙들려 가는 것은 신앙을 버리는 것이 아니고 감옥살이를 하는 것이었습니다. 바벨론에 항복했던 사람들이 처음에는 비참하게 바벨론에서 죄수 생활을 했지만 어느 정도 복무가 끝났을 때에는 기적처럼 그들에게 자유가 주어졌고 나중에 바벨론이 고레스에게 망했을 때는 예루살렘으로 돌아오게 되는 기적이 다시 일어났던 것입니다.

여기서 긴 이스라엘의 역사는 마치게 됩니다. 이스라엘 백성들의 이야기는 그들이 출애굽하기 450년 전부터 시작합니다. 하나님은 갈대아 땅에서 우상을 섬기던 아브라함을 불러 믿음을 주시고 가나안 땅을 그의 후손들에게 주겠다고 약속하셨습니다. 하나님은 그 약속을 기억하시고 애굽에서 노예 생활을 하던 이스라엘 자손들을 이끌어 내셔서 시내산에서 언약을 맺습니다. 이스라엘이 존재하는 것은 바로 이 시내산 언약 때문이었습니다. 이스라엘 백성들이 하나님만 섬기고 같은 이스라엘 사람들을 사랑하면 하나님이 젖과 꿀이 흐르는 가나안 땅을 주실 것입니다. 하나님의 말씀을 믿지 못하고 우상을 섬기면 가나안 땅만이 아니라 하나님으로부터 받은 모든 복을 반납해야 합니다.

가나안 땅에 들어간 이스라엘 백성들에게는 오랫동안 왕이 없었는데 하나님은 다윗을 찾고는 너무나도 마음에 드셔서 다윗의 후손에게 성전을 짓게 하고 계속 왕위를 지키게 하겠다는 약속을 주셨습니다. 이것이 바로 다윗의 언약입니다. 그런데 하나님은 다윗의 언약을 깨고 유다를 망하게 하고 성전이 폐허가 되게 하셨습니다. 그 이유는 더 중요한 시내산 언약을 다윗의 후손들이 버렸기 때문입니다. 다윗의 언약은 독립된 언약이 아니고 시내산 언약을 지키는 한에서 주어진 축복이었습니다.

하지만 이제 예루살렘이 망하고 성전이 불타게 되어 시내산 언약도 끝났고 다윗의 언약도 끝났습니다. 그러나 끝나지 않은 것은 하나님이 아브라함과 맺은 언약이었습니다. 하나님은 아브라함의 언약을 예수님의 언약으로 완성하셨습니다. 그 결과 누구든지 예수님을 믿는 자들은 모든 죄를 사해주시고 하나님의 백성이 되게 해 주셨습니다. 우리가 예수님을 믿고 하나님의 백성이 될 때 하나님은 전 세계를 가나안 땅으로 만드셔서 젖과 꿀이 흐르는 땅이 되게 하겠다고 약속하셨습니다. 그래서 우리는 이 세상 모든 곳을 축복의 땅으로 만들 수가 있습니다. 죄가 가득 찬 곳에 교회를 세우고 하나님의 말씀과 은혜로 충만하게 하면 사막과 같은 황무지에 시내가 흐르고 꽃이 피고 열매를 맺게 되는 축복이 임하게 됩니다. 우리는 이 세상 어느 곳이든지 축복으로 만들 수 있는 약속을 가지고 있습니다.

이제 우리는 이미 불타 없어진 예루살렘으로 가지 않아도 됩니다. 우리가 예배드리는 곳이 바로 예루살렘이기 때문입니다. 하나님은 이곳에서 우리를 영원히 버리지 않으실 것입니다. 이제 우리는 어떤 일이 있어도 우상을 받아들여서는 안 됩니다. 유다 백성들처럼 껍데기밖에 안 되는 건물을 붙들고 있거나 자랑해서도 안 됩니다. 우리는 자신의 육체를 찢어서 성전을 이루신 예수님의 십자가를 붙들어야 합니다. 하나님의 말씀을 가지고 황무지와 같은 이 세상을 옥토로 만들어야 합니다.

지금도 우리나라에서는 강경파들이 나라를 자기들 마음대로 좌지우지하고 있습니다. 우리가 나라의 미래를 생각할 때 걱정이 되는 것이 많습니다. 그러나 더 걱정이 되는 것이 교회입니다. 교회가 멸망할 때의 예루살렘처럼 미신이나 건물을 붙들면 안 됩니다. 하나님의 말씀을 붙들고 영혼을 살리는 교회가 되도록 해야 합니다.